꿈...
미래를 본다

현오스님 "꿈" 종합편

꿈으로 미래를
볼 수 있단다 ……

서문

필자는 태어나서 가장 의의 있는 일은 바로 출가하여 부처님의 제자가 된 일이며, 그 다음으로 보람이 있었던 일은 꿈을 연구하였던 일이다.

대승불교에서 중요시 여기는 '위로는 법을 구하고, 아래로는 중생을 구제하겠다.'는 원력과 서원은, 위로 법을 구하는 일은 별도로 하더라도, 옛날에는 교단에서 교육과 치료와 상담과 장례 등의 역할로 중생구제를 하고자 했다.

현대에 와서 그 역할이 없어지지 않았지만, 많은 부분에서 사회의 지식인과 전문화된 직종에서 그 역할을 하고 있기에, 지금의 교단에서 스님들의 역할이 많이 줄었다고 볼 수 있다.

그러나 아직도 교단에서 스님들이 해야 할 중요한 부분은, 사회에서 해결되지 않은 도덕과 정신적인 문제와 더불어 좀 더 나은 미래 희망에 대한 상담의 역할이 오히려 더 요구되고 있다.

필자는 출가자의 본분인 위로 법을 구하고, 아래로는 중생을 구하고자는 서원이 있으되 방법을 찾던 중, 불교적인 인생 상담에서 많은 불자들이 꿈을 꾸고, 그것에 대한 질문과 해석을 요구했고, 필자는 그에 자극을 받아 꿈을 불교의 관점에서 살펴보게 되었다.

그 결과 엄청난 중요한 발견을 하였다. 꿈이야 말로 불교에서 해결해야 할 중요한 문제가 아닐까? 왜 꿈을 꾸며, 꿈 꾼 내용은 도대체 우리의 삶과는 어떤 역할이 있는 것인가? 대한 의문과 궁금증이 생겨 닥치는 대로 꿈에 관한 서적을 뒤졌으나 속 시원하지 않았다.

다행히 불가(佛家)의 보전(寶典)인 유식학(唯識學)에서 그 해결책을 찾게 되었고, 그 동안 꿈에 대한 의문을 가지고 있었던 꿈꾸는 마음과, 해석의 원리, 이 모든 것이 해결된다는 확신을 가지게 되었다.

그 동안 꿈이 불자들의 인생 상담의 중요함이 될 때, 다시 한 번 부처님의 가르침에 경의를 표하게 되었고, 꿈은 신의 영역이 아니며 환상은 더욱 아니며, 우리의 마음이며, 미래의 삶인 것을 알게 되었다.

우연하게도 인연이 된 '서규용' 전 '농림수산식품부' 장관님을 만나 근 2년 동안 꿈에 대한 토론과 대화를 나누었고, 그러한 결과로 '한국 농어민 신문'에 '현오스님의 재미있는 꿈 해몽 이야기'라는 제목으로 일 년 가까이 칼럼으로 연재되었다. 그 동안 신문에 연재된 내용과 다하지 못한 내용을 사례위주로 엮어 책으로 만들게 되었고, 그동안 '꿈. 미래의 열쇠.' 와 '꿈 마음의 비밀'

등 세권의 책을 종합하여 새롭게 꾸미게 되었다.

비록 종교는 다르지만 항상 많은 용기와 격려를 아끼지 않은 '서규용' '농림수산식품부' 전 장관님께 감사의 마음을 드리고자 하며, 누구나 미래의 희망과 결과를 얻을 수 있는 좋은 꿈꾸기를 서원하면서, 이 책이 나오기까지 수고한 '요정과 같이 아름다운 대구의 콘트라 베이스 연주가인 박규리 샘'과 정혜출판사 사장이신 '정혜스님'과 책이 나오기 까지 수고한 모든 분들께 감사를 드린다.

2017년 9월 20일 대지심리연구소 대표 현 오 합장

추천서

농민의 아들로 태어나 꽁보리밥도 제대로 먹지 못하고 떨어진 런닝셔츠를 입고 땀을 흘리며 일하시는 부모님을 보고 자라면서, "우리 농민을 어떻게 하면 잘 살 수 있게 할 수 있나"하는 청춘의 푸른 꿈을 펼쳐보고자 하여 농과대학을 진학하였고, 1972년 농림직 기술고시에 합격하여 농림부의 첫발을 내디딘 후 농촌진흥청장, 을 거쳐 2002년 7월 농림부 차관 직을 하였고, 농어민 신문사장을 거쳐, 농림수산식품부, 장관을 끝으로 올곧게 농업과 식품, 행정만, 을 묵묵히 펼쳐왔다.

30여 년간 긴 세월동안 농정 전문가로, 농업 행정가로 자처하며 살아왔던 지난시절에는 허허 벌판을 혼자 거닐며 울었던 날도 있었고, 나의 의견이 농업 정책에 반영되어 우리 농촌이 잘 되고 우리의 농민이 편안해지겠지 하는 안도에 보람이 있었다.

인간은 누구나 꿈을 가지고 있고, 꿈을 먹으며 살고 있다. "꿈이 있는 곳에 희망이 있다." 본인의 저서의 제목처럼 꿈이란 항상 마음에 품고 싶은 말이다.

공직생활을 거치면서 중요한 결정이나 어려운 일을 앞두고는, 그것에 관여된 꿈을 꾸었다. 그러한 관계로 꿈에 대한 호기심과 관심을 가지고 있었으며, 우연히도 학교 동창이며 친구인 '대한불교 조계종' 은해사 전 주지인 법타 큰 스님의 소개로 현오 스님을 만나 '꿈과 마음'에 대한 많은 토론이 있었다.

꿈은 삶에 고뇌가 있을 때 꿈이라는 신비한 현상이 나타나고, 그것이 미래 예지에 해당되고 있음을 알았다.

현오 스님이 말하는 꿈은 상당한 합리적인 이론으로 해석되었고, 미스테리한 미신적인 요소가 해결되었으며, 더불어 미래를 예측할 수 있기에, 인간의 삶에 많은 발전이 있겠다는 생각이 들었다.

이러한 계기로 '한국농어민신문'직원들이 현오 스님의 꿈 특강을 듣고, 본 신문에 '재미있는 현오 스님의 꿈 해몽'이라는 이름으로 일 년 가까이 연재하여 폭발적인 인기를 얻게 되었고, 다시 못 다한 이야기는 책으로 출판하게 되었으니 한편으로 자랑스럽다.

장관이 된 이후로도 더러더러 꿈을 꾸고 직무에 참고하여 미래에 대비 하고자 한 결과로, 장관의 직책을 큰 허물이 없이 마친 것은 희망을 꿈꾸는 결과로 생각하였다.

좋은 꿈으로 미래를 설계하며, 나쁜 꿈은 그에 대한 대비를 하여 생활에 도움이 되지 않을까 하는 마음에서 이 책을 추천하는 바이다.

2017년 9월 20일 전 농림수산식품부 장관 서규용

차례

프롤로그

연예인을 꿈을 꾸던 아름다운 여인은, 꿈에 창문의 커튼이 화려한 핑크색으로 펄럭이는 가운데 창문으로 날아든 화살에 가슴을 맞아 죽게 되었다. 그 후 그 여인은 잘 생긴 멋진 남성의 강력한 구혼으로 연애 끝에 화려한 결혼식을 올리고 잘살고 있다.

꿈으로 보는 해석과 해몽으로 보면 창문의 화려한 핑크빛은 화려한 애정을, 화살에 맞은 것은 강력한 구애를, 죽음은 적극적인 구애에 대한 허락을 상징한다.

이와 같이 꿈에서는 해몽의 지혜가 필요하다. 본격적인 꿈의 해석과 해몽을 말하기 전에 필자의 이야기와 상징의 뜻을 말 하고자 한다.

많은 사람들이 필자에게 묻는 질문 중에 제일 많은 질문이 왜 출가를 했나? 이다. 필자는 말하기를 죽음의 해결과 정확한 미래를 알기위해 출가를 했다고 말한다.

출가 몇 달 전, 우연히 박정희 대통령의 손금을 봐주는 꿈을 꾸었다. 당시 역학을 가르쳐 주시던 대전의 고 이동원 선생님 댁에 자주 찾아오시던 오대산 월정사 조실이신 탄허 큰 스님을 만났고, 출가하여 큰 공부를 하라던 당시의 스승인 이동원선생님의 권유로 탄허 큰 스님께 출가하게 되었다.

꿈에 대통령의 손금을 봐준 것이 탄허 큰스님을 만난 것으로 해석되어 망설임 없이 출가를 하게 되었고, 큰 공부를 하여 조선을 창건한 이성계의 스승이신 무학 대사처럼 대통령의 자문이 될 수 있다는 희망이 있었다.

탄허 큰스님의 배려 속에서 불교와 역학과 꿈에 대한 공부를 눈치 안보고 편하게 할 수 있었으며, 그 후 운명을 바꿀 수 있다는 확신을 얻은, 최면술의 원리를 공부했고, 미래는 암시와 원력과 기도로서 운명을 바꿀 수도 있다는 확신을 얻었다.

근래에 사람의 지혜와 지식이 엄청나게 발달되었으나 해결 못한 것이 크게 두 가지로, 하나는 죽음이니, 의사들의 열정과 노력으로 수명이 연장되었으나 죽음은 해결되지 못했고, 또 하나는 정확한 미래를 알 수 없다는 것이다.

전자는 의사의 역할과 부처님의 철학에 맡기고, 필자는 미래를 정확하게 알 수 있는 미래학 공부에 매진하여 행운을 찾고 불행을 해결하고자 했다.

미래를 정확하게 알 수 있는 학문은 여러 가지 있으나, 꿈으로 미래를 알 수 있는 방법이 제일 쉽고 정확하다고 판단되어 이를 알리고자 한다.

꿈은 미래를 정확하게 예지하고 있으나 상징이라는 꿈의 언어로 표현되기에 헛된 것이라 여기며, 번뇌라 말하기도 하나 진실은 미래의 현실을 정확하게 예지하고 있으나, 상징이라는 꿈의 언어로 표현되기에, 꿈이란 헛된 것으로 생각하기도 하고, 반대로 꿈을 지나치게 잘못 믿어 낭패를 보기도 한다.

예를 들면 어떤 수행자가, 꿈에 너의 성기를 잘라야 도를 얻을 수 있는 산신령의 계시를 받고 고민을 하다가 정말로 성기를 잘랐다.

그 후 큰 도를 얻기는 고사하고 절망과 좌절 속에서 평생을 살아가는 꼴을 보았다. 필자가 이 꿈을 해석한다면 마음의 음욕을 끊어야 도를 얻을 수 있다는 산신령 같은 큰스님의 조언을 들었을 것으로 해석된다.

이와같이 꿈보다 해몽이라는 옛말이 생각되는 일이다. 그러므로 꿈 해석을 어떻게 하느냐에 달렸으며, 정학한 해석을 하여 미래를 알고자 하면 먼저 꿈꾸는 마음을 알아야하고, 또한 그에 따른 상징의 뜻을 알고자 해야 한다.

사람의 마음은 색,성,향,미,촉,(色,聲,香,味,觸)을 대상으로 안,이,비,설,신,(眼,耳,鼻,舌,身)이 인식(認識)하는 마음을 일러 의식(意識)이라 하고 마음이라 한다.

의식(意識)의 역할은 주로 깨어있는 현재의 마음상태를 말하는데, 잠들지 않고, 마취되지 않고, 기절하지 않은 사물을 인식(認識)하는 역할이며, 인식하여 판단하는 역할을 동시에 한다. 의식의 역할은 자아(自我)가 이익이 되는가? 아닌가? 의 길흉을 따져서 자기의 삶에 긍정적인지 부정적인지 판단하는 이성적인 성향이 있다.

그래서 색,성,향,미,촉(色,聲,香,味,觸)에 대한 안이비설신(眼,耳,鼻,舌,身)으로 인식(認識)하는 마음을 종합하여 판단하는 마음을 의식(意識)이라 하고 여섯 번째의 마음이라 하여 6식(識)이라고 말하기도 한다.

이 6식이 지나치게 강하면 의심이 많은 부정적인 성격과 완고한 고집쟁이 보수성향의 사람이 되기도 한다. 그러나 이러한 깨어있는 의식은 잠재된 의식에 의존하게 되고 잠재된 의식, 불교적마음인 아뢰야식(阿賴耶識) 인 8식(識)의 역할은 본능이라는 표현이 되기도 하지만 주로 역할이 기억과 창조의 능력을 주로 한다.

이 8식(識)이 균형이 잡혀있고 발전한 사람은, 아이디어가 남과 다르고 창의적이며 예술과 과학과 스포츠 등에 발전이 있으나, 6식(識)으로 컨트롤 되지 않으면 도박, 음주, 향락에 빠져 타락한 삶을 살아가게 된다.

이러한 의식과 잠재의식이 연결되어 전달하는 마음을 7식(識) 또는 전달하는 의식이며, 더러더러 판단의 미숙과 이기심의 마음을 왜곡하여 번뇌와 어리석음을 만들고, 꿈에서는 과거전생의 기억으로 꿈의 언어인 상징을 만들기도 한다.

그러나 꿈의 상징은 과거전생의 기억으로 표현되기에 과거전생의 기억이 어떠한 역할을 하였나를 알게 되면, 꿈의 상징을 해석하여 미래를 알 수 있다.

예를 들면 복권에 당첨된 사람의 꿈을 분석해보면, 조상의 꿈을 꾸고 로또에 당첨된 사람이 많은 비율을 차지하고 있다. 그러나 모든 조상이 꿈에 나타났다고 복권에 당첨되지는 않는다.

꿈에 해석원칙은 과거의 기억 속에서 조상이 어떤 역할을 했었느냐? 가 중요하다.

과거의 조상님이 귀하고 출세하여 집안을 일으켰다면, 이러한 조상이 꿈에 나타났다면, 집안이 부흥하고 행운이 오는 복된 상징이 되어 집안에 경사가 깃들 것이다. 그러나 조상이 주색으로 집안을 망친경우에는 그러한 조상 꿈은, 집안이 몰락하는 흉한 꿈의 상징이 된다.

이처럼 꿈에서 중요하게 해석되는 과거전생의 기억이, 꿈에서는 상징 언어가 되며, 꿈에서 표현의 재료로 이용되는 이유이다.

현대의 사람들은 소수의 사람을 제외하고, 전쟁이나 사냥을 하지 않고 산다. 그러나 꿈에서는 전쟁을 하고 사냥을 하며 사람을 죽이기도 하고 동물을 사냥하여 죽이는 끔찍한 꿈을 꾼다.

이처럼 꿈에, 전쟁 등을 통하여 적이나 사냥감을 죽이어 얻는 결과를, 꿈에서 성사된 길몽으로 표현되며, 이러한 과거전생의 기억을, 현재의 삶에서 사업이나 경쟁적인 일에서, 소원성취 되는 최고의 길몽으로 해석되는 이유이다.

2002년 월드컵경기가 한창일 때 어느 날 꿈에 미 전 대통령인 부시가 황제 복을 입고 와서 악수를 청하기에 악수를 하고 꿈에서 깨어났다.

그 당시에는 차기 대통령이 누가 될 것인가의 관심과 고뇌가 내 머릿속을 채우고 있었다. 김대중 전 대통령의 후임이 중요한 때 이었고 야당에서는 이회창 후보가 강력하게 대두 되었기에 전 국민이 궁금해 할 때였다.

이 꿈을 꾸고 나와 인연이 있는 사람이 대통령이 되겠구나 하고 확신을 가지고 기다리고 있었는데, 당시 노무현 후보 불교 특보가 찾아와 누가 대통령이 되겠는가를 묻기에 이것이 인연이구나, 깨달은 필자는 노무현 후보라 확신을 주었다.

다시 권양숙 여사를 만나 일주일 기도를 하여 확실한 노무현 후보 당선을 예지하는 꿈을 선몽 받았다, 고 말씀을 드리고 노무현 당선을 예언 했다. 그 결과 노무현 후보가 당선이 되었고 대통령취임식에 참석하는 영광을 누렸다.

그 후 꿈에 권여사가 잠옷 바람에 누워 있음을 보고, 특보에게 암살의 있으니 경계할 것을 말했으나 그러한 얘기는 전할 수 없다. 하였고 그 후 탄핵과 퇴임 후 불행한 일이 연속되었다.

꿈 해석으로 보면, 필자가 속해 있는 대한불교 조계종은 우리나라이며, 대한민국은 자유진영에 세계이며, 부시는 자유진영의 통합 대표로 상징이 되니 세계 대통령이다. 그러므로 부시는 대통령의 상징이고, 황제복장은 당선될 사람이라는 상징이니 필자의 해석이 정확하여 노무현 후보가 대통령이 당선될 것을 알게 된 것이다.

그 후 꿈에서 당선자가 주는 명함을 받았는데, 그 명함에는 취임식 하는 날짜가 상징되는 전화번호가 적혀 있었다. 당선자의 상징은 불교특보의 상징으로 해석하여 대통령의 취임식에 참석할 것을 미리 알게 되었다.

필자에게 2년을 꿈과 역학을 배웠던 인사가 장관에 임명될 적에, 러시아 농부의 커다란 머리가 잘린 채로 내 집에 들어와 있는 꿈을 꾸고는 장관에 선임될 것을 확인하였고, 또 대통령의 전용기에 오르는 꿈을 꾸고는 청문회의 어려움을 겪고도 장관에 임명되었다.

이와 같이 과거전생의 기억이 꿈의 상징이 됨을 알 수 있다. 또 어떤 여성의 꿈에 남편이 꿈에 시어머니를 죽여 같이 산 중턱에 묻은 꿈을 꾸었는데, 필자는 해석 하여 주기를, 정부 기관의 고위직으로 취직이 될 것을 해석해 주었고, 그 후 그 인사는 정부 기관에 감사로 취직이 되었다.

꿈의 해석으로는 시어머니는 오래된 소원하던 일이며 그만큼 중요한 일이며 죽인 것은 일의 성사됨을 상징하고, 산에 묻는 것은 기관의 직책을 의미한다. 산 정상에 시신을 묻었다면 아마도 기관의 최고의 자리에 취직이 되었을 것이다.

이와 같이 꿈에서 가족을 포함한 남의 불행은 나의 행복이 된다는 이론이 현실에서도 적당히 경우에 따라 적용된다. 다만 인정과 자비와 도덕으로 본다면 불행하지만, 꿈 이론으로는 그러 하다 해도, 종교와 법과 도덕 그리고 성인의 가르침으로 이 세상을 극락정토로 만들고자 한다.

필자는 박근혜 전 대통령이, 2016년 가을에 몰락과 탄핵됨을 이년 전인 2014년 지인들에게 정확하게 예언했다.

그 후 바로 거대한 바위가 층층이 하늘 끝까지 쌓여지는 꿈을 꾸고는, 이낙연 총리의 등장을 예언 했으며, 이낙연 총리가 2004년 국회의원시절 최고의 총리가 될 것을 관상을 보고 예언한 것이 적중하였다.

문재인 대통령께서 성공한 대통령되어 퇴임 후, 후임에 다시 이낙연 대통령이 되지 않을까? 하는 희망이 있고 또한 꿈을 꾸기를 소원하는 마음이다. 그 전에 꿈에서 이명박, 박근혜, 문재인대통령의 꿈은 인연이 없어서 인지 관심이 덜해서 그런지 정확한 예언에 실패했다.

꿈은 '해결되지 않은 관심사가 꿈의 정의'라 생각되며, 꿈은 고뇌하는 사람에게 주어지는 우리의 신통한 능력이라 생각한다.

항상 아름다운 미래 희망을 꿈꾸는 우리에 삶은, 미래의 행복과 불행을 고뇌하고 살기에 해결된 일은 꿈꾸지 않을 것이다.

이렇게 미래를 정확하게 알 수 있는 신통한 능력은 어디에서 비롯될까. 우리 생명이 있는 모든 생물들은 생명을 유지하는 최소 최대의 능력이 있다.

이러한 능력을 신통력이라 할 수 있으나 다만 태어나서 전생에서 읽힌 습득과정에서 소질과 역할 등, 습관에 익은 성격에 따라서 운명이 형성되므로, 그 능력과 소질이 다양하여 자기 자신에 맞는 직업과 할 일을 찾는다면 삶이 행복할 것이다.

미래를 알고자 하고 미래를 꿈꾸고자 하는 사람은 타고난 신통력을 최대한 발휘하여 꿈을 꾸어 미래의 일을 알고 개척하면 좋을 것이다. 다만 불교에서는 모두가 부처요. 조물주이며, 창조자이다. 깨달아 알면 부처요. 모르면 중생이다.

제1부 꿈과 마음의 원리

제1장. 꿈은 무엇일까?

1) 꿈의 상징과 투시

부처님의 초기경전인 "아함경"에 중생은 번뇌가 있어 꿈이 있고 아라한은 번뇌가 없이 완전한 성인이니 꿈마저 없다," 는 구절을 읽은 기억이 있다.

부처님은 욕심이 끊어졌으니 꿈이 있을 수 없지만 중생은 끊임없이 미래의 걱정과 근심으로 살아가고 있으니 꿈이 있고, 꿈은 좀 더 나은 미래의 행복을 희망하는 번뇌의 일종이니 꿈의 해석이 중요하다. 신심이 돈독한 불자가 집안에 부처님을 조성해 모시고 향과 초를 공양하고 기도했는데, 그날 밤 꿈에 부처님이 나타나 험한 표정으로 "너는 왜 향초만 올리고 음식은 올리지 않느냐"고 호통을 치셨다.

그 불자는 꿈을 깨고는 생각하기를 "욕설과 더불어 음식을 왜 안올리느냐는 꿈에 본 그 부처님이 과연 정말 부처님일까 하는? 아니면 흔히 들 말하는 마군이나 사탄의 장난일까? 마군이나 사탄이라면 그것들은 과연 어디에 존재하며 무엇인가?" 이런저런 고민을 한 끝에 필자에게 해몽을 구했다.

"부처님이나 마군은 형상이나 모양으로 존재하지 않는다. 다만 당신의 마음속에 존재하는 부처님과 마음이 상징화 되어 꿈에 나타난 것이므로 그러한 형상에 현혹되지 말아야 한다. 꿈의 이치로는 어렵고 불편한 어른에게 무언가 할 일을 다 하지 못하여 꾸중을 들을 것이니, 그 원인을 모셔놓은 부처님의 형상에서 찾지 말고 현실에서 찾으시라."

결국 그 불자는 어른의 꾸중을 듣게 되었다며 꿈의 해석을 신기해하였다. 이와 같이 꿈에서 나타나는 현상은 마음의 작용인 상징으로 나타난 것임을 깨닫는 다면 어리석은 미신에서 방황하지 않을 것이다.

'통 소여의 모험'으로 유명한 미국의 작가 마크 트웨인은 젊은 시절에 동생 헨리와 미시시피강을 운항하는 배에서 같이 일을 한 적이 있었다. 어느 날 마크 트웨인은 아주 이상한 꿈을 꾸었다. 꿈속에서 동생이 죽어서 금속으로 만든 관 안에 누워 있는 것이 아닌가! 그리고 동생의 가슴 위에는 꽃이 하나 놓여 있는데 꽃은 단 한 송이 뿐이었다.

그런데 실제로 헨리가 타고 있던 배가 갑자기 폭발하여 동생이 죽고 말았다. 소식을 듣고 달려온 마크 트웨인은 깜작 놀랐다. 동생의 시체가 몇 주전 꿈에서 본 금속제 관속에 누워있는 것이 아닌가? 그리고 그 순간 어떤 여인이 꽃을 동생의 가슴에 올려놓고 사라졌다. 그 꽃은 꿈속에서처럼 단 한 송이의 꽃으로 되었었다.

이러한 꿈은 현실 그대로 미래를 직시하게 된 것을 투시했기에 대부분 상징으로 나타난 것을 생각할 때 꿈은 70%는 상징 나머지는 상징과 투시로 섞여서 나타나는 것을 알 수 있다.

1895년 화학자인 프리드리히 케쿨러(Friedrich kekule)는 벤젠의 분자의 원자 배열 문제가 풀리지 않아 고민을 하고 있었는데, 어느 날 밤 꿈에 벤젠의 원자들이 꼬리를 물고 마치 뱀처럼 길게 연결된 상태로 너울너울 춤을 추다가 갑자기 머리를 돌려 자기 꼬리를 무는 광경을 보았다.

순간 케쿨러는 이것이 자기가 고민하던 문제의 해결 단서임을 깨달았다. 케쿨러는 이를 바탕으로 유기 화학물의 성질, 화학작용, 제법 등을 화학구조에 의하여 고찰해 나가는 실험과 공업에 응용하는 길이 열렸다.

최초의 재봉틀을 발명한 일리어스 하우(Elias Howe)는 어느 날 자신이 밀림 속에서 식인종에게 둘러싸인 꿈을 꾸었다. 식인종들은 뾰족한 창을 올렸다 내렸다 하면서 그를 위협하며 다가 왔는데 모두 창끝이 구멍이 하나씩 뚫려 있었다. 꿈에서 깨어난 그는 이 꿈이 자신이 골똘히 생각해 오던 문제에 대한 해답이란 것을 깨달았다.

즉 재봉틀의 바늘을 어떻게 만드느냐 하는 문제였다. 그는 바늘을 상하로 움직이는 데 까지는 성공했으나 이렇게 꿈을 통해 바늘 끝에 구멍을 뚫는 방법에 암시를 얻기 까지는 실패를 거듭해오던 터였다.

이와 같이 사례에서 자신이 미래에 일어날 사건을 꿈속에서 사실 그대로 투시한 사례와 더불어 세계사를 움직인 위대한 발견과 발명에는 꿈이라는 배후 조력이 있음을 보여주는 사례이다. 현실에서 고뇌하던 문제의 해답을 꿈에서 찾은 경우로서 이것 역시도 미래의결과를 꿈으로 해결책을 미리 예지하였다고 볼 수 있다.

옛 말에 꿈보다 해몽이라 했듯이, 인간이 꿈을 해석하지 못했을 뿐이며 꿈 자체가 황당하거나 비생산적인 허망한 망상은 아니다. 개미나 쥐 같은 미물도 인도네시아 쓰나미 참사에서 보았듯이, 홍수나 지진에 위험이 닥치면 그들의 예지능력으로 미리 피해 가는데 만물의 영장인 인가에게 그러한 시스템이 없을 수 있겠는가?

꿈은, 고뇌하는 사람의 대한 답이며, 미래의 갈 길을 예지하는 것이니, 중요함은 투시와 상징의해석이 중요하다.

2) 원력과 기도와 최면암시

꿈을 말하면 대부분 흉한 꿈을 꾼 일에 대해서 바꿀 수 있는가? 묻는다.

물론 바꿀 수 있다고 말 하면서, 원력과 기도와 서원을 말한다. 원력은 내가 어떻게 하겠다는 것을 맹서하는 것이며, 그것은 끊임없이 잠재된 의식에 원력을 세우고, 기도하고, 서원하여 미래의 행복을 당연시하여 만드는 것이다. 그러한 것은 암시의 영향을 받는 최면술의 이론과 유사함이 있다.

암시로서 자기 자신이나 남에게 의사를 전달하는 최적의 운명개척의 방법은 언어의 기술에 있다.

음악과 더불어 긴장을 최소화 하는 방법으로, 최면술에서 자기암시나 타인암시로, 성격을 교정하고 미래의 행복한 이미지 컨트롤의 방식은, 종교에서 기도하는 방법과도 비슷하며, 신을 믿는 종교에서 예언자에게 내리는 성령도 유사최면상태이며, 꿈을 꾸는 암시와 비슷하다 볼 수 있다. 유사종교나, 신비한 무당들의 굿도 알고 보면 이러한 원리에 기인 한다고 본다.

다만 뜻을 어디에 두고 원력과 서원과 암시를 하는가에 따라 미래의 운명이 바뀔 것이다. 다른 것은 꿈은 잠들어 렘(REM)수면상태에서 꿈의 예지가 일어나고, 예언자나 기도는 전통적인 음악에 의해 암시를 받아 미래를 예언하는 것이 다르다.

만약 꿈에서처럼 상징으로 나온 것을 현실 그대로 반영할 때 예언의 혼란이 오면, 이러한 일로 사회에 말로 할 수 없는 죄악의 결과로 나타난다.

또 종교적인 권위와 권력의 위력도 최면암시의 중요함이 되듯이, 6식 7식 8식의 심리 구조를 이용하여 스스로 미래의 고뇌를 해결하고자 하고 해결되지 않은 문제에 고뇌하면 우리의 신통력은 발휘되어 미래를 예지하는 꿈을 꾸고 그에 맞는 대책을 세우면 된다.

직접적인 최면 암시가 아닌 간접적인 암시에 의해 영향을 미치는 경우도 많다. 자기도 모르게 이별과 종말의 노래를 부른 슬프고 애절한 노래가사와 곡은 그 가요를 부른 가수들이 실제로 그리된 경우가 많다. 평상시에도 우리는 절망적이 언어로, 불행한 미래를 만드는 부정적인 암시의 언어는 삼가 해야 한다.

다만 우리의 마음에서 이미 해결된 문제나, 전생을 업보를 받아야 하는 일은 꿈을 꾸지 아니함을 필자는 경험하곤 하는데, 이것은 연구하여야할 과제로 남기고 싶다.

제 2장. 마음의 구조와 기능

1) 불교의 심리학 유식(唯識)론

불교를 한마디로 말해서 '마음을 알고 마음을 깨달아, 영원한 자유와 행복을 찾는 가르침이라' 하면 될 것이다. 이러함으로 불교는 현대의 심리학과는 궤를 조금은 달리하지만, 인간의 마음을 알고 자 하는 현대의 심리학과도 뜻을 같이 하고 있다고 볼 수 있다.

특히 불교의 유식(唯識)론은 석가모니 부처님 당시에 시작하여 인간의 의식 제반 작용에 대하여 탐구하고 실천 수행하는 방법의 학문으로, 2000년 전에 체계적으로 확립된 불교 심리학이며, 인류 역사에서 가장 오래된 이론이 이 유식(唯識)학에서 비롯됐다.

2) 마음과 유식

잎이 나고 꽃이 피는 나무를 쪼개고 쪼개어 보면, 그 나무의 실체는 눈에 보이지 않는 설명할 길 없는 그 무엇인가? 있다. 그렇지만 나무는 때가 되면 꽃이 피고 지면 열매를 맺는다. 이것이 색즉시공(色卽是空) 공즉시색(空卽是色)이다.

우주의 모든 것을 구성하고 있는 근본은 무엇일까? 물질이라 하지만 그 근원을 분석하여 쪼개고 쪼개어 들어가면 거의 물질이라는 이름 붙이기 어려운 에너지 장(場:field)의 형태로 나타난다. 물질의 본질은 이렇듯 에너지 형태이며, 그것은 오히려 마음의 실체와 닮아 있다.

이렇듯이 위의 내용은 우리의 마음의 본래적인 체성을 말하는 것으로써 우리 모두가 가지고 있는 불성(佛性:부처가 될 수 있는 성품)을 말하는 것이다. 이러한 본질적인 마음을 깨닫도록 하는 것이 불교의 수행이다.

모든 것을 포함한 포괄적인 의미의 마음인 유심(唯心)을 유식(唯識)으로 개념을 전환함으로써 '식(識)'이라는 구체적인 개념으로 마음의 의미를 밝히고자 한다. 이렇게 마음의 의미를 밝히는 과정을 통해, 자연스럽게 우리 마음 작용의 산물인 꿈의 현상도 유식(唯識)의 논리로 규명해 볼 수 있다.

불교에서 '식(識)'은 마음의 특성을 보다 구체적으로 지시하고 있는 개념이고, 마음의 포괄적 의미를 한정하는 말이며 인식(認識)의 주체를 의미한다.

우리는 '유식(唯識)'이라 말할 때 '식(識)'은 단순명사가 아니라 '의식하고 있는 상태'를 가르친다.

따라서 '유식(唯識)'은 '오직 의식하고 있을 뿐'이라는 의미가 된다. 따라서 유식(唯識)론은 단순히 대상에 대한 우리의 인식과정을 설명할 뿐 아니라, 대상이 어떻게 존재하는 지에 대한 그 진상을 밝히는 존재론이다.

현실세계와 식(識)의 관계에 있어서 '식 작용(識, 作用)'의 고정관념, 잠재된 기억(인상)으로 세계를 인식할 수밖에 없다는 것이다. 이러한 이치를 다시 유식론으로 정리해 보자면,

일체유식(一切唯識), "이 세상에 모든 존재는 오직 인식(認識)되어 있을 뿐 인식(認識)하는 것을 떠나서는 어떠한 존재도 없다.

유식무경(唯識無境), "대상이라는 것은 따로 없고 모든 것은 오직 인식(認識)하고 있는 것일 뿐이다."로 말 할 수 있다.

동서양을 막론하고 인류는 오랜 역사 동안 영혼과 육체, 마음과 몸, 정신과 물질이라는 명제와 상관 규명에 매달려오고, 영향을 받아온 것이 사실이나 꿈에서 나타나는 상징은 정신과 영혼의 상관관계를 규명하고 오로지 일체유심조(一切唯心造)라는 인식작용(알아차림)이 중요함을 새롭게 한다.

마음이 일체의 모든 것이므로 그 마음에 따라 모든 것이 결정되고 만들어 진다. 이러하듯 불교는 마음을 모든 것에 중심에 둔다. 하지만 그렇다고 해서 물질과 마음 중 마음으로 모든 것을 돌리는 유심론의 입장은 아니다. 따라서 마음이라 표현했기 때문에 생길 수 있는 오해는 객관과 주관의 외부세계와 정신세계의 양변을 통일적(이것을 연기(緣起)에 의한 통찰(通察)이라 한다.) 으로 정립한 '유식(唯識)'의 바다에 이르러서야 비로소 해소 될 수 있다.

다시 말해서 '유식(唯識)'의 '식(識)'은 마음속에서 형성된 영상(잠재기억, 잠재인상)이란 것이고, 결국 외부대상과 관계에서도 '식(識)'을 떠난 외부 대상이 따로 없음을 기본적 관념으로 하는 것이다.

비유컨대 멀리서 뱀을 보고 깜짝 놀랐다. 그러나 자세히 보니 그것은 새끼줄인 것과 같은 이치이다.

4) 전 5식(안, 이, 비, 설, 신)

전 5식은 우리의 마음이 생기게 되는 첫 번째의 조건이 눈, 귀, 코, 혀, 몸으로 느끼는 다섯 감각을 지칭하는 말이다. 우리는 전 5식(識)을 통해 색깔, 냄새, 맛, 소리, 촉감을 느끼게 된다.

전 5식(識)은 복잡하고 오묘한 내용까지 관찰하여 선악을 구별하고 가치를 판단 할 수는 없다. 뿐만 아니라 제6식(識)의 힘을 빌려야 만 대상의 내용을 완전하게 인식한다.

중요한 것은 전5식(識)이 우리의 마음에서 가장 표층에 들어나는 마음이며, 그런 많큼 깊은 곳의 의식성향이 그대로 나타날 수 있다는 점이다.

이러한 점에서 전5식(識)은 심층의식이 직접적으로 표출되는 우리의 감정이라 할 수 있다.

5) 제 6식(의식)

위와 같은 전5식(識)에서 '왜, 어떻게, 무엇인가'라는 생각과 분석이 더 해지면 종합적이고 정확한 인식을 하게 되어 참다운 판단을 할 수 있게 된다. 바로 그와 같은 종합적인 판단을 내려주는 마음의 작용을 의식(意識)이라 하며, 전5식(識)이 뒤에서 받쳐주고 있는 마음이기에 여섯 번째 식이라는 뜻에서 제 6의식(意識)이라 부른다.

전5식이 구체적인 대상, 즉 눈의 빛깔, 귀의 소리, 혀의 맛, 코의 냄새, 몸의 촉감처럼 각각 한정된 대상을 하나씩 가지고 있는 것과 달리, 제6의식(意識)은 생각할 수 있는 일체를 대상으로 삼는다.

이와 같이 일상 속에서 의식이란 말은 매우 포괄적이고 추상적인 용도로 사용하고 있지만, 불교에서 말하는 의식은 어떤 사물이나 사건에 대한 지각 또는 인식의 실상을 분석하는 정신작용이며, 대상을 총괄하여 판단 분석하는 심적 작용을 의미 한다.

이밖에도 제6식(識)은 전5식(識)이 판단한 내용을 자체적 심리 작용을 개입시켜 어떤 결과를 주도하게 되는데 이 심리작용을 유식에서는 사(思)의 작용이라 하며, 바로 '의지'의 성품을 말한다.

선도 악도 아닌 상태(이것을 불교에서는 무기(無記)라 한다.)에 놓여 질 수 있다. 그래서 유식에서는 이 상태를 중요하게 주목하여, 제6식이 의지와 함께 작용해서 업(業: 행위)을 발동시켜 업보를 낳은 주체가 된다고 보고 있다.

대개의 사람들은 불교의 윤회와 업보 설을 잘못 이해하여 어떤 상태를 변화시킬 수 없는 운명론으로 오판 하지만, 제6의식의 자유의지 작용은 선업이건 악업이건 무기업이건 언제라도 업보를 스스로 바꿀 수 있음을 확고히 보여준다. 하겠으니, 다윈의 진화론과도 같은 이론이 된다.

여기서 중요함은 자체적 심리작용으로 현재의 어려움을 극복하고자 하는 고뇌와 더불어 이성적인 심리가 형성되며, 합리적인 판단이 되지 않으면, 대상에서 부정적인 견해를 가지게 되기에 비판과 의심의 심리상태가 된다. 제6식은 모든 사물을 이성적인 판단과 더불어 비판적인 특성을 가지는 이유이며 고뇌하여 꿈을 꾸어도 미래예지를 믿지 않는 이유이다.

6) 제 7식 (자아의 근원)

제7식을 자아의 근원과 생명의 근원이며 생각의 연속성의 특성이라 말한다. 전 오식의 각 식(識)들은 의지하는 의지 처 즉 인식기관으로써 물질적인 근(根)존재한다. 제6의식이 의식불명 상태에서도 다시 의식을 회복할 수 있는 것은, 단절된 의식이 어딘가에 의지 하는 곳이 있고 그것에 의지해서 의식의 활동을 다시하게 된다. 이의지처를 의식의 의근(意根)이라 한다. 제6식의 의근이며 제6식보다 심층에 자리 잡은 의식을 제7식(識) 또는 말나식(末那識)이라 한다.

우리가 지금 보고 느끼는 대상이 사실은 우리가 기억했던 어떤 내용을 떠올린 것이었다면 어떤 대상이 사실은 우리가 기억의 내용과 닮은 것으로 생각하는 심리작용을 제7식(識)인 말나식(末那識)의 사량(思量: 조작과 착각하는 마음)이라고 말하며, 우리의 생각이 흐름을 자기를 중심으로 만드는 자아의식인 나에게 집착하는 마음의 작용이 나타나고, 이는 인간 근본의 생명 의지나 존재적인 번뇌와도 관련되며, 자아에 집착하는 에고(ego) 의식은 특히 꿈에서 상징으로 나타난다.

7) 제 8식(기억의 창고)

제 8식(識)은 아뢰야식(阿賴耶識)이라 이름하며 근본식(根本識)이라고 하기도 한다. 시작도 끝도 없는 모든 기억을 보관하고 있으며, 모든 정신적인 근원적인 기능과 생명의 창조, 생명 기능의 유지와 통제, 그리고 과거 현재 미래의 수레바퀴인 윤회의 주체로서 기능을 다한다.

현대의 심리학으로 정의를 내리자면 근원적 심연에 존재하는 심층 의식인 잠재의식(潛在意識)이라 할 수 있다. 유식에서 말하는 아뢰야식은 업의 양상으로 인간이 태어날 때 모태에서 최초로 탁태한 생명의 근원체이며, 현재의 생명 기능을 총체적으로 제어하는 주체이다.

과거전생에 또한 많이 해본 습관은 결과가 훈습되어 미래운명이 형성되니, 과거전생에 많이 해본 것은 남보다 잘하는 재능을 타고나는 이치와 같으며, 또한 생선을 싼 종이가 생선의 비린 냄새가 배어있고 향나무를 싼 종이는 향내가 나는 이치와 같다.

과거전생의 모든 것의 근원인 제8식(識)아뢰야식(阿賴耶식), 이것은 육신의 사망 후에도 업에 과보에 따라 또 다른 생명의 근원적인 힘을 유지하는 마음일 뿐 아니라, 인간이 수용하고 있는 우주의 삼라만상 모든 것이며, 꿈에서 과거의 기억을 빌려오는 근원적인 창고가 된다.

8) 제 9식(창조주)

제9식(識)은 백정식(白淨識)이라 하며 불교에서 수행으로 얻은 깨달음을 표현한다, 깨달음의 눈으로 보면 삼라만상과 더불어 전5식, 제6식, 제7식, 제8식, 모두가 제 9식에 포함되어 있고 부처님이며, 하나님이며, 진리이다. 깨달은 자는 생사의 고뇌의 윤회에서 해탈자이며, 깨닫지 못 한 중생은 생사윤회의 바다에 고통을 감내하며 살아야 한다.

"한 물건이 여기에 있으니 이름과 모양이 끊어졌으나, 아득한 옛날과 지금을 이어 통하였고, 작은 티끌에 머물러 있으되 모든 삼라만상을 둘러싸고 있도다. 안으로는 신비로움을 감추고, 하늘 땅 사람의 주인이 되며 모든 법에 으뜸이 되도다. 걸림이 없어 비교할 데 없고 높음이 위대하기 짝이 없도다. 신기하고 신기하다 할 것이다. 위아래 항상 밝게 위치하였으나, 보고 듣는 때에 감추어지며 깊고 깊어서 드러나지 않는다. 하늘과 땅보다 먼저 존재하여 그 시작이 없고 하늘과 땅보다 뒤에 망하여 그 끝이 없으니 진실로 있느냐? 없느냐? 내가 그 이치를 알지 못하겠도다."

불교의 경전 금강경오가해(金剛經五家解) 서문에서 함허(涵虛:조선시대 초기 스님 法號:得通) 대사는 마음의 실체를 이렇게 표현 했으니 이것이 진리요, 창조주요, 부처님이다.

제2부 상징과 꿈 해석

제1장. 죽음과 시체 장례의 꿈

1) 죽음의 꿈.

절을 짓는 공사장에서 허드렛일을 하는 사람이, 평소에는 절의 법당에 절 한 번 하지 안하던 사람이 하던 일도 않고 부처님 전에 공손히 절을 하고서는 필자에게 "어제 밤 꿈에 남에게 목 졸려 죽는 꿈을 꾸었는데, 정말로 죽는 것이 아닌가?"하고 물었다.

꿈에서의 죽음은 사건이나 일의 종결과 성취됨을 상징한다. 다시 말해서 내가 타인을 죽였으면, 내가 적극적인 행동과 의지로서 일이 성사되며, 남이 나를 죽였으면, 타인에 의해 내일이 성사되는 것이 꿈의 상징이다.

만일 저절로 죽었으면, 힘들이지 않고 쉽게 일이 성취되는 것이니, 죽음은 일의 성사됨과 더불어 종결되는 상징이 된다. 반대로 죽은 시체나 죽은 사람이 살아나는 것은, 다 성사된 일이 수포로 돌아가는 것을 말한다.

이 꿈에서는 남이 나를 죽였기에 남이 나의 일을 해결 해 주는 것이니, 며칠 후 그 사람은 괜찮은 곳에 취직이 되었다.

. 죽거나 죽이면, 크게 소원이 이루어진다.
. 자기가 자살하면, 자신의 일이 혁신되어 새롭게 좋아진다.
. 자기가 수술 받다 죽으면, 매매, 결혼, 사업, 작품이 남에 의해 성사된다.
. 친구의 아버지가 죽은 것은, 친구의 중요한 일이 성사 되는 것을 알게 된다.
. 자기가 죽은 영혼이라면, 정신적인 문제에 관여된 일이다.
. 사람이나 동물을 어렵게 죽이면, 어려운 일거리를 성사시킨다.
. 부모가 죽어서 통곡하면, 부모만큼 중요한 일이 성사되어 만족한다.
. 벼락을 맞아서 죽어 가면, 국가적인 큰일이 성사되나 시간이 걸린다.
. 괴물의 가슴을 찔러 죽이면, 어렵고 힘든 일이 중요한 조건으로 해결된다.
. 누가 죽을 것이라고 하면, 시간이 걸려서 해결된다.
. 호랑이나 사자를 죽이면, 권력을 얻거나 큰일이 성사된다.
. 누가 죽었다고 소식을 들으면, 아는 사람의 일이 성사 됐다는 소식을 듣기도 한다.

. 도끼로 죽였는데 살아나는 것을 다시 죽이면, 특별한 능력으로 성사되고 수 포로 된 일이 다시 성사된다.
. 칼이나 연장으로 죽이면, 학식이나 법등 특별한 재능으로 성사된다.
. 세 마리의 산돼지를 죽인 꿈은, 유방에 세 개의 암을 제거하여 완치되었다.
. 죽은 나무 아랫부분에 곰이 죽어 있는 꿈은, 신장 암이 완치 되었다.
. 침대 밑에 죽어 있는 검은 개는, 병에서 낫는 꿈이었다.
. 쫓아 다니는 귀신을 죽인 꿈은, 유방암을 수술하여 완치 됐다.

2) 시체의 꿈

어떤 사람의 꿈에 늙은 거지가 집안에 들어오기에, "왜 함부로 남의 집에 들어오느냐"하며 몽둥이로 내려치니 바로 죽어 버렸다. 그래서 남에게 들킬까 두려워 시체를 토막 내어 여러 개의 항아리에 나누어 땅에 묻었는데, 이러한 꿈을 꾸고 나니 꿈일지언정 남을 죽였다는 괴로움과 두려움에 놀라서 필자에게 해몽을 구했다.

필자는 해석하기를, 꿈에서 늙은 거지를 쉽게 죽인 것은, 오래된 일이 쉽게 성사됨을 상징한 것이고, 그 시체는 '죽음의 상징인 성사된 결과물' 즉 '재물의 상징'으로 '토막 낸 것은 분할의 의미'이며 '땅에 묻은 것은 은행에 예금'하는 꿈으로 해석을 해주었다.

그 후 그 꿈을 꾼 사람은 장모님의, 재산을 상속받아 남모르게 여러 은행에 나누어 예금 한 것으로 확인 되었다.

우리의 생존에 절대적으로 필요한 먹을거리는 모두 타 생명의 희생과 생명체들의 죽음의 결과다, 때문에 타인과 동물들의 죽음은 일의 성사되어 종결됨을 상징하며, 사람이나 동물의 시체는 성사된 일의 결과물이니 돈으로 상징 해석이 가능하다.

우리의 마음은 밝게 깨어 있는 이성적인 마음인 '도덕'이 있는데 판단의 기준인 도덕적인 제6의식과는 반대로, 잠이 들면 잠재된 제8식의 본능이 꿈으로 활동하여 제7식으로 왜곡되고 상징화 되어 나타나는 것이 꿈이다.

인지가 발달하지 못한 과거와 전생의 기억은, 대부분 무자비하고 비도덕적인 꿈이 길몽이 상징이 되는 이치이다.

. 사람을 죽여서 산에 파묻은 꿈은, 돈 되는 일거리가 성사되어 많은 돈을 은행에 예금하였다.
. 시체를 공동묘지에 묻는 꿈은, 사회사업에 투자 하였다.

. 시체를 내다 버린 꿈은, 모처럼 얻은 일의 성과와 결과를 상실했다.
. 시체에 절하며 울었던 꿈은, 유산을 상속 받았다.
. 시체에 구더기가 우굴 거리던 꿈은, 많은 사람을 고용했다.
. 시체가 없는 관은, 사기를 당한다.
. 가방에 담은 시체가 살아난 꿈은, 합격한 직위를 버리고 다시 고위직 시험에 합격했다.
. 시체가 호수에 떠 있어 경찰에 신고한 꿈은, 증권에 투자하여 이익을 얻었다.
. 땅에 묻은 시체에서 피가 흐른 꿈은, 주유소로 돈을 벌게 되었다.
. 조상의 시체가 묘지에서 살아나는 꿈은, 대학총장의 선임에 실패 하였다.

3) 유골과 뼈의 꿈

 필자의 지인이 교통사고로 병원에 입원을 했다. 수술을 앞에 둔 그 환자는 말하기를 "전날 밤 꿈속에 자기의 전신이 해골로 보이는 꿈을 꾸었는데, 수술을 하다가 죽으면 어떻게 하느냐?"며 걱정을 하였다.
 필자는 꿈에서 전신이 해골로 보였다면, 수술이 잘되 장애 없이 완쾌 되는 꿈이라 해석해 주었다. 예상했던 대로 팔, 다리가 부러진 대수술이었지만 성공적으로 수술로 완쾌했다. 반면에 어떤 사람은 꿈에서 검은 얼굴을 가진 사람이 자신의 가슴뼈를 들추며 전등으로 비춰보는 꿈을 꾸었는데, 그 사람은 폐암에 걸려 수술은 했으나 완치되지 못하고 사망했다.
 검고 낮선 얼굴은 치료의 성패로 해석되나, 종결 혹은 완쾌의 상징인 죽음이나 해골, 뼈가 보이는 상징이 나타나지 않고, 검고 낮선 얼굴이 치료의 실패를 상징했으므로 결국에는 오랜 투병 끝에 사망하는 꿈이었다.

. 꿈에서 유골은, 결정된 일의 상징이다.
. 꿈에서 유골을 본 것은, 증거물, 증서, 수표, 사건의 골자에 해당된다.
. 집 마당에서 해골을 파낸 것은, 관청에서 허가 증서를 얻었다.
. 무덤에서 해골을 파낸 것은, 직장에서 상을 받고 승진을 하였다.
. 산에서 유골을 얻은 꿈은, 큰 단체나 기관에서 소원이 성취 된다.
. 산에다 유골을 묻어도, 큰 기관이나 단체의 취직이나 소원이 성취된다.
. 남이 유골을 가져오면, 성취된 일의 통보나 상장, 증서, 합격증 등을 받게 된다.

4) 장례와 제사의 꿈

 필가가 출가한 오대산 월정사의 H스님은, "화려하게 장식한 상여 뒤에 많은 사람이 만장을 들고 자기에게 다가오는 꿈을 꾸고 놀라서 깨어났다."는 꿈 이야기를 듣고, 필자는 꿈을 해석하기를 장차 오대산 월정사의 주지가 되어 크게 이름을 얻게 되는 꿈이라 말해 주었다. 그 후 그 스님은 월정사 주지 4년 임기를 두 번이나 하고, 동국대학교 이사장 까지 역임하는 사례가 있었다.
 반면 어떤 사람은 꿈에서 아버지의 장례를 치르고 난 뒤 화려한 상여가 나가는데, 그 뒤에 낯선 사람들이 온 천지에 가득히 흰 옷을 입고 상주가 되어 따라가고, 본인과 형제들은 평상복을 입고 상여를 따라가는 꿈을 꾸었다고 했다.
 이후 현실에 서는 아버지가 돌아가시면서 전 재산을 사회에 환원 했다. 고 했다. 꿈에서 흰옷 입은 상주가 많은 것은 아버지의 유산이 많은 사람에게 돌아간 것을 뜻하며, 본인은 꿈에서 평상복을 입었기에 아버지의 유산과 가업이 계승되지 못한 것이다.
 만약 꿈에서 본인만 상복을 입었다면, 유산과 가업이 본인에게만 상속 되었을 것이다. 어떤 사람은 어머니가 돌아가시고 일가친척이 모여 장례를 치르는 것을 본 꿈은, 평소에 지병이 있던 어머니가 돌아가실 것을 정확하게 예지한 경우가 있다. 이러한 꿈은 자기 자신의 출세와 부귀영화의 상징이 아닌 투시에 해당되어, 현실 그대로를 미리 예지할 수 있는 일종의 초능력이라 할 수 있다.
 가난하고 천한 사람이 죽으면 초라한 장례와 상여가 나가고, 부귀한 사람의 장례는 화려하나, 마지막 행위인 장례와 상여의 상징은 우리의 마음속에 출세와 성공, 명예를 의미하는 꿈의 소재로 표현된다.

. 세대의 남의 장의차가 나가는 것을 본 꿈은, 고시에 자기는 떨어지고, 다른 세 사람의 합격한 것을 본 일이다.
. 상여와 수많은 만장이 나가고 뒤에 관이 여러 개가 따른 꿈은, 추진하던 사업이 성공하여 많은 사람의 칭송을 받는다.
. 상여를 손으로 어루만지며 통곡을 하면, 군인이 직장에서 승진을 했다.
. 사촌이 상주가 된 꿈은 직장, 동료가 먼저 기관장이 되었다.
. 진정과 시집 두 곳에서 초상난 꿈은, 남편의 승진과 자기의 승진이 있었다.
. 제사를 지내는 것은, 제 삼자에게 부탁하게 된다.
. 제사상이 잘 차례 졌으면, 부탁한 일이 성사되거나 칭찬을 받게 된다.
. 제사상에 촛불을 밝히면, 부탁한 일이 빨리 성사된다.
. 제사상에 술을 부우면, 부탁한 일이 빨리 성사된다.

. 제사상에 술잔을 내려 퇴주하면, 부탁한 일이 끝이 났거나, 취소되기도 한다.
. 제사상에 음식을 조상이 먹으면, 일을 부탁 받은 자가 그 일을 심사하여 성 사 된다.
. 많은 사람이 제사를 지내면, 기관이나 단체의 건의나 협조를 요청하는 일이 다.
. 성묘를 하면, 협조자나 은인에게 부탁이 이루어진다.
. 자기 집에 초상나서 크게 울거나 상여가 놓여 지면, 자기의 직장이나 자기의 소원이나 사업이 크게 이루어진다.
. 남의 집 초상은, 남의 명성이나 소원성취이다.
. 자기 집의 초상은, 직장에 관계되기도 한다.
. 여성이 상복을 입으면, 유산상속, 결혼, 사업쇄신, 남편의 출세를 상징한다.
. 남편이 죽어 상복을 입으면. 남편의 일로 부귀해 진다.
. 상주가 여럿이면, 권리, 유산을 분배하게 된다.
. 상주에게 절하면, 권리를 이양 받게 된다.
. 상주에게 절하는 데 상주가 맞절을 하면, 권리가 없어진다.
. 상여 옆에 사람이 없으면, 그 집에 초상이 현실 된다.
. 국장을 지내면, 사회적, 국가적으로 최고의 명예 될 일이 생긴다.
. 초상집에 조위금을 내면, 기관에 사업을 부탁하게 되거나 청원서를 내게 된 다.
. 많은 사람의 곡성이 나고 울면, 여러 사람의 시비에 얽힌다.

5) 무덤의 상징

　어떤 유명인사가 대학총장 자리의 선임을 앞두고, 돌아가신 아버지의 시체를 묘지에 묻고 있던 중에, 아버지의 시체가 다시 살아나는 꿈을 꾸고, 필자의 해몽을 구했다. 필자는 꿈에서 시체의 상징은 성사된 결과물이니 그 시체를 무덤에 묻는 것은 중요 직책을 얻게 되는 상징인데, 무덤에 묻지 못하고 살아났으니 중요한 직책에 결정은 되었으나 구설과 망신으로 그 직책을 수행하지 못하게 되는 꿈으로 해석 하여 주었다.
　그 후 그 유명인사는 모 대학총장에 선임 되었으나, 학생들의 극렬한 반대로 대학총장의 선임이 취소되었고, 그가 꾼 꿈은 구설과 망신을 당하는 꿈으로 확인 되었다.
　이와 같이 평소에 불쾌한 느낌이 있는 무덤과 묘지는 꿈에서는 협조기관, 중요기관, 기업체, 단체의 상징이 된다. 대부분 꿈에서 시체와 더불어 길몽이 많으나 무덤에서 손이 나와 잡아당기는 등은 빚쟁이에게 시달리기도 하며, 소원 성취가 취소되는 경우이다.

묘지를 파 옮기면 직장과 사업체에 변동이 있게 되고, 공동묘지에 시체를 묻으면 사회사업에 투자한다.

. 무덤에 시체를 묻으면, 직장을 얻게 된다.
. 여러 묘지 가운데 자기의 묘지가 없으면. 자기의 협조자나 자기의 직책이 없다.
. 연못 가운데 묘지는, 은행, 보험회사 등 금융기관을 상징한다.
. 공동묘지는, 사회단체의 상징이 된다.
. 친척의 묘지는, 경쟁자나 연관된 이웃 회사의 거래를 상징한다.
. 무덤에 꽃이 만발하면, 승진이나 출세하여 명예로운 일이 생긴다.
. 무덤에 불이나면. 사업체이나 하는 일이 융성해진다.
. 무덤이나 능을 파헤치면, 새로운 직업을 얻거나 학문적 사업적인 성과를 얻는다.
. 무덤 앞에 망주 석은, 중개인을 거쳐야 된다.
. 무덤에 값진 물건을 묻으면, 값진 물건을 비밀스럽게 보관하는 상징이다.
. 흙더미에 시체를 감추면, 일, 사건, 재물을 감추는 상징이다.
. 명당을 확인하고 선정하면, 세력기반, 집터 등을 마련하거나 횡재를 하기도 한다.
. 무덤에서 금은보화가 쏟아져 나오면, 정신적, 물질적, 유산상속이나, 신분이 크게 부귀해 진다.

제2장. 신과 사람과 직업의 꿈

1) 하나님과 부처님 꿈

부처님이나 하느님은 양심, 진리, 우주의 법, 등 상징이며 대통령, 큰스님, 은인, 부모 그리고 절대적인 힘을 가진 사람의 상징이 된다.

신심이 돈독한 불자가 집안에 부처님을 모시면서 향과 초로 공양을 하며 기도 했는데, 어느 날 꿈에 부처님이 나타나 험한 표정으로 욕설과 더불어 "너는 왜 향초만 올리고 음식은 올리지 않느냐"고 호통을 치셨다.

꿈을 깬 그 불자는 '꿈에서 본 그 부처님이 과연 정말 부처님일까? 아니면 마군이나 사탄의 장난일까? 마군이나 사탄이면 그것들은 어디에 존재하며 실체는 무엇인가?'라고 생각하며 고민 끝에 필자에게 해몽을 부탁 하였다.

필자는 해석하기를 "부처님이나 마군은 형상이나 모양으로 존재하지 않는다. 다만 마음속에 존재하는 부처님과 마군이 상징화 되어 꿈에 나타나는 것이므로 그런 형상에 현혹되지 말아야 된다." "꿈의 해석으로는 어렵고 불편한 어른에게 무엇인가 할 일을 다 하지 못해서 꾸중을 듣게 될 것이니, 그 원인을 모셔놓은 부처님의 형상에서 찾지 말고 현실에서 찾아야 한다."고 했다.

며칠 그는 집안의 절대적인 권위를 지닌 어른에게 할 일을 다 하지 못해서 꾸중을 들었다 했다.

번뇌의 일종인 꿈은 마음의 작용으로 나타난 현상의 하나로서 표면에 나타난 의식과 잠재된 의식의 작용임을 이해한다면 매일 꾸는 꿈에서 바른 해석의 원리를 얻을 것이니 꿈의 미망에서 헤매지는 않을 것이다.

2) 하느님과 부처님 꿈

어떤 스님의 꿈에서 "너의 성기를 잘라야 도를 이루어 성불 할 수 있다."는 산신령의 계시를 받고 "부처님이 변화된 모습으로 계시를 했다."고 생각해 실제로 자신의 성기를 잘라버린 일이 있었다.

필자는 이 꿈을 "수행자 마음속에 가지고 있는 음욕을 제거해야 도를 이루어 성불할 수 있다"는 큰 스님의 법문을 들었을 것으로 해석된다.

꿈에서 산신령은 큰 스님의 상징이 되며 수행자의 성기는 음욕을 상징한 것이니, 잘라야 한다는 말은 마음속의 음욕을 제거하라는 상징이다.

그러나 그 스님은 상징과 현실을 구분하지 못 했기에 성기를 제거하는 어리석은 행동을 하게 되었다. 이러한 일들은 기도와 수행 중에 흔히 일어나는 일이다.

꿈에서 나타나는 부처님이나 하느님 등의 특징은, 절대적인 능력과 힘을 가진 자의 상징이므로 현실에서는 그와 같이 절대 능력과 힘을 가진 사람의 비유가 되는 것이다. 예를 들어 꿈에서 부처님이나 하느님에게 간절히 기도하면 종교인은 진리를 얻게 되고, 보통사람은 관청이나 고위층에 부탁한 일이 성취된다. 또 부처님이나 하느님이 먹을 것을 주면 입학이나 취직이 되고 병자는 쾌유한다.

3) 하느님과 부처님 꿈 편.

공직에 있는 불자 한 분이 억울하게 뇌물 수수로 경찰에 조사를 받고 있었다. 그 공직자의 부인은 "사찰에 가서 부처님께 기도를 하던 중 부처님께 수차례 절하는 꿈을 꾸었다."며 필자에게 꿈 해몽을 구했다.

필자는 이 꿈에 대해 사찰은 힘 있는 기관을 상징하고, 부처님은 그 기관의 책임자이며, 절하는 것은 부탁의 의미인 청탁에 해당되니 힘 있는 기관에 몇 차례 억울함을 호소하면 큰 탈이 없이 잘 해결될 수 있으리라 해석 해 주었다. 그 후 그 공직자는 억울함이 해결되어 업무에 복귀하게 되었다.

또 어떤 사람은 꿈에서 "부처님이 자신에게 절을 하기에 불편하고 부담스러워 맞절을 하였다."고 했다.

필자는 윗사람이나 중요한 사람이 당신에게 부탁할 일이 있을 것이나 당신은 그것을 거절할 것이라고 해석해 주었다. 그 후 그 사람은 "다니던 사찰의 주지 스님이 어렵고 부담스런 부탁을 하기에 거절 했다."고 말하며 꿈 해석에 대해서 신기해했다.

꿈에서 서로에게 절하는 것은, 청탁과 아부의 상징이 되므로 맞절하는 것은 서로 청탁과 아부가 상쇄되어 거절의 뜻이 되고, 상대가 절을 하였을 때 무심하게 절을 받으면 상대의 부탁을 들어 주게 된다.

. 꿈에 부처님이나 하느님에게, 기도하면 깨달을 얻기도 하고 진리를 얻는다.
. 부처님이나 하느님에게 기도하는 꿈이면, 힘 있는 자의 도움으로 소원을 이룬다.

. 부처님이나 하느님에게 기도하여 극락이나 천당 가게 해달라고 하면, 취직이
  나 결혼을 한다.
. 천당이나 극락세계를 구경하면, 성스러운 곳을 가거나, 절이나 교회를 가기
  도 한다.
. 부처님이나 하느님이 입에 성스러운 먹을 것을 주면, 입학, 취직, 등 단체의
  책임자로부터 허락을 얻는다.
. 부처님께 절하거나 기도를 하면, 유력한 사람에게 청원이 이루어진다.
. 부처님이나 하느님의 뒷모습을 보면, 지도자가 자기의 소원을 들어주거나,
  명예가 생긴다.
. 꿈에 불상을 얻으면, 지휘권, 명예, 권리, 사회적인 재물을 얻는다.
. 부처님이나 하느님의 뒷모습을 보면, 소원이 이루어지고, 명예가 이루어진다.
. 부처님이나 신의 계시는, 본래의 능력으로 진리를 얻거나, 예지 판단의 능력
  을 얻는다.
. 병자나 노인이 천사나 하늘사람을 따라가면, 죽음에 이른다.
. 하늘에서 하계로 돌아가라 하는 꿈은, 죽음에서 소생한다.
. 보살님이나 성모님은, 은혜로운 협조자의 상징이다.
. 보살님이나 성모마리아의 꿈은, 자비스러운 윗사람의 도움을 얻어 소원을 이
  룬다.
. 보살님이나 성모가 길을 안내하면, 자비로운 지도자의 보살핌을 받아 소원이
  이루어진다.
. 관세음보살이 화려하게 계셔서 절을 한사람은, 기관에 중요 보직을 받았다.
. 신령스러운 존재가 주는 음식을 먹으면, 병자는 치유되고, 평인은 윗사람의
  시킨 일을 한다.
. 신선과 산신령은, 큰스님, 학원장, 기관장, 등의 상징이 되며, 서적, 고급골동
  품의 상징이다.
. 용왕도, 단체의 우두머리 상징이 된다.
. 선녀는, 고급관리, 비서, 학자, 수제자, 배우, 여류작가, 등의 상징이다.
. 선녀와 결혼 하거나 성행위는 명예로운 일이 성사되거나 계약이 성사된다.

4) 산신령의 꿈

　한 심마니가 산신령의 계시를 듣고 따라가 황금 동자 상 여러 개를 얻게 되
는 꿈을 꾸었다. 그 꿈을 꾸고는 며칠 후 수십 년 묵은 산삼과 더불어 작은
산삼을 몇 뿌리를 발견 하였다.

꿈속에 산신령이나 신선의 계시는 방법과 학문, 지혜를 얻는 상징으로 많이 해석되기 때문에 산신령이나 신선에게 무엇을 얻었는가? 꾸중을 들었는가? 절을 했는가? 에 따라 해석을 달리 한다. 그러므로 꿈에서 산신령의 계시를 받은 심마니는 자기 자신이 가지고 있던 잠재된 신령한 마음이 산신령으로 변화되었고, 황금동자상은 산삼을 얻을 것을 상징으로 예지한 것이다.

산신령이나 신선은 큰 학자, 큰 스님, 학원장 등 인품이 있고 학식이 있는 기관의 어른으로 상징적인 해석도 된다.

종교와 신앙은 달라도 꿈에서 해석하는 원리는 동일하므로, 부처님을 하나님 혹은 예수님으로, 관세음보살을 성모마리아로, 선녀를 천사, 신선을 선지자로 해석이 가능하다. 또한 옥황상제는 부처님이나 하나님 등으로 해석되며, 용왕은 지혜와 방법보다는 권리와 권세 등 실리와 연계된다. 염라대왕은 현실에서 재판관으로 해석되고, 저승사자는 병마와 죽음을 암시한다.

. 산신령이나 신선이 길을 안내하면, 훌륭한 지도자를 만나 도움을 받는다.
. 산신령이나 신선이 주는 음식을 먹으면, 병자는 치료되고 평인은 윗사람이 맡기는 일에 종사한다.
. 산신령이나 신선에게 절하면, 합격, 취직, 승진, 등 윗사람이나 기관장의 부탁이 이루어진다.
. 용왕에게 절한사람은, 힘 있는 기관에 취직 되었다.
. 용왕이 주는 작은 물고기를 몇 마리 얻는 꿈은, 기관장의 금일봉을 받기도 했다.
. 염라대왕에게 재판을 받아 사형의 판결을 받은 사람은, 고위직에 취직이 되었다.
. 산신령이나 신선에게 꾸지람을 들으면, 윗사람에게 불쾌함을 겪는다.
. 산신령이나 신선의 얼굴이 검으면, 기관장이나 위 사람으로 어려움을 겪는다.
. 산신령이나 신선을 만나기만 해도, 인품과 학식이 뛰어난 사람을 만난다.
. 저승사자를 따라가면, 얼마 후 죽게 된다.
. 저승사자를 보게 되면, 병에 걸리게 된다.

5) 선녀와 천사의 꿈

사법고시를 준비하는 한 청년을 젊지만 머리가 하얀 신령스러운 사람의 안내를 받아 산위에 올라 멀리 산 아래를 바라본 꿈을 꾼 후 선배의 안내를 받아

산 위에 올라 멀리 산 아래를 바라본 꿈을 꾼 후 선배 도움과 조언으로 사법 고시에 합격해 검사가 되었다.

한 편, 법대를 졸업 후 사법고시에 도전한 한 여성의 어머니는 빛나고 화려한 관을 쓴 두 명의 천사가 하늘에서 내려와 녹아 버리는 꿈을 꾸었다. 이 후 딸 은 일차의 시험은 합격 하였으나 이차 시험에 실패했다.

전자의 꿈에서는 머리가 하얀 사람은 학식과 지식을 겸비한 젊은 선배를 가 르키는 것으로, 이 사람의 도움을 받아 고시에 합격한 것을 상징하는 것이며, 후자의 꿈에서는 천사는 고귀한 신분, 화려한 관은 명예와 영광의 의미로 해석 되므로 두 명의 천사가 녹아내린 것은 1,2차 시험이 허무하게 될 것을 상징한 것이다.

선녀와 천사는, 고급관리, 학자, 배우, 명사 등의 상징이 되고, 인기 있는 작 품이나 일의 의미로도 해석된다. 또한 천사나 선녀 등과의 결혼이나 성행위는 명예로운 일의 성취나 약속을 얻게 되고, 자기가 선녀나 천사로부터 아이나 과 일, 책 등을 얻는 태몽은 장차 학문적 업적을 남기는 학자나 교수 혹은 유명한 연예인이 되는 꿈이다.

. 두 명의 천사가 하늘로 데려가는 꿈은, 두 가지 국전에 당선되고 작품이 공 개 전시되었다.
. 천사나 신들이 나팔을 불거나 하는 것은, 신분에 경사가 생긴다.
. 하늘의 사자가 하계로 돌아 가라한 꿈은, 죽음에서 소생한다.
. 선녀를 만나는 것은, 인기인이나 연예인들 특별한 여인이나 인기 있는 일을 경험한다.
. 선녀와 결혼이나 성행위는, 명예로운 일의 성사나 계약이 된다.
. 천사나 선녀가 사라지는 꿈은, 명예와 영광이 잠시 유지된다.
. 검은 얼굴의 선녀나 천사는, 명예스러운 일이 좌절된다.

6) 신의 계시의 꿈

어떤 종교인이 기도 중에 "자식이 몸속에 마귀가 있어 그 마귀를 때려 쫓아 야 한다."는 신의 계시를 받고서 실제로 자식을 구타하여 사망에 이르게 하는 사건이 언론에 더러 보도되는 것을 보았을 것이다.

아이들과 정신박약자들은 이성보다는 본능이 강하기에 잠재된 도덕적인 마음 과 소질, 재능을 찾아 끈기 있게 교육을 해야 한다. 그러므로 꿈에서 나타나는 어린아이는 시일을 두고 고통스럽고 힘들게 키워야 할 일거리의 상징이 되기도 한다.

따라서 종교인들이 기도하는 도중 나타나는 정신박약자 또는 아이들에게 붙어 있는 마귀는 정성어린 교육으로 해결해야 하는 것을 뜻한다. 만약 신의 계시를 그대로 믿어 현실에서 적용하면 법의 심판을 받게 되는 죄악을 범해 교도소에 가게 될 것이니, 경계하고 또 경계해야 할 것이다.

사람은 태어나서 교육을 통해 본능의 거친 마음을 이성적인 비판과 판단력으로 키워져 도덕적인 품성을 가지게 된다. 그러므로 맹자의 착한 마음인 성선설(性善說)과 순자의 성악설(性惡說)의 주장은 본능적이고 이기적인 마음을 잠재우며, 이성적이며 이타적인 착한 마음을 깨우치도록 주장한 교육이었던 것이다. 맹자의 어머니의 맹모삼천지교(孟母三遷之敎)는 지금도 교육의 표본이 되고 있다.

. 1992년의 종말론 휴거를 신이 계시한 꿈은, 종말론자의 종말이었다.
. 꿈에 무당이 아이에게 귀신이 들렸다는 신의 계시는, 자기 자신들의 정신이 병든 꿈이다.
. 꿈에 귀신을 보는 것은, 몸과 마음에 병이 든 것을 상징한다.

7) 대통령, 통치자, 고위 공직자의 꿈

대통령 꿈은, 실제의 대통령, 정부, 정부기관, 기관장, 사장, 아버지, 주지스님, 등이 되며 최고의 일이나 명예, 권리, 영광의 상징이 된다.

2003년, 대통령선거를 한 달 앞두고 노무현대통령후보 진영에 문화 보좌관인 H씨로 부터"노무현후보가 천 길 낭떠러지를 쇠사슬에 의지하여 매달려 있다가, 갑자기 거대한 황룡으로 변해 하늘을 날기 시작했다. 황룡에 붙어있는 비늘 까지 아름다운 황금이어서 감탄을 하다 놀라 깼다."는 꿈 이야기를 직접 들었다.

필자는 당시에 대선주자들의 꿈을 연구하던 차에 이 이야기를 듣고 노무현후보가 틀림없이 당선될 것을 알았으며, 선거운동을 하던 보좌관들을 격려 했다. 이 같이 누구든 자기의 관심사가 대통령 선거에 있다면 차기 대통령이 누가 될 것인지 알게 될 것이다.

이러한 능력은 일종의 초능력으로써 사람이나 동물에 잠재된 의식 속에 감추어 있다가 필요에 의해서 발휘 된다. 다른 점이 있다면 미물에 가까울수록 본능에 충실하고, 영장류에게 가까울수록 습득한 지식이 본능을 눌러 잠재시킨다는 것이 다를 뿐이다. 사람에게는 특히 꿈에서 자기가 중요하다고 느끼는 미래를 꿈으로 나타나고 있다.

필자가 영월에 보덕사 주지로 봉직 할 때, 서울에서 요식업을 크게 하는 사장님은 대통령을 꿈에서 만나면 신기하게도 그날은 필자를 만나게 된다고 했다. 그러나 주지를 끝난 후에는 신기 하게도 현직 대통령이 아닌 옛 대통령이 자기의 집에 오는 꿈을 꾸게 된다고 했다.

이러한 꿈은 대표적인 상징의 꿈이며, 제약회사를 하는 사장은 꿈에서 대통령이 자기에게 매우 불쾌하게 키스를 하고 간 뒤, 현실에서는 이십년 동안 납품을 하던 '병원의 병원장이 약을 납품하지 말 것'을 통보하는 전화 통지를 받았다고 했다.

위와 같이 평범한 사람이 대통령과 관계된 꿈을 꾸면 최고의 명예스러운 일이 생기기도 한다. 그러나 자기가 어느 조직에 속해 있으면 그 조직이나 직장에 최고 책임자와 관계된 경우가 많으니 꿈꾸는 내용에 따라 해석이 달라져야 한다.

평범하게 사는 한 부부는 꿈에 김정일이 김일성을 데리고 집안에 들어오는 꿈은, 시동생이 시아버지를 모시고 오는 꿈으로 확인되기도 했으니, 꿈에서 나타나는 대통령의 꿈은 기관이나 단체의 책임자의 상징으로도 해석된다.

. 대통령에게 지도를 받은 경찰관은, 지역의 경찰서장으로 진급했다.
. 여권의 후보를 지지한 한 불자는, 조계사에서 꽃비가 내리는 가운데 노무현 대통령이 김일성의 손을 들어준 꿈은 야당의 후보가 당선되는 꿈이었다.
. 황제 복을 입은 부시를 만난 꿈은, 당선될 대통령과 인연을 상징한다.
. 황룡이 나는 꿈을 꾼 대통령의 보좌관 꿈은, 자기가 보좌한 대통령후보가 대통령이 되었다.
. 대통령에게 차 한 잔을 얻어 마신 기관에 직원의 꿈은, 사장이 시키는 정신적인 작은 일을 처리 하였다.
. 허물어진 집에 서까래 셋을 지고나온 이성계의 꿈은, 왕이 되는 꿈이었다.
. 선인이 나타나 금으로 된 자(金尺)를 주며 동국지방을 측량하여 다스리라는 이성계의 꿈은, 이성계가 왕이 되는 꿈이다.
. 복두를 벗고 흰 관만을 쓰고 12현의 거문고를 가지고 천관사 우물 속으로 들어간 신라의 김경신의 꿈은, 그 후 신라의 원성왕이 되었다.
. 대통령이 수행원을 데리고 자기 집에 다녀가면, 공무원은 정부나 직장에서 중요한 권리와 책임을 맡게 된다.
. 대통령이 자기 집에 오겠다고 하면, 후일 최대의 명예나 권리가 생긴다.
. 대통령의 방에 따라가면, 진급이나 일의 성취, 명예 등이 이루어진다.

. 대통령과 악수하면, 존경의 대상과 계약이 성사되거나 명예가 생긴다.

. 군중사이에서 대통령을 환영하면, 국가 시책에 호응할 일이 생긴다.

. 대통령이 여행하면, 정부시책이나 헌법이 개정되고, 전시에는 수도의 이전문제이다.

. 대통령의 의관이 단정하지 못하면, 정부의 기강이 문란하거나 신변에 이상이 생긴다.

. 대통령이나 왕등 통치자가 사망하면, 국권이 회복되거나, 개헌이 되거나하며, 평범한 사람은 최고, 최대의 영광이 주어진다.

. 외국의 대통령 꿈은, 자기회사와 버금가는 이웃회사나 경쟁자의 회사와의 관계를 본다.

. 대통령의 명함을 받은 것은, 복권에 당첨되기도 하고, 취임식에 참석 초청장이 되기도 한다.

. 대통령과 함께 걷는 것은, 존경할 인물과 일을 같이한다.

. 대통령에게 음식을 대접하는 것은, 최고의 실력자에게 일을 부탁하여 소원이 이루어진다.

. 자기가 대통령이 되면, 어떤 기관에 장이나, 단체 지도자가 되는 일이다.

. 부통령이나 총리는, 최고의 권좌나 명예, 다음가는 지위 권리 등과 관련된다.

. 국회의원, 판검사, 변호사 등은, 실제의 인물이거나 경찰이나 신문기자, 심판관 재판관 힘 있는 공무원, 등의 상징이 된다.

. 국회의원이나 유명 인이 연설하는 것을 보면, 누구에게 규탄 당한다.

. 변호사나 재판관에게 어려운 사정을 말하면, 상담자, 기자, 경찰관, 스님이나 목사 신부에게 고해성사 한다.

. 검사의 준엄한 논고를 하면, 논평, 비평, 신문 등을 받게 된다.

. 재판관의 선고를 받으면, 일이나 작품 등의 판정을 받게 된다, 사형을 선고 받으면, 최고일이나 소원이 성사된다.

. 재판관은, 양심, 기관장, 경찰관, 종교인의 상징이 되기도 한다.

8) 영부인과 귀부인의 꿈 군인,

황후나 영부인은, 실제의 인물이거나 고귀한 인물과 동일시되는 상징이 된다. 자기가 여왕이 되거나 왕비가 되면 정치가는 당수나 위원장, 학생은 수석이나 학생회장, 퀸, 등이 되고 작품으로는 최고의 영광이 주어진다.

자기가 왕자나 공주가 되면, 유산 상속자 수제자 등의 신분과 관계된다. 자기가 여왕이나 영부인이 되어 왕이나 대통령을 따라가면, 남편의 일에 협조하거나 기관이나 사업체의 2인자가 되기도 하는 상징이 된다. 자기가 황후나 영부인이 되면, 기관장이 되고 최고의 영광된 지도자가 되기도 하며, 최고의 명예를 얻게 된다.

. 여왕이 되어 왕을 따라가면, 남편의 일을 협조하게 되거나, 기관의 두 번째 위치를 얻는다.
. 자기가 왕자나 공주가 되면, 유산 상속자가 되거나 상속자, 수제자가 된다.
. 황후나 영부인의 꿈은, 대통령과 동일한 상징이 된다.

9) 군인, 경찰관, 기자, 학생, 꿈

필자는 꿈에 등산복을 입고 독일에 관광을 하고 있었다. 갑자기 힘이 세어 보이는 독일 경찰서 수사과장이 필자를 묶어 끌고 가더니 독일 경찰서 앞에서 소지품 검사와 조사를 받다가 꿈에서 깨어났다.

필자는 대한불교 조계종이 승려이기에, 꿈에서 독일은 타 기관이나 단체의 상징이며 한국 농어민 신문의 편집국장의 해석으로, 독일 경찰서 수사과장은, 농어민신문의 편집국장의 해석으로, 소지품검사는 필자에 대한 심사이며, 경찰서 앞에 서 있던 것은, 심사 후 기다림의 상징이 되었으며, 필자는 이 꿈을 꾸고서는 한국 농어민신문에 꿈 해몽 이론을 연재하게 되었다.

필자가 사는 산속 암자에 기자가 와서 취재를 한 꿈은, 다음날 경찰관이 와서 이것저것을 묻고 누가 살고 있는가를 묻는 확인이 있었다. 꿈 해석이론으로 보면 기자는 경찰로, 경찰은 기자나 우체부로 바꾸어 놓고, 군인인 경우에는 경찰관이나 특수한 조직에 관여된 사람으로 바꾸어 놓기의 상징이 되며, 스님들이 고위직 군인에 상징되기도 한다.

그러나 만일 중병한자의 꿈에 경찰관에게 묶이어 간다면, 장차 그 사람은 죽음에 이르게 되니, 같은 내용의 꿈이라도 꿈꾸는 사람마다 해석의 차이가 있다.

. 군인의 꿈은, 실제의 군인으로 투시되기도 한다.
. 적병에게 쫓기는 꿈은, 벅차고 어려운 일이나 병으로 고통을 받는다.
. 적병을 죽이거나 사살하면, 벅차고 어려운 일이 해결된다.
. 군모를 잃어버리면 갈등, 면직을 당한다.
. 군인이 무기를 잃으면, 협조자나 방법을 상실한다.
. 단체의 군인이 행진을 하면, 진행하거나 계획한 일이 잘 진행된다.

. 학생이 장교나 부 사관이 되면 수석이나 간부가 되거나, 리더가 된다.

. 사령관이나 장교에게 훈장을 받으면, 명예를 얻는다.

. 사령관이나 장교에게 기합을 받으면, 문책, 또는 중대한 책임이 주어진다.

. 현역군인이 군복을 벗으면, 휴가나 제대를 하게 된다.

. 현역군인이 작업복이나 군복을 입었으면, 좀처럼 집에 오기 어렵다.

. 많은 사병을 거느린 장교는 자기의 지휘능력과 역량을 나타낸다.

. 수갑을 차고 끌려가면, 취직이나 일의 선택된다.

. 환자가 수갑에 채여 끌려가면, 죽음에 이를 수도 있다.

. 군인이나 경찰관이 총을 겨누어 불안에 떨면, 불안, 공포, 고통에 직면한다.

. 경찰관이 자기 도장을 찍어 가면, 집안에 변고가 생긴다.

. 경찰관이 호출장 영장을 보내오면 당선, 입학, 취직, 입영, 체포, 입원 등의 통지서가 온다.

. 경찰관이나 군인이 집을 포위하면, 위험한 사건이 있거나, 기관에 일이 성취 되기도 한다.

. 살인을 하고 경찰관에 쫓긴 꿈은, 시험, 취직, 논문 등에서 낙방한다.

. 현역군인의 꿈에 군인을 만나는 꿈은, 헌병과 일이 생긴다.

. 사복형사가 집안을 뒤지면, 신문기자에게 질문을 받으며, 기자와 인터뷰할 일이다.

. 신문기자가 오면, 직책, 작품등 신상문제를 알고자하는 사람이 온다.

. 신문기자에게 인터뷰하면, 행적, 업적을 누군가에게 설명하게 된다.

. 기자가 사진을 찍거나 녹음을 해가면, 증거를 포착 당하거나, 누구에게 선택 당하거나, 자유의지를 구속당한다.

. 군인이 전사자의 유골을 안고 오면, 자기의 일이나 작품 등이 성취 되어 기 사거리가 된다.

. 군복을 입고 적진을 거닐면, 사업, 일, 작품 등이 기관에서 어려움을 겪는다.

. 군인이나 경찰관에게 검문검색을 당하면, 이력서 계획서 진찰권 등을 제출하 는 일이 생긴다.

. 내무반장에게 얻어맞아 코피를 흘린 꿈은, 형님의 아들 결혼식비용을 내게 되었다.

. 학생들이 몰려와 당황한 꿈은, 어려워하던 강연을 힘들게 마친 일이다.

10) 종교인의 꿈

남편이 설비와 보수의 직업을 하는 불자인 여인은 전화를 하여 말하기를 필자에게 공양 대접을 한다 하여, 그 까닭을 물었다. 사연인즉 "어제 밤 꿈에 스님이 화를 내며 나타나 자기의 집에 오시더니 누가 음식을 대접 한다 하더니 이 핑계 저 핑계를 대며 음식을 주지 않아 배가 고프다고 하여 말하기에, 지금 밥이 없으니 라면이라도 끓여 들일까요? 하고 꿈에서 깨어났다."며 필자에게 음식 공양을 하겠다고 했다.

필자는 말하기를, 남편이 저녁에 와서 일거를 얻지 못해 짜증을 낼 것으로 해석을 해 주었다. 그날 저녁에 퇴근한 그 불자의 남편은 제법 돈 될 수 있는 일이 취소 됐다며 짜증을 내기에, "그러면 작은 일이라도 가리지 말고 하라" 말하고 생각하니 꿈이 이치가 참으로 신묘하다 했다.

이와 같이 교회나 절을 다니든지 자기 자신이 믿는 존경하는 성직자의 믿음이 상징이 되듯이 변함없는 믿음이 평소의 남편으로 바꾸어 나타나는 경우가 종종 있다.

- 꿈에 주지스님에게 절한 꿈, 기관장에 부탁한 일이 성취된다.
- 스님이나 성직자의 설법을 들으면, 선생님의 강의를 받기도 하며, 윗사람의 훈계와 책망을 듣기도 한다.
- 스님이나 성직자의 꿈에 설법을 할 때 사람들이 졸거나 죽으면, 강의나 설법에 성공을 상징한다.
- 스님에게 시주를 하면, 소개인을 통해 소원이 이루어진다.
- 스님에게 시주를 많이 하면, 부탁이 많다.
- 스님이 문전에서 염불을 하면, 집안의 널리 소문 날일이나 경사가 있다.
- 태몽에서는, 목탁소리는 무관, 염불소리는 문관을 상징한다.
- 법당에서 염불하면, 기관에 부탁이 이루어진다.
- 법당이나 절에서 절하면, 소원이 이루어진다.
- 도승이나 큰스님의 꿈은, 큰 인물과의 인연을 상징한다.
- 파계승이나. 남루한 스님은, 믿을 수 없는 일을 상징한다.
- 죄수는 수녀, 군인, 환자, 학생 등의 일을 상징한다.
- 죄수복을 입으면, 병원에 입원하거나, 교도소에 수감되기도 한다.
- 신부, 수녀, 목사 등의 꿈, 의사, 선생님, 교수, 기관원, 검사, 등의 상징이기도 하다.

11) 스승과 교사, 의사의 꿈

필자가 미얀마의 명상 수도원에서 수행하던 중에, 어느 날 꿈에 탄허 큰스님이 병들어 죽겠다고 나의 어깨에 매달려 고통스러워하는 꿈을 꾸었다.

꿈에서 스승이신 큰스님은 도(道)의 상징이니 병이 들어 죽어버렸으면, 필자는 크게 도(道)를 이루어 많은 사람의 스승이 되었을 것이나, 아쉽게도 꿈에서 큰 스님이 돌아가시지 않았기에 열심히 수행을 했으나 결과를 크게 얻지는 못하는 해석이 가능하다. 그 후 스스로 해석하기를 꿈의 원리를 더 알았더라면 더욱 더 열심히 정진을 할 것을 하고 후회가 되었다.

유방암 진찰을 받기로 한 여인은 꿈에 머리가 하얀 신선을 만난 꿈은, 훌륭한 지식을 가진 의사를 만나 완치의 판정을 받은 일에 해당된다. 질병이 낫게 되는 훌륭한 의사를 만나는 꿈은 대부분 하얀 신선이나 과거의 은사를 만나면 질병이 났거나 훌륭한 의사를 만나나, 꿈에서 의사를 만나는 것은, 대부분 현실에서 간섭하고 불편한 직업을 사람을 만나게 되는 상징이다.

의사의 진찰을 받은 직장인은 현실에서 병들었다는 생각에 병원을 찾았으나 건강하다는 진찰을 받았다, 그러나 도리어 업무의 잘 잘못의 감사와 심의를 받았다. 신심 있는 불자의 꿈에 존경하는 스님이 꿈에 회초리를 맞는 꿈을 꾸었는데, 그 날 밤에 도둑이 들어 패물을 잃어버린 일을 경험하기도 했다.

꿈에서 나타나는 스승과 교사, 의사 등은 대체로 나에게 간섭하고 참견하는 불편한 윗사람의 상징이 된다. 그러나 집안이 어려워 점심을 굶던 제자가 선생님이 매번 건네준 도시락에 굶주림을 채웠던 그 사람의 꿈에, 선생님만 나타나면 항상 기쁜 일이 생긴다고 했으니 꿈에서 나에게 혜택과 은혜를 베풀었던 스승이나 교사일 경우에는 현실에서 윗사람의 도움을 얻을 수 있다.

. 교장과 교감이 한자리에 있으면, 윗사람과 아랫사람이 같이 있는 상징이다.
. 현역군인의 꿈에, 교장과 교감, 선생님 담임선생님의 꿈은 사단장과 그 휘하의 장교들을 상징한다.
. 존경하는 은사가 멀리서 오면, 협조자의 은혜로운 일이 시간이 걸려 성사된다.
. 과거의 은사를 만나면, 은혜로운 협조자를 만난다.
. 학생의 꿈에 낯선 선생을 만나면, 윗사람의 책망을 듣게 되고 불쾌한 일이 생긴다.
. 남이 많은 부하를 거느리면, 남의 세력과시를 보거나 힘든 일을 겪는다.
. 과거의 학생으로 돌아가면, 실력이 미달이나 조직에서 재교육을 받기도 한다.
. 교실에서 수업을 받으면, 직장에서 상사의 문책을 받게 된다.
. 꿈에 의사를 보는 꿈은, 실제의 의사가 되기도 하지만, 심사관, 협조자, 기

자, 종교인, 상담자의 상징이다.

. 꿈에 간호사는, 협조자, 아내, 여동생, 등의 상징이 된다.

12) 연예인의 꿈

꿈속에서 남자 K 연예인과 성행위를 한 여인은 부끄러워하며 어렵게 말하기에 필자는 자세하게 묻게 되었다.

웨딩 숍을 하는 그 여인은 새로 지은 모텔 건물 3층에서 세 채의 이불을 받고 그와 감동적인 느낌과 만족한 후배위 자세로 성행위를 하였다. 그 후 그 여인은 새로 생긴 유명 방송국의 인터넷 광고에 계약을 하여 상당한 효과를 보았다.

꿈에서 인기 연예인 등은 인기 있는 사람을 바꾸어 놓거나, 인기 있는 상품이나 일거리의 해석이 되고, 3채의 이불은 3가지의 조건이며 그와의 성행위은 계약이나 성취, 완성 등의 표현이 되고, 후배위의 성행위는 공중파가 아닌 인터넷의 계약으로 해석된다.

. 꿈에 유명 연예인과의 성행위 꿈은, 유명한 일이나 사람과 일거리의 계약이다.
. 저속한 연예인이나 술집여인은, 수준 낮은 일과의 계약과 관계한다.
. 저속한 연예인과의 성행위는, 저속한 소설이나 잡지, 악기등과의 관계된 일이다.
. 평범한 가수의 노래를 듣는 꿈은, TV 등이나 선전을 시청하는 경우의 꿈이다.
. 무용수의 춤이나 노래는, 상품 선전하는 사람을 보기도 한다.
. 연예인과 성행위 실패는, 소원했던 일의 계약이나 일이 수포로 돌아간다.
. 연예인과 데이트가 성행위를 하지 않았다면, 구설과 망신이 있다.

13) 도둑과 악인의 꿈

필자는 이십 년을 연구한 '마음과 꿈 해몽의 원리'를 발표하고자 했으나 방법이 없어서 고심을 하던 중, 필자의 암자를 굴삭기로 부수며, 가지고 있던 분홍빛의 화려한 비단 보따리를 가져간 험상 궂은 얼굴을 한 사람의 꿈을 꾸었다.

그 후 몇 달 뒤 힘 있는 사람의 도움으로 '꿈과 마음을 연구하는 연구소'를 창립하게 되었다. 험상궂은 사람은 힘 있고 버거운 사람으로 상징했고, 굴삭기는 능력을 해석하며, 분홍색 비단 보따리는 인기 있는 해결되지 않은 문제를 가져가는 것은 해결됨을 상징했다.

　대체로 꿈에서는 도덕적인 마음과 행동이 현실에서는 불쾌한 일이 되나 내가 도둑이 되어 남의 귀중품이나, 돈, 물품 등을 도둑질 해오면 반대로 길몽인 경우가 많다.

- . 악한과 괴한과 도둑은 벅찬 일, 힘든 일, 질병 등을 상징하며, 이것들은 죽이거나 물리치면, 버겁고 힘든 일, 질병 등에서 해결되며, 악한이나 괴한에게 죽으면, 벅차고 힘든 일이 타인에 의해서 해결 된다.
- . 도둑이 들어와서 벽을 뚫거나, 담을 허물어 놓으면, 사건이나 일을 개방할일이 있게 되고, 도둑이 풀지 않은 가방이나 보따리를 가져가면 나의 근심이나 어려운 일을 남이 해결해준다.
- . 악인이나 도둑을 보고 두려워 떨거나 겁을 먹으면, 힘들고 고통스러운 일을 겪게 된다.
- . 도둑이나 괴한을 죽이면, 크게 소원이 이루어진다.
- . 악한과 괴한은, 벅찬 일, 힘든 일, 질병 등을 상징한다.
- . 악한에게 쫓기면, 실패, 자책, 미련 등 어려움에 봉착한다.
- . 여인이 악한에게 칼에 찔리면, 청혼을 받는다.
- . 여인이 악한에게 총이나 칼에 찔려죽으면, 상대의 결혼 선택에 허락한다.
- . 악한에게 총이나 칼에 찔려 죽으면, 남으로 해서 소원이 이루어진다.
- . 악한에게 상처를 입어 피가 나면, 남으로 금전적인 손해를 본다.
- . 도둑이 벽을 뚫으면, 자기의 일을 크게 개방한다.
- . 도둑을 보고 두려워 떨면, 벅차고 힘든 일에 고통을 받는다.

14) 부부와 애인의 꿈

　꿈에서 부인이 남과 성행위를 하는 꿈을 꾼 사람은, 직업이 보험 설계사로 활동하다가 상당한 규모의 보험 계약을 하는 것으로 확인이 되었다. 이와 같이 꿈에서는 남자의 부인은 사업이나 일거리의 상징이 되고, 여인의 꿈에서 남편은 꿈에서 나타는 남편은, 여자의 경우에는 대부분이 직장을 상징한다, 옛 말에 영원한 취직은 시집가는 것이라 하는 것처럼, 여자는 시집이 평생의 직장이 되니 그럴 만 하다.

　그러나 여인은 자기가 신뢰하는 종교인이나 사회의 저명인사가 남편으로 꿈에 상징이 되기도 한다.

· 남자는, 부인이 부인의 일일 수도 있지만 애착 가는 일거리나 사업 등을 상징 한다.
· 부인과 성행위는, 직장이나 사업체의 발전적 계약이 이루어진다.
· 부부의 성행위는, 계약이나 약속이 이행되어 소원이 이루어진다.
· 꿈에서 남편에게 냉대를 받으면, 직장에서 퇴직이나 실직한다.
· 꿈에서 남편에게 맞으면, 직장상사에게 꾸중을 듣는다.
· 꿈에서 남편이 자기 자신에게 맞으면, 직장에서 승진이나 소원 성취된다.
· 남편이 가방이나 보따리를 들고 나가면, 직장에서 어려운 일이 해소된다.
· 남편이 침을 자기 자신에게 뱉으면, 직장에서 멸시 당한다.
· 남편을 죽이면, 사업이나 어려운 일이 성사되어 재물이 생긴다.
· 여동생도 꿈에서는, 자기부인이나 애착 가는 일일 경우가 많다.
· 꿈에서 애인도 부부와 같이 해석을 하게 된다.
· 꿈에서 부부이별은, 직장을 옮기는 경우이다.

15) 부모님과 가족 조상의 꿈

 복권과 로또 당첨된 사람의 꿈은, 여러 가지 중에도 조상의 꿈이 제일 많은 통계가 있다. 그 조상이 과거의 집안을 세워 일으키고, 출세한 조상이 꿈에 나타나면, 집안의 경사가 있고 소원이 이루어진다. 그러나 술과 여자로 집안을 망해먹은 조상이나 부모가 나타나면, 그와 같은 불행한 일이 생기고. 고생을 많이 해서 마음이 아픈 돌아가신 어머니가 나타나는 꿈도, 마음상하는 일이나 사람으로 속을 상하게 되는 상징이 된다.

· 가족은, 실제의 가족이거나 직장의 동료, 사장, 등 내부의 인적사항의 상징이 된다.
· 아버지는 실제의 아버지도 되나, 직장의 사장, 백부, 삼촌, 선생님, 친구 아버지, 존경의 대상과 일거리도 된다.
· 어머니 역시 실제의 어머니도 되나, 어머니와 닮은 대상인 숙모, 친구 어머니, 큰 누나, 아버지 스승의 상징이 되기도 한다.
· 할아버지와 할머니는, 실제의 인물이거나, 그와 상징되는 학교의 교장, 어른, 장관, 사장, 동네 어른의 상징이 된다.
· 조상과 고인이 된 부모는, 집안의 운세나 가문과 상관되는, 살아있는 집안의 실권자인 어른의 상징이 된다,

- 집안을 일으켜 세운 조상이 꿈에 보이면, 집안의 발전과 부자 또는 소원이 성취된다.
- 죽은 조상이 꿈에서 다시 죽으면, 한번 성취된 일이 다시 이루어진다.
- 조상이 우는 꿈은, 집안에 불행이 닥친다.
- 조상이 어린아이를 어루만지면, 아이가 병들거나 집안에 불행이 닥친다.
- 여러 세대가 한자리에 모이면, 대부분 직장의 상사와 동료 등이 모이는 꿈이다.
- 객지에 있는 가족이 모이면, 직장의 상사와 동료의 꿈이다.
- 아내나 여동생이 문 밖에서 쳐다보면, 자기의 일을 반대하는 상징이 된다.
- 죽은 사람이 마귀라고 생각되어 보이면, 우환과 병이 생기거나 방해적인 일이 생긴다.
- 과거의 자기가 싫어한 사람이 나타나는 꿈은, 그와 비슷한 어려움을 겪게 된다.
- 언니와 오빠는, 그와 비슷한 사람이거나, 애착이 가는 일거리 일 경우가 많다.
- 별거중인 사람을 보면, 실제의 사람이거나 우연찮은 사람을 만난다.
- 거울에 보이는 자기 자신은, 대부분 사람을 만나게 된다.
- 동생, 누나, 누이동생은, 실제 인물이거나, 일거리의 상징이 된다.
- 여자의 꿈에 친정식구는, 친정도 되나, 시집과 관계되는 일이 더 많다.
- 처갓집은 실제의 처갓집이 아니면 거래처 또는 자기 일을 부탁한 곳을 상징한다.
- 남편과 애인은, 실제의 인물이거나, 애착을 가지는 일거리, 애착가는 악기, 미술가는 작품이 된다.

16) 많은 사람들의 꿈

한 스님이 사찰이 주지 직을 봉직 받아 다음날 이 취임식을 하고자 하였다. 필자에게 말하기를, 꿈에 많은 사람들이 모여서 당신을 향해 일등이라며 떠들고 환영하며 소란스러운 꿈을 꾸었다며 기대를 하고 취임식에 임했으나, 결과는 반대로 주지 취임에 반대하는 데모의 수모를 겪고 주지 직에서 물러나게 되었다.

이와 같이 꿈에서 많은 사람이 모여 소란스러운 꿈은, 대부분 불쾌하고 망신당하는 꿈으로 해석한다.

필자는 강연이나 행사가 있을 때면, 미리 사전에 꿈을 꾸어 그 결과를 보고 그 행사나 강연을 대비하고 있다. 특히 초청 강의 일 경우에 꿈에서 많은 사람들이 졸거나 퇴장하는 꿈이거나 경쾌한 박수 소리는, 강연의 성공을 상징한다.

. 많은 사람으로 소란한 꿈은, 현실 그대로 소란과 혼란을 상징한다.
. 많은 사람이 몰려 사라지면, 행사나 이벤트의 성공을 상징한다.
. 많은 사람 속에 있어 시위하면, 단체에 합류하여 기관에 여론몰이와 청원을 하게 된다.
. 많은 사람들이 자기를 둘러싸고 있으면. 투쟁이나 쟁론을 하기도 한다.
. 많은 사람의 앞장을 서면, 책임자가 되나 어려움을 겪는다.
. 많은 사람들이 자기에게 다가오면, 심각한 어려움에 봉착한다.
. 많은 사람들이 자기 옆을 지나가면, 자기의 일이 신속하게 처리된다.
. 많은 사람을 호령하면, 권력과 계획이 성사된다.
. 장례행렬의 주인이 되면, 많은 사람의 추종자를 얻게 되고 명예를 얻게 된다.

17) 노인의 꿈

필자의 도반스님은, 어느 날 꿈에 산신령의 계시를 받아 법당 터를 선몽 받았다고 자랑을 했다. 필자가 묻기를 그 꿈 이후에 혹시 풍수를 잘하는 권위자의 조언을 받지 않았는가? 물었다.
그 스님은 말하기를, 그 꿈을 꾸고서는 사흘 뒤에 우연하게도 풍수와 지리에 명성이 자자한 큰 스님이 오셔서, 산신령이 계시한 장소와 같은 곳에 법당을 지으라는 조언을 하시고 가셨다며, 산신령의 계시와 일치된다 하였다.
사찰에 다니거나 민속종교를 믿는 사람들 가운데 더러는 꿈에 머리가 하얀 노인을 만나거나 하면, 산신령의 계시를 받았다고 생각하는 경우가 많다. 그러나 꿈에서 나타나는 산신령은, 대부분 현실에서 나이가 젊더라도 지식이 많거나 학식과 지식이 넉넉한 존경하는 어른일 경우가 대부분이다.

. 꿈에 산신령이 나타나 성기를 잘라야 도를 이룰 수 있다는 꿈은, 큰 스님의 음욕을 끊어야한다는 법문이다.
. 병이 들어 꿈에 산신령 같은 노인을 만난 꿈은, 명의를 만나 질병이 치유되는 길몽이다.
. 현실에서 어른이 아이가 되는 꿈은, 현실에서 자기 자신이 어린 것을 상징한 꿈이다.

. 현실에서 어른인 자기가, 꿈에서 아이나 학생인데 어른을 만나면 능력이 있는 뛰어난 상대를 만난다.
. 머리가 백발인 사람을 만나면, 학식이 훌륭한 사람을 만난다.
. 반백인 자기와, 타인의 머리는, 업무와 과로에 힘든 것을 상징 한다.

18) 거지와 부랑자의 꿈

필자의 꿈에서 어디선가 익은 거지 모습에 사람이 필자의 절에 와서 구걸을 하기에 삼천원을 주었다. 그러던 어느 날 명문대를 나와 큰 사업을 하던 지인이 필자가 주지로 봉직하던 사찰에 찾아왔다. 사업의 부도로 말미암아 형편의 어려움을 말하고, 기도하며 머물기를 부탁하기에 사정이 딱하여 허락했고, 그 후 약 3개월간 무료로 숙식을 하며 기도를 하고 떠난 일이 있었다.

이와 같이 꿈에서 나타나는 거지나 부랑자는 신분이 몰락한 사람의 해석이 되고 3천원을 3개월의 시간을 상징했다.

. 집에 들어오는 거지를 죽인 꿈은, 상속으로 쉽게 많은 돈이 생겼다.
. 거지의 꿈은, 허술하고 쉬운 일거리의 상징이 된다.
. 자기 자신이 거지꼴이면, 신분이 몰락되고 망신과 구설을 듣는다.
. 국회의원에 도전한 사람이 거지꼴이 된 것은, 선거의 낙선을 상징했다.
. 찢어지고 남루한 승복을 입게 된 스님은, 중요한 신도가 개종하는 꼴을 보게 되었다.
. 거지와 동행하면, 어려운 사람의 일을 도와주게 된다.
. 구걸하는 거지에게 잔돈을 주면, 근심걱정이 해소된다.
. 구걸하는 거지에게 많은 돈을 주면, 많은 시간을 경과 후에 근심이 사라진다.

19) 유령과 귀신의 꿈

한 여인이 집 앞에 서서 자기를 노려보는 귀신을 바라보는 꿈을 꾸고나서, 몸과 마음이 매우 아프다고 해몽을 구했다. 필자는 해석하기를, 몸과 마음이 병마에 시달리게 될 것이나, 다행이 귀신이 문 밖에 있었기에, 큰 병은 아니니 걱정 말고 사찰에서 기도와 봉사하기를 권했다.

그 후 그 여인은 머리의 두통에 시달렸고, 다행히 근처의 사찰에서 절하는 기도와 봉사로 두통을 이겨내고 필자에게 꿈을 배우기도 했다.

· 꿈에 귀신에 쫓기는 꿈은, 대부분 병마에 시달린다.
· 꿈에 귀신에 쫓기다가 돌아서서 잔인하게 귀신을 죽인 꿈은, 수술하여 유방 암을 완치 했다.
· 귀신이나 유령, 미친 사람이 쫓아오면, 술 취한 사람을 만나거나 질병으로 고통 받는다.
· 귀신이나 유령 등을 죽이면, 건강을 회복 한다.
· 꿈에 귀신을 보는 것은, 몸과 마음에 건강이 좋지 않은 것을 상징한다.
· 꿈에 귀신이나 유령을 보는 것은, 특별한 방법을 찾으면, 사이비 도사에게 사기를 당하게 되어 헤어나기 어려운 건강과 마음의 병을 얻게 되니, 차라리 병원이나 건전한 종교에 귀의함이 옳다.

20) 일꾼과 도우미의 꿈

　자영업을 하는 사람이 부당한 세금이 나와 세무서에 항의를 하겠다며 생각하고 잠을 잔 다음날 새벽에 꿈을 꾸었다. 오래되고 잘 지어진 기와집에서 일하는 여인이 밀가루로 전을 부쳐 주기에 맛은 별로이나 배가 고파 질리도록 먹었다는, 꿈을 꾸었다며 해몽을 구했다.

　필자는 세무서에서 여성 직원이 과다하게 나온 세금의 해명자료를 요청 할 것이니 당신은 그 해명자료를 만들기 위해 노고가 많을 것으로 해석하였다. 그후 그 사람은 세금을 적게 내기위해서 해명하기 위한 증빙서류를 만들기 위해 동분서주하여 해결 하였다.

　꿈에서 오래되고 잘 지어진 기와집은 세무서를 상징했고, 일하는 여인은 세무서의 여성 직원을, 맛없는 많은 음식은 탐탁치않은 많은 일거리를 상징한다.

　이와 같이 꿈에서 나타나는 건물과 관계된 사람들인 일꾼이나, 가정부, 기술자, 등은 기관이나 조직 등에서 실무를 담당하는 조직원을 상징한다.

· 자동차나 배, 비행기 등을 운전하는 기사는, 기관이나 단체의 책임자나 실무자이다.
· 기술자는, 작가, 건축가, 미술가의 상징이 된다.
· 농부, 어부는 자영업자나 사업가의 상징이 된다.
· 집 앞에 마당을 쓰는 일군은, 나의 업무를 처리해주는 기관의 일꾼이 된다.

제3장. 인체의 꿈

1) 나체의 꿈

 필자의 지인이 지자체 의원을 하겠다고 출마를 했다. 그러나 그 사람은 백화점에서 자기의 몸에 맞는 옷을 구하지 못해 알몸으로 다니는 꿈을 꾸고, 선출직에서 무소속으로 나와 실패를 경험 했다.

. 나체를 가릴 수 없어 당황하면 자기의 신분이나 의지, 사업 등의 협조자가 없어 곤경에 처하게 되며, 상반신을 벗고 일하면 윗사람의 협조를 얻지 못하고, 하반신의 옷을 벗으면 아래 사람의 협조를 얻지 못한다.
 반면에 일부러 나체를 자랑하고자 하면 해석을 달리하니, 남에게 신상을 공개하거나 자기의 신분을 자랑하는 일이 된다.
. 옷이 없어 나체가 되면, 도움을 받을 협조자가 없다.
. 윗옷이 없는 경우는, 윗사람의 협조자가 업고, 아래옷인 없다면 아랫사람의 협조가 없다.
. 일부로 옷을 벗어 나체를 자랑하면, 신분이 귀해지거나 신분을 과시한다.
. 거울 앞에서 옷을 벗어 나체가 되면 반가운 사람을 만나나, 어려운 하소연을 듣게 된다.
. 남의 옷을 벗어 나체쇼를 하면, 남과 싸우거나 불쾌함을 경험한다.
. 옷을 단정히 입으면, 신분과 지위 등의 일이 보장된다.
. 옷의 일부가 벗겨져 있으면 의지 할 곳의 일부가 결여 되어있다.
. 옷을 벗으면, 직책을 잃는다.
. 나체가 부끄럽지 않으면, 신분과 신상을 공개한다.
. 나체가 부끄러우면, 비밀이 탄로 나거나 창피한 일과 관계되는 상징이다.

2) 얼굴의 꿈

 필자는 여러 의사가 얼굴 성형수술을 수차례 하는 꿈을 꾸었는데, 그 후 여러 사람의 조언으로 출판하는 책의 표지를 몇 차례나 바꾸게 되었다. 꿈에서 얼굴은 책 표지에 해당되는 상징이었다.

. 얼굴은 어떤 사람의 성격이나 인물과 동일시이며 간판, 표지, 사진, 마음 등
  의 상징이 된다.
. 손으로 세수를 하면, 신분이 새로워지거나 근심, 걱정이 사라진다.
. 오줌이 담겨진 그릇에 세수를 하면, 망신과 다툼이 생긴다.
. 얼굴을 성형하면, 책이나 간판 내용을 바꾸는 상징이다.
. 복면을 한사람을 보면, 비밀리에 해코지 할 사람이 있다.
. 얼굴전체를 붕대로 감은 것을 보면, 남에게 사기를 당하며, 사고로 병원의
  치료를 상징한다.
. 얼굴을 거울에 비추어 보면, 후일 어떤 사람을 만난다.
. 애인이나 남편의 얼굴이 검으면, 그에게 배신을 당한다.
. 환자의 꿈에 의사의 얼굴이 검으면, 치료가 잘 되지 않는다.
. 사람이나 동물의 얼굴이 바뀌면, 일이나 사업체의 간판, 성격이 바뀐다.
. 기분 좋은 키스를 하면, 기분 좋은 소식을 듣는다.
. 기분 나쁜 키스는, 기분 나쁜 소식을 듣는다.

3) 눈, 귀, 코의 꿈

  어떤 여인이 결혼하기 전, 집 창문 밖에서 자애롭고 강력한 눈빛이 강렬한 낯
모르는 사람이 자기를 바라보는 꿈을 꾸었다. 그 후 일 년이 지난 후에 자기를
짝 사랑하는 남자와 결혼하게 되었다. 창문 밖에서 바라본 남자는 그 여인을
짝사랑하며 관찰하고 있었고, 창문 밖에서 바라보았기에 일 년이라는 세월의
시간동안 망설이는 해석이 된다.

. 눈은 심사, 지혜의 상징이 될 뿐 아니라, 판단력을 상징 한다. 마찬가지고 코
  는 심상과 자존심과 인품을 상징하고, 귀는 소식통이나 연락처와 사람의 귀
  천과 인격의 상징이 된다.
. 남의 눈길이 자애롭고 평화로우면, 그러한 사람을 만나거나, 책을 읽어 감동
  을 얻는다.
. 남의 눈길이 차고 무섭게 느끼거나 보이면, 남에게 냉대를 받거나 잔혹한 경
  험을 한다.
. 애꾸눈을 한 사람을 보면, 의견이 편협한 사람을 만나게 된다.
. 눈에 티끌이 있어 불편하면, 진행하는 일에 장애가 있다.

. 자기가 장님을 되면, 현재의 상태가 절망적이다.
. 감겼던 눈이 떠지면, 운세가 열리고 진리를 얻게 된다.
. 길에서 장님을 만나면 반대되는 일을 해도 이루어지며, 나쁜 일은 더 나빠진다.
. 남의 귀가 크고 아름다우면, 귀인의 도움이 있다.
. 자기의 귀가 크고 아름다우면, 자기의 신분이 귀해진다.
. 남의 귀가 상처가 있고 못생기고 갈라졌으면, 그 사람의 신분이 몰락한다.
. 남의 귀가 동물의 귀로 보이면, 사기를 당한다.
. 남의 귀를 자르면, 어떤 사람과 이별을 하거나 그 사람의 신분이 몰락한다.
. 귀가 잘 들리지 않으면, 기다리는 소식이 없어 답답함을 느낀다.
. 귀가 막히면, 명령, 소식, 등과 사업진행의 어려움을 겪는다.
. 귀지를 파내면, 방해되는 일의 해결된다.
. 남이 코가 유난히 높아 보이면, 지적수준이 높거나, 자존심을 강한 사람을 만난다.
. 코가 비뚤어진 사람을 보면, 인격이 천박하거나 훼방꾼을 만난다.
. 자기 자신의 코에 상처가 나면, 시비나 음해, 중상모략에 빠진다.
. 코가 갑자기 커지면, 책임자 등 권리를 얻게 된다.
. 코를 시원하게 풀면, 답답했던 일이 시원하게 해결된다.
. 코를 훌쩍이면, 남에게 하소연을 한다.
. 코가 갈라지거나 깎이면, 신분이 몰락하거나 자존심이나 주장이 꺾인다.

4) 입, 혀, 의 꿈

　모 신문사 사장님은 커다란 독사를 삼키는 꿈을 꾸었다기에, 필자는 말하기를 독은 권력과 전염하는 특징이 있고, 커다란 뱀은 힘 있는 위치에 역할을 상징하니, 전파되는 권력기관의 상징되는 곳에 취직이 될 것으로 해석하여 주었다. 그 후 그 인사는 모 신문사의 사장으로 선임 되었다.

. 입의 상징은, 문, 집안, 기관, 가정, 여자의 성기로 상징된다.
. 입으로 음식을 먹는 것은, 어떤 일을 책임지거나, 권리를 얻는 것이다.
. 입으로 동물이나 사물을 삼키는 것은, 기관이나 단체의 일을 책임지게 되는 상징이다.
. 입으로 산을 삼킨 일의 태몽은, 아이가 장차 기관장이 되는 상징이다.
. 입안에 머리카락이 꽉 차있으면, 병자는 낫지 않고, 사업자는 해결되지 않는

일로 근심한다.
- 입에서 벌레가 기어 나오면, 근심걱정이 해소된다.
- 입으로 수저 젓가락질은, 성행위가 아니라 진행하고 있는 일을 상징한다.
- 입이 큰 것을 보면, 의욕이 왕성함을 상징하는 것이다.
- 남의 혀를 길게 내밀면, 남의 감언이설에 속으며, 음탕한 여인에게 유혹 당한다.
- 남의 혀가 두 가닥으로 갈라져 보이면, 두 가지의 방법이나 사기꾼을 만나기도 한다.
- 자기의 혀가 두 가닥으로 갈라지면, 주도권을 상실한다.

5) 치아의 꿈

필자는 출가 전에 입안의 모든 이가 다 **빠지는** 꿈을 꾸고 출가 했다. 입안을 가족과 현재의 터전이 되는데 모두 **빠졌기에** 일신상의 대 혁신이 되는 상징이 된다. 이러기에 입안의 이는 가족, 혁신, 친척, 직원, 조직을 상징한다.

- 윗니가 **빠지는** 것은, 윗사람과의 이별을, 아랫니는 아랫사람과의 이별을 상징 한다.
- 앓던 이가 **빠지면**, 더러는 환자의 사망이나, 근심 걱정이 사라진다.
- 어금니가 **빠지면**, 먼 친척, 앞니는 가까운 남편이나 아내 등 존속, 덧니는 사위나 양자의 이별의 상징이 된다.
- 이가 **빠진** 곳에서 피가 나면, 경재적인 손실과 실패를 본다.
- 이가 흔들리면, 신분이 위태롭거나, 조직이 튼튼하지 못한 상징이 된다.
- 이가 몽당 **빠지면**, 혁신적인 일이나, 일부만 **빠지면**, 신분이 몰락한다.
- 이가 부러지면, 당사자의 사고나, 질병과 사고 좌절을 경험한다.
- 의치를 해 넣으면, 양자나 의형제 직원을 채용하기도 한다.
- 덧니를 거울에 비추어 보면, 첩이나 정부를 두거나 동업자가 생긴다.
- 이에 물린 자국이 나면, 계약, 권리양도등과 관계 되고, 동물에 물리면 관직에 오르거나 취직이 된다.

6) 몸의 털 꿈

몸의 털은 대부분 자기와 더불어 인연된 사람의 상징이 되니, 어떤 여인은 남모르는 사람에게 머리를 삭발 당하는 꿈을 꾸었다. 필자는 해석하기를 여인의 머리는 어려서는 아버지를 상징하고, 결혼한 여인은 남편을 상징하는데, 남편과 이별하는 꿈으로 해석하여 주었고, 그 후 그 여인은 남편의 외도와 더불어 이별 후 혼자되어 외롭게 살고 있다.

또한 여인은 남의 머리를 단정하게 치장해준 꿈을 꾸고 남편을 친구에게 빼앗겼으며, 반대로 자기의 머리를 감고 아름답게 치장한 여인은 과거를 정리하고 새로운 애인을 만나 결혼에 성공 했다.

. 몸에 난 털은, 자기와 더불어 하는 사람의 상징이 되고, 협조자도 되며 근심 거리도 된다.
. 이발이나 면도를 하면, 속 시원한 일이 생긴다.
. 머리카락이나 수염을 아끼는 사람은, 이별과 불쾌한 일이 생긴다.
. 남이 자기보다 이발을 먼저 하면, 남의 승진이나 남의 행복을 보게 된다.
. 이발을 하다가 중지하면, 진행하는 일이 중단되어 불쾌함을 겪는다.
. 여성이 머리를 빡빡 깎게 되면, 이별을 하게 된다.
. 치장을 위해 머리를 깎으면, 기쁜 소식과 소원이 성취된다.
. 강제로 머리를 깎으면, 자식과 남편의 해가 된다.
. 머리를 빗거나 감으면, 먼데서 손님이 오고 근심걱정이 사라진다.
. 남이 머리를 감거나 빗으면, 배척을 받고 불쾌한 일이 생긴다.
. 머리를 빗는데 비듬과 이가 떨어지면, 근심과 걱정이 사라진다.
. 자기가 남의 머리를 빗어주면, 남의 근심이나 걱정을 해결해준다.
. 머리카락이 엉켜 빗어지지 않으면, 근심 걱정 등 엉킨 일이 해결되지 않는다.
. 머리를 땋거나 쪽을 지면, 결혼, 인연, 해후, 조직을 결성을 상징한다.
. 떠꺼머리총각이나 처녀의 댕기머리채의 꿈은, 고집 센 사람을 만나게 된다.
. 상투를 한사람을 만나면, 고집 센 반대자를 만나 애를 먹는다.
. 반백의 사람을 만나면, 힘든 일로 고통을 받는 사람을 만난다.
. 자기가 반백이면, 현재의 자기가 힘든 일로 고통을 받는다.
. 백발의 사람을 만나면, 학식이 훌륭한 사람을 만난다.
. 자기 몸에 검은 털이 난 것을 보면, 입신양명하여 많은 사람을 거느린다.
. 남의 몸에 털이 난 것은 보면, 신분을 위장하거나 진실치 않은 사람을 본다.
. 가슴에 털 난 사람을 보면, 진심을 위장한 사람을 보게 된다.
. 남의 손과 다리에 털이 난 사람은, 수단이 능수능란한 사람이니 그와의 일은 실패로 돌아간다.
. 눈썹이나 수염을 깎으면, 부모와 자식, 상사와 부하, 협조자의 상실을 상징한

다.
. 가발이나 가짜수염은, 임시방편을 상징한다.

7) 머리와 목, 어깨의 꿈

 머리의 상징은 상층부, 영수, 두목, 일의 결과와 성과 등의 상징이다. 필자는 어느 날 러시아농부의 잘린 커다란 머리를 내가 거주하는 집에 놓여 있는 꿈을 꾸고 놀라 깨었다. 생각하기를 '나와 인연된 인사가 거대한 조직에 최고 책임자가 되겠구나.' 하고 생각 했는데, 그 후 '농림수산식품부' 차관을 지낸 분이 장관에 선임되어 취임하는 것을 보았고, 후일 장관 사무실을 방문한 일이 있다.
 이 꿈은 잘린 머리는 최고의 성공을 의미 하며, 거대한 조직에 우두머리를 상징하며, 우리 집에 있었던 것은 필자와 인연이 있음을 상징하는 꿈이다.

. 머리는, 상층부, 영수, 수뇌부, 두목, 등을 상징한다.
. 목은 일거리의 연결 처를, 상징한다.
. 어깨는, 힘의 세력, 지위, 권력의 책임 등의 상징이 된다.
. 꿈에 사람의 머리를 두 번 자르는 꿈, 두 번에 걸쳐 공무원 공시에 합격하는 상징이다.
. 가방에서 머리를 꺼낸 것은, 보류되었던 일이 성사되어 기관장이 되었다.
. 남의 뒤통수를 보면 상대방이 자기의 일을 해결해 준다.
. 머리의 뿔이나 혹은, 특별한 능력이나 실력으로 남의 이목을 집중 시킨다.
. 적장의 머리를 얻거나 보기만 하여도, 큰일의 성취로 권리와 명예를 얻는다.
. 잘린 머리나 동물의 머리에서 피가 나면, 사업이 성취되어 막대한 재산을 얻는다.
. 잘린 머리를 천정에 매달면, 상부에 결과를 보고하여 출세 할일이 있다.
. 잘린 머리를 책상에 두면, 바로 해결하여 성공한 결과를 본다.
. 잘린 머리를 벽에 걸면, 세상에 성공한 결과를 공표나 알리게 된다.
. 용이나 호랑이등 머리를 땅속에서 캐거나 죽이면, 고급관리, 장군, 등 단체장이 된다.
. 남에게 머리를 숙이면, 남에게 굴종하게 된다.
. 남이 나에게 머리를 숙이면, 남이 나에게 굴종한다.
. 목은, 일거리나 사건의 연결 처이며 공급처이며, 생명 처이다.
. 목구멍의 때를 씻으면 누명을 벗게 된다.

· 목구멍에 무엇이 걸렸으면, 양심의 가책이나 뇌물이나 일의 진행이 어렵다.
· 남에게 목구멍을, 송곳이나 등에 찔리면 독감이나 감기에 걸리기도 한다.
· 가래를 토해내면, 어려운 힘든 일이 해결된다.
· 남의 목을 쳐서 죽이면, 소원이 성취되고 학생은 수석합격 된다.
· 남의 목을 치면, 남에 뇌물을 심문한다.
· 목이 졸려 죽으면, 취직이 된다.
· 목이 졸려 고통스러우면, 방해하는 사람으로 고통을 당한다.
· 목소리가 나오지 않으면, 광고나 명령, 등 언론의 일이 뜻대로 되지 않는다.
· 남의 어깨에 목말을 타면, 추대를 받아 높이 오른다.
· 남이 나의 목말을 타면, 남의 억제를 받게 된다.
· 양 어깨의 견장을 달면, 상을 받거나 승진이 된다.
· 어깨에 짐을 지면, 어떤 책임을 지고 고통을 받는다.

8) 가슴, 유방, 배, 등의 꿈

　필자는 '꿈 미래의 열쇠'의 원고를 쓰면서 고뇌를 할 때, 커다란 괴물의 가슴을 창으로 죽이는 꿈을 꾸고 책의 구성과 방향을 설정하여 출판하게 되었다. 커다란 괴물은 책의 내용에 편집이 어려움이요, 괴물의 가슴을 창으로 죽인 것은 가장 중심이 되는 내용의 정리를, 창은 필자의 견해로 상징한다.
　지인인 한분은 "어제 밤 꿈에서는 멋진 여자의 가슴을 애무하다가 깨었는데 길몽이 아니겠는가? 하고 물었다."
　필자는 성행위로 마무리가 되었는가를 물어 확인 하였으나, 성행위로 마무리 하지 못했고 애무만 했기에 형제와의 불화와 구설로 망신을 당할 것으로 해석하여 주었다. 그 후 그 사람은 길몽으로 생각한 꿈이 형제와 이해관계로 심하게 다투었다고 했다.

· 가슴은, 마음의 중심, 중앙부, 기관실, 세력권, 등의 상징이 된다.
· 배는, 일의 결과가 되며, 내부의 관계, 저장, 등의 상징이 된다.
· 등은, 일의 이면, 배경, 복종, 순종, 의 상징이 되며, 약점, 불의와 관계된다.
· 남의가슴을 무기로 찌르면, 중심적인 일을 해결하여 성공하는 능력을 상징한다.
· 괴한이 자기의 가슴을 타고 눌러 괴로우면, 병에 걸리거나 가족의 불행을 보기도 한다.
· 남의 가슴을 때리면, 타인의 행위에 제제를 가한다.

. 가슴에 훈장을 달면, 명예와 공적을 과시한다.
. 여인의 가슴을 주무르면, 형제와 다툼이 있다.
. 여인의 가슴을 감싸주면, 형제 보호하여 도와 줄 일이 있다.
. 여인의 가슴이 노출되면, 형제로 어려움이 있다.
. 여인의 가슴이 큰 것을 보고 성적인 느낌이 없으면, 형제를 만나게 된다.
. 여인의 가슴을 보고 성적 흥분을 느끼면, 형제로 불쾌함이 있다.
. 어머니의 젖을 빨면, 형제와 재산상속이나, 자금을 얻기도 하고, 정신적으로 풍요해진다.
. 남의 배가 부른 것을 보면, 남이 부유하고 아이디어가 많아 유복한 것을 본다.
. 배부른 임산부를 보면, 새로운 아이디어나 창작의 능력이 있고, 고민거리도 있다.
. 남이 배가 아파하면, 뇌물이나 상부의 심사나 그러한 일로 고통을 받고 있다.
. 내장에 병이 생겨 수술하면, 남이 나의 일의 간섭하여 수술로 해결한다.
. 남의 배를 터트려 죽이면. 일이나 사업이 성사되어 세상에 공개하게 된다.
. 남이 나에게 등을 보이면, 남이 내 뜻대로 복종하게 된다.
. 내가 남에게 등을 보이면, 내가 남의 복종 된다.

9) 남녀의 성기, 항문, 의 꿈

어떤 여인에게 필자의 책을 자랑하고 선물을 했다. 어제 밤 꿈에서는 방안 한 칸에 남성의 성기가 하나 가득 있는 꿈을 꾸었다고 했다. 필자는 속으로 이 여인이 나에게 나의 자랑거리인 책을 선사 받는 꿈으로 해석하였다.

이와 같이 남녀의 신체구조가 다르고 그에 따른 신체의 상징이 조금씩 다른데 남성은 성기를 자랑도 하고 굴욕도 느끼는 상징이 되나, 여 성기는 수치와 유혹의 상징으로 본다.

. 남자의 성기는, 자식, 자존심, 자긍심, 창의성, 작품 등을 상징한다.
. 여성의 성기는, 자식, 집, 유혹, 수치심, 비밀, 등의 일을 상징한다.
. 둔부는, 배후, 의 사건과 인물 선정적인 상징이 된다.
. 항문은, 뒷문, 암거래, 배설구, 은닉처를 상징한다.
. 자기의 성기를 노출하여 자랑하면, 자기의 작품이나 자식의 자랑이다.
. 여성이 성기를 노출하면, 누구를 유혹하고자 한다.

. 여성이 남성의 성기를 만지면, 남편이나 자식으로 속을 썩을 일이 있다.
. 남자가 여자의 성기를 만지면, 상대방의 마음과 일을 검토하는 일이다.
. 이성 간에 서로의 성기를 만지면, 서로의 일을 검토하거나 방법을 검토 하는 일이다.
. 성기가 발기하지 않아 초조하면, 사업이나 일에 패배, 좌절을 겪는다.
. 성기가 뽑히거나 잘리면, 거세되거나 절망, 등 실패와 자존심상실 등을 겪는 다.
. 동물의 성기는, 사람과 상징이 같다고 본다.
. 노출된 여성의 둔부를 보면, 불쾌함을 겪는다.
. 여성의 뒷부분의 성교는, 비밀스럽거나 배후의 인물과 거래와 계약이 있다.
. 동성과 성행위의 성공도, 계약과 관계된다.
. 항문에 금은보화를 감추면, 첩이나 정부, 등의 비밀을 은닉함이다.
. 대변을 보고 뒤처리를 하지 않았다면, 일의 뒤처리가 되지 않아 불쾌함을 체험 한다.

11) 팔과 손, 다리의 꿈

사업하는 사람이 자신의 팔이 떨어져 그것을 씹다가 꿈에서 깨어났다는 꿈 이야기를 듣고는 필자는 해석하여 주기를, 손이나 팔은 조직에 한 부분이 붕괴 하든지 자식의 불행한 일로 어려움을 겪게 될 것을 말했고, 그 인사는 사업체 의 붕괴로 크게 어려움을 겪었다.
이와 같이 흔히 자기의 능력이나 협조자를 잃었을 때 손발이 상실 잃었다고 한다. 이러한 비유가 꿈에서는 팔다리와 손발은, 수하자, 협조자, 세력, 능력을 상징한다.

. 팔이 부러지면, 능력, 협조세력을 잃는다.
. 물건을 훔치는 손을 보면, 모함을 당하거나, 권리, 물건을 잃거나, 실지 도둑 이 들기도 한다.
. 검은손이 문패를 떼어 가면, 문패의 주인의 신분이 몰락한다.
. 손으로 문패를 옮겨 달면, 직위, 권세, 가 변경된다.
. 자기의 의자의 남의손이 닿으면, 자기의 지위를 뺏는 자가 있다.
. 자기가 남의 의자에 손을 대면, 남이 권리나 자리를 이양 받는다.
. 빈 용상에 손을 대는 자는, 역모를 꾀하는 자나, 승진을 노리는 자가 있다.
. 손으로 그릇에 담긴 물을 휘젓는 것은, 형제자매의 돈을 얻어 쓰기도 한다.

- 자기의 손이 커지면, 활동공간이 넓어지고 세력이나 권세가 커진다.
- 손목이 잘려 허공에서 떨어지면, 단체가 해체되거나 협조세력을 잃는다.
- 손가락 두 개가 잘리면, 형제나 아랫사람 둘을 잃거나 한다.
- 몸에 많은 팔과 다리가 있으면, 세력, 파벌, 능력을 상징한다.
- 오른손은 정의와 우익을, 왼손은 좌익을 상징한다.
- 다리는 의지되는 자식의 상징과 산하단체, 직속부하, 세력, 단체의 상징이 된다.
- 발은 일가친척 분열된 세력, 종적, 업적, 행적, 지파, 부하, 단체를 상징한다.
- 다리가 무거워 잘 걷지 못하면 지휘력, 쇠퇴, 생활난, 사업 난, 득병의 상징이 된다.
- 한쪽다리를 상해 입으면, 의지하는 사람, 자손의 해가 있다.
- 다리를 다쳐서 통증을 느끼면, 생활의 어려움이나 질병의 고통을 받는다.
- 허벅다리에 화살이나 총을 맞으면, 남에게 복종과 승낙 등의 상징이 된다.
- 미혼여성이 허벅다리에 총이나 화살을 맞으면 청혼을 받아들이고, 유부녀는 잉태하며 학생은 입학 진학을 하게 된다.

제4장. 배설과 분비물 꿈

1) 대변, 소변의 꿈

대변의 상징은 돈과 구설의 상징이 된다. 필자의 지인은 휴일 새벽꿈에 대변을 보았고, 그 대변이 돼지로 바뀌는 꿈을 꾸고서는 돈이 생긴다는 확신을 가졌다. 부인과 함께 정선에 이르러 카지노에서 파친코를 즐겼으나 늦도록 손해만 나기에 가고자 했으나 전날 밤 꿈 생각에 조금 더 조금 더 하다가 마지막에 제법 크게 터져 손해를 만회하고도 돈을 따 가지고 왔다며 자랑을 했다.

이러한 경우에는 시원하게 볼일을 본 대변은 소원충족을 상징하게 되고, 그 대변이 돼지로 바뀌었으니 돼지는 복됨을 상징하며, 기대에 어긋나지 않는 놀이와 더불어 돈이 되기도 한 꿈이다.

자영업을 하는 업주는 꿈을 묻기를 지하 창고의 드럼통에 모아놓은 인분을 똥차가 와서 여러 개를 가져가는 꿈을 꾸고 해석을 구했다. 필자는 해석하기를 똥차는 세무서를 상징하고, 모아놓은 인분은 재물에 해당하니, 상당한 액수의 세금을 내야할 것 같다고 했다. 그 후 그 사장님은 제법 많은 세금을 내야 했다.

그러나 대변을 꿈이 온전히 돈에 관계된 것은 아니다. 필자의 사찰의 신도 한 사람은 꿈에 길을 가면서 바지에 드문드문 똥이 묻은 꿈의 해석을 구하기에, 그것은 사업을 진행하는 과정에서 구설과 시비에 얽히는 꿈으로 해석 했으나, 그 여인의 남편은 꿈에 똥 꿈은 길몽이라는 관념에 다시 묻기에 시비와 구설을 말했으나 믿지 않았다. 그 후 남편의 사업에 구설과 시비에 말려 시련을 겪었다.

어떤 사람은 똥통에 빠져 허우적대는 꿈을 꾸고 기관이 재정을 담당하게 되었으나, 그 후유증으로 심려가 많았다.

. 어린아이의 누런 똥을 만져 기분이 나쁘지 않으면, 작은 일로 작은 돈이 생긴다.
. 탁하고 묽은 소량의 대변을 만지면, 불쾌하거나 불만을 체험한다.
. 수북하게 쌓여있는 대변을 만지면, 막대한 돈을 취급한다.

. 수북하게 쌓여있는 대변을 옮기면, 자금의 이동을 상징한다.

. 자기가 배설한 많은 대변이 산처럼 쌓이면, 사업의 성공으로 큰돈을 벌고 부자가 된다.

. 대변을 음식그릇에 담으면, 남에게 창피를 당한다.

. 대변을 구덩이나 통에 넣게 되면, 그만큼 투자하거나 예금을 한다.

. 타인과 자신의 대변이 몸에 묻으면, 구설과 망신한다.

. 대변 통이나 소변 통에 빠지면, 크게 돈이 생기나 악취가 나지 않아야한다.

. 대변의 냄새가 나면, 소문과 구설로 불쾌함을 겪는다.

. 대변을 배설하지 못하면, 어떤 방해되는 일로 소원이 이루어지지 못한다.

. 화장실을 청소하면, 근심, 걱정이 해소되나, 재물의 손실이 있기도 하다.

. 변소 차는, 세금을 걷거나 하는 기관이다.

. 똥물이 흐르는 것을 보면, 남에게 사기를 당하거나, 손재수가 있다.

. 대변이 여기저기 널려 있고 그것을 피하면, 남의 시비를 피해 일이 어렵게 성사된다.

2) 소변의 꿈

소변은 대부분 감정의 만족과 불만 소원충족의 상징이 된다. 필자가 아는 비구니큰스님은 출가 하면서 꾼 꿈에서 자기가 산 위에서 소변을 보았는데, 온 도시가 다 잠긴 것을 보고 출가를 했다. 그 비구니큰스님은 대사찰의 큰 스님으로 추앙을 받고 그의 문하생이 한국불교 비구니 스님의 주류를 이루고 있다. 이와 같이 소변은 동물들이 자기의 영역을 표시하듯, 현실에서도 그 사람의 영향력을 상징하듯 꿈에서도 역시 영향력의 상징이 된다.

. 화장실에서 소변을 시원하게 보면, 기관에 민원실의 일처리가 이루어진다.

. 야외에서 소변을 보면, 일이나 사업이 타 기관에서 일이 처리된다.

. 소변이나 대변이 가득 찬 곳에 소변을 보면, 재물을 더하게 된다.

. 개천이나 강 등 흐르는 물에 소변을 보면, 자기의 관계된 곳에 작품을 발표한다.

. 음식점의 화장실에 들어가면, 술집이나 여관이나 그러한 곳에 일이 있다.

. 자기의 소변이 큰 냇물을 이루거나 한 도시를 덮으면 큰 세력을 얻고 작가는 베스트셀러 작가 가 된다.

. 자기의 소변이 큰 냇물을 이루거나 한 도시를 덮으면, 큰 세력을 얻거나 권력을 얻는다.

. 소변을 못 봐 쩔쩔매거나 타인에 의해 소변을 보지 못하면, 소원이 이루어지지 못한다.
. 남이 소변을 보는 것은, 남의 소원 충족을 하는 것을 본다.
. 소변이 옷에 젖으면, 남과의 계약이 없으면, 남에게 불쾌함을 겪는다.
. 성행위 후 소변을 보면, 일차적인 계약이 성사되고 이차적인 소원이 이루어진다.

3) 피의 꿈

  피의 꿈은 대부분 돈의 상징이니 돈의 사용을 출혈로 표현하니, 꿈에서 피는 대부분 돈을 상징하는 이유이다. 사업에 투자하고자 하는 사람이, 마당 한가운데에 시체를 묻었으며, 그곳에서 피가 뭉글뭉글하게 올라오는 꿈을 꾸고 해몽을 구했다. 필자는 말하기를 크게 돈이 되는 사업이니 투자하기를 적극 권했고, 그 후 그 사람은 에너지 사업에 투자하여 크게 돈을 벌었다.
  결혼 자금이 부족하여 근심하던 청년은, 꿈에 삼촌을 때려 코피를 내게 하고, 그 피가 자기에게 튀는 꿈을 꾼 청년은, 그 후 부모가 없던 청년은 삼촌을 찾아가 결혼자금을 요청했고, 넉넉하게 자금을 얻어 무사히 결혼식을 거행했다.

. 자기 몸에서 피가 나면. 물질적 정신적 손해를 본다.
. 남의 몸에서 피가 나면, 돈이 생기거나 정신적인 혜택을 본다.
. 남의 피를 흘리는 걸 보고 피한다면, 재물을 얻을 기회를 놓친다.
. 남의 피를 흘리는 걸 보고 바라보면, 사업이나 일이 성사되어 큰돈이 생긴다.
. 사람이 죽어 선혈이 낭자하면, 사회적인 일이나 사업으로 큰돈이 생긴다.
. 코피가 터져 피를 흘리면, 재물의 손해나 자존심을 상한다.
. 남이 코피가 난 것을 보면, 그 대상에게 많은 돈을 얻어 쓴다.
. 몸에 약간의 피가 묻으면, 계약서, 증서, 보증서 등의 일과 관계된다.
. 몸이나 옷의 피를 닦거나 세탁하면, 해약, 재물손실, 증거 인멸에 해당되는 꿈이다.
. 사람을 찔렀는데 피가 나지 않으면, 일이 성사됐어도 돈이 되지를 않는다.
. 동물의 피도, 사람의 피와 해석을 같이 한다.
. 신이나 성인의 손가락의 피를 먹으면, 진리를 얻거나 학문의 성취가 있다.
. 시체에서 피가 냇물처럼 흐르면, 대하소설을 성공하거나, 글로 세상을 감동시킨다.

. 강이나 호수가 핏빛으로 물들면, 진리나 사상으로 많은 사람을 교화한다.
. 남이 더러운 피를 묻히면, 그 사람의 사고나 횡액을 보게 된다.
. 뱃속에 피가 고여 불룩 해지면, 막대한 재물을 축적한다.
. 무덤에서 피가 흐르면, 기관이나 관계된 곳에서 막대한 자금을 얻어 쓴다.
. 여성의 생리는, 소원이 충족이나 근심해소, 계약 등의 기쁨이 있다.

4) 기타 분비물 꿈

　남편이 죽어 한없이 눈물을 흘린 한 여인은, 직장에서 승진되어 기쁨이 오랫동안 지속되었으나, 만약에 남이 울고 눈물을 흘리면 타인이 잘 되어 불쾌함과 부러움이 된다. 그러나 눈물이 아닌 땀인 경우에는 피와 같이 손실과 기력의 쇠약함을 상징한다.

. 자기가 눈물을 흘리는 것은, 소원이 이루어 져서 만족함을 상징한다.
. 남이 눈물을 흘리는 것은, 남의 소원이 이루어져서 불쾌함을 상징한다.
. 하염없이 눈물을 흘리면, 소원이 이루어져서 기쁨이 오래간다.
. 땀을 많이 흘리면, 정력과 기력의 쇠약해지며 의욕의 상실을 상징한다.
. 이마의 땀방울은, 돈을 소비하거나, 상처로 피를 흘리기도 한다.
. 땀을 닦으면, 일신이 편안하고 기력이 회복되며, 계약이나 추천서가 이루어 진다.
. 남의 얼굴에 침을 뱉으면, 남을 공격하여 정신적 상처를 준다.
. 남이 나에게 침을 뱉으면, 남에게 정신적인 상처를 입는다.
. 가래를 시원하게 뱉으면, 근심걱정이 해소된다.
. 가래에서 피가 섞여 나오면, 근심걱정이 해소 되나 지출을 겸한다.
. 입에 침이 마르면, 자본의 고갈로 고통을 겪는다.
. 정액이 묻어 불쾌하면, 소원이 이루어도 불쾌함을 경험한다.
. 분비된 정액을 처리하기 불편하면, 돈의 낭비나 정신적이 피로를 겪는다.
. 정액이 많이 쌓이면, 정신적 물질적인 소득을 얻거나 작품을 생산한다.

제5장. 동물의 꿈

1) 용의 꿈

 용꿈은 권력과 유명인, 명예, 득세, 최고의 권좌, 권력 등의 상징이 된다. 한 스님이 출가하기 전에 용의 눈을 보고 기절한 스님은, 큰 절의 큰스님을 만나 법문과 위엄에 놀라 삭발 출가하여 스님이 되었다.
 조선의 율곡 이이는 어머니 신사임당이 나무에 올라간 용꿈을 꾸고 성리학의 대학자가 되어 최고의 명예가 있었으며, 정몽주 역시 배나무에 올라간 용꿈을 꾸고 고려의 최고의 학자와 충절의 기개를 전하고 있듯이 대부분의 용꿈은 태몽의 한 분야의 최고에 이르는 귀한 사람의 상징이 되고, 특히 용은 상징은 임금의 상징이 되기도 한다.
 작은 용이 피투성이가 되어 꿈틀거리는 숙종대왕의 꿈은, 장차 영조대왕이 되는 왕자를 잉태한 최숙빈이, 장희빈에게 매를 맞아 피를 흘리는 것을 예시 하였다. 선조의 꿈에 종루에서 하늘을 날아오르는 용꿈은, 이기룡이 종루에 기대어 자는 것을 발견하여 중용하였기에 임진왜란에서 용맹을 떨쳤다.

. 용꿈을 꾸고 하늘을 날면, 고시합격 최고의 결혼, 최고의 명예, 최고의 권력을 얻는다.
. 용이 하늘을 날아 사라지면, 부귀나 세력이 오래가지 못한다.
. 용이 땅에서 승천하지 못하면, 뜻은 크나 뜻을 이루지 못한다.
. 용이 땅에 떨어지면, 권세와 명예의 추락을 상징한다.
. 용과의 싸움은, 힘겨운 일의 상징이며, 용을 죽이면, 최고의 일이 성사된다.
. 용을 타고 하늘을 날면, 위대한 정치가나 지도자가 되며, 고시 합격 등 소원 성취 된다.
. 적룡, 흑룡이 하늘을 날면, 두 가지 위대한 권력을 상징하고, 최대의 명예, 고시 합격을 상징한다.
. 두 마리의 용이 서로 마주보면, 두 개의 거대한 세력의 적대와 충돌을 상징한다.
. 바다에서 용이 하늘을 날면, 넓은 세상에 사회기반으로 성공하는 상징이 된

다.

- 물속에서 잠자는 용은, 기관에 보류된 일이거나, 숨어있는 귀한 사람이나 물품을 보게 된다.
- 용이 공중에서 떨어지면, 지위, 권세, 등이 몰락한다.
- 용을 죽여 버리면, 거대한 권력이나 힘든 일의 성공을 의미한다.
- 용이 우물에 들어가는 것을 보면, 관직을 얻게 되거나, 반대로 감옥에 가기도 한다.
- 용을 타고 산으로 올라가면, 권세나 관직, 학업 사업 등이 크게 이루어진다.
- 용이 날아 시야에서 완전히 사라지면, 권세, 명예, 일등이 서서히 사라진다.
- 자기가 용이 되면 어떤 세력을 잡거나 명성을 떨치게 된다.
- 용이 사람을 물어 죽이면 커다란 세력에 일이 성사되거나, 어떤 사람의 파산을 보기도 한다.
- 용과 싸우다 잠에서 깨면, 권력이나 당권 투쟁 등의 일이 치열해진다.
- 덤비는 용을 칼이나 총으로 죽이면, 장애물을 제거하고 대업을 완수한다.
- 용이 대문으로 들어오면 귀인이 집에 오거나, 관청에 취직하여 부귀하게 된다.
- 다른 물체가 용으로 변하면, 사업이나 사건이 크게 성취되어 일신이 부귀해진다.
- 용이 나자빠져 있는 태몽을 꾸면, 장차 패륜아가 되거나 요절한 사람과 관계된다.
- 용을 껴안으면, 벅찬 일이나 권리를 소유하고, 훌륭한 사람과의 결합된다.
- 하늘로 올라가는 용의 꼬리를 잡았다 놓치면, 좋았던 일이 허사가 된다.
- 용의 문장이나 조각을 보면 저명인사나, 위인에 관여된 기사를 읽거나 중요한 책을 읽는다.
- 불난 집에서 용이 하늘로 오르는 것을 보면, 사업이 융성해지고, 세상에 과시 하게 된다.
- 용의 구름 속에서 큰소리를 내면, 사업에 크게 성공하여 사람들이 놀라게 된다.
- 꼬리가 여러 개 달린 용을 보면, 여러 산하 단체를 가지는 기업체나 여러 재능을 상징한다.
- 용이 하늘에서 불을 토해 시가를 태우면, 정치, 법령, 사상, 진리, 등을 상징한다.
- 용과 싸우면, 명예와 권력의 시련을 겪으나, 용에게 잡히거나 물리면, 소원 성취 된다.

  말은 사람과 동일시하기도 하며 사회단체 협조자, 일군, 일의 방법, 권세, 작품, 등을 상징 한다. 행정고시를 합격하여 고위 공직자를 역임 한 인사는 합격할 때 꿈에서 피리소리와 함께 세 마리의 말 등에 왕이 타고 가는 꿈을 꾸고는 행정고시와 장학상, 장관상, 등 무려 3가지 최고의 상을 받았다.

  옛날에 귀한 관직이나 공직자는 말을 타고 출퇴근 하였기에 그러하다. 생각들며, 지금도 공직자가 선거에 나가면 출마한다는 표현을 하고 있으니, 꿈에서는 정치가나 고위 공직자의 상징이 말이 되는 것이 아닌가 한다.

. 말을 타고 달리는 것을 보거나 하는 태몽은, 고위 공직자와 국회의원 등을 하는 태몽이 되기도 한다.
. 말을 타고 산을 오르는 꿈은. 국민의 추대를 받아 당수나 의원에 올라 권력을 얻는다.
. 말이 발을 구르며 울면, 명예가 높고 소문이 난다.
. 말에서 떨어지면, 권세를 잃고 세력을 잃거나 병든다.
. 조상이 말을 끌고 와서 고삐를 넘겨준 꿈은, 사업을 일으킨 사업주의 꿈이다.
. 집안의 말이 성기가 팽창 되어 있으면, 집안에 가족이나 고용인이 배신과 반항을 한다.
. 말이 춤추는 것을 보면, 더욱 반항하는 것으로 망신과 구박을 당한다.
. 매여 있는 말이 울면 불행을 예고하거나 부하직원의 어려움을 듣는다.
. 말에 물리거나 이빨자국이 있으면, 취직이 된다.
. 조상이 말을 집안에 끌고 오면, 며느리나 일꾼이 집에 들어온다.
. 말에 짐을 싣거나 마차를 매면, 집안에 가족이나 식구가 고달픈 운세가 되거나 이사한다.
. 용마나 천리마가 하늘을 날면, 권세를 잡고 크게 출세한다.
. 백마가 병들어 병원에 가면, 세무사찰이나 감사가 있다.
. 굴레 벗은 망아지 꿈은, 주색에 빠진 탕아를 볼 수 있다.
. 목장의 말은, 자기의 세력, 단체의 사람들의 상징이 된다.
. 말이 놀라 흩어지면, 재산, 세력, 등 사업에 실패로 이어진다.
. 백마는 아름다운사람 훌륭한 작품, 등의 상징이 된다.
. 처녀가 말을 타면, 취직 또는 결혼이 성사된다.
. 기혼여성이 말을 타면, 자식이나 남편이 출세한다.

. 말을 급하게 몰면, 일이 급하게 추진되나 불안하게 된다.
. 말이 자기에게 급하게 달려오면 급한 소식이 온다.

3) 소의 꿈

소는 사람, 협조자, 일군, 재산, 사업체의 상징이 된다. 성경 구약 창세기에, 아름답고 살찐7마리의 소를 사납고 파리한 7마리의 소가 와서 먹어버린 애급 왕 파라오의 꿈은, 7년의 풍작과, 그 후 7년의 흉작으로 식량을 다 먹어버리는 내용이듯이, 대부분 동물의 꿈에서 해석함에서는 사람으로 바꾸어 놓기와 더불어 그 동물의 특징이 상징에 중요함이 된다.

. 조상이 암소를 끌고 들어오는 꿈은, 성실하고 얌전한 며느리를 맞이했다.
. 요식업을 하는 남편이 검은 얼굴의 암소를 데리고 온 꿈은, 속을 썩이는 종업원을 데려왔다.
. 소에다 쟁기를 매고 밭이나 논을 매는 꿈은, 사업의 시작을 상징한다.
. 성난 소에 쫓기면, 사업이나 일의 어려움을 상징한다.
. 소를 팔러 가면, 재산과 사업에 손실의 상징한다.
. 소를 죽이면, 큰일의 성사됨을 상징한다.
. 황소의 꿈은, 집안의 어른이나 사업체등의 해석이 된다.
. 세 마리의 황소를 매어놓은 태몽은, 아들 셋을 낳거나, 세 가지 사업을 이룰 태몽이다.
. 매여진 소가 밖으로 향해 있으면, 집안의 며느리나 일군이 집에 오래 머물지 않는다.
. 소가 수렁에 빠진 것을 건지면, 집안의 사업과 절망의 몰락을 건져낸다.
. 소를 팔고 다른 소를 사면, 집안의 며느리나 일군을 바꾸거나 장만하게 된다.
. 검은 소가 외딴곳에 매어져 있으면, 탐탁치않은 며느리와 자식의 이별을 상징 한다.
. 소가 자기를 보고 웃으면, 자기의 가족이나 사업상 사람과 불쾌함을 겪는다.
. 누런 소가 검은 송아지를 낳으면, 속 썩일 태아나, 모자이별을 상징한다.
. 목장에 흩어진 수많은 소를 보면, 장차 많은 고용인을 두거나, 사업체를 갖게 된다.
. 소를 방목하면 자손 또는 고용인이 방황 하거나 재물을 비축할 수 없게 된다.

- 자기가 많은 소를 몰고 인도하면, 집단의 지도자가 되거나, 집단의 수장이 된다.
- 소를 죽이면, 사업이 성사된다.
- 죽은 소를 묻으려 하면, 집안의 화근이 생긴다.
- 여러 사람이 소를 잡아 고기를 나누면, 정신적, 물질적, 인 분배가 있다.
- 조상이 끌어다 맨 소중에 한 마리가 죽으면, 둘 중 하나가 성사되거나, 일군 한사람이 죽기도 한다.
- 소에 받히면, 믿는 사람에게 배신과, 병에 걸릴 수도 있다.
- 소등에 타고가면, 단체장이 되거나, 사업에 성공하여 권세를 얻기도 한다.
- 소등에 다른 사람과 같이 타면, 동업 할일이 된다.
- 소 등에 짐을 지었으면, 과중한 책임과 업무로 힘든 사람이 있다.
- 소와 동물들을 삼키는 꿈은, 사업체의 운영권, 작품, 권리, 재물을 얻게 된다.
- 성난 소 에게 쫓기면, 사업상의 일의 어려움에 봉착한다.
- 성난 소에게 대항하면, 어려운 일을 해결하고자 한다.
- 붙잡아 맨 소고삐가 풀어진 것을 보면 머지않아 재산과 고용인, 등을 잃는다.
- 중병의 걸린 사람이 소를 끌고 산으로 들어가면, 그의 죽음과 재산이 소멸된다.
- 소를 이끌고 산에 오르면, 신분이 귀해지거나, 부자가 된다.
- 소의 뿔의 피가 흐르면, 높은 관직에 오르거나 저술이나 글로서 세상을 감동 시킨다.
- 소가 똥, 오줌을 싸면, 사업의 이차적인 이익이 있다.
- 뛰는 소를 잡지 못하면, 고용인이 도망가거나 재물의 손실을 본다.
- 수레는 사업체이며, 소는 경영인의 상징이다.
- 투우를 보는 것은, 이념이나 단체의 대결을 보게 된다.

4) 돼지의 꿈

돼지는, 재물, 돈, 사업체 복된 일의 상징이 된다. 이솝우화에 소나 말, 닭 등은 각자의 역할 된 일을 하는데 돼지는 오로지 먹기만 하기에, 그에 따른 상징이 꿈에서는 옛날에 음식이 귀할 때 손님에게 대접하는 특별한 음식에 해당되며 특별히 돈과 복됨을 상징이 된다.

그러나 사납고 냄새나는 돼지가 집안에 들어와 다리를 물고자 해서 내쫓은 꿈은, 비록 돈은 많으나 욕심이 많고 소문이 나쁜 사람이 결혼하고자 하는 것을 거절한 여인의 꿈의 사례이니 돼지가 사람의 상징도 된다.

꿈에 크고 억세 보이는 검은 돼지가 머리위에서 물어뜯고자 하는 꿈을 꾼 여인은, 남편이 뇌출혈의 중병을 얻어 힘들게 치료하는 사연도 있었다. 이와 같이 돼지의 꿈이 꼭 좋은 것만은 아니라, 꿈꾸는 사람에 따라 해석이 많이 달라지는 것을 볼 수 있다.

. 돼지를 몰아오거나 등에 지고 오거나 차에 싫어오면, 재물이나 돈이 생긴다,
. 돼지의 크기나 수효에 비례해서, 돈이나 재물이 생긴다.
. 돼지한마리가 집에 들어오는 것은, 가난한 사람의 겨울 연료 연탄 한 트럭이 되었다.
. 많은 돼지를 풀어서 우리 속에 넣어야 돈이 되며, 흩어지면 돈이 흩어지게 된다.
. 돼지 새끼를 들여오면, 시간이 걸려 돈이 된다.
. 죽은 돼지를 걸머지고 오면, 집안에 화근이 생긴다.
. 우리 밖을 나간 돼지는. 재물의 손실을 상징한다.
. 집안의 가족이 멀리서 돼지를 몰고 오되 여러 마리를 변하면, 재산이나 재물의 증식을 볼 수 있다.
. 남의 집의 돼지는, 남의 재산이나 재물을 보게 된다.
. 돼지가 교미 하면, 합자하거나 결혼, 계약이 이루어져 생활이 윤택해진다.
. 돼지가 뒤에 따라오면, 재산가의 보살핌이 있으나 불안한 심리가 된다.
. 돼지가 옆에 따라오면, 재물과 사람으로 크게 좋아진다.
. 돼지새끼를 쓰다듬은 태몽은, 장차 부자가 될 자식을 두나 그로인해 속을 썩을 수 있다.
. 돼지고기를 씹는 꿈은, 답답한 일이며, 요리한 돼지고기는 좋은 일거리가 생긴다.
. 돼지고기를 짝으로 들여오면, 많은 돈이 생긴다.
. 돼지가 방안에 들어오면, 부유한 사람이 찾아오고, 밖에서 서성이면 시간이 걸려 찾아온다.
. 자기가 돼지가 되거나, 돼지우리에 있으면, 부자가 된다.
. 돼지우리를 치우다가 돼지와 싸워 이기는 꿈은, 복권에 당첨 되었다.
. 사납고 더러운 큰 돼지를 만나면, 추하고 더러운 사람이 인격을 감추고 만나게 된다.
. 혐오스럽고 험악한 돼지가 물려고 한 사람은, 병마에 시달린다.

. 돼지에 물리거나, 돼지에 물려 이빨자국이 있으면, 취직이 된다.
. 산돼지를 잡으면, 고시합격, 대학합격, 권리확보, 등의 상징이 된다.
. 미혼여성이 돼지에 물리면, 장차 부자가 될 사람과 혼인이 성사된다.

5) 호랑이, 사자, 표범, 곰, 등 맹수 의 꿈

호랑이나 사자 표범 등은, 권세와 명예를 가진 큰 사업이나 정치권력과 버거운 일의 상징이 된다. 사회운동을 하던 한 인사는 어느 날 꿈에서 호랑이에게 물린 후 모 국회의원의 보좌관으로 취직이 되었다.

. 호랑이나 사자의 등을 타면, 위대한 사람이 되거나, 위대한 사람의 도움을 얻게 된다.
. 호랑이나 사자 등 맹수를 타고 산 정상에 오르면, 일국에 통치자나 정당의 대표가 된다.
. 호랑이나 사자 등 맹수를 타다가 그만 못한 동물을 타고 가면, 아래의 직급으로 물러난다.
. 호랑이나 사자 등 맹수를 싸워 이기면, 큰일을 성사시키거나 권력가, 세력을 이긴다,
. 임산부가 사자나 호랑이등 맹수를 피해 도망가면, 유산이 되고 일반사람은 권리가 상실된다.
. 호랑이나 사자 등 맹수의 굴복을 받으면, 권력가의 사람을 굴복 시킨다.
. 호랑이나 사자 등 맹수를 죽이면, 큰일의 성사되어 소망이 성취된다.
. 호랑이나 사자 등 맹수의 울음소리를 들으면, 세상의 소문날 일이나 출세와 관련되거나, 사회적인 소요도 일어나기도 한다.
. 호랑이나 맹수에 물리면, 진급, 취직, 고시합격, 등 권세와 명예를 얻는다.
. 호랑이나 사자 등 맹수가 집안에 들어오면, 태몽이면 훌륭한 인재의 상징이다.
. 문밖에 호랑이나 사자 등 맹수는, 시간이 지나 큰 인물을 만나거나 권리와 세력을 얻는다.
. 호랑이나 맹수의 여아의 태몽은, 본인의 성공이거나, 권세 있는 훌륭한 배우자를 만난다.
. 동물원의 맹수는, 기관의 우두머리와 관계된 상징이 된다.
. 초원에서 많은 사자와 맹수는, 어느 기관의 단체에 인물이 많은 것을 상징한다.

. 곰이 나무에 오르는 것을 보면, 출세와 승진 등이 이루어진다.
. 곰을 죽여 웅담을 얻으면, 일의 성사되는 것만 아니라, 세상에 주목 되는 결과를 얻는다.

6) 코끼리, 기린, 낙타의 꿈

코끼리, 기린의 상징은 부자, 귀인, 학자, 등의 상징이 되고 덕망, 학위, 등 동일하며 낙타는 소의 상징과 같으니, 일군, 재물, 작품의 상징으로 본다.
석가모니 부처님의 태몽이 코끼리이며, 어머니인 마야 부인의 꿈에 부처님의 인연이 되는 때를 기다리며 머문다는, 도솔천의 내원궁에서 내려오는 하얀 코끼리가 오색 광명과 더불어, 들어오는 태몽을 꾸고 태어나셨다. 이와 같이 코끼리와 더불어 기린도 상서로운 동물의 상징이 되니 성인과 상서로운 태몽의 상징이다.

. 코끼리를 타면, 부귀겸전한 사람, 학문과 학식을 대표 하는 일, 단체의 지도자를 상징한다.
. 여성이 코끼리를 타면, 부귀한 남편을 얻고, 학생은 학위를 받는다.
. 자기가 탄 코끼리를 채찍질하면, 지지부진한 일을 정상으로 올려놓는 상징이다.
. 상아나 상아제품을 얻으면, 진기한 물건, 등 재물을 얻거나 상장을 받기도 한다.
. 낙타는 소와 같은 해석이 같으며, 일군 등 사람을 얻기도 하고 사업의 상징이 되기도 한다.
. 끝없는 사막을 낙타를 타고가면, 소원이나 사업이 난관에 부딪친다.
. 낙타를 끌어오면, 소나 말 같은 가축을 사오게 되거나, 협조자를 얻기도 한다.
. 기린은 지혜와 재주가 뛰어난 사람, 부귀한 사람, 일, 재물, 권세, 명예 등 상징한다.
. 기린이 도망가면, 돈과 명예와 사업체 등의 상실이 있다.
. 기린의 목을 잘라 죽이면, 시험에 수석합격, 등 명예로운 일의 성사를 상징한다.

7) 개와 늑대, 여우, 너구리의 꿈

개와 늑대는 경찰관, 경비원, 충복, 기자, 간첩, 병마의 상징이 된다. 포목점을 하는 여인은 꿈에 검은 개를 노려보고 있는 꿈을 꾸었다, 필자는 그 꿈을 듣고서 도둑이나 강도를 조심할 것을 부탁했다. 그 여인은 점포에서 퇴근 후에 집 앞 대문에서 검은 복장의 남자에게 돈이 든 가방을 빼앗겼다.

병든 환자의 병문안을 갔는데 그 환자는 어제 밤 꿈에 검은 개가 침대 밑에 있더니 슬그머니 사라져 버렸다고 자기의 병이 나을 것으로 확신했다. 그 후 그 환자는 병이 나아 퇴원하게 되었다.

신장 암이 걸려 치료하고자 하던 사람은, 죽은 나무 아래 부분에 개가 죽어있는 것을 필자에게 말해서 틀림없이 완치 될 것을 말했고, 수술 후에 신장 암에서 완치가 되었다.

절에 기도하러 다니던 불자는 주지스님이 데리고 다니는 개에게 먹을 것을 주었으나 먹지 않았던 꿈은, 주지스님의 측근이 자기의 말을 듣지 않은 것을 상징했다. 이와 같이 개의 꿈도 꿈꾸는 사람에 따라 해석이 달라져야 한다.

. 개를 끌고 다니면, 고용이나 호위병이나 경비원등 협조자를 데리고 있다.
. 들개나 천박한 개가 오면, 방랑자나 무의탁 자를 만나거나 전염병에 걸린다.
. 자기 집 개가 남의 집개와 놀면, 자기의 조직원이 단체 가입하거나 남과 공모할 상징이다.
. 남의 집 개가 우리 집 개에게 다가오면, 정보 탐지나 부녀자의 유혹이 있다.
. 개의 교미를 보면, 사업상 동업이나 계약이 성사된다.
. 개가 사나워 어떤 집에 들어가지 못하면, 기관의 경비원의 제지를 받는다.
. 개를 죽이면, 어려운 일을 성사시키고, 소원이 성취된다.
. 개를 귀엽다고 쓰다듬으면, 사람으로 속상할일이 생긴다.
. 사나운 개가 물려하거나 떼 지어 다니면, 신변의 위험과 버거운 일에 직면한다.
. 개에게 물려 자국이 나면, 취직이나 직책이 생긴다.
. 개에게 물린 자리에서 피가 나면, 사람으로 손재와 배신을 경험한다.
. 남의 집 대문에 매여져 있는 개에게 물리면, 취직이 되거나 자기의 일거리가 채택된다.
. 개가 짖어대는 소리를 들으면, 좋지 않은 소문이 나고 소란스런 일이 생긴다.
. 먼 곳에서 개가 짖는 소리는, 외부에서 소문을 듣거나 사건의 상징이다.
. 개가 일어나 춤을 추면, 남이 나에게 인신공격과 불쾌함을 겪다.
. 개가 하늘을 날면, 출세하는 상징이 된다.

- 값비싼 애완견을 사오면 훌륭한 인재를 얻거나 사람을 얻고, 좋은 학교에 입학한다.
- 늑대는, 고급관리, 검사, 강한 사람, 경찰관, 강도, 등의 상징이며 개와 해석이 같다.
- 늑대에게 가축이 물려죽으면, 뜻하지 않은 권력가에게 자기 일이 성사된다.
- 늑대가 가축을 물고 달아나면, 재산소실과 도난의 상징이다.
- 여우는 교활하고, 변태적인 사람이나 희귀한 일 재물, 명예, 권리 등의 상징이 된다.
- 여우가 닭을 물어 가면, 교활한 인간에게 사기 당한다.
- 여우를 잡으면, 학교나 관청에서 명예와 권세가 주어진다.
- 여우를 죽이면, 큰 재물을 얻는다.
- 밤에 여우를 만나면, 치한이나 정체불명의 사람으로 놀랜다.
- 밤에 여우의 소리를 들으면, 불길한 소리를 듣거나, 천재지변의 상징이다.
- 오래된 백여우를 죽인 꿈은, 오래된 유산상속의 재판에서 성공이었다.
- 너구리는, 음흉하고 교활한 사람이나 미운 사람의 상징이다.
- 너구리를 잡거나 털과 가죽을 얻으면, 기관이나 단체에서 권리나 재물을 얻는다.

8) 사슴, 노루, 꿈

사슴은 선량한 사람, 인격이 고상한 사람, 고급관리, 여성 등을 상징하고, 명예, 권세, 영광, 등을 상징한다. 노루 역시 같은 해석이 된다.
 산속에서 사슴 세 마리가 노는 꿈을 꾼 어떤 스님은 큰절의 주지가 부주지 총무를 겸한 직책을 맡아 달라하여 삼년 동안 직책을 수행을 했다.

- 아름다음 사슴의 뿔은 만진 꿈의 태몽은, 특별한 공부를 한 판사의 태몽이다.
- 여인의 꿈에 깊은 산속에 사슴이 뛰어노는 태몽은, 국정에 관여하는 귀한 태몽이다.
- 사슴이 제 발로 집에 들어오면, 훌륭한 여인이나 귀인을 만나거나, 고급관리가 된다.
- 사슴을 죽이면, 관직에서 승진이거나 소원이 이루어진다.
- 사슴의 뿔을 얻으면, 큰 재물, 훈장, 학위 등을 받는다.
- 노루의 꿈은, 사슴보다는 조금 못한 일의 상징이 된다.

양은 선량한 사람, 교육자, 정신적, 물질적인 상징이 된다. 건설업을 하는 기독교인은 꿈에 양을 잡아 제단에 올리고 제사를 지낸 꿈을 꾸고는, 관공서의 일을 수주하여 많은 돈을 벌었다.

요식업을 하는 사람의 꿈에서는 한 마리의 염소를 끌고 온 꿈은, 성실하고 착실한 일꾼을 고용 했으나. 눈이 찢어지고 입이 나온 뱀을 새끼줄에 묶어온 꿈도, 일꾼으로 고용했으나 거칠고 교활하여 고용함에 어려움이 있었다.

. 양을 죽여 제사를 지낸 꿈은, 관공서의 사업으로 많은 돈을 벌었다.
. 양을 끌어다 매어놓으면, 어질고 착한 처나 며느리, 고용인을 구하거나 재물이 되기도 한다.
. 양을 풀밭에 풀어 놓으면, 인재양성이나, 교육, 종교의 상징이 된다.
. 양젖을 짜면, 돈을 벌거나 재물을 얻는다.
. 염소는, 양과 같은 상징이나 그만 못한 상징이다.
. 토끼는, 어질고 착한 사람과 회사원, 하급직 직원이나 재물의 상징이 된다.
. 토끼장에서 토끼들이 나오려고 하면, 직원들이 이직을 하고자 한다.
. 토끼가 번식하면, 상당한 재물이 생기거나 사업의 발전이 있게 된다.
. 쥐는, 노력가, 소개자, 관리, 도둑, 간첩 등의 상징이 된다.
. 쥐가 쥐구멍에서 자기를 쳐다보면, 남이 관심을 가지고 본다.
. 쫓던 쥐가 구멍으로 사라지면, 목적을 실패한다.
. 방안의 쥐를 잡으려 하면, 비리가 있는 수상한 사람을 색출하고자 한다.
. 달리는 쥐를 돌로 쳐서 잡으면, 사람을 설득하게 되고, 고민스러운 일을 성취한다.
. 쥐가 발가락을 물고 놓지 않으면, 뜻하지 않은 이익이 있고 협조자가 생긴다.
. 수없이 많은 쥐가 꼬리표를 달고 나가는 꿈은, 많은 수의 책이 팔리는 꿈이다.
. 접시에 음식을 다 먹어 치우면, 남이 자기일은 다 처리 해준다. 남이 간섭하기도 한다.
. 창고의 곡식을 쥐떼들이 와 먹어치우면, 곡식이 남지 않을수록 사업이 크게 번창한다.
. 들판에 널려있는 곡식 등 기타 농산물을 쏟아먹는 쥐떼를 보면, 흉년이나 천재지변이 난다.

. 쥐가 큰 물건을 쏠아 먹거나 물체의 밑을 파놓으면, 단체를 와해시키거나 대
  규모사업에 착수하기도 한다.
. 박쥐가 덤벼들면, 병인을 알 수 없는 병에 걸리거나 괴한의 습격을 받는다.
. 박쥐에게 물리면, 권리나 명예가 생긴다.
. 박쥐 떼가 날면, 소동이나 변란이 일어난다.
. 다람쥐가 쳇바퀴를 돌면 따분하고 고달픈 일에 종사한다.
. 다람쥐가 나무에 오르면, 직장에서 승진 등이 이뤄진다.
. 쥐가 고양이 호랑이 등을 오르면서 커지면, 하급직에서 점점 고급 직으로 바
  뀐다.

10) 고양이 원숭이의 꿈

  고양이의 특성이 앙칼지고, 앙증맞은 여인과 어린아이의 상징이며, 까다롭고
어려운 사업, 권리와 애착이 가는 일거리, 경찰이나 도둑의 상징이 된다. 죽이
거나 남을 주거나 사라지면 반대로 애착과 속 썩는 일의 해결로 꿈 해석의 원
칙이다.
  원숭이는 흉내를 잘 내는 특성이 있기에 꿈에서 원숭이를 보면, 나의 일이나
남의 일을 흉내 낸다거나 모방을 하는 해석과 더불어 일반 동물의 상징과 같
이, 죽거나 죽이면, 해결 또는 성취를 상징하고 애착을 느끼면, 속상한 일의
상징이 된다.

. 고양이는, 앙칼지고 사나운 여인이나, 어린이, 경찰관 감시원, 도둑, 권리의
  상징이 된다.
. 방안에 있는 고양이와 어린이는, 집안의 어린이의 상징이 된다.
. 고양이를 안아주면, 여인이나 아이로 심적 고통을 받거나 까다로운 일로 고
  통을 받는다.
. 고양이가 쥐를 잡으면, 경찰관이나 군인이면 적을 잡거나 공로를 이룬다.
. 고양이에게 물리면, 권리를 얻는다.
. 고양이에게 할퀴면, 명예회손, 병마 등을 상징한다.
. 남의 고양이가 닭장을 들여다보면, 재산을 손해 할 사람이 있다.
. 자기 집의 고양이면, 자기의 재산을 지켜주는 사람이 있다.
. 호랑이를 그렸는데 고양이를 그렸으면, 시작은 크나 결과가 작다.
. 고양이를 그렸는데 호랑이를 그렸으면, 시작은 작으나 결과는 크다.
. 검은 고양이가 울며 쫓아오면, 두렵고 불안한 체험을 한다.

. 개와 고양이가 싸우는 것을 보면, 두 단체의 투쟁을 본다.

. 자기 집의 고양이가 나가면, 고용인이나 경비원을 해고한다.

. 고양이에게 물린, 태몽은 고급관리가 된다.

. 고양이가 높은 곳에 오르면, 지위가 높아진다.

. 담장에서 내려다보는 고양이는, 자기를 감시하는 배우자가 되기도 한다.

. 원숭이를 마주보면, 교활한 자와 다툼이나 모욕을 받는다.

. 원숭이의 귀가 가위에 잘려 나가면 사기성이 농후한 사람과 절연한다.

. 원숭이가 나무에 오르면, 신분이 새로워지거나 직위가 높아진다.

. 원숭이가 싸우는 것을 보면, 쇼를 보거나, 모방하는 장면을 보기도 한다.

. 정글에서 원숭이들에게 조롱당하면, 단체나 모임에서 조롱당한다.

11) 뱀과 구렁이의 꿈

뱀은 세도를 상징하고 악하고 미운사람, 교활한 사람, 정부, 독부, 강적의 사람의 상징이며, 권세, 명예, 지혜, 일, 작품의 상징 등이다.

머리가 둘 달린 뱀이 방에 들어오기에 목을 잡아 바위에 내려쳐서 죽인, 별 하나의 군인이 필자에게 꿈의 해석을 의뢰했다. 필자는 둘 달린 뱀은, 별이 둘인 사단장을 상징하고, 바위는, 믿음이 가는 장소이니 청와대를 상징하고, 죽였기에 종결과 성사됨이니 틀림없이 승진 될 것으로 해석해 주었다. 결과는 그러했다.

. 뱀이 호랑이를 잡아먹으면, 이질적인 단체의 대립에서 뱀의 상징이 승리한다.

. 뱀이 나뭇가지처럼 위장 한 것을 보면, 음흉한 자의 계략에 넘어간다.

. 뱀의 혀가 날름거리면, 흉계를 자진자의 말에 사기를 당한다.

. 뱀의 꼬리만 보이고 다가오는 꿈은, 적이 되는 단체의 우두머리와 치열하게 싸운다.

. 구멍을 쑤셨더니 뱀이 나온 꿈은, 합격, 취직, 일의 성공을 의미한다.

. 큰 구렁이에게 물리면, 훌륭한 사람의 배우자가 되고, 권리와 권세를 얻는다.

. 큰 구렁이에 물리는 태몽은, 장차 훌륭한 인물이 된다.

. 뱀에 물려 독이 퍼지면, 권세나 명예를 얻게 된다.

. 독 있는 뱀을 통째로 삼킨 꿈은, 언론사의 사장이 되었다.

. 구렁이가 몸에 감기면, 처녀는 배우자를 만나고, 유부녀는 임신하거나 애인이 생긴다.

- 노인의 몸에 구렁이가 감기면, 자식이나 자손의 일이다.
- 여러 마리의 뱀이 문틈으로 들어오면, 여인은 남자를 만나게 되고, 남자는 신변에 위험에 있고 작가는 작품이 지상에 발표된다.
- 뱀이 치마 속에 들어왔으나 형태가 보이지 않았으면, 태아를 유산한다.
- 큰 구렁이와 관계된 꿈을 꾸고 태어난 아기는, 재능이 뛰어나거나 명성을 떨친다.
- 뱀을 생으로 썰어 먹으면, 벅찬 일을 처리하거나 남의 학설을 이용하기도 한다.
- 토막 난 구렁이를 구워 먹으면, 새로운 일을 처리하거나, 책을 읽고 지식을 얻기도 한다.
- 뱀이 물기에 밟아 죽인 태몽은, 유산한다.
- 큰 구렁이를 치마로 싸서 죽이면, 자식이 급사한다.
- 큰 구렁이를 죽여 피가 나면, 일을 성취하여 많은 돈을 얻어 쓴다.
- 큰 구렁이 옆에 잔 뱀이 있으면, 장차 권세를 잡아 국가나 사회단체의 지도자가 된다.
- 큰 구렁이가 다리를 감으면, 잉태하거나, 사람을 얻게 되고 권리가 생긴다.
- 몸에 감긴 구렁이나 뱀을 떨쳐내는 태몽은, 유산이 된다.
- 뱀이 상처를 입었으나, 사람으로 변한 태몽은, 병든 몸을, 덕행으로 칭송받는 효부가 되었다.
- 구렁이가 허물을 벗고 사라지면, 과거의 잘못을 청산하고 새사람이 되는 상징이다.
- 우중충한 색의 축 늘어진 구렁이를 보면, 탐탁지 않은 사람으로 고통을 받는다.
- 큰 구렁이가 구멍으로 들어가면, 유산, 사망의 상징이 된다.
- 황색 구렁이가 용마루에 올라가는 태몽이면, 장차 기관에 우두머리가 된다.
- 청색 구렁이는, 인기인 인기직업을 상징한다.
- 검은 색의 구렁이는, 학문과 공직에 상징이 된다.
- 흰색 구렁이는, 고상하고 청렴한 상징, 그리고 상속과 관계된 일이 된다.
- 검은 구렁이가 집 전체를 감으면, 적에게 봉쇄되어 함락되는 상징이 된다.
- 연못 속에 무수한 뱀은, 박물관이나 고분에 골동품을 보기도 한다.
- 뱀에게 물린 곳의 독을 짜내면, 복권에 당첨이나, 사회사업을 성취 한다.
- 뱀이 집안에 들어오면, 집안 식구가 는다.
- 뱀이 집안을 들여다보면, 청탁자나 청혼을 한다.
- 뱀이 몸을 감고 턱 밑에서 노려보면, 배우자에게 구속당하거나, 불화한다.

- 몸을 감고 있는 뱀을 죽이면, 속박에서 벗어나거나 일의 성취가 있다.
- 많은 황색 구렁이는, 정치가나 권세가로 많은 사람을 거느린다.
- 길옆에 수많은 뱀이 우굴 거리는 태몽을 꾸면, 태아가 장차 학자, 지도자, 교수 등이 된다.

12) 새의 꿈.

새는 사람의 동일시이며 작품, 일 재물, 권세 , 명예, 길한 일거리와 흉한일도 상징 한다. 유력 정치인이 몇 마리의 까마귀가 멀리 쫓아오는 꿈을 꾸고 해몽을 구했다. 필자는 불길한 소문과 함께, 수사관들이 당신을 잡아 구속하고자 한다고 해석해 주었고, 그 후 그 정치인은 결사 항전시위로 어려움을 이겨냈다.

독수리를 타고 하늘을 날고 있는 꿈을 꾼 정치인은, 대 길몽이기에 권력을 잡고 권세를 누릴 것으로 판단하였다. 그 후 그 정치인은 권력자의 영향으로 상당한 지위와 권세를 가지게 되었으나, 도리어 그 세력의 흥망성쇠의 변화가 심하여 굴곡이 많았다고 했다.

새는 여느 동물의 꿈과 같이, 나와의 관계를 살펴보고, 한 마리, 두 마리는 한두 명의 사람을, 많은 수의 새는 많은 사람을, 죽이면 일의 성취를, 먹을 수 있는 음식이면 재물을 상징하는 것은 다른 동물과 해석이 비슷하나, 태몽에서는 죽이거나 사라지면, 이별과 유산을 상징한다.

꿈에서 사람이나 동물이나 조류나 할 것 없이, 애착이나 애정을 느끼는 대상이 나타나면, 대부분은 현실에서 사람의 마음을 애처롭게 하는 애착 가는 일이나 애정 있는 사람과의 구설에 관계된 일에 해당되고, 죽이거나 떠나가면 해결을 상징한다.

- 독수리를 타고 나는 것은 맹금류 자체의 위험성과 하늘을 날게 되면, 그 변화가 심하기에 사업가 역시 흥망성쇠가 심하고, 여인의 꿈이라면 남편의 사업이나 행로가 불규칙한 삶으로 고통을 받는다.
- 맹금류가 자신의 어깨에 있거나 하늘을 빙빙 돌거나 하면, 벼슬을 얻거나 권력자의 혜택이 있고, 사업가나 작가는 이익과 명성이 있을 것이며, 훈련시킨 매가 사냥을 해 오면 자기의 부하가 여인을 데려 오거나 재물을 얻게 되며, 맹금류가 자기를 해치고자 하면 악인에게 시달리거나 강도와 무뢰배를 경계함은 동물의 꿈과 동일하다 할 수 있다.
- 까마귀가 시체를 파먹으며, 법석을 떠는 꿈은 장차 사업을 성공하여 많은 부

하 직원을 고용하고 혜택을 보려고 모여드는 사람들의 꿈이며, 수많은 쥐들이 창고의 곡식을 먹고 수많은 참새가 곡식을 먹고 있는 꿈과 동일한 꿈 으로 해석한다.

. 수탉은 예로부터 봉황과 더불어, 옛 백제에서는 국조로 삼았으며, 현재 프랑스의 국조로, 나라 상징이 되기에, 수탉의 위험과 기백이 관직의 성공과 출세의 상징해석이 된다.

사업에 실패하고 취직을 구하고자 하는 친척이 꿈에 수탉의 목을 비틀어서 죽인 꿈을 꾸고는 해몽을 구했고, 필자는 바로 취직이 될 것으로 해석하여 주었으며 수준 높은 직장에 취직되었다.

. 수탉이 나무에 오르거나 울게 되면, 취직과 명성이 있고, 꿈에서 수탉을 잡으면 사람을 얻게 되고, 죽이면 일의 성취됨이니 취직이 된다.

. 닭이 지붕 위에서 우는 것은, 누구에게 굴복하게 되거나 불길한 징조이며, 암탉이 우는 것은 의외의 사람이 출세나 명성을 얻고, 암탉이 알을 품거나 알을 얻으면 좋은 아이디어를 얻거나 한다.

. 닭이 죽어있으면 불길하나, 먹을 수 있는 음식 재료이면 돈이 생기며, 닭장에 많은 닭들은 재물의 상징이 되거나 기관이나 단체에 소속된 사람의 해석이 되기도 한다. 가위로 닭의 주둥이를 자른 사람은 작은 계약이 성사되기도 했다.

. 꿩을 사냥하여 얻으면, 재물이 생기고 꿩의 알을 얻으면 참신한 아이디어로 성공하며, 꿩이 날아가 사라지면 재물과 사람을 잃게 되고, 꿩이 집안에 날아 들어오면 재능 있고 유능한 사람을 얻게 된다.

. 애완용의 새가 날아가 사라져 버린 꿈을 꾼 어떤 사람은, 사실혼과 같은 동거에 들었으나, 얼마 후 소식도 없이 사라져서, 가슴에 깊은 상처를 입고 필자에게 하소연을 한 기억이 있다.

. 부엉이나 올빼미, 까마귀의 울음소리는, 불길한 소식과 함께 재난을 조심해야하나, 까치의 소리는 반가운 소식이 오거나 사람이 오고, 새들이 나무위에 오르는 것은 길몽이 되고, 지붕위에서 울거나 앉으면, 타인의 성공이나 불쾌함을 겪게 된다.

. 원앙새, 금계, 꾀꼬리, 갈매기, 야생오리, 비둘기, 뻐꾸기, 참새, 제비 등 역시 그 특성에 따라 해석이 대동소이 하다.

. 원앙새는 부부의 금슬을, 금계는 출세를, 비둘기는 평화 상징과 함께 어진 사람을, 제비는 재능 있는 사람과 일을, 꾀꼬리는 인기 있는 배우나 연예인을, 참새 떼는 많은 사람의 모임과 작은 사람을 상징하고 있다.

. 날아가는 새를 보면, 결혼한 사람은 배우자와 조만간 이별하거나 별거 한다.

. 날아서 가는 새를 본, 태몽은 사람과 생이별 또는 사별 한다.

. 두려워하던 맹금류가 날아가면, 금심걱정이 사라진다.

. 태몽에서 작은 새는, 대체로 여아, 암컷, 큰새는, 남아를 상징한다.

. 새장에 갇힌 새는, 자유를 구속 받거나 통제를 받는 사람이거나, 어느 기관에 위탁한 작품을 상징하기도 한다.

. 새장의 한 쌍의 새는, 자기의 부부생활을 새에 비유한 것이기도 하다.

. 새장의 새가 도망을 하면, 아내나 애인이 떠나 버리거나 한다.

. 닭이나 비둘기에게 모이를 주면, 문하생이나 부하세력을 양육하게 되며 여러 사업에 투자할 일이 있다.

. 세 마리의 새 중에 한 마리가 손바닥에 앉으면, 세 여성 가운데 한 여성과 결혼하게 된다.

. 독수리나 솔개는, 억세고 대담한 사람, 장교, 경찰간부, 권세나 큰일 등의 상징이다.

. 독수리나 솔개가 접촉해 오거나 수족을 물리면, 야심가는 권세를 잡고, 학생은 수석, 처녀는 씩씩한 배우자를 만난다.

. 독수리가 자기를 채어 공중을 날면, 협조자에 의해 일이 성취되고 처녀는 훌륭한 배우자를 만난다.

. 자기가 독수리가 되어, 짐승, 새, 닭 등을 잡으면 권력을 행사하여 사람, 일, 재물을 얻거나 집단적인 세력을 꺾는 일과 관계된다.

. 자기가 독수리가 되어 많은 닭을 물어죽이면, 적을 무찌르고 항복받을 것을 예시한다.

. 독수리를 타고 하늘을 날면, 사업체를 이끌어 나가는 데 순조롭지 못하고 흥망 성쇠가 거듭된다.

. 독수리를 타고 하늘을 날면, 미혼 처녀의 꿈이라면 장차 배우자가 사업에 기복이 심하고 고통 받는다.

. 독수리가 자기를 해치려고 하면, 악한에게 시달림을 받거나 질병으로 고생한다.

. 매가 자기 집의 닭을 물어 가면, 자기의 세력의 일부가 강력한 힘을 가진 자에게 강탈당하거나, 수하 중에 누군가에게 시집가기도 한다.

. 매가 하늘에 빙빙 돌고 있으면, 지위가 높아지거나 세상에 과시할 사업 또는 작품으로 성공 한다.

. 훈련시킨 매가 새를 잡아오면, 심복을 시켜 여성을 데려오거나, 재물을 얻을 일을 상징한다.

. 공작새는 부귀와 명예, 이상적인 여성, 뛰어난 작품, 재물 등을 상징한다.

- 공작새를 소유하면, 미혼자는 이상적인 여성이나 남성을 만나게 되고, 태몽이면, 부귀영화를 누릴 사람이 되며, 작가나 학자라면, 작품이나 연구에 성과를 얻게 된다.
- 공작새가 머리 위나 주변을 날면, 예술 작품 등을 성취하며 명성을 떨치고 부귀해진다.
- 공작새가 날개를 펴는 것을 보면, 권리 또는 작품의 성취로 사람에게 감동을 준다.
- 봉황새를 보거나 소유하면, 결혼생활에 백년해로 하거나 관직이 높아진다.
- 한 쌍의 원앙새를 보면, 헤어진 부부는 다시 만나고 자식의 혼사는 대길 하다.
- 학은 고고한 사람, 지조 있는 사람. 선비. 학자. 학설. 명예. 권세 등을 상징한다.
- 학을 타고 하늘을 날면, 학자가 되거나 귀인을 만나 높은 관직에 오르게 된다.
- 학이 자기 주변에 날아와 앉으면, 고귀한 사람을 만나거나 스승의 가르침을 받거나 의사의 진찰을 받을 일의 상징이다.
- 학이 품안에 들거나 어깨에 앉으면, 지조 있는 여성, 학자, 성직자 등을 낳을 태몽이거나 학문적 연구에 몰두할일에 상징이다.
- 공작새가 찬란한 빛을 자기에게 비추면, 이상적인 사랑과 희귀한 일로써 영화로워 진다.
- 동자가 학을 타고 내려온 태몽을 꾼 것은, 학자나 높은 관직의 우두머리가 된다.
- 백발노인이 학을 타고 내려와 무엇을 주면, 신분이 영화롭거나 학자 또는 다른 협력자에 의해 묘책이나 부귀를 얻는다.
- 하늘을 날며 우는 학을 보면, 작품 따위를 세상에 발표해 영귀해지거나 명성을 얻게 된다.
- 학이 숲속에서 노는 태몽은, 장차 태아가 큰 인물이 되어 많은 사람을 양성하는 일과 관계된다.
- 백로나 백조가 무리 져 논에 있는 것을 보면, 의식주가 풍부해지고 여러 손님과 접촉하게 된다.
- 한 나무에 황새 떼가 무수히 앉아 있는 것을 태몽을 꾸면, 태아가 장차 관공서나 기업체에 고급공직자를 감독하는 높은 직의 인물이 된다.
- 기러기 떼가 논이나 호숫가에 앉으면, 먼 곳에서 소식 또는 손님이 오며 단체를 지휘하는 일과 관계된다.

. 제비가 집을 찾아들면, 객지에 나갔던 식구가 돌아오고 처마 밑에 집을 지으며 사업을 시작할 일에 상징이다.

. 제비가 둥지에 새끼를 치면, 가업이 번성하고 제비가 나는 것을 보면, 작품이나 사업으로 유명해진다.

. 한 마리의 제비를 가까이 한 꿈을 꾼 태몽은, 재주 있는 미모의 자식을 낳는다.

. 제비가 잠시 날아와 앉았다 사라지면, 예쁜 여인이 찾아오거나 한동안 동거할 여인을 만난다.

. 다리에 끈이 매어져 있는 파란 비둘기를 잡으면, 가출 여성이나 기생과 일시적인 만남을 암시한다.

. 비둘기 떼에게 먹이를 주면, 선량한 무리들을 양육할 일과 관계한다.

. 비둘기의 관한 꿈은, 성품이 어질고 착하며 사회봉사를 하는 여성의 상징으로 간호사, 여선생, 여의사 등의 상징이다.

. 비둘기가 국가원수의 머리나 어깨 위에 앉는 것을 보면, 정부가 평화노선을 동조하는 일을 상징한다.

. 거위와 오리가 서로 함께 노는 것을 보면, 누가 첩을 거느린 것을 보거나 단체의 우두머리가 되는 것을 볼 수 있다.

. 까마귀 떼가 나는 것을 보면, 협조자의 분산, 시국의 변화, 친척간의 불화 등이 생긴다.

. 까마귀가 머리위에서 울면, 불길한 소식이나 사건이 닥쳐온다.

. 까치가 나무위에서 울면, 반가운 소식이나 손님이 찾아온다. 그러나 지붕 위에서 울면 집안에 우환이 생긴다.

. 까치나 기타의 새가 나무에 집을 짓는 것을 보면, 자기 집이나 세력권에 뜨내기 같은 사람이 찾아와 도와줄 일이 있다.

. 나뭇가지에 여러 마리의 까치가 앉은 것을 보면, 자기 사업에 협조해줄 사람을 만나게 된다.

. 까마귀와 까치가 송장을 파먹는 것을 보면, 사업이 번창하여 수많은 사람을 고용하거나 집안에 잔치를 벌여 많은 손님을 접대할 일이 생긴다.

. 앵무새나 카나리아는 여성을 상징한다.

. 앵무새가 말을 하면, 여성과 말다툼을 할 일이 생기고, 카나리아가 노래하면, 여성으로 인해서 속을 썩거나 선전원이나 외판원이 온다.

. 새가 죽어서 불쌍하다고 울면, 소망이 이루어져 기뻐할 일이 있다.

. 화려한 누각에 새들이 지저귀는 것은, 누각은 상여이고, 새들은 자기가 죽으면 찾아올 조상객들과 동일시이다.

. 새들의 날개가 떨어지면, 세력 또는 명예 등의 일부가 상실된다.

. 꾀꼬리가 품으로 날아들거나 붙잡으면, 아름다운 여성 또는 명예 등을 얻게 되고 태몽이면 유명 인이나 가수가 될 아이를 출산한다.

. 물새가 배위에서 날면, 귀인이 나타나고 배위에 앉으면 운세가 대길하다.

. 수천마리 갈매기가 자기를 둘러싼 태몽을 꾸면, 태아가 장차 입신양명 했을 때 부귀영화를 탐내거나 추종자들이 많은 것을 상징한다.

. 부엉이가 울면, 동네에 재난이 생기고, 집 앞에서 바라보면 자기 일에 간섭 하려는 사람 또는 도둑이 들어온다.

. 뻐꾸기나 두견새를 보면, 먼 곳에서 손님이 찾아오고 울음소리를 들으면 소 원이 성취된다.

. 뻐꾸기나 두견새의 알을 얻으면, 뜻하지 않은 희귀한 물건을 얻거나 권리 또 는 재물이 생긴다.

. 참새는 평범한 사람, 시끄러운 사람, 음악인 등의 상징이며 작은일, 재물 등 을 표현한다.

. 한 마리의 참새가 방안으로 들어오거나 품에 드는 태몽을 꾸면, 평범한 여아 를 출산한다.

. 참새 떼가 전답 또는 털어놓은 곡식을 먹으면, 많은 고용인을 얻는다.

. 참새 떼가 창 밖에서 우는 것을 보면, 많은 사람으로부터 찬반의 시비를 얻 는다.

. 산에서 꿩 잡는 포수에 총소리를 들으면, 중개인이 사람을 물색 했다는 소식 을 듣게 된다.

. 포수가 꿩을 잡아 허리에 찬 것을 보면, 매우 귀한 물건을 얻게 된다.

. 꿩 알을 발견 하거나 얻으면, 진급되거나 훌륭한 아이디어를 얻어 큰일을 이 룰 수 있다.

. 거의 다 부화되어 가는 세 개의 꿩알을 발견하면, 세 개의 출판되기 직전의 작품을 상징한다.

. 수탉 또는 장끼가 우는 소리를 들으면, 관직이나 신분이 높아지고 명성을 떨 친다.

. 암탉이 우는 소리를 들으면, 전혀 기대밖에 사람이 성공해서 명성을 얻거 나 세상사람 들을 놀라게 한다.

. 닭이 나무에 오르면 ,취직이 되거나 단체의 지도자가 되고 신분이 높아진다.

. 닭이 지붕위에서 우는 것을 보면, 우환이 생기거나 누구에게 억압을 당한다.

. 닭이 알을 품고 있는 것을 보면, 좋은 아이디어나, 창작물, 사업, 일등이 오 랜 시일에 이루어진다.

- 산속에 달걀을 얻으면, 기관에서 자기의 참신한 아이디어를 채택해 주고 그 것을 먹으면 좋은 평가를 해준다.
- 죽은 닭을 많이 가져오면, 거세당하거나 계획이 좌절되고 먹을 수 있는 것이 면, 상당한 재물을 얻는다.
- 닭장의 수많은 닭은 학생, 군인 등의 동일시이며 재물을 상징하기도 한다.
- 닭의 주둥이를 자르면, 사업상의 계약이 성사된다.

13) 물고기의 꿈

 필자가 아는 어느 스님은 길을 가다가 하늘에서 떨어진 여섯 마리의 송어를 길에서 주어 안고 가는 꿈은, 3천만 원의 시주를 받았다. 그러나 같은 꿈일지 라도 그릇이 큰 사업가나 재벌은 액수의 차이가 삼억이나 삼십억, 3천억의 해 석도 가능하다.

 예로부터 농부는 곡식이 돈을 대신하였고, 사냥꾼은 사냥감의 고기와 가죽을 돈으로 대신 했듯이, 어부는 물고기를 돈으로 대신하였기에 꿈에서 물고기를 낚시로 잡거나 그물로 잡거나 모두 재물과 돈으로 해석된다.

 그러나 물고기를 잡는 방법과 도구와 장소에 따라서 해석이 약간씩 다르다. 예를 들면 어떤 사람의 꿈에 고인 호수에서 낚시로 커다란 물고기를 잡았으나, 반 토막을 내어 위 머리 부분은 자기가 가지고 아래 부분은 동생이 가져간 것 은, 가족회의 끝에 부모의 유산을 동생과 나누는 꿈으로 해석되고, 낚시는 교 묘한 머리를 쓰는 방법으로 재물을 얻는 해석이 되었다.

 요식업을 하는 사람은 바다에 그물을 쳐서 물고기를 가득 잡고는 부자가 되 었고, 저수지에서 고기를 잡은 사람은 은행에서 대출을 받았으며, 백화점에서 생선코너의 직원에게 물고기를 5만원의 돈을 주고 산 사람은 5개월 후 직장에 취직이 되어 월급을 받게 되었다.

 그러나 잘 생긴 금붕어를 본 여인은 훌륭한 남성과의 성대한 결혼생활로 평 생을 만족하게 되었으니 한두 마리의 잉어나 금붕어는 사람 바꾸어 놓는 상징 이니 귀한 사람의 인연으로 해석한다.

- 잉어가 큰 폭포 위로 튀어 오르는 태몽은, 큰 기업체의 사장이 되었다.
- 잉어 두 마리 중 한 마리를 내버린 꿈은, 형제를 낳았으나 하나는 사별한 태 몽이니, 태몽은 버리거나 죽거나 완전치 못하면 불길하다.
- 잉어가 자기 앞에 오다가 사라진 꿈은, 태아가 유산했다.
- 그물을 들고 강에서 물고기를 잡지 못한 꿈은, 사업에 투자하여 부도가 났

다.
- 장어를 힘들게 잡은 사람의 꿈은, 까다로운 조건의 애인과 결혼했다.
- 초등학생 꿈에 가슴에 안은 5마리의 물고기 꿈은, 겨우 5만원의 돈이었으나 사람의 그릇에 따라 돈의 액수를 달리해야 한다.
- 물에 물고기가 죽어 둥둥 떠다니는 꿈은, 전쟁이나 재난의 징조가 된다.
- 많은 조개의 꿈은, 재물과 돈의 해석이 된다.
- 조개에서 진주를 발견하면 행운이 온다.
- 조개의 껍데기만 얻는 꿈은, 사기에 당하거나 헛수고를 한다.
- 많은 조개의 껍데기가 자갈이나 먹을 것으로 바뀌는 꿈은, 보잘 것 없는 재물로 바뀐다.
- 조개껍데기를 까는 꿈은, 시비와 구설이다.
- 어항이 깨지는 꿈은, 불행이 닥치게 된다.
- 많은 게와 새우나 가제의 꿈은, 물고기와 마찬가지이며 재물에 해당된다.
- 소금에 절인 생선의 꿈은, 사업가나 어부는 재물이며, 일반인은 누가 병들거나 사업에 곤란을 겪는다.
- 하늘에서 큰 붕어가 바다로 떨어지는 것을 보는 꿈은, 큰 붕어는 재물을 상징하며, 이 꿈을 꾸고 본인이 큰돈을 벌 수 있는 일자리로 옮기게 되었다.
- 물고기는 사람의 상징이며 재물, 돈, 일 권리의 상징이기도 하다.
- 그물을 던져서 물고기를 잡는 것은, 많은 재물을 편리한 방법에 의해서 얻거나 적을 섬멸하는 암시이기도 하다.
- 배를 타고 바다에서 그물로 많은 물고기를 건지면, 협조기관을 통해 일확천금의 꿈을 이룬다.
- 낚시질해서 물고기를 잡으면, 적은 재물이 생기거나 여러 번 나누어 돈을 벌 일과 관계한다.
- 낚시에 싱싱한 물고기가 걸려서 나오면, 목표하고 있는 계획이나 사업, 연애 등이 결실을 가져온다.
- 장어나 가물치 같은 미끄러운 물고기를 잡으면, 매우 어려운 일 즉 시험, 취직, 돈벌이, 연애, 구인 등이 이루어진다.
- 저수지에서 물고기를 잡으려 하면, 어떤 기관의 돈을 얻거나 이용할 일과 관계한다.
- 저수지에서 물고기를 잡으면 안된다. 고 생각한 것은, 공금에 손을 대면 안된다는 암시이다.
- 논바닥의 맑은 물에서 많은 물고기가 노는 것을 보면, 사업성과를 기대할 수 있거나 작품의 이미지가 참신하게 되는 일과 관계된다.

- 말라가는 저수지나 흙탕물 속에 많은 물고기를 잡으면, 부정축재나 불법적인 행위로 돈을 번다.
- 어린이들이 물고기를 잡는 꿈은, 성적이 우수해지거나 다음날 비 올 것을 예시하기도 한다.
- 방안이나 지하실 등 홀 안에서 물고기가 노는 것을 보면, 태아가 장차 의식주가 풍부하게 되고 창작을 하거나 지도자가 될 것을 예시한다.
- 한 마리의 붕어를 손으로 잡아 두 팔로 안고 온 태몽은, 태아가 장차 직위와 재물을 겸비한다.
- 연못에 큰 물고기가 죽어서 둥둥 떠다니면, 전쟁, 재난, 유행병 등으로 많은 사람의 죽음을 상징한다.
- 물고기가 손에서 펄떡이면, 원기 왕성하고 유능한 사람, 인기 있는 작품이나 일을 상징한다.
- 생선장수에게 물고기를 사면, 임금, 노력의 대가, 융자 등을 받게 된다.
- 생선장수가 큰 물고기를 토막 내어 주면, 사업자금을 나누어 받거나 여러 가지방법에 의하여 돈을 얻는다.
- 오색찬란한 물고기를 치마에 받는 태몽을 꾸면, 태아가 장차 인기 있는 일을 하거나 사회적으로 유명한 인물이 된다.
- 두 마리의 물고기 중에서 한 마리는 내버리고, 한 마리는 연못에 넣는 태몽은, 형제 한명은 유산되고 한명은 순산하는 꿈이다.
- 잉어는, 재주 있고 처세를 잘하는 사람, 예술작품, 재물, 명예, 인기직업, 출세, 승진 등의 일과 관계있다.
- 잉어를 붙잡아 그릇에 넣으면, 문학작품으로 인기를 얻는다.
- 잉어를 우물이나 연못에 넣으면, 크게 출세하거나 관직에 오르게 된다.
- 큰 잉어가 자기 앞으로 오다가 사라지는 태몽은, 태아가 유산 된다.
- 큰 잉어가 폭포위로 뛰어 오르는 것을 보면, 사업가는 사업에 크게 성공하며 세상을 떠들썩하게 된다.
- 개울 속에 많은 복어 떼를 잡으면, 복금에 당첨되거나 횡재한다.
- 북어 한 쾌를 사온 꿈은, 25라는 수와 관계된 일의 상징이다.
- 굴비, 오징어 자반, 멸치 같은 건어물은 재물, 증서, 일 등을 상징한다.
- 임신 중인 부인이 물고기 또는 구렁이 따위를 낳는 꿈은, 임산부 자신은 태아의 사업체이고 생산된 물고기는 사업성과를 나타내는 꿈으로 대단한 길몽이 된다.
- 물고기가 알을 낳는 것을 보면, 소원성취, 재물, 돈 등이 증가됨을 상징한다.
- 물고기가 갑판위에 뛰어오르면, 횡재 할 일이 있거나 사람을 구하게 된다.

. 물고기를 놓아주면, 모처럼 얻은 태아, 일, 돈 , 재물, 사람 등을 잃게 된다.

. 자신이 물고기가 되어 바다 속을 마음대로 헤엄치면, 출세하거나 사건의 진상 조사, 학문연구, 탐험 등을 하게 된다.

. 강이나 개천에서 잡은 물고기의 수효는, 남편의 수입을 나타낸다.

. 다섯 마리의 붕어 속에 작은 붕어 한 마리는, 오백만원에 월급에 잔돈이 얼마가 불어온다.

. 조개는 재물, 일, 집, 여성, 작은 사업체 등을 상징한다.

. 조개 한 두 개 잡은 꿈은, 여아를 낳기 쉽고 많이 잡으면 태아가 장차 많은 재물이나 사업을 성취하는 사람이 된다.

. 공중에서 조개나 물고기가 내려와서 받아 삼키면, 공적인 일로서 재물을 얻는다.

. 조개가 발가락을 물면, 자기의 청탁이 기관에서 착수되어 진행 중임을 암시한다.

. 가득이 쌓아올린 조개껍데기가 자갈더미로 바뀌면, 그것이 가치 있는 작품이 되어 세상에 크게 알려질 것을 예시한다.

. 조개껍데기를 까서 그릇에 담으면, 작품에 시비가 오가거나 연구의 성과가 있다.

. 조개에서 진주가 나오면, 진리를 얻거나 보물 또는 복권을 타기도 한다.

. 금붕어는 인기인, 인기상품, 행복 등을 상징한다.

. 어항이 깨지거나 물이 마르면, 부부간의 행복, 사업이 깨지고 자녀의 죽음과도 상관된다.

. 생선을 소금에 절이는 것은, 사업가나 선원은 재물의 축적과 관계가 있고, 기타 사람의 꿈은 누가 병들거나 사업이 침체한다.

. 해변에서 많은 게가 들락날락 하는 것을 보면, 상품의 소비시장을 많이 확보할 수 있다.

. 강변의 많은 게가 놀라 숨어버리면, 사업을 크게 벌리게 되나 실속이 없음을 상징한다.

. 금 두꺼비의 태몽은, 고급관리로 출세하는 태몽이다.

. 많은 개구리가 우는 꿈은, 직원들의 항의하는 데모의 꿈이다.

. 개구리가 높이 뛰는 꿈은, 직장에서 승진한다.

. 바다에서 인어를 잡은 태몽은 유명 인기인이 되었다.

. 문어에게 감긴 남성의 꿈은, 능력 있는 여인과 결혼하게 되었다.

14) 바다동물과 수륙 양서동물의 꿈

유명대학을 졸업한 청년은 바다에서 고래가 다가와 자기를 삼키는 순간 꿈에서 깨었다. 필자에게 꿈의 해석을 구하는 그 청년의 모친에게, 해외와 관련된 큰 기업에 취직이 될 것으로 해석하여 말해 주었고 정말 그렇게 되었다. 바다는 해외와 활동 무대가 넓은 것을 상징하고 고래는 큰 기업을 상징하며 고래의 뱃속은 기업에 선택됨을 상징한다.

. 상어 떼가 몰려오는 꿈을 군 사업가는 부채에 시달리게 되었으니, 상어의 상징은 난폭자, 권력자, 악한 등의 상징이니 호랑이나 사자, 늑대와 같이 맹수와 같은 해석이 된다.

. 거북과 자라의 꿈은 부귀한 사람, 권력자, 기관, 단체, 행운 등의 상징이 되고, 큰 재물을 가진 사람과 장수할 사람의 해석도 된다.

. 거북의 태몽을 꾼 사람은 실제로 바다에서 거북의 등을 타고 표류했으나 구제되어 해외 토픽에 난 것을 필자는 기억하고 있다.

. 물개를 잡으면 큰돈이 생기고, 문어에게 감기면 문어의 특성상 범죄인은 구속되고 취직을 기다리는 사람은 취직이 되기도 하며, 원치 않은 사람에게 얽매이게 되기도 한다.

. 악어는 맹수의 위용이 있으니 사자나 호랑이 등의 맹수와 해석이 동일하다.

. 도마뱀의 상징은 수도자, 종교인, 사상가 등의 상징이 되고 직장인의 해석이 되기도 하며, 동물의 해석과 같이 물리면 취직, 혼인, 태몽 등의 꿈으로 선택되는 특징이 있다.

. 개구리는 말잘 하는 사람, 군중, 시비, 변화 등의 해석의 상징이 된다.

. 고래는, 큰 인물, 재물, 권세가, 부자, 협조자 등의 동일시이며 큰일 등을 상징 한다.

. 고래를 타고 바다를 둥둥 떠다니면, 권세를 잡거나 부자 남편을 얻게 되고 태몽이면 훌륭한 인물을 낳는다.

. 어린이가 고래를 타고 신나게 달리면, 자동차, 배, 비행기를 타게 되거나 반장, 회장 등이 된다.

. 고래가 뱃길을 인도하면, 위대한 협조자를 만나 사업이 잘 추진된다.

. 고래가 뒤따라오면, 강대세력에 억제되고 고래 떼가 몰려와서 배를 뒤엎으면 사업이 위태로워진다.

. 고래의 뱃속으로 들어가면, 큰 벼슬을 하거나 거대한 저택을 소유하게 된다,

. 상어는, 용맹스럽고 민첩하여 난폭한 사람, 권력자, 관리, 악한 등의 동일시이며 자극적이고 인기 있는 일 그리고 방해물의 상징이 된다.

. 상어 떼가 놀고 있으면, 자기 사업이 잘 추진되고 권세나 명예를 얻는다.

- 상어 떼가 몰려오는 것을 보면, 악당들이 자기 사업을 침해 하거나 여러 사람의 시비와 침해를 받는다.
- 상어에게 다리를 잘리면, 자손이나 부하를 잃고 상어에게 물리면 권리나 명예를 얻는다.
- 상어와 관련된 태몽을 꾸면, 태아가 장차 고급관리나 세도가가 될 것이다.
- 거북은, 부귀한 사람, 권력자, 협조자, 협조기관, 단체, 길운 그리고 재물이나 탈것을 상징한다.
- 거북을 타거나 접촉하는 태몽의 꿈은, 태아가 장차 정당 당수나 통치자, 기관장 등으로 부귀를 누리고 세력이 당당한 사람이 된다.
- 거북 꿈을 꾸고 태어난 사람이, 실제로 태평양에서 거북이를 잡고 표류하다 살아난 이야기는 실제로 있었던 일이다.
- 거북을 잡으려다 잡지 못하면, 큰일을 시작하나 그 뜻을 이루지 못한다,
- 거북이 뱃길을 안내하면, 어느 기관이나 협조자의 도움을 받아 사업이 융성하고 대길 한다.
- 거북이 우물이나 집에 들어가면, 고급관리가 되거나 부귀를 누린다. 그러나 물이 없는 우물에 들어가면 영어의 신세가 된다.
- 자라가 거북으로 변해서 옆에 있으면, 소자본으로 큰돈을 벌거나 막대한 재산이 생기고 직위가 높아진다.
- 거북에 목을 쳐서 피가 흐르는 것을 보면, 큰 기관으로부터 돈을 얻거나 큰 사업으로 성공한다.
- 거북의 목을 잡으면, 단체의 우두머리나 수석, 주도권 장악과 같은 일이 이루어진다.
- 거북을 죽이면, 큰일이 성사되고 거북이 몸을 움츠리면 청탁한 일이 좀 채로 성사되지 아니한다.
- 자라는, 거북과 동일한 해석이 가능하며 주로 재물 또는 길운 등을 상징한다.
- 물개를 잡으면, 막대한 이익이 생기고 물개가 가까이 오면 취직이 되거나 여성과 관계된 일과 상관한다.
- 문어 또는 낙지에게 몸을 감기면, 수고, 고용, 취직, 입학 등의 일이 이루어진다,
- 악어 떼가 쫓아 와서 도망치면, 악당들에게 시달림을 받거나 일에 난관이 생긴다.
- 악어 떼를 하나하나 죽이면, 어려운 일이 하나씩 해소되고 큰일을 성사하거나 많은 재물을 얻는다.

- 인어를 붙잡아 온 태몽을 꾸면, 태아가 장차 인기인이나 인기작가 또는 이색적인 종교인이 될 것이다.
- 도마뱀은 청렴결백한 사람, 직장인, 수도자, 철학자 등의 동일시이며 소책자나 학설을 상징한다.
- 도마뱀에게 물리면, 결혼이나 취직과 관련하고 태몽이면 벼슬을 할 아이를 낳게 된다.
- 사람만큼 큰 도마뱀을 보면, 출세하거나 사업 등이 이루어지며 큰 인물과 상관하게 된다.
- 산길 옆에 우글거리는 도마뱀을 보면, 직장에서 책임자가 되거나 많은 작품을 발표하게 된다.
- 도마뱀이 한곳으로 모이는 것을 보면, 사람을 모집하거나 학자는 연구 자료를 수집해서 새로운 학설을 정립한다.
- 도롱뇽의 알을 먹으면, 많은 지식을 얻거나 창작물을 생산한다.
- 개구리는, 대인관계 좋은 사람, 소문 잘 내는 사람, 돈 잘 버는 사람과 일 또는 작품, 재물 등을 상징한다.
- 논둑을 걸어가는데 개구리가 와글와글 울고 있으면, 사업을 추진시키는 일에 많은 사람의 시비를 받는다.
- 개구리가 뛰어 오르는 것을 보면, 진급, 일의 성취, 직장의 변동 등과 상관한다.
- 맹꽁이나 두꺼비가 길바닥에 나와 다니고 있는 것은, 우직하고 소견 없는 사람을 만나거나 신통치 않은 글을 발표하게 된다.
- 한 쌍의 맹꽁이가 붙어 울고 있으면, 동업자와 일에 진통을 겪게 되거나 재수 없는 일을 체험한다.

15) 곤충류의 꿈

꿈에 몇 마리의 벌들이 자기를 쏘려고 덤비는 꿈을 꾼 학생은, 학교에서 불량학생에게 구타당한 일이 있었다. 모든 곤충류들은 비록 작아도 많은 사람의 모인 단체와 집단, 그리고 까다로운 사람의 상징이 된다.

필자의 꿈에 많은 개미떼들이 작은 언덕에서 싸우는 꿈을 꾸고서는, 필자가 몸담은 불교조계종단의 분규로 승단의 싸움을 경험하고, 출가의 회의와 비애를 겪었으며, 정치승려들의 주지자리 싸움에 분노를 느끼기도 했다.

- 모든 곤충류는, 비록 형체는 작아도 대중, 단체 세력, 사건의 진상, 일거리,

사람의 품성, 권리, 명예, 재물 등을 상징한다.

· 벌이 있는 벌집은, 그대로 힘 있는 단체와 구성원이며, 자기와 관련되면 많은 사람을 고용하게 되고, 꿀을 수확하면 막대한 자금이 생긴다. 그러나 벌들이 단체로 날아가면, 사업에 곤란함을 겪고, 벌들이 덤벼들면, 사람들에게 시달리나, 반대로 벌에 쏘이면, 여인은 남자를 만나게 되고 잉태하며, 벌을 잡아도 사람을 만나며 계약이 되며, 죽이면, 일의 성취와 이익이 있다.

· 나비가 꽃 위에 놀고 날면, 경사가 있고, 애인을 마나게 되며, 작가는 인기 있는 작품을 쓰고 명예를 얻으며, 고추잠자리 역시 경사와 귀한 사람을 만나고, 곤충의 표본을 보면, 사진이나 그림을 보게 되고, 호랑나비는, 바람둥이나 팔자 사나운 여인의 상징이 되기도 한다.

· 거미나 거미줄을 보면, 머리가 아프거나 운세가 막혀 불길하고, 거미나 지네는, 상징이 비슷하며 거미나 지네 떼가 덤비면, 사람에게 시달리거나 하고, 죽이면 재물이 생기고, 물리면, 취직이 되기도 하고, 사람에게 선택된다.

· 누에고치가 많으면, 재물을 얻고, 나비나 곤충이 알을 낳으면, 아이디어와 사업의 이차적 성과가 있다. 반딧불은, 일이 힘들게 되고, 송충이가 몸에 붙으면, 불쾌하고 손해 볼 일이며, 거머리가 다리에 많이 붙으면, 많은 사람을 고용하며 한 두 마리면, 재산을 축내는 사람이 있다.

· 개미들의 이동은, 사업의 변동과 이사를 상징하고 걱정이 해소되며, 개미떼가 다리와 팔에 오르면, 많은 사람의 지도와 의지함을 상징하며, 개미집을 허물면, 단체의 와해를 상징한다.

· 많은 파리 떼를 날려 보내거나 죽이면, 근심 걱정이 없어지고, 음식이나 대변에 파리 떼가 덤비면, 이권에 많은 사람이 관여하며, 많은 모기들을 약이나 모기향으로 죽이면, 근심걱정이 사라진다.

· 바퀴벌레를 잡아도, 근심걱정이 사라지고, 벼룩을 잡아도, 근심걱정이 사라지고 도둑을 잡기도 하며, 한두 마리의 이를 잡아도, 근심걱정이 없어지고 잡지 못하면, 사소한 근심걱정이 오래가며, 많은 이가 머리나 옷에 버글거리면, 우환과 소송에 휘말린다.

· 작은 곤충을 죽이면, 근심이 해결되고, 태몽은 불길하며, 곤충의 교미하는 것을 보면, 작은 계약과 연합이 이루어지고, 곤충채집은, 학문에 발전이 있다.

· 몸속에 기생충이나 벌레가 나와도, 근심걱정이 해소되고, 곤충의 울음소리는, 구설을 듣거나 한다.

· 나무에 달린 벌집에 수많은 벌들이 드나들면, 큰 사업체를 경영하여 많은 사람들을 고용하게 된다.

· 벌에게 소이면, 병에 걸리거나 여인은 잉태하게 되며, 작가는 자기 작품에

우수한 평가를 받는다.

- 벌떼가 자기에게 덤벼들면, 악당에게 시달림을 받거나 고통거리가 생긴다.
- 벌떼가 공중을 난무 하거나 떼 지어 날면, 자기선전이나 사상에 전파가 잘된다.
- 큰 말벌을 손으로 잡으면, 계약이 성사되고, 꽃에 벌이 모여드는 것을 보면 경사가 있어 손님을 접대하게 되며 자기의 작품을 칭찬 받게 된다.
- 꿀벌 통에 꿀이 많은 것을 보면, 막대한 사업자금이 생기고 많은 꿀벌이 모여 들면 많은 사람을 고용하여 사업이 융성해진다.
- 꿀벌이 모두 달아나 버리면, 자기의 세력권이나 기업이 와해된다.
- 나비가 여러 마리 모여서 유희하는 꿈은, 경사가 있고, 꽃에 나비가 앉으면 연애가 성립되거나 친구를 만난다.
- 나비가 여기저기 날아다니면, 훌륭한 작품을 쓰거나 인기인이 된다.
- 호랑나비는 난봉꾼, 팔자 사나운 여성 등을 상징한다.
- 나는 곤충을 본 태몽은, 태아가 장차 인기인이 되지 못하면 단명하거나 부모와 생이별한다.
- 고추잠자리가 무리 지어 나는 것을 보면, 귀한 여성을 만나 경사가 있거나, 선전광고가 잘된다.
- 거미줄에 매달린 거미는, 누군가 계교를 부리고 있음을 상징한 것이다.
- 거미가 먹이를 감고 있으면, 재물이 생기거나 심복을 얻게 된다.
- 거미줄이 사방에 쳐 저 있는 것을 보면, 사업 또는 수사망이 펼칠 일이 생긴다.
- 방구석이나 천정에 거미줄이 엉켜 있으면, 두통이 나거나 운세가 막힌다.
- 거미줄에 걸린 곤충을 떼어주면, 곤경에 처한 사람을 구하게 된다,
- 거미줄이 몸이 감기거나 붙으면 질병이나 근심, 걱정이 생긴다.
- 무수한 거미 떼가 덤비면, 악당에게 시달리거나 저주와 시비를 받고, 거미에게 물리면 어떤 사업가의 혜택을 입는다.
- 많은 누에를 사육하면, 큰 자본이 생기고 누에고치를 만들면 결혼, 결사, 조직, 건설 등의 일이 생긴다.
- 나비 또는 잠자리 등이 알을 낳는 것을 보면, 많은 이야기와 이론을 정립하고 사업가는 이차적으로 사업성과를 얻게 된다.
- 누에와 관계되는 태몽을 구면, 태아가 중년 이후에 부자가 되거나 성공 한다.
- 파리는, 방해적인 사람, 방해물, 사건, 걱정거리, 글귀, 사상의 전파, 선전물 등을 상징한다.

- 파리가 날아와 귀찮게 굴면, 미운 사람이나 장애물로 인하여 시달림을 받는다.
- 천장의 무수한 파리를 죽이거나 날려 보내면, 모든 근심걱정이 사라진다.
- 왕파리 떼가 길바닥에 무수히 붙어있으면, 유인물이나 책자가 널리 알려지며 그것들이 모두 날아가 버리면 대길하다.
- 밥상에 많은 파리가 덤벼들면, 자기 사업에 관여할 사람이 많은 것을 상징한다.
- 대변에 많은 파리가 날아드는 것도, 사업에 관여할 사람이 많다.
- 많은 모기를 손 또는 몽둥이로 때려잡으면, 방해되는 사람이나 방해물을 물리치게 된다.
- 지네는, 재벌가, 권력자, 은둔자의 동일시이며 재물, 돈, 산하, 단체, 부하 세력 등을 상징한다.
- 지네에게 물리면, 융자받을 일이 생기고 말린 지네를 많이 가지면 상당한 재물이 생긴다.
- 부엌 구석구석에서 기어 나오는 바퀴벌레를 모두 잡아 봉지에 넣으면, 많은 정보를 수집하거나 귀찮은 일들을 해결해 성취하는 일의 상징이다.
- 달팽이가 높은 곳으로 기어오르는 것은, 사업 또는 진급이 지지부진 해진다.
- 송충이가 몸에 붙으면, 화를 면하기 어렵고, 송충이가 소나무를 갉아 먹는 것을 보면 기근이나 재해가 닥친다.
- 곤충이 우는 소리를 들으면, 먼 곳에 있는 사람의 소식을 듣거나 시끄러운 일과 관련이 있다.
- 개미가 큰 벌레를 옮기는 것을 보면, 여러 사람이 자기의 사업을 도와줄 일이 생긴다.
- 개미떼가 이동하는 것을 보면, 사업 변경이나 이사할 일이 있고 근심걱정이 해소되고, 개미떼가 원을 그리면 일이 언제 끝날지 몰라 오랜 시일이 걸린다.
- 개미떼가 수족으로 기어오르면, 자기에게 의지하거나 정신적 지도를 받을 사람이 많게 된다.
- 개미집을 헐어버리면, 집안이 화목하지 못하거나 가족이 이산된다.
- 불개미의 집을 헐어버리면, 경쟁자의 타격을 줄 일이 있다.
- 반딧불을 보면, 어떤 일이 될 듯 말듯 하거나 소식이 드물게 온다.
- 반딧불이 여기저기서 깜박이면, 사업이 잘못되어 감을 예시한다.
- 거머리가 다리 전체에 붙어 있으면, 큰 부자가 되어 많은 사람을 고용하게 되고 한두 마리가 붙어 있으면 재산을 축내는 사람과 상관 하게 된다.

- 한, 두 마리 이가 옷 속에 들어가면, 근심걱정이 오래가고 그 이를 잡으면 근심, 걱정이 사라진다.
- 벗어놓은 옷에 이가 우글거리면, 집안 식구에게 우환이 생기고, 머리에서 이가 우수수 쏟아 지면, 정신적 고통이나 소송사건 등이 곧 해결된다.
- 벼룩이 뛴 것을 잡지 못하면, 도둑을 놓치게 되고 높이 뛴 벼룩이 내려앉은 것을 잡으면, 전근이나 전직이 쉽게 이루어진다.
- 몸에서 기생충을 배설하면, 근심, 걱정이 해소되고 회충 덩어리를 태워 버리면 큰일을 성취한다.
- 곤충류를 밟아 죽이면, 작은 일이 성사되고 태몽이면 태아가 유산될 암시이다.
- 곤충의 교미광경을 보면, 일의 성과나 결연 또는 연합등과 관련이 되는 일을 보거나 행하게 된다.
- 곤충을 채집하여 표본을 만들면, 소설의 소재나 학설 등을 수집해 책을 만들거나해서 연구 성과를 얻는다.

제6장. 식물, 곡물, 경작의 꿈

1) 꽃나무와 꽃의 꿈 편,

필자가 주지 직을 봉직할 때에 신도 회장을 선임하고자 했다. 미리 정해놓은 분을 선임하고자 했으나, 의외의 인물이 나타나 미리 정해놓은 신도가, 신도 회장의 자리를 양보했다.

필자가 사연을 물으니, 어제 밤 꿈에 주지인 필자가 나타나 커다란 꽃다발을 안겨주려 했으나 어떤 사람이 나타나 "이 꽃은 내꺼야" 하며 빼앗아 갔다고 하며, 신도회장은 자기의 위치가 아니라고 생각하여 거절했다고 하였다.

- 꽃은 기쁨, 경사, 영광, 명예, 애정, 여인, 성공, 과시 등을 상징한다. 높은 산에 꽃이 만발한 것은, 국가나 기관 단체에서 해당되는 경사와 영광을 상징하고 , 정원이나 마당에 꽃이 만발한 것은, 본인의 사업이나 개인의 성공을 상징하며, 꽃나무가 크고 꽃송이가 화려할수록 명예와 영광이 뛰어난다.
- 꽃향기를 맡아도 영광된 평가를 받고 그리운 사람을 만나며, 꽃을 삼켜도 명예와 부귀가 따르고 꽃을 씹으면 이성과 성행위를 즐기게 된다.
- 신령적인 존재가 주는 꽃은, 학위나 명예를 얻고, 고목에 꽃을 보면 기관과 단체에서 영광이 이뤄지며, 조화와 화환 등도 같은 해석이 된다.
- 꽃나무의 꽃이 우수수 떨어지고 병들어 시들면 유산, 생명의 단절, 질병, 명예와 신분의 몰락을 의미하며, 태몽은 주로 여아의 출산이며, 명성과 명예를 얻고 유명인이 된다.
- 만발한 꽃나무 아래를 걸으면, 업적, 과시 등으로 기쁜 일이 생긴다.
- 높은 산에 꽃이 만발한 것을 보면, 국가나 사회적인 일로 명예를 얻는다.
- 정원이나 마당에 꽃이 만발한 것을 보면, 자기의 사업체나 직장의 일로써 명예와 기쁨을 얻는다.
- 겨울에 꽃이 만발한 것을 보면, 드문 일로서 명성을 얻는다.
- 꽃을 보거나 꺾은 장소는, 태아가 장차 출세할 출세기반이나 사업관계를 의미 한다.
- 여러 가지 색의 꽃이나 겹겹의 꽃은, 다양성이나 내용의 풍부함을 상징한다.

- 꽃송이가 크고 탐스러우면, 그 만큼의 성과나 명예 등의 뛰어남을 뜻한다.
- 생전 처음 보는 꽃을 발견하거나 꺾으면, 발견, 발명, 창작 등의 일과 관여하여 명예와 명성을 상징한다.
- 고목에 핀 한 송이의 꽃을 얻으면, 학자의 연구 성과를 인수해서 대성하거나 명예를 얻는다.
- 신령적인 존재가 주는 꽃다발을 받으면, 학위의 명예를 얻는다.
- 꽃나무의 꽃이 분분히 떨어지는 것을 보면, 어느 단체나 기관 또는 개인의 세력이 몰락하거나 슬픈 일이 닥친다.
- 꽃나무를 뿌리째 캐면, 계약이 성사된다.
- 꽃이 시들면, 실패, 신분의 몰락, 상실 등을 상징한다.
- 꽃을 삼키면, 명예와 부귀를 얻고, 향기를 맡으면 귀인을 만나며, 꽃을 씹으면 이성과의 교제를 상징한다.
- 조화, 역시 꽃과 같이 명예, 표창, 업적을 상징으로 해석한다.
- 예식장이나 장례식의 화환은, 결사, 집회, 일의 성취로 명예를 상징한다.
- 꽃을 그리면, 여성의 신상문제를 알아보기도 하며 명예 얻을 일을 추진하기도 한다.
- 복숭아꽃이 만발한 곳에 거닐던 여인의 꿈은, 애인과 혼담이 성사되었다.
- 복숭아꽃이 만발한 곳에 거닐던 남성은 유명인과 멋진 성행위를 했다.
- 모르는 남성에게 꽃다발을 받은 여인의 꿈은, 청혼을 받고 결혼에 성공했다.

2) 과일나무와 과일 꿈

과일은 사업, 일, 작품, 성과, 업적, 결실, 재물 등을 상징한다. 사업을 시작한 사람의 부부가 잘 익은 감을 한 수레를 싣고 가는 꿈을 꾸고는, 부자가 될 것인가를 확인코자 물었고, 필자는 물론 사업을 성공하는 꿈으로 말했다.

- 과일은 결실의 상징이 되니 재물과 돈이며, 성과와 업적이 되고 과일나무는 재물과 결실을 이룰 수 있는 터전이니, 사업체가 되고 직장이 되며 기관과 세력권을 상징한다.
- 과일나무에 과일이 주렁주렁 달리면, 사업, 창작 등의 큰 성과를 이루나, 만약에 꽃이 졌으나 과일이 열리지 않았으면, 결과를 얻지 못하고 허명과 몰락을 예고하며, 과일이 익지 않은 과수원을 보거나 거닐면 시간이 지난 후에 결과를 얻게 된다.
- 과일은 태몽의 표현이 많은 것이 특징이니 많은 과일의 꿈은 태몽의 소유자

가 장차 이루어낼 결과를 표현하기에 많을수록 좋으며, 과일을 한 개나 두 개 등은 형제자매의 수를 말하고, 과일을 얻는 장소는 태아가 장차 활동하는 장소가 된다.

- 과일을 산에서 수확하거나 얻으면, 큰 기업이나 정부 산하에서 활동하게 되고, 산 중턱에서 과일을 얻으며 중년에 성공하며, 과일나무 중간이며 중산층의 결실이며 윗부분에서 과일을 따면, 상류의 직업을 가지게 되며, 나무에 한 개뿐인 과일은, 기관이나 활동 무대에서 제일의 위치에서 결실이 된다.

- 태몽과 혼담에서 상처 난 과일, 먹다가 버린 과일 등은, 불길하며 태아가 유산 되고 혼담이 깨진다. 태몽이나 혼담은 통째로 과일을 삼키거나 많은 수의 과일을 보거나 소유하면 길몽이며 태몽과 혼사가 성사된다.

- 과일나무에 올라가 과일을 따먹으면, 입학, 취직, 계약, 진급, 책임 등을 상징 한다.

- 방안에 과일나무가 있으면, 직장이나 세력권 등에서 이루어질 변화를 상징한다.

- 방안에 심은 과일이 주렁주렁 열린 것을 보면, 사업, 일, 혼담, 상거래에서 성과를 얻는다.

- 노란 꽃 화분을 방안에 들여왔는데 꽃이 지고 열매가 맺으면, 연애, 결혼이 성사되고 태몽이면, 태아가 예술 등으로 성공하여 세상에 명성을 날린다.

- 과수원의 꿈은, 과수원 전체가 어느 기관이나 학원, 사업장 등의 상징이다.

- 과수원을 거닐면, 학원, 사업체 등에서 종사하거나 일에 관계된다.

- 잘 익은 과일을 따먹으면, 좋은 일을 책임지고 덜 읽은 과일은 책임이 있는 어려운 일의 상징이며 뱉어내면 일을 중단한다.

- 한 개의 붉은 과일은, 이성과의 관계를 상징하나 당사자의 상황에 따라서 독특 한 좋은 일의 상징이기도 하다.

- 숲속에서 과일을 따먹은 학생은, 여러 과목에서 우수한 성적을 얻는 상징이다.

- 산 중턱에서 열린 과일을 딴 태몽은, 중년에 성공하는 상징이며, 나무 중간에 열린 과일을 딴 태몽은, 태아가 장차 중간정도의 귀함과 성공을 의미한다.

- 많은 과일을 딴 태몽을 꾸면, 태아가 장차 많은 사업성과를 얻는 상징이다.

- 과일을 먹는 태몽은, 유산되거나 일시적으로 어떤 일을 책임져야 하며 통째로 삼키면 권리와 명예를 얻는다.

- 남이 따주는 과일을 얻으면, 남의 일이나 성과, 권리 등을 이어받게 되고 일

반적인 꿈에서는 상대방이 자기 청탁을 받아 주거나 계약이 성립된다.
- 덜 익은 과일을 윗사람이 따주어 먹으면, 퇴학, 퇴직, 불합격 등의 일의 상징이다.
- 과일이 세 개가 달린 나무 가지를 꺾어온 태몽의 꿈은, 삼형제를 두거나 한 사람이 세 가지 사업을 성취하는 상징이기도 하다.
- 잎이 없는 나뭇가지에서 과일을 따거나 흔들어서 떨어진 과일을 얻은 태몽은, 어머니와 생이별 하거나 또는 사별할 사람과 관련된다.
- 깨진 과일이나 금이 간 과일을 얻으면, 신체상 장애가 있거나 온전치 못한 일에 관여 하게 되며 혼담 결혼은 실패로 돌아간다.
- 상한 과일은 ,임산부는 유산하고, 일반적인 꿈은, 실패의 상징이거나 성매매와의 관계도 상징한다.
- 감나무와 감은, 대체로 관직, 관리, 권세, 재물, 작품 등을 상징한다.
- 감나무에 오르거나 감을 따먹거나 하면, 관리가 되거나 공직에서 승진하며 중요 부서를 맡는다.
- 홍시를 따먹거나 사먹으면, 관계된 단체의 일이 수월하고 많은 재물이 생긴다.
- 떨어진 연시를 주워 먹으면, 다음날 창피당할 일이 있다.
- 밤송이가 누렇게 익어 벌어진 것을 보면, 사업, 결혼, 작품 등이 잘 이루어진다.
- 대체로 떨어지고 상한 밤이나 과일 한 두 개를 먹거나 하면, 불쾌한 일의 상징이다.
- 밤꽃이 피거나 새 순이 돋으면, 일의 성과나 기초에 있어서 경사가 있다.
- 도토리나 상수리나무를 치거나 하여 우수수 떨어지면, 단체나 기관 등에서 많은 재물이나 일의 성과를 얻는 상징이다.
- 나무아래에서 많은 도토리나 상수리는, 정신적이나 물질적인 재물을 얻는다.
- 뽕잎이 저절로 떨어지면, 물질의 손실이며 바구니에 많은 수를 따서 담아 오면, 사업자금이 생긴다.
- 뽕나무 열매인 오디는, 입학, 계약, 잉태, 성행위의 상징이기도 하다.
- 배나무의 꽃이 만발해서 달빛에 빛나면, 계몽적인 일에 상징한다.
- 달밤에 배꽃은, 반가운 사람을 만나기도 한다.
- 배나무에 배가 주렁주렁 열려 있으면, 사업, 작품 등이 성취되고, 배를 따 오면 그만큼의 재물이 생긴다.
- 붉게 익은 복숭아를 얻으면, 연애에 성공하거나 학과 성적이 우수해진다.
- 복숭아나 살구꽃이 만발한 곳을 걸으면, 신분이 명예로워 지거나 즐거운 사

랑에 빠진다.

- 자두, 살구, 앵두 등은, 작은 일의 성과나 키스 또는 성행위의 상징이다.
- 포도덩굴에서 제일 큰 포도송이를 따오면, 우수한 성적을 얻는다. 태몽이면 태아가 장차 관리나 교사, 작가 등의 상징이다.
- 은행잎이 많이 쌓인 것을 보거나, 은행 알을 많이 가져오면, 많은 재물이나 사업과 작품에 성과를 얻는다.
- 푸른 대추를 많이 따오면, 많은 부하나 아랫사람을 얻고, 붉은 대추는 재물의 상징이다.
- 감나무의 감을 누군가 따준 꿈은, 은행의 협조자가 도와 대출을 받았다.

3) 숲과 나무, 재목, 땔감 등의 꿈

숲은 관청, 기업체, 공장, 백화점, 병영, 학원, 연구원 등을 상징하며, 나무는 사람의 몸이나 인격, 인재, 기업체, 기관, 회사, 관청, 병력, 재물 등의 상징이다. 대기업의 직원이 숲속에서 방황하며 길을 찾지 못한 꿈은, 직장에서 능력과 역량이 부족하고 동료와 상사와의 관계가 불편하여 병이 생겨 직장을 사직한 꿈이다.

- 숲속을 거닐면, 사업자는 사업을 진행하고 학문을 연구자는 연구 검토한 것이며, 숲에 나무를 베고 장비로 개발을 하면, 사업이나 학문을 새로이 개혁과 개척을 하여 발전하는 해석이 된다.
- 숲속에서 버섯과 과일을 얻거나, 사냥하여 동물을 잡거나 죽이면, 국가기관에서 공로를 인정받아 승진과 재물이 생기고, 숲속에서 꽃을 얻거나 하면, 명예를 얻고, 숲속에서 절이나 집을 발견하면, 특별한 업적과 사업의 성과를 얻게 되고, 숲속에 물이 흐르고 그 물을 떠 마시면, 정신적이나 종교에 심취하게 되기도 한다.
- 숲속에서 길을 잃으면, 연구나 사업을 진행함에 장애가 있음이요. 숲속에 앉거나 누우면, 병이 생기거나 사업상 휴식과 기다림이 있으며, 정글이나 숲속을 헤매면 연구나 사업에 난관이 봉착한다.
- 숲속이 불이나면, 사업이 융성하여 크게 번성하고, 불꽃은 보이지 않고 연기만 나게 되면 구설과 소문만 요란하다.
- 산에 숲이 잘 우거져 있으면, 국가 또는 작전지역에 방어태세가 완벽함을 암시 한다.
- 산에 나무가 듬성듬성 있어 보이면, 방어태세가 허술함을 암시한다.

. 숲속을 거닐면, 사업이 번성하거나 학업 또는 연구에 종사할 일과 관계한다.

. 숲속에서 길을 잃고 헤매면, 일에 지나치게 열중하게 되거나 사업성과를 얻지 못한다.

. 송장을 안고 숲속을 헤맨 한 사원은, 직장 내에서 중책을 맡고 충실함을 암시한 것이다.

. 나무를 베고 숲을 개간 하면, 학설, 정책 등에 있어서 구태의연함을 버리고 개혁, 개척 등의 일을 상징한다.

. 개간지 한복판에 하천이 도도히 흐르는 것은, 정신적, 물질적 자원이 충분함을 상징한다.

. 숲속에서 과실이나 버섯 따위를 따는 것은, 일의 성과를 얻는 상징이다.

. 숲속에서 꽃을 꺾어들면, 학교나 직장 등에서 명예를 얻는 꿈이다.

. 숲속에서 절이나 별장을 발견하면, 학문적 업적이나 사업의 성과를 얻고, 그것을 남기게 된다.

. 숲속에 폭포를 보면, 사업이나 정신적인 작품에 크게 성공한다.

. 숲속 개울에서 고기를 잡으면, 재물이나 사업에 성과를 얻고 군인은 작전에 성과를 얻는다.

. 정글 속을 헤매면, 연구나 사업이 난관에 봉착하거나 병마에 시달린다.

. 숲속에서 큰 나무를 베어 껍질을 벗기면, 국회의원에 선출되기도 한다.

. 숲속에 앉거나 누우면, 병원에 입원하거나 사업상 기다릴 일이 있게 된다.

. 숲이 불타고 있으면, 사업이나 집안이 크게 융성해 진다.

. 나무에 오르면, 진급, 승진, 입학 등의 일이 이루어지거나 권력자에게 의뢰해서 일을 성취 시킨다.

. 나무에 사람이 올라가 있으면, 어느 기관에 사업, 작품 등에 관해 위탁할 일과 관계한다.

. 나무를 베어 운반하면, 인재 또는 재물을 얻는다.

. 마차나 트럭으로 나무를 실으면, 인재를 모아 단체를 형성 하는 것도 되고, 재물의 상징이기도 하다.

. 큰 나무가 뿌리 채 쓰러져 있는 것은, 큰 인재가 정가에서 은퇴하는 상징이며 단체나 사업이 곤경에 빠지기도 한다.

. 큰 나무를 자기 집에 옮겨 심으려 하면, 머지않아 훌륭한 인재를 얻거나 사업체 또는 정치세력 등의 주도권을 잡게 된다.

. 큰 나무가 기우러져 오거나 가지가 앞으로 뻗어오면, 훌륭한 사람이 자기를 도와주거나 권리가 생긴다.

. 큰 나무 위를 마음대로 걷고 뛰어다니면, 어느 기관, 단체, 직장에서 능력을

발휘하게 된다.
- 나무뿌리나 풀뿌리를 잡고 위로 오르면, 협조자를 물색하고 그에게 의지하여 어려움을 극복한다.
- 쓰러져 가는 나무를 부축하고 있으면, 기울어져 가는 운세를 힘을 다하여 보호 할 일이 있다.
- 숲속에 홀로 말라죽은 나무는, 재물의 이익이 있고, 한그루의 나무에 죽은 곳이 일부가 있으면 사업의 부진이나 질병 세력의 일부를 상실한다.
- 푸른 나뭇잎이 시들어 떨어져 쌓이면, 전쟁이나 천재지변으로 많은 생명이 죽는다.
- 푸른 나뭇잎을 따면, 어느 회사에 입사하여 임명장을 받거나 사원의 보증서를 받는다.
- 죽은 나무가 되살아나면, 부진하던 사업이 소생하며, 고목에서 새싹이 나거나 꽃이 피면 생명, 사업, 부귀, 영화 등이 활기를 되찾는다.
- 낙엽이 바람에 뒹구는 것은, 슬픈 소식이 오고 낙엽이 쌓인 것을 보면 일의 성과나 재물을 얻는다.
- 낙엽을 밟고 걸으면 재물을 얻고, 낙엽을 긁어모으면 노력 하여 정신적 물질적 자산을 얻는다.
- 고목이 부러지면, 지도자의 사망이나 역사 깊은 단체가 와해된다.
- 나뭇가지가 부러지면, 일신이 상하거나 의지 하는 사람이 요절한다.
- 매달린 나뭇가지나 딛고 있던 나뭇가지가 부러지면, 수하자 도는 사업기반을 잃는다.
- 큰 나무 밑에 서거나 앉으면, 큰 기관이나 회사 또는 위대한 협조자의 도움을 받아 신분이 고귀해진다.
- 마당에 나무를 옮겨 심으면, 사업체를 옮겨 경영하거나 훌륭한 사람을 고용하게 된다.
- 지붕에서, 방안에서 나무가 자라면, 사람, 작품, 단체나 일이 발전하고 융성해진다.
- 강 가운데 나무가 우뚝 서 있으면, 중개자, 협조인, 교량적인 협조를 얻어 자기의 업적이나 사업이 발전 한다.
- 무덤위에 나무가 서 있는 것을 보면, 어느 기관에 협조를 입어 업적을 남기고 신분이 고귀해 진다.
- 방바닥에 뿌리를 둔 거목이 천장을 뚫고 밖으로 뻗은 것은, 큰 기업이나 작품 또는 일에서 소망을 이루어 사회적으로 널리 알려지는 것을 상징한다.
- 꽃이 만발한 아카시아나무 아래를 걷는 꿈의 태몽은, 태아가 장차 명예로운

성공을 거두고 부귀해 질 것을 예시한다.

· 묘목을 심으면 사업을 시작하게 되고 묘목이 갑자기 크게 자라면, 조속한 시일내에 사업의 성과를 얻는다.
· 노송 밑에 동물의 태몽은, 태아가 장차 공직에서 큰 인물이 될 것임을 상징한다.
· 소나무에 오르면, 취직, 입학 등이 이루어지고 소송중인 사람은 소송에 성공한다.
· 단풍나무를 옮겨 심으면, 재물이 생기고 지붕위에 심으면 소원 성취한다.
· 능수버들이 휘어진 것을 그리면, 외로운 여성과 대화를 한다.
· 잎이 싱싱한 계수나무 아래에서 있는 꿈은, 훌륭한 아내를 얻거나 인기작품을 쓴다.
· 울창한 대숲은 국방태세가 완벽한 것을 상징하고, 사업가는 사업이 융성한다.
· 대숲에서 헤매면, 사업에 골몰 하거나 심리상태가 불안해진다.
· 대나무가 바람에 소리가 나며 요란하면, 세상인심이 흉흉해지며 시비거리가 생긴다.
· 대나무를 뜰 앞에 심으면, 큰 인물의 상징이니 태몽이거나 사업기반이 생기고 죽순이 갑자기 자라면 사업과 일에 성취함이 있다.
· 죽순을 꺾으면, 훌륭한 자손을 잉태 하거나 사업성과 또는 작품, 발표 등을 보게 된다.
· 대나무에 꽃이 피면, 부귀영화를 가져오고 대나무를 많이 베어오면 재물이 생기거나 건설적인 사업을 성공한다.

4) 채소, 청과류, 풀, 약초 꿈

채소와 청과류는, 대개 태몽과 재물, 작품, 일, 사업성과의 상징이 되며, 약초는 사회에 공익적인 이익과 더불어 작품, 재물, 일, 사업성과 등의 상징이다.
필자가 현재의 꿈 연구소의 사무실을 계약하고 자던 밤 꿈에, 산삼이 집안에 갈비짝처럼 있는 것을 보고 필자가 '산에서 공부를 했고 산에서 내려와서 사람들에게 가르치고 연구하고자 하는 이 일이 산삼으로 표현되었으니 상당한 보람이 있겠구나!' 하고 확신이 들었다.
대부분 인삼이나 약초 등의 꿈은, 사회에 공헌하는 보약과 치료의 해석이 되며, 약초를 밭에 심으면, 사회사업 등으로 사회에 공헌할 일을 시작하게 되고 그것이 잘 자라고 무성하며 결실이 되면, 공익사업으로 많은 사람을 이익 되게

함이 특징이다.

불자 한사람이 묻기를 딸아이 태몽에 수확의 계절이 되어 고추밭에서 붉은 고추를 바구니에 담는 꿈을 꾸고는 생각하기를 아들을 낳을 것이라 기대 했지만 이외로 딸을 낳았다고, 꿈도 잘 맞지 않는다는 하소연을 했다. 필자는 말하기를 장차 딸아이가 사업이나 활동하여 얻을 수 있는 재물의 결과를 상징하는 것으로 해석되어야 한다고 말했다. 시장이나 백화점에서 채소나 청과물을 사오는 태몽은, 장차 태아가 성장해서 어느 기관에서 권리와 재물 등의 결과를 얻는 해석을 해야 된다.

만약에 한두 개의 고추나 오이, 가지 등의 꿈은 남아의 태몽이 되지만 많은 수량의 태몽은 태아가 장차 성공해서 이루게 되는 결과물의 상징이 된다.

태몽이 아닌 사업가의 꿈에서 채소와 청과물은 새싹이 나오면 시간이 걸려 이익과 결실이 생기는 해석이며, 채소나 청과물이 점점 자라나다가 동물로 변하면 사업 등이 활발하여지며, 많은 청과물과 채소는 그만큼 많은 결실을 말한다.

채소나 청과물에 꽃이 피면, 사업의 성과를 얻고 경사와 명예스러운 일이 생긴다. 배추밭에 무나 파밭이 같이 있거나 채소나 청과물이 밭에 많은 것도 혼담이 성사되기도 한다.

. 청과물이나 채소를 소금에 절이는 것은, 불행과 불운을 상징한다.
. 채소나 청과류를 사오면, 사업 자금을 얻게 되나, 사온 곳이 어딘가에 따라 상징이 다르다.
. 밭에 채소가 파릇파릇 한 것을, 보면 자기의 사업이 잘 진행 되고 있음을 알 수 있다.
. 새순이 흙을 비집고 나오는 것은, 창장물이나 사업 등이 곧 세상에 발표된다.
. 채소가 무성함을 보면, 사업, 관심거리, 혼담, 계약 등이 결실을 맺는다.
. 배추밭 옆에 무나 파밭이 있으면, 남녀 간의 혼담이 이루어진다.
. 개울에 떠내려 오는 시든 배추를 건지면, 병들거나 불길한 소식을 듣는다.
. 배추를 소금에 절이면, 재물을 보관 할 수 없고 병이 들거나 사망 또는 거세 당한다.
. 채소에 꽃이 핀 것을 보면, 사업성과나 재물 또는 돈이 생긴다.
. 넝쿨이 길게 뻗은 오이와 호박 등의 채소는, 일의 연결성, 연대책임, 시작과 종말이다.
. 청과물을 따거나 삼키는 태몽은, 좋으나, 먹다 버리거나 하면 유산을 한다.

- 오이를 아작아작 씹어 먹으면, 성행위나 자위의 상징이다.
- 큰 오이를 뱀이 감고 있으면, 정부와 간통함을 알 수 있다.
- 늙은 오이를 한 개 따는 태몽 꿈은, 태아가 오래 살지 못한다.
- 잘 익은 참외는, 일의 성과나 결과의 작품을 상징한다.
- 호박이나 박이 여기저기 많이 널려 있는 것은, 일의 성과가 그 수요만큼 많고 관리한다.
- 초원은, 사업기반, 학원, 교회, 세력권, 기관 등이며 풀숲은 그 기관의 부서를 상징한다.
- 덤불 또는 넝쿨이 우거져 있으면, 뒤얽히는 일이나, 일의 발전 과정의 어지러움을 상징한다.
- 밭에 난 잡초는, 쓸모없는 일이나 방해적인 여건 등을 상징한다.
- 야생화는, 명예와 관계하고, 나물은, 정신적, 물질적인 재물을 상징하기도 한다.
- 가축 사료나 풀 더미는, 사업 자금과 재물의 상징이 된다.
- 풀을 베면, 사업 정리, 재물 획득, 학과 이수 등의 일을 성취하고, 밭에 풀을 뽑으면, 사업 원고 정리, 이사, 쇄신 등의 상징이 된다.
- 퇴비를 만들면, 퇴비는 정신적, 물질적 또는 물질적 자본의 축적과 관계된다.
- 마른 풀은, 일의 성숙기 또는 꿈의 적중 시기인 가을을 나타낸다.
- 풀이 시들거나 말라죽는 것은, 천재지변이나 유행성 질환으로 많은 사람들이 피해를 입는다.
- 풀 속에서 새 알을 얻으면, 학생은 학과 성적이 우수해 지거나 연구 자료를 얻고, 뱀에게 물리면 직장 여성과 결혼한다.
- 잔디밭에 누우면, 연구에 몰두하거나 병원에 입원하거나 오래 기다릴 일이 있다.
- 물속에 뛰어들어 몸에 풀이 감겨 나오지 못하면, 직장 또는 학교 등에서 사임하려 하나 그 뜻을 이루지 못한다.
- 이끼가 낀 우물이나 연못은, 불순한 사람이나 방해적인 조건을 상징한다.
- 바위에 이끼가 끼고 꽃이 핀 것은, 오래된 기관에 경사가 있거나 오래된 일의 결실로 명예가 있다.
- 미역을 말리면, 정신병에 걸리게 되기도 한다,
- 미역국을 먹으면, 청탁한 일이 무효가 되며, 입학 취직이 미루어진다.
- 약초를 밭에 심으면, 사회에 공헌한 어떤 사업이나 일을 시작한다.
- 인삼을 보거나 얻으면, 공익사업이나 저작 등으로 명예를 얻고 존경을 받게 된다.

. 수삼이나 건삼도, 재물이나 가치 있는 일을 상징한다.
. 꿈속에서 산삼의 위치를 알려주어서 실제로 발견한 일은 수없이 많다. 그것
  은 우리가 본래 가지고 있는 신통한 본래의 능력이다.

5) 곡식과 농사의 꿈

　쌀, 보리 등 여러 가지 곡식은 정신적 물질적인 재물이나 작품과 일을 상징
한다. 방위산업에 근무하는 연구원은 꿈에, 누렇게 익은 수확 직전에 나락들이
논에 가득한 꿈을 꾸고 해석을 구했고, 필자는 대답하기를 연구의 결과가 국가
와 많은 사람에게 이익이 되고, 본인 역시 부귀하게 되는 꿈으로 해석하였다.
　모든 곡식은 산업이 발달하기 전에 물물교환의 돈으로 사용되었기에, 곡식은
재물의 상징이 되고. 곡식을 얻으면 재물이 생기며 많으면 많을수록 그 수량만
큼 재물을 얻게 되고, 곡식을 누구에게 주거나 빼앗기면 그만큼의 재물의 손실
이 있다.
　조나 수수 등의 해석은, 세밀한 사업이나 학문 연구의 상징이 되고, 잡곡은
쌀보다는 하급의 일이나 결과를 상징하나 모두 재물과 성과물의 상징이 된다.
　논과 밭은 사업의 기반, 세력의 판도와 환경이 되고, 농사짓는 과정은 계획한
일의 성패여부와 작품의 창작과정을 상징한다.
　논이나 밭을 갈면, 사업가는 사업의 시작이며, 글을 쓰는 이는 원고의 작성을
상징하고, 여러 사람들이 일을 하면, 여러 사람을 고용하거나 관여된 사람이
많고, 논물을 대거나 퇴비나 비료를 뿌리게 되면 자본을 투자하게 되며, 모내
기를 하면 사업을 확장과 진행의 순조로움을 상징하고, 벼나 곡식이 잘 자라면
일이 성숙되어 장래를 기약하고, 곡식이 익어 황금벌판이면 부귀영화가 곧 이
루어지며, 벼를 베어 운반하여 집으로 들어오면 사업의 성공으로 재물의 축적
과 소득을 얻는다.

. 씨앗은, 인적이나 물질적, 정신적 등 자본금을 상징 한다.
. 농사짓는 과정은, 계획한 일에 성패 여부와 과정을 비유하거나 상징 한다.
. 논과 밭은, 사업기반, 세력, 판도 등을 상징 한다.
. 논을 갈면, 사업을 시작 하거나 원고 작성을 시작 하게 된다.
. 여러 사람이 논밭에서 일하는 것을 보면, 여러 사람을 고용하여 사업을 하거
  나 어느 기관의 협조로 일이 성취 된다.
. 상대방의 논밭은, 상대방의 사업체, 나의 논밭은, 나의 사업체를 상징한다.
. 조나 수수 같은 씨앗이 많이 달린 것을 보면, 상당히 크고 세밀한 사업이나

학문 연구의 상징이다.
- 모내기를 하면, 자기의 사업성과나 학설 또는 문학작품 등을 확장하는 일에 상징이다.
- 논의 물이 터져 상대방의 집 논으로 흐르면, 재물의 손실의 상징이며 정신적 패해를 입기도 한다.
- 논두렁 밑에 물고기나 뱀들이 우굴 거리면, 단체의 우두머리가 된다.
- 전답을 사면, 권리나 사업장을 얻고 이것을 팔면 사업이나 권리의 상실 또는 남에게 사업자금을 대줄 일이 있다.
- 벼가 잘 자라서 무성한 것을 보면, 일의 성취나 부귀가 곧 이루어진다.
- 볏단을 운반 하거나 쌓으면, 재물의 상징이요 도둑질해 와도 볏단의 양만큼 재물이 쌓인다.
- 여성이 벼 한단을 머리에 이고 달려와서 대궐에 불을 질러 대궐과 도성을 태운 선조왕의 꿈은, 왜(倭) 일본의 침략인 임진왜란의 예시가 된다.
- 볏섬을 집으로 들여오면, 들여온 수효만큼의 재물이 생기고, 밖으로 나가면 손실이 있거나 사람이 감원되기도 한다.
- 마당에 멍석을 펴고 곡식을 널면, 사업성과를 공개하거나 사업을 시작하거나 하는 일이다.
- 쌀은 ,정성된 일, 작품, 재물, 돈 노력의 댓가 등의 상징이다.
- 쌀 한가마를 사오면, 사업자금이 생기고 소량의 쌀을 얻거나 사오면 근심, 걱정이 생긴다.
- 부처님이나 대통령에게 드리려고 쌀밥을 하면, 고시나 취직에 합격되고 청원하는 일이 성사된다.
- 보리밥이나 잡곡밥은, 그만 못하고 청탁이나 시험에게 불합격 한다.
- 쌀밥을 먹으면 ,좋은 일에 종사하고 잡곡밥은 힘들고, 어려운 일을 한다.
- 쌀을 입에 물고 있으면, 집안에 근심이 생기고, 쌀을 조금 누구에게 주면 근심, 걱정이 사라진다.
- 누가 콩이나 팥을 그릇에 넣고 휘저으면, 집안에 싸움이나 시끄러운 일이 생긴다.
- 콩깍지를 많이 쌓아둔 것을 보면, 일꾼을 고용하고 빚을 얻게 되며 콩깍지가 썩으면 사업자금이 탕진된다.
- 삶은 콩이나 콩깍지를 넣은 여물 등을 소에게 먹이면, 집안 식구 중에 누군가가 해로운 일이 있다.
- 땅콩, 강낭콩, 완두콩이나 기타 콩은 사업성과 재물을 상징한다.
- 밀은, 쌀이나 보리 같은 상징이며 수수, 조, 옥수수, 참깨, 들깨 등 기타 작

물 등도 재물과 작품의 상징이 된다.

제7장. 광물과 보석의 꿈

1) 바위와 돌의 꿈.

 돌은 참된 말, 진리, 권리, 작품, 인재, 업적, 재물, 방도 등을 상징하고 사람의 인격과 성품을 상징한다.
 문화재를 보관한 사찰의 주지스님은 보수와 중축을 위해 정부에 협조를 구하고 있을 때에 넓적한 바위 위를 간신히 기어 올라간 꿈의 해석을 구했다.
 필자는 바위는 믿을 수 있고 오래된 조직이나 국가조직을 상징하는데 그곳에 올라갔으니 스님이 원하는 일에 소원 성취될 것을 말했고, 그 후 관계기관의 협조로 문화재의 보존과 중축에 상당한 협조를 받았다.
 젊은 청년은 절에서 국가고시 공부를 하고 있었다. 하루는 꿈에 여느 신도들처럼 법당 앞에 탑 앞에서 불경을 외고 그 탑을 돌던 불자는, 국가고시에 합격하였다.
 위의 사례에서 보듯이 바위와 돌은 오래되고 단단하고 믿을 수 있는 성질의 물건이니, 그곳에 글을 새겨 비석으로 옛일을 전하고 있다. 이러한 이유로 하여금 오래되고 믿을 수 있는 정부조직이나 진리의 전당인 종교의 상징이 되며, 굳고 견고한 이념이나 조직과 의지가 굳은 사람의 상징이 된다.
 무종교인인 어떤 사람은 꿈에서 비석의 글씨를 읽었으나 한문으로 되어 읽기가 어려웠으나 비석에 빛이 나는 느낌을 받았다. 그 후 그 사람은 우연히 서점에 가서 불경 책을 보고 처음에는 어려웠으나 몇 차례 읽은 뒤에 그 내용에 감동을 받아 불교신도가 된 꿈이었다.
 독일의 유명재상인 비스마르크의 꿈에서 앞을 가로막는 바위를 채찍으로 치니 바위가 무너진 꿈은 강력한 의지와 기발한 정책으로 현실에서 어려운 정치적인 난관을 해결한 일화가 있다.

. 공부하는 학생이 벽돌을 수레에 싣고 오는 꿈은, 학문적 자료와 책을 구입하였다.
. 바위 위에 죽어있는 아들의 시체 꿈은, 해외에 믿음이 가는 학교에 입학 하였다.

- 바위에서 흐르는 물을 떠먹은 사람의 꿈은, 종교에 귀의 하였다.
- 돌에 얻어맞은 사람의 꿈은, 남에게 꾸중을 들었다.
- 돌로 지은 집에 들어간 사람의 꿈은, 관공서에 취직했다.
- 바위는 기관, 단체세력, 집단, 직장, 업적 등을 상징하고 조약돌은 작업성과 재료 등을 상징한다.
- 예쁜 조약돌을 강변에서 주워온 태몽은, 태아가 장차 관리가 되거나 학자가 됨을 예시한다.
- 조개껍데기를 긁어모았더니 자갈더미로 변했으면, 사업이나 일이 정리되어 완전해지며 재물로 상징되기도 한다.
- 길에 자갈을 깔면, 어떤 일의 방도를 여러 사람에게 제시하게 된다.
- 돌로 울타리를 쌓으면, 많은 협조세력이나 기관의 협조를 얻어 신분이나 사업이 공고해 진다.
- 돌로 축대를 쌓으면, 많은 인력을 동원하여 국방태세를 완벽하게 하거나 개인은 재물을 모을 수 있는 능력이 생긴다.
- 축대가 무너지면, 지금가지 협조세력, 공적, 예방책이 무너져 내린다. 그러나 완전히 무너져 내리면 사업이나 일이 혁신을 가져와 좋아진다.
- 돌팔매로 서로 때리고 맞으면, 논쟁 또는 시비할 일이 있다.
- 돌을 던져 호수에 파문을 일으키면, 완전한 사상이나 방법에 의해서 한 진단이나 기관을 동요시킨다.
- 돌덩이가 큰 바위가 되면, 작은 사업이 큰 사업으로 확대 되거나 유리한 환경으로 변한다.
- 돌을 집으로 가져온 태몽을 구면, 태아가 장차 진실히 학문에 연구종사 하거나 튼튼한 사람의 상징이다.
- 돌을 던져 큰 바위를 부수어 버리는 꿈은, 버거운 일, 단체, 기관 등을 와해시켜 혁신 할 수 있는 능력을 갖게 된다.
- 돌탑을 돌면서 기도하면, 권력자나 기관에 청원하는 일이 성취된다.
- 돌탑에 오르면, 승진, 합격, 입학 등의 소원이 이루어진다.
- 돌문을 열고 동굴에 들어가거나 들여다보면, 새로운 발견이나 고시 합격 등이 이루어진다.
- 돌기둥은, 국가 또는 사회단체의 기둥이 될 거대한 인물의 상징이다.
- 징검다리를 건너면, 직무상 여러 회사나 기관의 부처를 전전 하게 된다.
- 마애불이나 조각의 부처님을 보고 절하거나 하면, 소원이 이루어지고 보기만 하면 서적이나 중요한 책을 얻거나 보게 된다.
- 망부석이 자기에게 절을 하면, 지위가 높아진다.

- 돌사자, 해태, 용, 뱀 기타의 돌짐승은 업적, 유물, 문화재, 문헌 등의 상징이 된다.
- 묘비, 기념비는 어느 회사나 기관의 간판이며 고인돌은 기관의 접수처나 안내소를 상징한다.
- 바위가 공중을 날면, 입지조건이 불안정 하거나 사업의 수월한 성공을 암시한다.
- 바위가 공중을 날면, 국가나 사회기관이 그 명예와 업적을 알리기도 한다.
- 바위틈이나 바위 밑에서 일의 꿈은, 기관, 회사, 학교, 직장 등에서 생기는 일의 상징이다.
- 동굴은, 기관, 학교, 연구원을 상징한다.
- 동굴을 들여다보거나 걸어들어 가면, 연구나 탐색, 역사적 고찰, 비밀의 발견, 수색 등의 일과 관계된다.
- 주먹으로 바위를 쳐서 산산조각을 내면, 자기의 주장 권력 등에 의해서 단체를 와해시키거나 업적, 사업 등이 새로워진다.
- 지팡이나 주먹으로 바위를 쳐서 물을 얻어 마실 수 있게 하면, 많은 재물을 얻거나 세상 사람들을 감동시켜서 성공하는 상징이다.
- 바위가 터져 폭포가 흐르면, 종교나 철학, 진리적인 교화를 크게 베풀거나 재물을 얻는다.
- 반석위에 앉거나 서면, 단체의 우두머리가 된다.
- 암벽을 기어오르기가 무척 고통스러우면, 일을 성사 시키는데 어려움이 따른다.
- 사람이나 동물이 바위로 변하면, 일이나 작품이 크게 성사되어 업적을 남기는 일의 상징이다.
- 이름 있는 바위는, 유명인의 업적이나 단체를 상징한다.
- 수정을 얻으면, 훌륭한 인재나 권리, 업적, 재물 작품 등의 상징이 된다.

2) 금, 은, 보석의 꿈 편

'금'자가 들어가는 말, 일이나 '금'자가 들어가는 제품은 모두가 귀한 일의 상징이 된다.

세 개의 금반지를 꿈에서 얻은 청년은 필자에게 말하기를, 세 개의 금반지를 얻었으니 반드시 기쁜 일이 있을 것으로 기대를 하고 있었다.

그 후로 그 청년은 꿈꾼 그대로 대기업에 취직과 결혼과 아들을 얻는 세 가지의 일이 성사되었다.

꿈이 아니더라도, 우리는 잠재된 마음속에 금은 귀한 사람이 가지는 귀한 물건임을 인식하고 있기에, 꿈에서 금이라는 말이나 금과 관련된 물건은 모두 신분이 상승하고 귀해지며 명예가 이루어지는 일로 해석한다.

백금도 마찬가지지만 흰색이라는 특징 때문에 상속이나 유산의 일과 관계되며, 다이아몬드 등 특별한 보석은, 모두 부귀, 믿음, 명예, 권력, 최고를 상징하고 , 은은 금과 비교가 되나 그만 못한 일의 상징이 되고, 구리나 기타 광물질은 그 특성에 따라 해석이 다르다.

처녀가 금, 은, 보석을 잃어버리면, 자신의 소중함을 잃게 되고, 금, 은, 보석의 빛이 변색되거나 빛이 없으면 신분이 변화되거나 이변이 생긴다.

남이 자기의 보석을 들여다보거나 탐내면, 자기의 비밀이나 아이디어나 소중한 것을 잃거나 유린당한다.

태몽에서 금, 은, 보석의 태몽은, 대부분 귀한 신분이 되는 상징에 해당되며, 쌍가락지를 얻은 꿈이나 태몽은 두 가지의 성취나 두 명의 아들을 상징하고 두 번째의 해석도 된다.

. 금반지는, 신분, 직위, 명예, 귀한 자손, 업적 등의 상징이니 얻거나 뺏거나 하면 길몽의 상징이요, 잃거나 빼앗기거나 하면 불길한 상징이 된다.
. 백금 반지는, 유산상속이나 학문적 업적 등이 순결함의 상징이 된다.
. 처녀가 금반지를 남에게 받으면, 귀한 남자와 결혼하게 된다.
. 남자가 금반지를 남에게 받으면, 귀한 여성이나 일의 성과나 사업의 성사도 상징한다.
. 황금불상은, 위대한 업적이나 서적이나 위인전의 상징도 되며 책이나 가치 있는 일로서 성공하여 부자가 되기도 한다.
. 금관을 쓰면, 최고의 명예가 이루어진다.
. 허리띠에 금장식을 팔려하다 팔지 못하면, 딸을 아무에게나 시집보낼 수 없어서 고심한다.
. 공무원이 상관에게 금장식을 얻으면, 승진한다.
. 금 목걸이를 얻으면, 처녀는 훌륭한 남편을 얻고 임산부는 귀한 자식을 얻는다.
. 은으로 된 물건은, 금만 못한 일이 되며 그러나 상징의 해석은 금과 같이 한다.
. 다이아몬드 등의 보석들은, 사람의 인격, 명예, 부귀, 재물, 권리 등의 최고를 상징한다.
. 처녀가 보석을 잃으면, 처녀성을 상실하고 고급관리가 잃어버리면 명예나 신

분이 몰락한다.

· 상대방이 자기의 보석을 들여다보거나 탐내면, 자기의 비밀 아이디어 및 기타의 소중함을 잃거나 유린당한다.

· 보석이 변색 되거나 빛을 잃으면, 신분, 명예, 권리, 기타 신체상에 이변이 생긴다.

· 구리반지가 보석이나 금반지로 바뀌면, 미천한 신분이 귀해지고 일이나 사업이 최고가 된다.

3) 흙과 모래와 광석물의 꿈 편.

시멘트와 모래자갈을 섞어 공사장에 콘크리트를 부어주는 레미콘 회사 사장의 꿈에 많은 모래와 자갈을 쌓아놓은 꿈을 꾸었다. 이러한 모래자갈도 돈이 되는 꿈이냐며, 필자에게 묻기에 물론 흙덩이도 모아 놓으면 돈이 되고 모래자갈은 더욱 확실한 자본금과 모아놓은 돈일 것으로 판단했다.

그러나 모래의 특성인 허약함의 상징이 되니 모래 위의 집은 위태로움의 해석이 되고, 끝없는 사막을 걸어가거나 길을 잃거나 모래를 짊어지었거나 하면 고달픈 일에 종사하고, 운세가 절망적이며 욕구 부족의 환경에 있다.

어떤 사람이 자기가 죽으면 묻을 것이라며 구덩이를 판 꿈은, 직장이 생겼으며, 땅을 파 놓은 함정에 빠지면 신분이 몰락하고 병들거나 좌절되며, 옷에 진흙이나 더러운 흙이 묻으면 구설과 신분의 불명예의 오점이 생긴다.

흙을 파서 물건을 얻으면, 기관이나 사업장에서 그 물건의 상징에 따라 재물과 소득이 생기며, 흙을 빚어 사람이나 동물, 기구, 모양 등을 만들면 창작물이나 사업에 작품과 성과가 있으며 흙벽돌도 축적된 지식이나 자금이 되나, 주변의 흙먼지나 황사는 사회적인 혼란과 좋지 않은 유행병이나 유언비어가 나돈다.

에너지의 원료인 기름이나 석탄은 물질적, 정신적인 재물과 자원의 상징이 되고, 부족하면 재물의 고갈이며 남을 주면 손해 볼 일을 관계한다.

· 흙은, 재물과 정신적, 물질적 자료이며 사업기반, 세력권 등의 상징이 된다.

· 흙구덩이를 파면, 비밀의 간직, 재물의 저장, 저축, 보류 등의 일과 관련된다.

· 자기 또는 누구를 묻을 것이라고 생각하며 구덩이를 파면, 집, 직장 등이 마련이 된다.

· 비료 구덩이를 파면, 상인은 거래처가 생기고 학자는 창작물의 기초를 마련

하고 일반인은 사업기반을 만든다.
- 함정을 파고 위장하면, 회사 또는 사업장에서 계교, 작전 등으로 사람을 구하거나 신분을 몰락시킨다.
- 남이 파놓은 함정에 빠지면, 신분이나 가산이 몰락하고 유괴되거나 병들거나 좌절한다.
- 흙을 파서 집에 가져오면, 사업 밑천이 생긴다.
- 흙으로 마당을 돋우면, 사업기반이 확장되거나 튼튼해진다.
- 육신이 저절로 대지 속으로 빠져 들어가면, 토지나 세력권을 크게 얻는다.
- 진흙 또는 수렁에 빠지면 생활, 처세, 사업 등이 곤경에 처한다.
- 옷이나 몸에 진흙이나 흙이 묻으면, 질병에 걸리거나 누명을 쓰고 신분이나 명예에 오점을 남긴다.
- 흙으로 사람, 동물, 가구 등을 빚어놓으면, 노력 끝에 창작, 사업성과를 이룬다.
- 흙벽돌을 무수히 만들거나 쌓으면, 상당한 지식이나 사업자금이 생긴다.
- 논, 밭에 흙이 검게 보이면, 사업상 유리한 일이 생긴다.
- 꿈에 붉은 흙탕물은 생각의 혼탁함을 알, 일과 관계한다.
- 붉은 흙산이 갑자기 생긴 것을 보면, 사회적으로나 국가 방위상 불길한 징조가 나타난다.
- 자기주변에서 흙먼지가 뿌옇게 일어나면, 유행병이 만연되거나 사회적인 혼란이 일어난다.
- 흙을 파서 물건을 얻으면, 기관이나 사업장에서 그 물건이 상징하는 이득이 생긴다.
- 모래사장, 모래땅, 모래밭은, 사업기반의 허약 상, 일의 수월함, 재물, 벅찬 일 등의 상징이 된다.
- 모래를 짊어지고 걸으면, 몹시도 고달픈 일에 종사하게 된다.
- 짊어지고 있던 모래가 다 새어버리면, 병고, 사업 등의 고통에서 해방된다.
- 모래사장에서 그릇, 동물, 보화 등을 캐면, 입지조건이 쉬운 곳에서 이적 물적 자원을 얻게 된다.
- 사막 중간에서 길을 잃고 헤매면, 운세가 절망 상태에 놓여 지거나 직장에서 욕구를 해결하지 못한다.
- 광산을 찾거나 광맥을 탐색하면, 학원, 연구기관, 회사 등에 갈일이 있거나 성과를 얻기 위해 노력하게 된다.
- 광맥을 발견하면, 지방학교에 입학하거나 행운의 사업장이 생긴다.
- 광석을 채굴하거나 금괴 등을 발견하면, 학문, 사업 등에서 큰 성과를 얻는

다.
- 광산에서 일 하는 사람들은, 연구원이나 단체, 사업체에서 일하는 사람들의 상징이다.
- 광산을 향해 검은 화차가 달려가는 것은, 어떤 외부의 세력이나 파괴적인 집단이 평화를 해칠 일이 있다.
- 광산에서 화차 머리가 외부로 향해 놓여 있는 것을 보면, 증산, 건설, 수출 등의 일이 본격화 된다.
- 제련소는, 학교 군대의 영내 교도소, 출판사 등의 상징이 된다.
- 길바닥에 떨어진 금화나 금괴를 얻으면, 사업방도나 진급, 명예, 진리, 인재, 재물 등을 얻는다.
- 구리, 놋쇠, 철 등은 성질이나 재료의 상징을 살피되, 가공, 명칭, 용도, 형태에 따라 상징을 달리한다.
- 금속의 성질이 튼튼하고 완벽하여 오래 보존되는 것을 보면, 견고하고 완벽하며 가치 있는 일과 상징이다.
- 금속의 완제품은, 예를 들어 대포, 기관차, 자동차, 탱크 등과 사업체, 방도, 권력기관, 세력집단 등을 상징한다.
- 휘발유, 경유 등의 석유류는, 재물, 자원, 동력, 생명수 등을 상징한다.
- 남이 나의 등잔에 기름을 부어주어 불꽃이 살아나면, 생활의 어려움이나 절망 상태에서 구제 받는다.
- 유전에서 석유가 분출되는 것은, 사업이 크게 성취된다.
- 석유난로에 기름이 떨어지면, 사업자금이 고갈된다.
- 정유공장은, 정신적 감화를 주는 기관 출판사 그리고 물건의 생산기관의 상징이 된다.
- 석탄은, 정신적, 물질적 자원을 상징하고 소원충족에 여부를 상징한다.
- 난로에 석탄을 때면, 사업을 운영하거나 투자할 일과 관계하고 불이 잘 타고 있으면 사업이 융성해진다.
- 남이 자기의 집이나 아궁이에 불을 넣어주면, 상대방이 도움을 받고 애정이 싹튼다.
- 가스에 감염되면, 남에게 쇠뇌 되거나 유행성 질병에 걸린다.
- 가스를 사용하면, 정신적, 물질적인 자본을 사용하여 사업을 시작한다.
- 가스가 폭발하면, 선전이나 작품에 인기가 대단하여 명성을 얻는다.
- 벽에서 가스가 새어나오는 것을 발견하면, 새로운 소식이나 선전 등에 관한 일이 생긴다.
- 유리창을 통해 안을 들여다보면, 먼 곳의 일이나 멋 훗날의 일, 중개인을 통

해서 청원 할 일이 생긴다.

. 보석구슬은, 진리, 작품, 학설, 재물 등을 상징하고 유리구슬은 보석구슬 보다 그 가치가 떨어지나 동일해석이 가능하다.

. 연탄을 들여와 쌓아 놓은 꿈은, 슈퍼마켓에서 물건을 쌓아 놓았다.

. 석유난로에 기름이 떨어진 꿈은, 자금이 고갈되었다.

. 광산에서 금을 발견한 꿈은, 사업을 시작하여 성공하게 되었다.

. 광산에서 금을 캔 학생의 꿈은, 대학의 연구원이 되었다.

제8장. 음식과 재료의 꿈

1)음식의 꿈

음식의 재료는 정신적, 물질적인 자본, 일, 작품 등을 상징한다. 한국 축구의 기적을 일으킨 축구감독 히딩크! 그는 월드컵에서 한국 태극전사 팀이 8강의 올랐을 때 "나는 아직도 배가 고프다"고 하며 결승까지 오르고자 했다. 결승까지 가는 일은 돈 버는 일이 되고, 돈 버는 일은 먹을 것이 넉넉하고 풍부함으로 귀결된다.

그래서 모든 사람은 예로부터 음식을 찾아 사냥과 채집하는 활동을 하게 되었고, 그 활동이 현대에 와서는 직업과 연결되니, 직업은 그대로 삶의 터전이다.

결국 직업은 먹을거리 만드는 행위라는 등식이 서게 되니, 음식은 일거리나 정신적 물질적 자본의 상징이 되며, 고급스러운 음식을 먹는 것은 고급스러운 일거리며, 하급의 음식을 먹는 것은 힘들거나 하층의 일거리의 상징이 된다.

필자에게 꿈을 공부한 제자는, 김치찌개 국물을 아주 맛있게 세 번을 떠먹는 꿈을 꾸고, 딱 삼일 후에 감기에 걸렸다며 꿈으로 미래를 예시한 결과는 정말 놀랍다고 감탄을 했다.

속설에 꿈에서 음식을 먹으면 감기에 걸린다는 설이 있는데, 실제로 먹는 개념은 여러 가지 상황에 따라 달리 해석되며, 그보다 찌개나 국 등 음식의 국물을 먹은 꿈은 물에 오염된 여러 가지 것들 즉, 바이러스 등을 먹는 것으로 간주하기 때문에 바로 감기인 바이러스에 오염되어 감기에 걸리게 됨을 상징한다.

그러나 오염이 되었어도 해석을 달리하는 음식으로는 술이 있다. 술은 취하면 이성을 마비시키는 특성이 있기에, 자기가 남에게 술을 주어 취하게 하면, 남이 나에게 무조건 복종하거나 부탁을 잘 들어주는 해석이 된다. 반대로 남이 주는 술을 마시면, 남의 계교나 술책에 빠져 남이 시키는 일에 복종하게 되고, 정신적인 일이나 종교관계는 교화되거나 감화를 받기도 하는 특성이 있다.

술에 취해 쓰러진 사람을 보면, 자기의 일을 맡은 사람이 그 일을 감당하지 못하거나, 정신적 종교적인 감화에 해석을 하기도 한다.

기호식품인 청량음료와 차나 커피 등은 수량이 많거나 하면, 재물의 이익과 손실의 해석으로 판단해야 하나, 차나 커피 등을 마시는 경우는 남의 일을 들어주거나 자기의 소원이 이루어지는 일과 관계가 되고, 생수는 진리나 종교 정신적인 일의 해석이 된다.

 사찰에서 신도들에게 보내는 상당한 량의 기도 안내문을 보내는 일을 하는 사찰의 스님은, 맛은 있었으나 음식의 종류가 태국과 미얀마에서 먹어본 음식을 배고파 질리도록 먹었다는 꿈을 필자가 듣고 해석하기를, 현재 하고 있는 일이 그 음식을 먹은 일에 해당된다고 하니 그 스님은 고개를 갸웃거리며 매우 의아해 했다.

 대학에서 조교수를 하는 여학생은 교수님이 먹다가 주는 아이스크림을 맛있게 먹는 꿈을 꾸고 필자에게 묻기에, 교수님이 하던 일을 당신이 마무리하는 꿈으로 해석해 주었다. 무릎을 치며 감탄을 한 그 조교수인 여학생은 교수님이 작성하다가 넘겨준 원고를 마무리 했는데 상당한 흥미를 느낀 일이었다고 했다.

. 음식은, 그 음식의 상태나 가치, 먹는 방법에 따라 각각 상징의 의미가 달라진다.
. 음식을 깨물어 먹으면, 일을 성사시키는 과정의 상징이다.
. 음식을 씹지 않고 그대로 삼키거나 마셔버리면, 일, 업적, 재물 등을 소유 하거나 책임, 보장, 보류, 저축 등을 상징한다.
. 음식을 먹고 만족감을 느끼면, 성욕, 식욕, 물욕, 지배욕 등을 만족시킨다.
. 음식을 대접받으면, 상대방에게 고용되어 신복이 되거나, 그 사람이 시키는 대로 일을 책임진다.
. 혼자서 음식을 먹으면, 자기만의 어떤 일을 관여하고, 여럿이 먹으면 공동으로 할 일이 있다.
. 자기가 남에게 음식을 대접하거나 먹이면, 어떤 일을 남에게 시키거나 자기 의사에 따르는 신복이 된다.
. 음식상의 과일이나 다과를 보기만 하고 먹지 않으면, 어떤 일에 직접 간섭하지 않거나, 책임을 지지 않는 채 일의 진행됨을 관망하게 된다.
. 잔치에 초대되어 가면, 집회, 세미나, 작품 심사, 직책 부여 등에 관여 하게 된다.
. 잘 차려진 잔치 상을 보면, 회의 안건이나 토론 내용 등이 좋은 것이 많음을 뜻한다.
. 잔치 음식을 잘 먹으면, 부과된 임무가 만족할만하고 자기가 제출한 일이나 청원서가 당국에 의해서 잘 처리된다.

- 잔칫집에 모인 사람들은, 회원, 직원, 동지, 일꾼과의 동일시이다.
- 주인이 겸상을 했는데 자기가 잡곡밥이고 주인은 쌀밥이면, 상대방은 이득이 많은 좋은 일을 책임지나, 자기는 그 만 못함을 의미한다.
- 상대방보다 크고 화려한 음식을 먹으면, 자기의 직책 권한이 남보다 뛰어나거나 지도자가 됨이다.
- 연인과 중국집에 마주앉아 음식을 먹으면, 결혼 문제나 그 밖의 사업관계로 의견이 대립되고 중재를 요청할 일이 있다.
- 남과 나란히 앉아 식사를 하면, 의견이 일치되고 결혼, 사업, 계획 등의 일이 잘 이루어진다.
- 어느 나라의 황제나 그 각료들이 모인 만찬에 진수성찬을 얻었다면, 권위자나 학자가 베푸는 회의 또는 세미나에 참석할 일이 생긴다.
- 만찬의 석상에서 연설을 하면, 동지를 규합하거나 자기 의견이 여러 사람을 감동시킨다.
- 마땅한 음식점을 찾아 이집 저집 기웃거리면, 직장을 구하거나, 여자를 구하거나 성욕을 해소시킬 장소를 물색 할 일이 있다.
- 어두컴컴한 곳에서 식사를 하면, 생소한일, 비밀스런 일등을 책임지게 된다.
- 음식을 받아먹으려고 하는데, 갑자기 금빛 대변으로 변해서 먹지 못했으면, 일을 처리하지 않았는데 그것이 돈이 되거나 상품화가 되는 상징이다.
- 시퍼런 빛의 대변이 음식과 더불어 있으면, 빚을 지거나 창피 당할 일이 있다.
- 부엌에서 음식을 만들면, 어떤 일을 가다듬거나 사무적으로 노력 할 일이 있다.
- 냄비에 찌개가 부글부글 끓으면, 연정 또는 욕정이 고조되지만 해소할 길이 없거나 대상을 기다리게 된다.
- 산, 강, 물, 동물, 물건을 삼켜버린 태몽은, 유산이나 요절을 상징한다.
- 상하거나 부패한 음식을 먹으면, 일의 헛수고, 부채를 걸머질 일, 불쾌한 일 등과 상관하게 된다.
- 밥은 없는데 반찬만 상에 놓였다면, 주체적인 일을 하지 못하고 보수적인 일에만 관여하게 된다.
- 대통령께 보리밥을 진상하면, 직무수행의 능력 또는 실력이 부족함을 뜻한다.
- 취직, 입학, 당선, 등을 목적으로 노력하는 사람은, 꿈속에서 보리밥이나 잡곡이 아닌 쌀밥이나 기타 화려한 음식을 진상해야 성공한다.
- 미역국을 먹으면, 단체가 해산되거나 시험에 낙방된다.

- 국수를 먹으면, 분파적인 일과 결연, 결합, 기능적인 일에 이익이 있거나 감기에 걸릴 수가 있다.
- 음식을 씹지 않고 삼키는 꿈은, 일거리를 처리하고 재물을 얻었다.
- 밥을 잘 씹어 먹는 꿈은, 세밀한 작업을 하였다.
- 음식을 대접받는 꿈은, 남의 일자리를 알선해 주었다.
- 동생에게 밥상을 차려준 꿈은, 요식업을 하는 사람이 후배에게 일을 시켰다.
- 여러 친구들이 모여서 회식자리를 거절한 꿈은, 직장에 사직서를 내었다.
- 잔치 집에 초대되어 간 꿈은, 취직이 되었다.
- 대통령과 고위 관료가 참석한 만찬의 꿈은, 유명인사의 세미나에 참석했다.
- 배가 고파 음식점을 찾은 꿈은, 취직하기 위해 노력하는 일이었다.
- 어두운 식당에서 혼자 밥을 먹는 꿈은, 남몰래 중요한 일을 처리했다.
- 여인과 마주보고 밥을 먹은 꿈은, 혼담으로 싸우게 되었다.
- 할아버지에게 쌀밥을 대접한 꿈은, 취직이 되었다.
- 어른에게 밥이 없어 상한 밥을 대접하려고 내놓은 꿈은, 취직시험에 낙방 했다.
- 냄비에 음식이 부글부글 끓는 꿈은 애인과의 질투로 크게 싸웠다.
- 국수를 얻어먹는 꿈은, 꿈 이론을 강의하였으나 성의 없는 사람이 많았다.
- 냉면을 먹은 꿈은, 시원하게 남에게 잔소리를 했다.
- 미역국을 먹은 학생은 꿈은, 감기가 걸리고 대학시험에 낙제되었다.
- 떡을 얻은 꿈은, 작은 돈이 생겼다.
- 떡 장수에게 떡을 사먹은 꿈은, 소개로 여인을 만나 결혼에 성공하였다.
- 맛있는 빵을 먹은 사람은, 일을 잘했다고 칭찬 받았다.
- 과자와 사탕을 먹은 꿈은, 컴퓨터의 동영상을 즐겼다.
- 마른 오징어를 씹는 꿈은, 몇 시간을 따분한 편지 봉투를 썼다.
- 길에 떨어진 많은 고기를 주워 먹으며 걸어간 꿈은, 학원에 많은 학생이 모였다.
- 돼지고기를 통째로 구워 먹는 꿈은, 큰 재물이 생겼다.
- 돼지고기를 통째로 삼키고 고통스러워하는 것을 본 꿈은, 남이 일을 통째로 맡아서 힘들게 처리하고자 하는 일을 보게 되었다.
- 넉넉하고 많은 음식의 재료를 가져온 꿈은, 그 양만큼 재물이 생겼다.
- 넉넉하지 못한 소량의 음식재료의 꿈은, 도리어 근심과 걱정이 생겼다.
- 남과 마주 앉아 식사를 하는 꿈은, 서로가 마주하면 서로의 정신이 상충되는 특성이 경쟁이나 다툼의 상징이 된다.

. 마주보는 꿈을 꾸고 같이 식사를 하면, 상대방으로부터 좋지 않은 일로 직장에서 심하게 다투게 되었다

2) 여러 가지 음식의 꿈

. 밥은 없는데 반찬만 상에 놓았다면, 주체적인 일을 하지 못하고 보수적인 일에만 관여하게 된다.
. 대통령께 보리밥을 진상하면, 직무수행의 능력 또는 실려기 부족함을 뜻한다.
. 취직, 입학, 당선, 등을 목적으로 노력하는 사람은, 꿈속에서 보리밥이나 잡곡이 아닌 쌀밥이나 기타 화려한 음식을 진상해야 성공한다.
. 국물을 마시는 꿈은, 일반적으로 다음날 감기에 걸리거나 정신적인 일이나 질병에 관계한다.
. 고기 덩어리가 하나도 없는 국물을 마시면, 다 해놓은 일에 참여해서 하찮은 이익을 분배 받거나 꾐에 빠지고 감기에 걸릴 수도 있다.
. 사기그릇에 닭고기를 분배받아 먹으면, 상을 타거나 중책을 짊어진다.
. 미역국을 먹으면, 단체가 해산되거나 시험에 낙방된다.
. 국수를 먹으면, 분파적인 일과 결연, 결합, 기능적인 일에 이익이 있거나 감기에 걸릴 수가 있다.
. 냉면을 먹으면, 시원한 일, 고통 근심에서의 해소 또는 냉대, 방관 등의 일이 생긴다.
. 떡을 먹으면, 지식, 일, 재물을 얻고 상대방에게 떡을 분배하면 책, 지식, 말 등을 전해줄 일이 있다.
. 큰 사무실에서 담은 떡을 다 먹어 치운 태몽은, 태아가 장차 정신적, 물질적인 큰일을 성취하여 부귀해진다.
. 떡 장수에게 떡을 사먹으면, 중간 업자나 중매쟁이에 의해 일 또는 결혼 등이 성사된다.
. 빵을 먹으면, 정신적이나 물질적인 일을 책임지거나 소유하게 된다.
. 빵을 자르면, 이익의 분배, 문장 해석, 설명의 나열 등의 일이 생긴다.
. 빵에 쨈이나 크림을 발라 먹으면, 일을 훌륭하게 만든다.
. 남이 주는 술은, 정신적 자극을 주는 일이나 세뇌, 계교, 감화, 재물, 책임 등의 일과 관계된다.
. 남이 주는 술을 마시면, 계교에 빠지거나 남이 시키는 일에 복종하고 정신적 감화를 받기도 한다.

- 자기가 주는 술을 남이 마시면, 남이 자기에게 잘 복종하거나 청을 들어준다.
- 대통령과 그의 비서에게 술을 대접하는 꿈은, 사장 또는 기관장과 그의 부하 직원에게 취직 관계를 부탁할 것을 예시한 것이다.
- 임금이 내린 술을 마시면, 중책을 맡거나 명예 또는 권리가 주어진다.
- 자기가 술에 취해 몸을 가눌 수 없으면, 상대방에게 쇠뇌 당해 그 집념에서 헤어나지 못하거나 유행병에 걸리게 된다.
- 술에 취해 쓰러진 사람을 보게 되면, 자기 일 맡은 사람이 그 일을 감당 할 수 없거나, 크게 정신적으로 감화 받을 일을 상징한다.
- 우유를 마시면, 정신적, 물질적 일을 책임지고 일의 추진이 잘된다.
- 갓난아기에게 우유를 마시게 하면, 어떤 일에 대한 자본을 투자하게 되거나 연구 사업에 종사하게 된다.
- 커피나 차를 마시면, 상대방의 청을 들어주거나 자기가 청원하는 일 등의 약속 등이 진행된다.
- 강물을 다 들이마시면, 부자, 권력자, 학자 등이 되거나 위대한 사상을 가진 일과의 상징이 된다.
- 과자나 사탕을 먹으면, 일의 책임이나 욕구를 충족시킬 일이 있다.
- 닭고기나 쇠고기 조각을 입에 넣고 씹으면, 답답한 일에 직면한다.
- 소, 돼지, 닭 등의 짐승을 통째로 구워 먹으면, 어떤 일을 부분적으로 처리하거나, 공의에 부쳐 그 가치를 알게 된다.
- 문서를 통째로 삼켜버리면, 비밀을 보장하거나 공개하지 않고 말소하거나 보류 할 일과 관계한다.
- 가방 속에 있는 일부의 돈을 삼켜버리면, 공금 횡령이나 단체적인 일에 책임 질 일이 있다.

3) 음식 재료와 부식물의 꿈

- 음식 재료를 많이 소유하거나 가져오면, 상당히 많은 돈 또는 재료물이나 사업 성과 학문적 자료 등을 얻게 된다.
- 조개, 과일 등이 공중에서 내려오는 것을 계속 입으로 받아먹으면, 사회적인 일의 소득을 계속 얻게 된다.
- 씨앗을 얻기 위한 목적의식을 가지는 음식 재료는, 정신적 또는 물질적인 자본, 작품, 약 등을 상징한다.
- 찬거리를 부엌에서 많이 들여오면 가까운 시일 내에 사업 자금이 만들어진

다.

- 쇠고기나 닭고기를 한두 근 사오는 것은, 별로 많은 돈을 뜻하지 않는다.
- 돼지를 잡아 두 번 팔았으나 아직 삼분의 이가 남았다고 생각하면, 두어 번 돈을 소비하고, 얻어온 돈이 아직 삼분의 이 가 남았다는 상징이다.
- 날 것에서 피가 뚝뚝 떨어지는 꿈은, 훌륭한 사업을 성취 할 수 있는 일 이거나, 누가 수족을 다쳐 피 흘리는 것을 보기도 한다.
- 살이 얼마 붙지 않고 뼈만 앙상하게 남은 육류는, 실리가 없는 일이나 형식, 내용이 없는 기사 등을 상징한다.
- 통조림은, 완성된 일이나 작품, 학문적 자료 및 재물을 상징한다.
- 큰 우유 깡통이 공중에 나타나 보이면, 학문적 성과를 세상에 과시 할 일이 있다.
- 여러 가지 통조림이 진열되어 있으면, 학문적 자료 및 수많은 서적 등을 보게 된다.
- 통조림을 먹으면 지식을 얻고 통조림을 따면, 비밀이 공개되거나 탐구 할 일이 생긴다.
- 치즈 ,소세지, 바나나 등을 먹으면, 성교할 일, 하기 쉬운 일이나 재물을 소유한다.
- 크림, 잼, 꿀, 물엿 등을 많이 생산하거나 얻으면, 막대한 정신 또는 물질적인 재물이 생긴다.
- 과일 주스를 사오면, 정신적, 물질적 재물이나 성과를 얻는다.
- 고급과자가 그릇에 잔뜩 담아져 있으면, 고급에 속하는 일이나 혼담에 관계한다.
- 애인과 아이스크림이나 아이스 바 등을 사먹으면, 혼담이나 이별이 급격히 이루어지고 감정이나 인연이 곧 해소된다.
- 배추를 소금에 절이면, 병들거나 거세, 사업 침체를 상징한다.
- 김장 할 감을 많이 쌓아 놓으면, 막대한 재물이나 자료 등을 얻게 된다.
- 간장, 된장, 설탕, 조미료 등은 물질적 정신적인 자산의 상징이 된다.
- 방안이나 부엌에서 식초 냄새가 지독하게 나면, 어떤 기관 또는 집안에 큰 소문이 나고 그 영향으로 마음이 상하게 된다.
- 음식이 시다고 생각하면, 맡은바 일이 어딘가 잘못 되었음을 발견한다.
- 독에 간장이 가득 찬 것을 보면 ,장차 살림이 풍요해 지거나 사업자금이 크게 마련된다.
- 크고 작은 간장독에 각각 간장이나 장류가 가득 찬 것을 보면, 여러 개의 상업을 벌이거나, 형제들의 재산 차이를 나타낸다.

- 간장독에 간장이 넘어 주변에 냇물같이 흐르면, 저축도 많고 소비도 많은 부자를 상징한다.
- 간장독에 물을 부어 짜지 않게 하면, 사업, 재물에 관한 일이 쇠퇴하거나 욕구 불만이 생긴다.
- 간장독에 간장이 거품 나거나 지저분하면, 집안에 풍파가 나거나 병들거나 죽거나한다.
- 간장을 팔거나 남에게 주면, 재물이 흩어지고 손실이 생긴다.
- 소금을 트럭으로 실어다 길가에 풀어 놓으면, 막대한 빚으로 부채를 걸머진다.
- 소금이 창고에 가득 차거나 항아리나 독에 채우고 차면, 사업자금이나 돈이 생긴다.
- 들판에 산더미처럼 쌓인 소금을 보면, 사회적인 큰 사업을 벌이거나 작품을 출판하거나 크게 부채를 지기도 한다.
- 소금을 조금 얻어오거나 사오면, 근심, 걱정할 일이 생긴다.
- 된장 항아리에 구더기가 득실거리면, 사업이 이차적인 생산을 하게 된다.
- 고추장이나 고춧가루를 넣은 음식을 먹으면, 정열적이고 자주적인 일을 하게 된다.
- 설탕을 사용하면, 일이나 작품이 감미롭고 선의적인 것으로 바꾸거나 많은 사람에게 감명을 줄 일이 있다.
- 기름 종류들도 많으면, 재물의 상징이 되니 그 분량과 비교하여 많고 적음이 상징된다.
- 기름으로 음식을 볶거나 튀기면, 일이 완전하게 이루어지거나, 마음의 갈등이 심하고 두통을 앓기도 한다.
- 조미료도, 설탕과 동일한 해석이 가능하다.

제9장. 색채, 시간, 숫자, 방향의 꿈

1) 색깔의 꿈 편

임진왜란 당시의 임금인 선조는, 볏단을 머리에 인 붉은 옷을 입은 여자가 대궐에 불을 지르는 꿈을 꾸었다.

일본인을 상징하는 '왜(倭)'자에 그 답이 있다. 화(禾)자는 볏단을 상징했고, 붉은 옷은 전란과 남쪽을 상징하며 여자는 왜(倭 =人 +禾 +女)자의 아래 '계집녀(女)' 자와 '사람(人)' 자의 상징이 되니, 남쪽에 있는 왜인이 전란을 일으킨다는 사실을 꿈 꾼 것이다. 누구나 가지고 있는 우리의 잠재된 신통력이 전란을 정확히 예지했음에도 준비 없이 임진왜란을 겪은 것이다.

MBC TV에서 절찬리에 상영된 태왕사신기에서 보듯이, 동양사상의 근본인 주역에서는 금, 목, 수, 화, 토 오행(五行)을 분류하기를, 토는 중앙을 상징하고 황제와 임금을, 색깔은 노란색이나 황색을, 목은 청룡이며, 동쪽과 초목과 좌측을 상징하기에 색깔을 녹색이나 청색을, 화는 주작이며, 에너지의 근본인 태양과, 여름과 남쪽을 상징하기에 붉은색을, 수는 현무며, 겨울과 북쪽과 검은색을, 금은 백호이며, 서쪽이며, 가을 기운이며, 살기의 색이며, 오른쪽을 상징하기에, 백색으로 분류하였으니, 동양의 사상과 색깔의 의의가 꿈의 상징을 쓰이니, 진리는 하나로 돌아간다고 생각되어 신기하다고 할 수 있다.

· 돌아가신 조상의 제사를 지내는데, 자기만 소복을 한 여인은 혹시나 힘들고 어려운 일이 아닐까 근심했으나, 의외로 살아 계시는 시부모님의 유산을 상속 받았다.

· 검은 옷을 입은 저승사자가 문 앞에서 있는 꿈을 꾸었다. 여인은 거절하기 어려운 골프모임에 갔었고 날아오는 골프공에 맞아 응급실에 실려 가는 변을 당했으나, 꿈에 저승사자가 집안에 들어오지 않았던 관계로, 생명에는 위험이 없었다.

· 녹색의 옷을 입고 녹색의 연못에 놀고 있는 청년을 꿈에 보고, 결혼한 여인은 철없는 남편을 만나 고생을 많이 하였다고 하소연을 했다.

· 분홍색의 예쁜 옷을 선물로 받아 입어보는 꿈은, 멋진 남성의 적극적인 구애

로 결혼이 성사되었으나, 빨간 옷의 조끼를 승복 위에 입은 한 스님은 말 많고 구설과 시비를 일삼은 여성신도로 위험한 경험을 했다.

- 주황색이나 노란색은, 큰 차이가 없이, 존경, 사랑, 애정, 성숙, 혜택 등의 상징으로 해석된다.
- 노란색은, 대체로 존경, 사랑, 성숙, 애정, 애착 인기 등을 상징하나 주로 햇 빛, 불빛, 꽃, 과일, 동물, 의상, 등에 나타나는 물건 등이 있다.
- 누런빛 동물은, 정상적인 사람의 동일이며 누런빛 과일은 성숙된 일이나 오 래 된 일 등을 나타낸다.
- 빨간색은, 정열, 충성심, 정조관념, 연정, 공격심, 난폭함 등의 뜻과 물건의 상징의 뜻이 포함 된다.
- 붉은 과일은, 일의 성숙 단계이고 붉은 꽃은 열정, 애정, 충성, 명예 등의 뜻 이 부가된다.
- 붉은 글씨는, 유식, 거세, 단체에서 제외될 일과 관계하고 붉은색 동물은 전 투적이고 열정적인 사람과 동일시된다.
- 새빨간 옷은, 위험한 사람이나, 모함, 흥분, 싸움, 상해, 사망과 관계 한다.
- 파란색은, 젊음, 초년, 정력, 방랑, 박애주의, 인내, 투명 , 명랑, 상쾌, 신선 미를 상징한다.
- 검은색은, 불쾌, 불길, 암담, 무의미, 음탕, 미개척, 비밀, 죽음, 부도덕, 무자 비 등을 상징한다.
- 검은색의 구렁이는, 특정인물이나 특색 있는 작품, 사업체 등을 상징한다.
- 초록색은, 질투, 시기심, 나약성, 애착심, 유아기, 초창기 등의 일을 상징한 다.
- 백색은, 결백, 정의, 소박, 순백, 처녀, 유산상속, 쇄신, 항의, 항소, 배타성 등의 상징이다.
- 분홍색은, 연애, 명예, 기쁨, 애착, 부귀, 공로, 선동 등의 일을 상징한다.
- 회색은, 이중성격, 위선, 경멸, 미완성, 허약성 등의 일을 상징한다.
- 보라색은, 선동, 유혹, 수줍음, 겸손, 아늑함, 존경 등을 상징한다.
- 여러 가지 색깔이 섞인 것은, 다목적 잡종, 잡념, 복잡, 다재, 다능, 협력, 인 기 등의 상징이다.
- 커다란 흰 바다갈치를 놓친 꿈은, 유산상속에서 아랫동서에게 양보되었다.
- 단체에 빨간 공에 검은 글씨가 써진 공을 받은 사람의 꿈은, 단체에서 퇴출 되었다.
- 빨간 지갑이 갑자기 생긴 여인의 꿈은, 위험한 사랑의 고백을 들었다.
- 분홍색의 꽃을 들고 공동묘지를 헤매는 꿈은, 사랑하는 사람을 찾고자 했다.

· 누런 누렁이가 감싸고 있는 꿈을 꾼 여인은, 사랑하는 사람을 상징했다.

· 붉은 뱀이 치마 속에 들어오는 태몽은, 정열적인 아들을 얻었다.

· 검은 얼굴의 외국 남성과 성행위 꿈은, 아들이 해외 유학을 가게 되었으나, 마음고생을 많이 겪었다.

2) 숫자와 시간과 날짜의 꿈 편.

한 여인이 살고 있던 집을 팔고자 부동산에 내 놓았으나 좀처럼 팔리지 않았고, 해답을 구하는 그 여인에게 필자는 꿈을 꾸어오기를 말했다.

꿈을 꾸어온 여인은 12억에 팔려고 내놓은 집을, 꿈에서는 13억 7천만원에 계약을 하였는데, 그 후 현실에서 꿈을 꾼 날부터 13일 후 7일 날짜에 집이 팔렸다.

책을 출판한 필자는, 꿈을 공부한 신도가 동창생 모이는 행사에 참여한 사람들의 신발의 수가 32개인지 33개인지 수를 세었다는 소리를 들었고, 그 후 정확하게 음력 3월 1일 양력 3월 30일 출판 기념회를 했다.

군 입대를 앞둔 대학생이 소형차의 대명사인 마티즈를 20개월 할부로 사는 꿈을 꾸었다. 필자는 해석해 주기를 "가장 작은 차이니 가장 작은 역할의 군 복무인 사병에 해당되고, 20개월의 할부는 2년의 군대생활을 상징 한다"고 했고, 과연 군대에서 사병으로 입대하여 군복무를 했다. 꿈에서는 숫자의 상징이 날짜나 책임지는 세월을 상징하는 해석이 가능하다.

꿈에서 나타나는 숫자는 대부분 현실에서는 그 개수를 말하거나 나타나는 시간과 날짜의 상징이 대부분이나 그 상징성이 다양해서 정확한 해석은 어렵다.

· 이웃집에 도둑이 들어가는 경우는, 실제로 도둑을 잡는 경우도 있다.

· 비행기 속에서, 잠깐 잠든 사이에 부친의 사망 시각을 듣고 똑같은 시각에 부친이 사망했다는 연락을 받는다.

· 오래전부터 음력을 사용한 사람은, 음력의 날짜이며, 그러하지 않은 사람이면 양력 일이라 생각하면 된다.

· 정초에 꾸는 꿈이, 그 해 일 년 내의 운세를 말하는 것은 아니다. 자기가 항상 생각했던 미 해결사나 기대하고 있는 일의 상징일 경우가 많다.

· 새집으로 이사하거나, 새 직장, 새 사업 등의 일의 상징일 경우가 많다.

· 그 당시에 이루어 질 수 없는 일의 꿈은, 수년 수십 년의 전망과 성사 여부를 상징하기도 한다.

· 자기가 걸어간 걸음 수는, 한동안의 시간 경과를 암시한다.

- 현재의 위치나 출발점과 도착점이, 거리가 이 미터 삼 미터의 간격이 있을 때 2일이나 3일이나 또는 2개월이나 3개월의 소요 시간의 상징이 된다.
- 기다리는 사람이 먼 곳에서 오는 것을 보면, 상당한 시일이 경과한 후에야 집에 온다.
- 집을 나서는 것은, 사업의 시초이며 집으로 돌아오는 것은 일의 종결이나 사업 성취의 여부와 관계한다.
- 중간지점에서 집까지 거리가 먼저 온 것 보다 짧으면 가까운 시일 안에 일이 종결됨을 뜻한다.
- 문 밖까지 나왔다 들어가는 태몽은, 활동의 시기 또는 중년 까지 이고, 문 밖에서 집안 까지 출세단계 또는 중년 이후를 뜻한다.
- 태몽에서 야외로 나간 거리는, 초년 운세이고 목적지에서 되돌아오는 길은 중년 이후가 말년의 운세에 해당 되는 상징이다.
- 바라보는 동안 꽃들이 열매를 맺거나 동물이 커지면, 여러 차례 다른 동물도 변하는 그 순간은 상당히 오랜 시일을 뜻한다.
- 하던 일을 외면하거나 딴생각 딴 장면으로 이어지면, 상당한 시일이 경과 했음을 상징한다.
- 담 너머나 유리창 너머로 나타나는 일은, 멋 훗날 또는 가까운 장래의 일을 상징한다.
- 목적지가 2킬로미터 정도로 추정하면, 20개월이나 2개월, 2년이나 20년이라는 시간 중에 하나를 상징한다.
- 남이나 자기 자신이 앉거나 누워 있으면, 오래 기다릴 일, 서 있으면 곧 이루어 질 일과 관계된다.
- 과일, 달걀이나 그밖에 물건 개수는, 그 개수만큼 시일을 암시한다.
- 세 개의 동전을 얻거나 상대방을 주면, 사흘 후에 일과 상관된다.
- 사만원의 노임을 받는다면, 구두 약속은 4년 후에 이루어질 일과 관계 할 수도 있다.
- 긴 줄이 감겨져 있는 부분은, 미래의 일이며 풀어져 있는 줄은 경과된 시일을 나타낸다.
- 계단이나 사다리의 수는, 사업 년 수나 학년 수를 나타내며 일의 진도를 암시할 경우도 있다.
- 해가 서산에 가까우면, 말년 운세와 상관한다.
- 꿈에 봄이라고 느끼면, 사업의 시초 애정, 평화, 여성적인 면을 상징한다.
- 여름은, 성장기, 젊음, 왕성함, 사업, 융성 등을 암시한다.
- 가을은, 일의 성숙기, 장년기, 풍요로운 일을 상징한다.

. 겨울은, 말년 휴식, 완고, 동결 등을 상징한다.

. 꿈속에 하루는, 그대로 하루 이거나 일의 시초에서 종말까지 1개월, 1년, 10년 등 꿈의 내용에 따라 달리 해석한다.

. 어제는, 어제, 작년, 과거 등으로 상징한다, 내일은 미래를 상징한다.

. 7세의 아이와 마주 앉아 장기나 바둑을 둔 고종황제의 꿈은, 70년의 악몽이 연속 될 국가 운세를 예시한 것이다.

. 8세 된 아이를 데리고 다니거나 죽이고 살리는 것은, 8년쯤 걸리는 일의 상징이기도 하다.

. 꿈에 한 예쁜 여자와 키스를 하고 있는데, 옆 욕탕에 두 여자가 웅크리고 있고 한 여자 시체가 떠오르고 있었다. 밖으로 나가 보니 긴 복도 유리관에 시체들이 물에 채워져 세워져 있었고 그 중 세 개의 시체가 유리관을 깨고 걸어 나오는 것이었다. 나온 시체 중 한 여자가 나를 붙잡았는데 나는 그 여자를 죽이자고 생각하고 목을 졸랐는데 죽지 않고 깨어난 꿈은, 어디선가 기쁜 소식이 오고 시체들이 나열되어 있는 것은 내놓은 집 매물들이 고 그 중 세 개의 물건을 가지고 사람들이 왔다 갔다 하면 말만 무성하고 계약은 되지 않으며 기분이 나쁠 수도 있다는 조언이었습니다.

실제로 집을 팔려고 내 놓았는데 집을 보러 오는 사람이 없어 조마조마하고 있을 때 부동산에서 집을 보겠다는 연락을 받고 기분이 좋았다. (키스를 하는 장면) 그런데 막상 온 사람이 여자 셋이었고 부동산과 함께 와서는 집을 보며 품평을 하더군요, 물론 계약도 되지 않았고 그저 집 구경하러 온 사람들이었던 모양이었다. 아마도 세 군데 정도의 집을 구경만 하고 다니는 사람들이었기에, 실제 집에 와서 품평을 하니 저로서는 불쾌했으나, 미리 이런 사실들을 알고 "그러려니" 하니 한결 마음은 편하게 먹게 되고 이러니 저러니 말이 많았어도 "그렇겠지" 하니 기분도 덜 불쾌했다.

3) 방향의 꿈

불자인 한 여인은 잘 알고 지내는 스님이 손에 마른 명태꾸러미를 가지고 , 자기 집에 오시기에 "어디에서 오느냐" 했더니 "속초에서 살다가 왔다"고 한 소리를 듣고 ,꿈에서 깨어났다. 필자의 해석을 묻기에 속초와 관련된 곳에서 남편이 돈을 벌어 올 것이라 했고, 그 후 며칠 후 남편이 속초에서 받았다며 2백만 원의 돈을 생활비로 받았다고 했다.

이와 같이 꿈에서 어느 곳이라는 단어가 나오면, 그곳의 방향에서 사건이 일어나는 것이 대부분이 되고 있다.

식당을 경영하는 사람이 꿈에서, 남쪽에서 작은 새 한 마리가 자기에게 오는 꿈은 남쪽이 고향인 사람을 직원으로 쓰는 꿈이기도 했다.

정치에 관심이 많은 한 정치인은 선거가 한참인 시절에 대통령이 서쪽의 황혼으로 걸어가는 꿈은 정권이 끝나가는 상황을 상징하는 꿈이며, 해가 동쪽에서 떠오르는 꿈은 새로운 세력이 등장하는 것을 상징한 것이니, 이것을 가지고 서쪽과 동쪽의 방향을 상정하면 꿈 해석에서는 실수가 될 것이다.

사람이 가야할 길에서 네 거리가 나와 서 있는 경우에는 진행하는 일에서 방향을 정하지 못하는 것이며, 만약에 꿈을 꾸는 사람이 불의와 정의의 기로에서 방황할 때에 꿈을 꾸었다면 오른쪽은 정의 길이 될 것이며, 왼쪽은 정의롭지 못한 일이 될 수도 있다.

. 꿈속에서 방향은, 비록 현재 거처하는 장소가 아니더라도 현재 거처하는 장소로 바꾸어 방법을 측정해야 한다.

. 고향집 남쪽에서 일어나는 일은, 현재 거주하는 집의 남쪽에서 일어나는 사건일 경우도 있다.

. 광활한 들판을 바라보고 있을 때, 전방이 북쪽이라고 생각되면 자기가 현재 거처 하는 곳에서 북쪽과 관계되는 일이다.

. 동쪽에서 해가 뜨면, 동쪽에서 일어날 일이기보다는 정상적인 방향의 일을 상징 할 경우가 더 많다.

. 동쪽에서 일어나는 일은, 현재의 거주지가 아니라 태어난 출생지에서의, 동쪽일 경우도 있다.

. 새가 서쪽에서 동쪽으로 날 때, 서쪽은 방향 제시가 아니라, 일의 시발점일 경우가 더 많다.

. 십자로에서 어디로 가야 할지 망설이면, 일에 대한 기로에 서 있는 경우 이다.

. 상대방이 정면에서 걸어오면, 상대방의 의견 대립이나 일에 대한 방해가 온다.

제10장. 돈과 문서와 지도 의 꿈

1) 돈과 동전의 꿈

 돈은, 그대로 돈이거나 인격, 가치, 방법, 편지, 증서, 문서 등을 상징하며 빈부, 귀천, 사건 등의 상징이다.
 건설업을 하는 사람이 어느 날 묻기를 "방안에 현금과 수표가 가득 쌓여 있는 꿈을 꾸었는데 돈이 되느냐"고 물었다. 필자는 물론 돈이 된다고 했고, 그 후 홍수로 강원도 지방에 홍수가 나 도로와 다리와 제방을 수해복구 하느라고 제법 돈을 벌었다고 했다.
 대학생의 꿈에 길을 가다가 6만원이 든 지갑을 주워 지갑은 버리고 6만원의 돈만 꺼내고, 다시 많은 수의 동전을 주워서 가지고 온 꿈은, 어머니가 6일간 입원을 하고 다시 완쾌되지 않아 계속 투병하게 되는 꿈으로 확인되었다.
 전자는 많은 돈이 방 안에 있었기에 그대로 현금이 생기는 꿈으로 해석했으며 현금이 돈이 되는 이유는, 무엇이든 많으면 꿈에서 그대로 돈이 되는 특성이 되기 때문이다.
 후자의 대학생은 6만원이라는 돈이 현실에서 현금이 생기는 것이 아니라, 6일 이라는 날짜의 시간 상징이 되었다.
 동전을 근심으로 해석한 것은, 동전 뿐 아니라 곡식이나, 고기나, 먹을 것을 가리지 않고 돈이 되는 상징에서, 작은 소량일 경우에 근심으로 해석되니, 아마도 작은 것은 만족하지 못하고 불만스러워서, 근심이 되는 이유가 될 것이다.
 또 어떤 사람은 삼만 원을 주고 탄 기차표를 가지고 가차를 탄 사람은 임기 3년의 직책을 수행하였으니, 돈 꿈을 꾸는 경우에는 많은 돈일 경우에는 그대로 많은 돈을, 지폐가 아닌 동전은 금심을, 한 두 장의 돈과 액수는 책임지는 시간으로 해석해야 한다.

. 많은 돈을 도둑맞은 꿈은, 증권에 투자하여 많은 돈을 손해 보았다.
. 지갑에 몇 천원의 돈과 동전을 누가 훔쳐간 꿈은, 근심 걱정이 사라졌다.
. 길에서 동전을 몇 개 주운 여인의 꿈은, 남에게 창피함을 당했다.

- 돈을 조금 소유하면, 근심, 걱정 생기고 돈을 많이 소유하면 만족할 일 또는 그 액수만큼 돈이 생긴다.
- 동전 몇 개를 주위 호주머니에 넣은 아이는, 다음날 친구들과 싸우게 되었다.
- 어른이 길에서 녹슨 동전 몇 개를 주웠던 꿈은, 주운 숫자만큼 걱정하고 속상한 날을 보낸다.
- 반짝이는 새 동전은, 그 얻은 수효만큼 방법이나 친구, 직장 등이 생긴다.
- 밭을 매다 햇빛에 반짝이는 외화를 얻었는데, 그 돈에 쓰여 진 수만큼의 회사 외무원으로 취직이 되었다.
- 작은 액수의 지폐 몇 장을 상대방이 주어 가지면, 며칠간 근심, 걱정 할 일이 생기며 반대로 상대방에게 주면, 수일 후에 근심, 걱정이 사라진다.
- 지폐의 장수는, 몇 개월 몇 가지 일의 건수를 상징한다.
- 길가의 새 돈 한 두 장을 주운 꿈은, 남과 편지를 주고받는 꿈의 상징이다.
- 핸드백 속에 돈을 도둑맞으면, 그것이 적은 액수일 경우에는 근심, 걱정이 사라지거나 자기의 내력을 남에게 알릴 일이 있다.
- 남이 주는 돈이 편지나 문서로 변하면, 누군가가 강압적인 요구나 지시에 따르게 된다.
- 비행기나 자동차나 운반한 보따리를 방으로 옮겨 풀어보니 갑자기 돈이 방안에 가득 했다, 는 태몽은, 태아가 장차 자수성가 하여 굴지에 갑부가 되는 것을 예시했다.
- 곗돈을 타오는 것은, 여러 사람과 관계된 돈이나 보험, 예금 등을 상징한다.
- 여비 삼 만원이 필요 하다고 생각하면, 일의 성공이 3년 또는 30년이 걸려야 이루어짐을 알 수 있다.
- 공중에서 지폐가 낙엽이 지듯이 내려 쌓이면, 공공적이나 사회적 공개적인 사업으로 돈을 벌거나 수많은 편지를 받기도 한다.
- 돈궤나 금고가 열리면, 돈이 생기거나 정신문제, 학문에 깨달음이 생기고 돈궤나 금고가 잠기면 자금의 동결, 사업의 중지, 청탁 불능 등의 일이 생긴다.
- 품삯을 달라는데 상대방이 주지 아니하면, 정신과 육체의 고통이 따른다.
- 물건 값을 상인에게 지불하면, 물건 값과 동일한 시일이 지난 후에 이득이 생기거나 그 시일만큼 취업하게 된다.

2) 수표와 상품권, 지도의 꿈

수표와 상품권 등 증서는 실물이 아니면, 약속, 계약, 명령, 권리이양, 일의 방도 선전물과 동등한 상징이다. 직장에 평사원으로 근무를 하던 여직원은 꿈에, 대통령이 주는 빛나는 수표를 한 장 받았다. 꿈을 꾼 본인은 당연히 길몽인 것을 예측했고, 나아가 복권에 당첨될 것을 상상하고 기대하여 복권을 여러 장 샀으나 소량의 액수만 당첨이 되고 본전도 찾지 못했다.

필자는 해석하기를 복권보다는 반가운 증명서에 해당하는 꿈으로 해석하여 주었고, 정말로 그 꿈은 승진하여 책임자가 되는 임명장으로 확인 되었다.

. 수표나 상품권 한 두 장 받거나 주거나 하는 것은, 의외로 현금 그대로가 아닌 거의 대부분 약속, 명령, 권리이양, 선전물일 경우이며, 더구나 꿈에서 나타난 수표나 상품권에 적혀 있는 액수는 대부분 책임져야 할 기간이나 날짜일 경우가 대부분이다.

. 어떤 사람은 직장을 구하기 위해서 이력서를 작성하여 놓고, 수표를 몇 군데의 은행창구에 넣는 꿈을 꾼 후에, 몇 군데에 회사에 이력서를 넣는 것으로 확인이 되었다.

. 평범한 사람의 꿈에 액수를 알 수 없는 수표가 하늘에서 떨어지는 것을 여러 사람이 줍는 것을 보고 한 장을 주웠던 사람은, 다음날 길을 가다가도 아파트입주 광고 전단지를 주는 사람에게 광고 전단지 한 장을 얻기도 했다.

. 금으로 된 수표나 상품권이라면, 거기에 적혀 있는 액수만큼의 상징된 시일이 지난 후에 크게 이권이나 권리가 주어질 것이다.

. 삼만 원의 영수증을 받은 사람의 꿈은, 직장에서 삼일동안 병으로 결근한 사람의 일을 대신하였다.

. 지구본을 산 학생의 꿈은, 대학 합격을 상징했다.

. 무궁화 지도의 일부를 가진 꿈은, 지역의 경찰서장으로 발령이 났다.

. 세계지도를 받은 꿈은, 유통업의 사장이 되었다.

. 네비게이트에 안내 받은 꿈, 협조자 도움으로 유통업에 활동하게 되었다.

. 벽에 지도에 점을 찍은 꿈은, 점포의 지점을 냈다.

. 지도를 한 장 받은 꿈은, 부동산의 등기권리를 얻었다.

. 남에게 금액과 성명을 명기한 어음이나 수표를 주면, 상대방을 고용하거나 명령 할 일이 생긴다.

. 돈 대신 수표나 어음을 받으면, 임명장, 계약문서 등을 받게 된다.

. 수표를 은행 창구에 넣으면, 이력서나 청원서를 당국에 제출 할 일이 있다.

. 복권의 번호 숫자를 정확하게 인식되는 것은, 우리의 신통능력이 발휘되는 까닭이니 신이나 귀신의 능력이 아닌 것이다.

- 상품권을 받으면, 어떤 사람의 명함이나 소개장을 받는다.
- 상품권을 가지고 상품으로 가지고 오면, 누군가의 주선이나 소개로 재물을 얻거나 일을 얻는다.
- 영수증에 금액이 명시되어 있는 것은, 그 금액만큼 계약이나 또는 약속이 성립 된다.
- 영수증을 써서 상대방에게 주면, 남에게 맡기거나 소청할 일이 생긴다.
- 공중에서 무수한 수표가 내려와서 땅에 떨어지는 것을 주웠으면, 단체나 회사에 이권을 가지는 가입 신청자를 모집 할 수 있다.

제11장. 물, 샘, 호수, 강, 바다의 꿈

1) 수도, 우물, 샘의 꿈

 물은 무엇을 담은 그릇, 물이 흐르는 지형과 깊고 얕음, 물의 색깔과 형태에 따라 재산, 돈, 사상, 언론, 세력, 사업체, 기관 그리고 일의 기반, 소원충족 등을 상징한다. 집안에 우물이 있는 어느 여인은 꿈에 '한 달에 한 번씩 우물의 물이 가득 차는 일이 있다.'면서 필자에게 꿈을 물어보았다. 필자는 남편의 직업을 물었고, 의사인 남편이 한 달에 한 번씩 생활비를 주는 일로 판단하였다.

- 우물이나 수돗물에서 그릇이나 항아리 등에 받거나 하는 물은, 생활비 등 돈이 되는 일의 상징이 되나, 물의 양과 물의 흐름과 물의 색깔과의 따라서 여러 가지 해석의 차이가 있다.
- 한 동이 물을 가득한 것은, 소원을 상징하듯이 고여 있는 물은, 그대로 돈으로 해석되나, 흐르는 물은 사상이나 세상에서 활용되는 금융기관, 언론, 사회, 기관 의 상징이 된다.
- 집안의 그릇이나 물탱크에 가득한 것은 재물의 충족과 보관됨을 말하고, 공동우물이나 수돗물에서 물을 받으면, 공공기관이나 회사 직장에서 성공하여 돈을 얻거나 재산을 모으는 것을 상징한다.
- 그릇이나 물동이에 물이 넘치면, 소비가 심해지는 것을 상징하고, 밑 빠진 독에 물을 계속 부우면, 아무리 벌어도 재물이 축적되지 않고 소비가 있게 된다.
- 우물물 수돗물을 가리지 않고 모든 물은 깨끗하여야 재물이 된다. 만약에 물이 흙탕물이나 부글부글 끓는 물 등은, 부정이나 비리에 관계된 돈으로 해석이 되고, 만약에 흐르는 물이 오염되거나 흙탕물이면, 관계된 기관이나 회사이 소란과 곤란함을 겪는다.
- 한 동이의 물, 한 통의 물은 그 그릇과 견줄만한 재물이 생긴다.
- 한 통의 물은, 소원했던 금액을 나타내고 반통의 물은 소원 했던 액수의 반만 이루어지는 상징이다.
- 물통에 손을 휘저으면, 형제 또는 친숙한 사람에게 돈을 얻는 꿈이다.

- 고이는 물은 재물, 돈을 의미하고 흐르는 물은, 사상 또는 언론이나 세력을 의미한다.
- 집안의 물탱크에 물이 가득 찬 것을 보면, 막대한 돈이 생긴다.
- 공동 우물에게 물을 길어오면, 사회사업이나 공공기관, 회사 등에서 성공 하거나 재산을 모은다.
- 자기 집 빈 독에 남들이 물을 길어다 주면, 여러 사람에게 돈을 얻는다.
- 밑 빠진 독에 물을 계속 부으면, 아무리 벌어도 재물이 축척되지 않고 소비된다.
- 우물과 수도는, 정신적 또는 물질적 소원을 충족시키는 기관이나 단체의 상징이다.
- 우물 속에 들어가면, 회사나 기관이나 단체에 취직의 상징도 되나 감옥에 갈 일이 되기도 한다.
- 우물물이 마르거나 수돗물이 나오지 않으면, 집안의 재정이나 사업에 재원이 고갈된다.
- 사업을 시작한 사람이 꿈에 큰 물통을 대고 수도를 틀었으나 물이 나오지 않으면, 사업은 돈을 벌지 못한다.
- 수돗물이 콸콸 쏟아지지만 받을 그릇이 없으면, 사업상 부채만 지고 소비만 한다.
- 우물물이 불어나 가득 차면, 사업으로 부자가 된다.
- 우물물이 넘쳐흐르면, 재산을 모으기는 하지만 그만큼 소비도 많다.
- 우물물이 뒤집혀 흙탕물이 되거나 탁한 물, 부글부글 끓는 물이 되면 집안, 사업체, 회사 등에 우환, 부정 소란 등의 일이 생긴다.
- 우물의 물을 떠서 손발을 씻으면 근심, 걱정이 사라지고 결혼, 청탁, 입학 등이 이루어진다.
- 물을 감질나게 마시면, 어떤 일이 이루어지나 불만스럽다.
- 현직 공무원의 꿈에 남이 먼저 물을 떠 마시면, 그가 먼저 승진한다.
- 웅덩이에 물이 펑펑 솟아나고, 그 옆에 수도에서도 물이 쏟아져 괴면, 사회 사업이나 기관 회사에 의해서 치부하게 된다.
- 우물물이 처음에는 흐려져 마시지 못하다가 나중에 맑아져서 마시면, 난관에 부딪쳤던 모든 일이 성사된다.
- 맑은 물에 빨래를 하면 사업이나 취직이 순조롭고, 물이 흐리고 이끼가 끼어 있으면 사업이나 소원의 경향이 잘 이루어지지 아니한다.
- 물에 담긴 자기의 빤 빨래를 보면 직업 신분이 새로워지거나 하는 일마다 호평을 받는다.

- 깊은 우물 속에 용, 구렁이, 독수리, 사자, 범 등이 나온 태몽은 태아가 장차 큰 권력을 가진 출세하는 인물이 된다.
- 우물 속에 동물 또는 물고기를 넣어 키우려 하면, 큰 기관에서나 회사에 성공하게 된다.
- 우물 속에서 사람, 심령, 선녀 등이 나타나면, 관청, 학원 등에서 훌륭한 인물이나 진리의 서적이 나오는 상징이다.
- 우물이 갑자기 집안에 생기면, 사업체, 직장이 생기고 미혼자는 혼담이 성사된다.
- 우물에 빠지거나 일부러 들어가 나오지 못하면, 감옥에 들어가거나 모함에 빠지는 상징이다.
- 사람을 우물에 넣고 묻어버리면, 비밀을 매장하거나 장기 저축을 하기도 한다.
- 그릇에 담은 물이 엎어지면, 재물의 손실, 소원의 좌절, 회답의 실패를 암시한다.
- 비리 있는 공직자가 우물에 들어간 꿈은, 뇌물수수로 감옥에 가는 꿈이다.
- 샘물은, 대체로 정신적, 물질적, 진리 등의 상징이며 흐르는 물을 떠 마시면 종교에 귀의하여 좋은 법문을 듣기도 하여 감명을 받는다.
- 약수를 마시면, 고통과 근심이 사라지고 진리를 터득하게 된다.
- 들판에서나 마당 등 땅에서 샘물이 솟거나 흘러 냇물이 되면, 사업자는 재물을 얻고 학자는 학문적인 성과로 인기와 돈과 명예를 얻는다.
- 부엌이나 방안에 물이 가득 차면, 축재 또는 정신적 사업으로 대성한다.
- 물이 가득한 방에서 헤엄을 치거나 목욕을 하면, 유복해지고 행복해지고 소원이 충족된다.
- 뜨거운 물에 목욕을 하면, 상대에게 사랑, 은혜, 협조를 얻거나 시험에 합격한다.
- 뜨거운 물을 마시면, 정신적, 물질적 일이 성사된다.
- 온천이나 공공 목욕탕에서 여러 사람이 목욕을 하면, 신앙, 면학, 학업, 졸업을 상징한다.
- 주위에 온천이 솟으면, 재물과 더불어 정신적인 일과 소원이 성사된다.
- 목욕탕에서 단체 목욕한 꿈은, 성대한 졸업식의 상징이다.
- 산에 약수터에서 약수를 마신 꿈은, 절에서 감동의 법문을 듣는 꿈이다.
- 샘물이 강물로 바뀐 꿈은, 작은 절이 큰절로 발전했다.

2) 강, 호수, 개천, 바다, 폭포의 꿈

강, 호수, 개천, 바다, 폭포 등의 수로는 사업기반, 출세의 기반, 언론 출판 기타의 기관이나 단체를 설명하며, 고인 물은 사업의 성과, 정신적, 물질적인 재물을 상징하고 규모가 크면 사상이나 사업장이 크다.

　필자의 꿈에 연구소에 처음으로 강의를 들은 어떤 사람은, 꿈에 작은 언덕에서 시작되는 시냇물에 뛰어 들었고, 그 시냇물이 차가워 깜짝 놀란 꿈을 꾸었다. 필자는 정신적으로 관계된 종교나 사상에 감동을 받았나를 물었더니, 필자를 만나 꿈의 원리의 강의를 듣고 감동을 받았다고 했다.

　증권이 활성화 되는 시기에 투자를 하고자 할 때, 꿈에 넓은 강에 고기가 없었던 꿈을 꾼 사람은, 그 후 증권에 투자 하였으나 결국에 남들은 돈을 벌었으나 자기 자신은 손해만 보았다고 했다. 이와 같이 강과 개천은 사업기반과 출세의기반과 언론, 출판 등의 기관을 상징하기도 하며, 그 크기에 따라 그 기관과 사업장의 크기가 다르다.

　어떤 스님에게 애정을 가졌던 여인은, 꿈에 시냇물을 따라 걸어가고 있는 꿈을 두 번이나 꾸고는 좋아하는 감정을 버리고, '공부하여 큰 스님이 되길 기원했다.' 는 이야기를 듣기도 했다.

　강물이 흙탕물이 되어 흐르는 태몽을 꾼, 필자의 아버지는, 일제시대와 6.25 등의 좌우익의 시련기와 가난했던 국가의 군인으로 환란과 시련을 많이 겪는 삶을 상징했다. 그러나 강에 빠져죽은 시체를 바라본 꿈은, 필자의 저서인' 불교에서 본 마음과 최면전생' 의 책이 출판사에서 출판되는 일이었다.

　이와 같이 꿈에서 보이는 강과 개천은 정신적인 사상인 종교와 언론 금융계통의 기관의 상징이 된다.

. 강물이 흐르는 강가에서 탐스러운 한 송이의 꽃을 꺾은 꿈은, 대하소설 등 저술로 크게 성공한다.
. 개울물이 말라 버리면, 회사의 재정이 고갈된다,
. 마른 개천에 물고기가 우굴 거리면, 유리한 조건으로 돈을 빌리거나 운영난에 빠진다.
. 용이 상체는 바다에 두고 하체는 하천에 두었다면, 국내의 사업이 해외로 뻗어나 성공할 것을 상징한다.
. 거북이 바다에서 하천으로 상륙하는 꿈은, 해외의 일이 국내를 들어와 성공함을 상징한다.
. 들판이 바다가 되고 파도가 높으면, 홍수가 날 일과 관계된다.
. 강물이 맑은 것은, 모든 사업, 작품, 단체, 일 등의 입지조건이나 환경이 좋음을 암시한다.

- 흐르는 물이 폭포가 되어 쏟아지는 소리가 요란하면, 작품이나 명성이 세상 사람들에게 크게 소문나 알려진다.
- 넓은 바다에서 수영을 하면, 사업, 유학, 직장 등에서 활동이 활발하고 활동 무대가 넓은 것을 상징하며 소원이 성취된다.
- 물속을 헤엄쳐 다니는 것은, 사회의 이면을 알고자 하거나 비밀을 탐색하는 일과도 해당되며 공개하지 않은, 사업의 추진의 상징이기도 하다.
- 바다나 강물의 파도가 거세면, 가정, 사업, 등에 풍파가 심하거나 마음이 상하는 일이 생기는 파란곡절이 있다.
- 파도가 부딪치는 바위나 강변에 서면, 상대방과 시빗거리가 있거나 부득이 사회적인 조류에 영향을 받게 될 일이 있다.
- 바다 또는 호수의 가운데 무덤이 있으면, 외무사원을 많이 두거나 해외에 영향을 주는 회사를 상징한다.
- 냇물이나 강물이 거꾸로 흐르면, 부모, 선생, 사회, 국가, 종교, 학문 등에 사상적으로 반발을 보이게 된다.
- 호수가 보랏빛으로 물들면, 어느 기관이나 회사가 자기에게 자비, 사랑, 애정 등의 영향을 준다.
- 호수가 핏빛으로 물들면, 한 기관 한 단체에 정신적 감화를 줄 일이 있다.
- 냇물, 강물 등에서 손을 씻으면, 사회, 단체, 기관 등에서 소원이 성취된다.
- 동물이 호수 속에 들어가면, 어느 기관이나 회사에 취직하거나 작품 등이 성사 된다.
- 동물이 물속으로 자취를 감추는 것은, 일의 종말이나 인물의 실종을 뜻한다.
- 사막에서 오아시스를 만나면, 난관에 처해진 사업이나 계획한 일, 희망, 생활 등이 고통에서 해방된다.
- 호수나 강물이 얼면, 정신적, 물질적인 사업이 동결 내지는 정체를 상징하며 직장을 구하는 자는 취직이 된다.
- 강물에서 검은 줄이 그어진 물고기를 잡고자 했던 꿈은, 국회의원에 출마하여 표를 얻고자 하는 꿈이다.

3) 바다와 홍수, 해일의 꿈

바다는, 그대로 넓은 세상을 상징하니 해외도 포함이 된다. 바닷물 또는 해일이 몰려오면, 크게 부자가 되거나 크게 출세하여 영화롭게 되나, 그 바닷물이 맑아야 되고, 두려워하거나 도망하면 아니 된다.
　지방학교에 근무하던 교사의 꿈에, 작은 호수에서 수영을 하며 놀다가 갑자기 큰 파도가 들이닥쳐 잠간 사이에 바다로 나간 꿈을 꾸었고 필자에게 해몽을 구했다. 필자는 말하기를 지방학교에서 근무하다 서울이나 큰 학교에 근무하게 되는 꿈으로 해석 하였고, 그 후 그 선생님은 서울의 학교에 근무하게 되었다.

폭포나 호수의 물이 맑은 것은, 사상, 사업, 작품, 기업의 소원 성향이 만족되고, 물소리가 요란한 것은, 큰 명성이나 소문거리가 되는 상징이 된다.

넓은 호수에 시체가 떠다니는 것을 보고, 경찰서에 신고를 하는 꿈을 꾼 사람은 필자에게 해몽을 구했다. 호수는 그 지형의 크기와 작음에 따라 차이가 있지만 사업기반, 사업장, 회사, 사회기반을 상징하니 호수는 금융기관인 증권회사를 상징하고, 시체는 돈으로, 경찰서에 신고한 것은 통장을 만들기 위해 증권회사를 방문하는 해석이 된다.

그 후 그 꿈을 꾼 사람은, 지인의 정보를 얻고 증권에 투자하여 제법 돈을 얻게 되었다.

호수와 비슷하나 다른 수영장이나 풀장은, 그곳에서 활동이 해석에 중요함이 되기에, 수영장에서 남의 등을 타고 물놀이를 하고, 수영을 잘하는 꿈은, 학생의 경우에는 학교에서 학업의 성취도가 되고, 직장인은 직장에서 승진과 업무의 성취됨을 상징하고, 사업자는 활동무대를 상징하기도 하니, 꿈꾸는 사람에 따라 해석이 달라진다.

호수에서 목욕을 하다가 갑자기 연어가 되어 폭포 위로 뛰어 오른 꿈은, 해외에서 공부를 하고 귀국하여 외국인과 유명 인을 위한 예술 공연으로 세상에 공개하여 유명해진 꿈의 사례가 있다.

. 산과 들이 전부 물에 잠긴 것을 보면, 큰 세력을 얻거나 세상을 감동시킬 업적을 남긴다.
. 맑은 호수가 자기에게 밀어 닥치거나 논밭을 휩쓸면, 국가나 사회적인 세력 또는 영향력을 크게 작용해서 귀해진다.
. 홍수가 탁하고 흙탕물일 경우에는, 사회적인 재난이나 이질적인 사상, 질병으로 환란이 닥친다.
. 산 같은 높은 곳에 올라 탁한 홍수를 피하면, 전란에서 구출된다.
. 맑은 물이라도 파도가 일면, 환란, 우환, 횡폭 등으로 고통을 받는다.
. 바닷물 또는 홍수가 집으로 밀려오면, 새로운 사조가 밀려오고 사업가는 사업이 번창하여 부자가 된다.
. 홍수가 모든 것을 덮어버리면, 혁명적인 개선이 이루어진다.
. 홍수에 건물과 집이 반파되면, 어렵고 힘든 일을 겪게 된다.
. 들판이 물바다가 된 가운데에서 구렁이에 휘감기면, 세력가, 재산가와 인연

을 맺거나 권리, 명예가 주어진다.

. 해일이 일어나 산과 들을 덮으면, 크게 부귀영화를 얻는다.

. 해일이 일어난 태몽은, 태아가 장차 큰 행사를 하거나 혁신적인 일을 할 상
징이다.

. 바닷물이 멍석이 깔듯이 물러나는 것을 보면, 외세, 강대세력, 기존사상 등을
물리치게 된다.

. 물이 빠진 갯바닥에 물고기, 조개, 게 등이 드러나면, 사업에서 많은 재물을
얻는다.

. 바닷물이 집 앞에 있는 것은, 자기의 사업판도를 상징하거나 외국과 연결성
을 갖기도 한다.

제12장. 불, 빛, 열에 관한 꿈

1) 불의 꿈 편.

불은 일의 성공여부와 흥망성쇠, 소원충족, 욕정, 세력, 정렬, 열정, 화근, 진리 교화사업 등을 상징한다. 사업을 하여 상당한 재산가가 된 사람이 다시 새로운 사업에 도전하고자 하여 고뇌를 하던 중에, 꿈을 꾸기를 집에 불이나 큰일이 났다고 생각되어, 물동이로 물을 세 번을 부어 끄고자 했으나 불을 끄지 못하고 깨어난 사람은 필자에게 해몽을 구했다.

필자는 해석하기를 집에 불난 것은 사업이 융성할 징조가 되나, 물동이의 물을 세 번이나 부었으니 세 번의 돈을 투자할 것으로 상징하는 길몽으로 해석하여 주었다.

그 꿈을 꾼 그 사람은 새로운 사업에 도전하여 진행 중이며, 세 차례의 자금을 투자하였으며 잘 될 것으로 확신을 가지고 있었다.

그러나 여성의 의류를 제작 판매하는 여 사장님은 꿈에 점포에 불이 나서 모두 다 타버리고 재만 남았다는 말을 듣고, 필자는 염려하는 마음에서 말하기를 꿈에 불이 나서 모두 타버리고 재만 남은 것은, 사업을 확장하여 잘되는 것 같으나 결국에는 빚만 걸머지게 되고 실패하는 꿈으로 해석했고, 결국에는 빚을 내어 확장을 했으나 결국 빚만 남고 사업을 접게 되었다.

실제로 식당을 하는 사람이 불이 나서 절망에 빠져 있을 때, 필자는 위로하기를 불이 난 집은 다시 번성하게 된다는 옛말이 있으니, 불이 나면 너무나 뜨거워 악신들마저 모두 도망가는 이유로 불행이 없어지고 행운이 온다고 말하며, 벼락 맞은 나무로 행운의 부적을 써서 가지고 있으면 악귀를 물리칠 수 잇다는 속설의 이유도 여기에서 기언 한다고 위로한 기억이 있다.

. 집이 활활 타오르고 있으면, 사업이 융성해진다.
. 타오르던 불길을 끄면, 잘 되던 사업이 중지된다.
. 타오르던 불길을 물에 끼얹어 불을 끄면, 물을 끼얹은 회수만큼 소비가 뒤따른다.
. 불이 나서 재만 남으면, 사업이 잘 되어 가다가 사고로 빚만 지게 된다.
. 남이 온몸에 불이 붙어 타는 것을 보면, 일이나 사업이 융성해지나, 남의 일

이다.

- 남의 밭이나 집에 불이 붙어 자기의 집으로 옮겨 붙어와 활활 타면, 남의 재 산이나 권리를 이전하여 크게 부자가 된다.

- 자기 몸에 불이 붙으면, 사업이나 일이 잘되어 신분이 새로워진다.

- 하늘에서 불덩이가 떨어지면, 혁신적인 일이 생긴다.

- 두 여성이 불덩이를 마주하고 있는 것을, 보면 전쟁이 일어난다.

- 풀밭이나 길가에 불이 번져 나가면, 뜻하는 바가 이루어진다.

- 밤하늘에 폭죽이 터져 소리가 나고 찬란히 퍼지면, 계몽적인 일이나 선정적 인 일로 세상 사람의 이목을 집중시킨다.

- 아궁이에 불을 대는 것은 사업의 시작을 뜻하고, 불이 잘 타지 않으면, 하는 일이 잘되지 않는다.

- 아궁이에 불이 밖으로 새어나오고 연기만 나면, 어느 기관에 청탁한 일이 반 려 되거나 성사되지 않고 소문만 난다.

- 방바닥이 따뜻해지면, 협조자의 혜택을 입거나 유복해진다.

- 숲이나 낮은 언덕이 불타면, 사업이 번창하거나 일이 크게 이루어진다.

- 물건이 타는데 불길은 없고 연기만 나면, 공연한 헛소문만 퍼진다.

- 집에 불이 났으나 불길은 보지 못하고 검은 연기만 퍼져 오르면, 집안 또는 어느 기관에 불길한 일이 생긴다.

- 방안에 연기가 새어 들어오면, 전염병에 걸리거나 남에게 누명을 쓰기도 한 다.

- 벽에서 연기가 새어 들어오면, 불쾌한 생활을 체험한다.

- 석유난로, 가스, 석탄난로, 벽난로 등에 불이 잘 붙으면 사업이 잘 운영 되고 소원이 충족된다.

- 큰 도시가 불타는 것을 보면, 헌법개정, 학설, 교리 등이 전국으로 확산되어 감화를 주는 일의 상징이다.

- 화재가 나서 도망치면, 화근이 생겨 심적 고통이 생기거나 불길한 일이 생긴 다.

- 타오르는 불길을 끄지 못해, 발을 동동 구르거나 두렵고 불안에 떨면, 집안 또는 사업상 화근이 생긴다.

- 건물이 폭탄을 맞거나 건물 안에 폭탄을 넣어 폭음과 함께 화재가 나면, 정 신적, 물질적 사업이 크게 이루어진다.

- 화롯불이 꺼지면, 소망이 좌절되고 화롯가에 여럿이 둘러 앉아 있으면, 시비 꺼리가 생긴다.

- 남의 몸에서 불이 난 것을 보고 도망한 꿈은, 부자가 될 기회를 놓쳤다.

· 남의 집에 불이나 자기 집에 옮겨 붙은 꿈은, 남의 도움으로 사업에 성공 하는 상징이다.
· 아궁이에서 불을 지피기 시작한 꿈은, 사업을 시작하였다.
· 불이 여기저기 옮겨 붙은 꿈은, 여러 언론에 기사화 되었다.
· 불이 났으나 불꽃이 없이 연기만 난 꿈은, 사업을 시작 했으나 소문보다 실익이 없어 구설만 들었다.
· 방안에 검은 연기가 자욱한 곳에 누워 있던 꿈은, 갖은 구설수에 휘말리게 되었다.
· 모닥불을 보고 불쾌한 꿈은, 연인의 외도로 질투의 고통을 겪었다.
· 불이 피어나다가 꺼진 꿈은, 소망이 좌절되었다.
· 모닥불을 여럿이 둘러앉아 있던 꿈은, 여러 사람과의 의견 충돌로 사업에 구설과 시비를 겪었다.
· 붉은 옷을 입은 여자가 볏단을 이고 남쪽에서 와 대궐에 불을 지른 꿈은, 일본의 상징인 임진왜란을 일으킨 선조 왕의 꿈이었다.

2) 빛과 열의 꿈 편.

결혼을 앞에 둔 아가씨가 꿈에 촛불을 들고 있었으나 꺼질 듯이 약하고 불안하게 들고 있었던 꿈을 꾸고 해몽을 구하기에, 불안한 결혼생활이 될 것을 염려하였으나, 그대로 결혼한 그 아가씨는, 그 후 이별의 아픔과 병마의 고통을 겪었다.

꿈의 해몽에서 불은 세력, 번영, 열정 등의 상징이 된다면, 빛은 영광, 광명, 희망, 계몽, 명예, 소식, 통찰, 생기 등의 상징이 된다.

그러나 희망과 영광의 상징이 되는 빛이, 미약하여 꺼져가는 촛불의 꿈을 꾸고 결혼한 꿈은, 장차 희망과 명예가 미약하고 약함을 상징했으니, 결혼 생활의 어려움은 당연한 해석이 되었다.

이와는 반대로 어두운 방안에 촛불을 환하게 밝힌 꿈은, 국가고시에 도전하여 간신히 합격은 했더라도 그 젊은 청년의 앞길이 밝아지는 상징이 된다.

필자가 아는 어느 유능한 스님은, 모친의 태몽에서 금으로 만든 촛대에 환한 불을 밝힌 꿈을 꾸고, 성장하여 출가의 길을 가기에 크게 말리지 않았고, 장차 큰 스님이 되어 많은 사람의 길잡이가 되고 진리를 얻을 것으로 생각되었다는 이야기를 듣기도 했다.

어느 불자는 꿈에 후광이 있는 산신령을 만난 태몽은, 학계에서 알아주는 대학 교수가 되어 명성과 인품을 갖추게 되었으니, 꿈에서 불과 불빛의 해석이

차이가 있음을 말하고자 한다.

. 꺼져가는 촛불을 들고 있었던 꿈은, 결혼하여 이별하는 꿈이었다.

. 남이 들고 가는 횃불을 따라가는 꿈은, 남의 조언과 도움을 받았다.

. 성화를 들고 간 꿈은, 종교 지도자가 되었다.

. 방안에 촛불이 켜진 꿈은, 근심 걱정이 사라졌다.

. 등불을 들고 밤길을 가는 꿈은, 협조자의 도움으로 직장의 일을 해결했다.

. 전기불이 밝은 꿈은, 근심 걱정이 사라졌다.

. 전기불이 정전이 된 꿈은, 사업에 중단을 겪었다.

. 하늘에서 폭죽과 화약이 화려하게 터진 꿈은, 언론에서 새로운 대통령의 탄생 축하 보도였다.

. 햇볕이 비추는 꿈은, 공직에서 승진하였다.

. 횃불을 들고 다닌 꿈은, 종교에 심취하여 포교에 헌신 하는 꿈이었다.

. 밤에 달빛을 받고 걸어간 사람은, 학위를 받아 교수가 되었다.

. 하늘에서 번개와 섬광이 요란한 꿈은, 언론에 소개되어 유명해진 꿈이다.

. 빛은 깨달음, 영광, 광명, 희망, 명예 교화, 세력, 진리, 소식, 통찰, 생기 등 다양한 상징이 된다.

. 열은 정신적 물질적, 자본과 힘, 권세, 열성, 애정, 자비, 변화 등 많은 상징이 가능하다.

. 횃불을 들고 밤길을 걸어가면, 어려운 일을 극복하거나 진리를 설파한다.

. 남이 횃불을 들고 가는 것을 보면, 어떤 사람의 지도나 조언을 받게 된다.

. 방안에 불이 환하게 밝혀져 있으면, 사업이나 소득이 만족하게 이루어지고 근심, 걱정이 해소된다.

. 촛불이 꺼지면, 기다리는 소식이 묘연하고, 초롱불을 들고 밤길을 가면 협조자, 은인을 만나 일이 잘 추진된다.

. 전기불이 환하게 밝혀진 곳에 가면, 근심 걱정이 해소되고 취업, 사업이 순조롭다.

. 전기불이 들락날락 하면, 일이 중단과 진행이 반복된다.

. 밖에서 들여다보는 집의 창문에 불이 환하게 켜져 있으면, 그 집 사람이나 단체나 기관에서 자기 일을 환대해준다.

. 햇빛, 달빛 및 기타의 빛이 방안을 환하게 비추면, 소원이나 계획이 이루어져 소원이 성취되고 미해결사가 이루어진다.

. 전기 줄을 방안에 새로이 가설하면, 새로운 직장이나 사업장, 일의 방도가 생긴다.

. 전기 줄을 누가 거두어 가면, 사업이 중단되거나 청탁이 이루어지지 않는다.

. 장작, 기름 등의 연료는 재물이나 재산의 상징으로 본다.

. 화약 등 폭발물은, 세상을 놀라게 하는 일이나 영향력을 상징한다.

. 신령적인 존재의 후광은, 위대한 지도자의 감화를 입는다.

. 어두운 곳을 걸으면, 생소한 곳을 가거나 생소한 일의 상징이다.

. 그림자는 허무한 것, 거짓된 것, 정체불명의 괴한, 영향력 등을 상징한다.

. 자기의 그림자가 들판을 가로지르면, 사회에 자기의 영향력을 크게 미칠 일
  이 있다.

. 창문에 그림자가 비친 것을 보면, 상대방을 좀처럼 만나기 어렵고 관청의 일
  은 중개인을 찾아야 일의 성사가 있다.

. 불속에 있으면서도 타죽지 아니하면, 강력한 정신력과 물질적인 능력을 가지
  고도 일을 성사 시키지 못한다는 상징이다.

제13장. 산과들, 계곡, 도로, 도시, 화산. 지진의 꿈

1) 산과 들 계곡의 꿈1

 필자의 지인은 묻기를, '아내 꿈에 오래 전에 돌아가신 시어머니를 남편이 죽이기에 두려워하며 시신을 남몰래 산에 힘들게 묻는 꿈을 꾸었다.'하며 해몽을 구했다.

 필자는 "시신을 산 정상에 묻었는가? 아니면 산 중턱에 묻었는지?"를 물었고, '산중턱에 묻었다'는 당사자의 말을 듣고 해석하기를, 남편의 어머니는 오래된 남편의 숙원 사업이며, 죽인 것은 성사되었고, 두려워하는 것은 감동을 느끼는 것이며, 산은 국가의 기관이며, 산중턱에 묻은 것은 최고의 자리가 아닌 중간의 위치에 취직이 될 것으로 판단하였다.

 이 후 그 인사는 일생을 사회운동을 하다가 처음으로 국가기관에 취직하는 결과가 되었다.

. 산은 국가, 정부기관, 사회단체, 조직체, 세력권, 희망과 소원의 대상을 상징하며 정상을 오르게 되면 소원을 성취하게 되고, 올라가는 꿈은 과정을 상징하고, 정상까지 많이 남았으면 목적과 성공에 시간이 걸리는 것을, 짐을 지고 올라가는 것은 고통과 힘든 업무를 상징하게 된다.

. 산의 크기에 따라 그 상징하는 단체의 크기가 달라지며, 높은 산정은 최고와 절정, 전성기 등의 상징이 되며, 산중턱은 중간을 산 밑은 산하단체 말단 부의 상징이 된다. 산모퉁이는 사업이나 일의 전환점과 기관의 일부의 상징이 되고 계곡은 완충지대나 세력권의 사이를 뜻한다.

. 먼 곳의 산은 장래의 희망과 먼 훗날 관계된 기관의 대상이 되고, 산에 오르기를 생각하면 계획하는 일의 상징이 된다.

. 산위에 올라 소리를 지른 태몽 꿈은, 출가한 스님이 한 분야에서 성공을 이루었다.

. 산에서 내려온 산돼지에 물린 여성의 꿈은, 씩씩한 공직자에 구혼으로 결혼하였다.

. 산에서 사슴을 잡은 여인의 태몽은, 국가고시에 성공한 자식을 얻었다.

. 산속에서 신발을 잃어버린 꿈은, 공직에서 직책을 잃었다.

. 산위에서 오줌을 싸고 도시가 잠긴 꿈은, 왕비가 되었다.

. 산을 통째로 삼킨 꿈은, 옛날에 영의정이 되었다.

. 산에서 떨어진 꿈은, 공직에서 퇴출 되었다.

. 날아서 산 정상에 오른 꿈은, 쉽게 일이 성취되었다.

. 산에서 기도한 사람은, 소원이 이루어졌다.

. 백두산에 오른 사람은, 새로운 환경변화에서 유명 인이 되었다.

. 산이 모두 무너진 사람의 꿈은, 자기의 신분이 변화되어 유명해졌다.

. 두 개의 산이 달아난 꿈은, 옛 역사에서 적군들이 물러난 꿈이었다.

. 삼국지의 성도 금병산이 무너진 유선의 꿈은, 군사 제갈공명의 사망을 상징
했다.

. 산에 가서 등산을 하는데 진달래, 개나리 등의 꽃들이 만발한 꿈은, 자신에
게 맞는 절을 찾고 있던 중인데 이 꿈을 꾸고 나서 얼마 안 되어 절과 인연
을 맺게 되고 다니게 되었다.

1) 산과들 계곡의 꿈2

. 산은 국가, 정부기관, 사회단체, 권력기관, 희망, 소원 대상의 상징이 된다.

. 산 정상을 향해 오르면 소원을 성사 시키려는 노력을 하게 된다.

. 정상까지 아직 많이 있으면 성공하거나 목적 달성의 시간이 많이 남아 있음
을 상징한다.

. 짐을 지고 산에 오르면 책임진 과제가 고통 속에 있고 지팡이를 짚고 올라가
면 협조자나 유리한 방법에 의해 일이 진행됨을 알 수 있다.

. 산에서 내려오는 것은 이 단계 사업과 관계 되거나 태몽에 있어서는 성공한
다음의 일을 상징한다.

. 낮은 산은 낮은 수준에 속사는 회사나 학교, 단체 직장 등을 상징한다.

. 산 밑은 단체의 말단부서, 산하단체의 일원 등의 표현이다.

. 산중턱은 중간계급, 중산층 및 일의 중도나 중간을 표현한다.

. 높은 산정은 희망과 목정의 대상, 최고의 일, 국가, 사회단체, 일환 등을 상
관한다.

. 산모퉁이는 기관의 일부, 사업의 전환, 연말 등을 상징한다.

. 계곡은 완충지대, 접경, 타 기관 등 다른 세력권의 사이를 뜻하거나 상징한
다.

. 먼 곳에 있는 산은 먼 훗날에 관계있는 희망의 대상이나 외국 등을 상징한

다.
- 먼 산에 올라야겠다고 생각하는 것은 외국에 가려는 소망이고 올라가면 오래된 소원이 달성된다.
- 앞산 또는 뒷산, 직장, 학교, 회사 등과 상관 하거나 상당히 떨어진 고장을 뜻하기도 한다.
- 산 속을 헤매면 탐색, 연구, 직무 등의 일과 상관한다.
- 깊은 산중에서 신령적인 존재가 내려오면 위대한 학자나 협조자, 기관장과 상관있다.
- 산 정상에서 산돼지가 내려와 자기의 배를 이빨로 찌른 꿈의 태몽은 장차 최고의 명예나 권력을 말년에 얻을 것을 상징한다.
- 산중턱에서 물건을 얻거나 하는 경험을 하면 중류 급의 출세나 중년 이후에 성공한다.
- 고개 길을 넘으면 사업상의 난관을 극복하거나 전환기에 접어들게 되며 직장을 옮기게도 된다.
- 여러 개의 산을 넘으면 여러 직장을 전전하거나 갖가지 일을 성취시킨다.
- 높은 산정에서 큰 소리를 외치면 세상의 명성을 떨치거나 소문날 일이 있다.
- 산속에서 신발을 잃으면 직위를 상실하거나 자기 작품이나 일이 어느 회사나 단체에 보류되거나 반려된다.
- 산맥의 모형도를 그리면 사회적으로 자기의 실력이나 작품을 인정받아 명예를 얻는다.
- 산을 통째로 삼키는 태몽은 후일 정승, 판서가 될 자손의 상징이다.
- 산 메아리가 울리면 자기의 요구사항이 사회적으로 반영되어 이루어진다.
- 산을 개간하여 농사를 지으면 사회적으로 충분한 기틀을 마련하고, 지어놓은 농작물을 보면 크게 이득을 얻는다.
- 높은 산에 오르다 떨어지면 신분이 몰락하고 좌절한다.
- 날아서 산 정상에 오르면 가장 신속한 방법으로 목적을 달성하거나 진급 등이 이루어진다.
- 산정에 또는 언덕에 사람이 많으면 동일한 소원을 가진 사람이 많은 경쟁자나 처우개선을 요구하는 사람을 본다.
- 산에서 기도를 하면 어떤 학교에 충실하고 절이나 종교에 기도하고 윗사람에게 청원 할 일이 있다.
- 세계적인 큰 산에 오르면 세계적이나 국내유일의 사업이 번창하거나 최고의 유명한 일과 의 상징이다.
- 산사태가 나는 것을 보면 국가나 사회적인 환란 또는 큰 단체의 붕괴를 상징

한다.

2) 산과, 들, 화산폭발, 지진의 꿈

중요한 강연을 하기 위해 준비를 하던 한 스님은, 꿈에서 자기가 아는 들판에 소나기가 시원하게 오는 꿈을 꾸고는 필자에게 꿈 이야기를 하기에, 중요한 강연과 세미나에서 크게 감동을 주고 성공할 것을 말했다.

이와 같이 넓은 대지와 들은 사회적인 기반과 영토, 세력권을 상징하며 때로는 미래에 관계될 장소의 상징이니, 현실에서 과거에 보았거나 알던 곳 느낌의 장소는 대부분 언젠가 꿈에서 보았거나 경험한 경우가 많다.

넓은 들판은 그만큼 세력의 판도나 세력의 기반과 사건의 현장을 상징하며 멀리 보이는 것은, 먼 훗날 관계된 일이거나 외국을 상징하기도 한다. 지평선 위의 태양이 떠오르거나 하는 태몽은, 장차 외국에서 성공하는 상징이 되기도 하고, 자신의 꿈이라면, 시간이 걸리는 일이거나 외국의 일이며, 먼 곳에서 연기나 검은 구름은 남의 나라나 먼 훗날 불길함을 상징한다.

대부분 고향에 대한 꿈이 많은 것은 어려서의 기억이 잠재의식 속에 남아 꿈의 재료로 많이 사용되는 것이니, 고향집이나 살고 있는 집이 가까우면 결과가 이루어진 것을 상징하고, 고향집까지 멀어 보이면 결과가 이루어짐이 시간이 걸리는 것을 상징하고 고향에서 나오면, 사업의 시작을 상징한다.

화산폭발은 국가적인 혁신이나 변화를 알리는 거대한 신호이며, 개인적인 일은 정치 경제 사업에 대한 혁신과 성공과 명예를 상징하여 세인들에게 경탄과 놀라운 경험을 하게 한다.

그러나 지진은 환경의 불안과 혼돈을 상징하고, 개인적인 일에는 환경의 변화로 어려움을 겪게 된다.

. 넓은 들판에 많은 사람이 추수하는 꿈은, 사업을 성공하여 많은 사람을 고용했다.
. 병자가 땅속 구덩이에 들어간 꿈은, 사망을 상징한 꿈이다.
. 땅속을 평지처럼 걷거나 헤엄치면, 지하활동, 탐색, 연구, 단체의 내부에서 성공을 하는 상징이다.
. 구덩이를 파고 들어앉으면, 집을 사거나 학교에 입학하거나 회사에 취직한다. 만약 그곳에서 죽으면 크게 성공하는 상징이다.
. 땅 속에 구덩이에 들어간 청년은, 취직이 되었다.
. 땅속을 다닌 꿈은, 기관 내부의 활동에 성과가 있었다.

· 땅이 갈라진 꿈은, 사회적인 조직이 분열된 일이었다.

· 운동장에서 여럿이 경기한 꿈은, 조직에서 세력다툼이 있었다.

· 넓은 들의 소나기 꿈은, 소원성취 된다.

· 대지는, 사회기반, 영토, 세력판도 등과 현실에서 보게 되는 어느 지역의 상징이 된다.

· 들판이 넓게 보이면, 그 만큼 큰 사업의 판도나 세력기반을 상징한다.

· 지평선은, 훗날 일을 관계하거나 외국에서의 일을 상징하는 표현이다.

· 지평선 위에서 검은 연기나 검은 구름이 피어오르면, 나라 또는 훗날 전쟁 등의 불길한 소식을 듣는다.

· 넓은 벌판에서 일하면, 큰 세력 판도나 기관 등에 의해서 사업을 진행하게 된다.

· 만주벌판, 황산벌 등의 벌판의 명칭이 붙는 꿈은 장차 관련이 있는 사업체나 기관, 단체의 유사한 명칭을 상관한다.

· 고향의 상징은, 현재 거처의 유사성을 상징하며 한 번도 가본 적이 없는 장소는 실제로 그 곳에 가게 되거나 하는 경우이다.

· 교향에 관한 꿈이 자주 나타나는 것은, 가장 기억에 많아서 꿈의 재료를 사용하기에 좋은 상징이며, 고향과는 상관없는 현재의 장소를 바꾸어 놓기 이다.

· 차를 타고 가거나 도보로 고향에 가는 것은, 고향을 목적지의 상징이니 목적을 달성하는 노력과 과정을 상징한다.

· 고향이 멀었으면, 성공하기에 아직 많은 시일이 남았으며, 고향에서 객지로 나오면 사업의 착수를, 되돌아가면 일을 다시 시작함을 뜻한다.

· 고향집에서 활동은, 현재의 활동이며 고향집은 현재 자기의 집, 또는 직장의 상징이다.

· 들판에서 노는 것은, 직장이나 사업장 등에서 경기, 사업, 직무수행의 상징이다.

· 땅이 갈라지는 것은, 세력의 분할됨을 상징하고, 땅이 갈라져 동물이나 불길이 나오면 정신적, 물질적의 대 발전을 이룬다.

· 칼이나 연장을 땅에 박았으면, 자기의 주장이 기존의 사상을 물리치고 관철된다.

· 화산이 폭발하는 소리를 들은 꿈은, 정부나 국가의 혁신적인 뉴스를 듣기도 한다.

· 화산이 폭발하여 시뻘건 용암이 흐르는 것은, 기관이나 정부의 큰 혜택을 본다.

. 지진으로 건물이나 집이 완전히 무너지면, 사업이 쇄신하여 크게 발전하게 된다.

. 지진으로 주변이 불타면, 사회적인 사업이 크게 융성한다.

. 화산폭발이나 시뻘건 용암을 보고 두려워 도망하면, 도리어 불안과 더불어 혜택이 없다.

. 지진이 나 대지가 흔들리어 두렵고 무서우면, 주변 환경의 변화로 고통을 받게 된다.

. 지진이 나 모든 집들이 무너지고, 하늘을 보니 웬 벽시계가 10시 5분을 가리키고 있었던 꿈은, 초등학생이 이 꿈을 꾼 지 105일 뒤에 환경이 월등히 좋은 곳으로 이사를 하고, 전학을 했다. 지진은 온 세상의 대지가 흔들려 세상이 뒤집어지는 것이므로, 꿈속에서 지진의 의미는 내 환경이 변화되는 것이며, 건물이 완전히 무너지는 것은, 혁신적으로 좋게 변하는 것을 의미한다. 10시 5분을 가리키는 벽시계는 꿈 꾼 지 105일 뒤, 혹은 다가오는 10월 5일에 일어날 일임을 의미하는데, 위의 꿈은 105일 뒤를 정확히 예언한 꿈의 사례이다.

3) 도로와 다리 꿈

지방 단체장 선거에 출마한 사람이 진흙과 더불어 험난한 길을 가다가 꿈에서 깨어 필자에게 해몽을 구했고, 당연히 불운한 꿈으로 해석을 했으며 본인도 불길함을 예견하였다.

이와 같이 길은 사업과정, 방법, 전망, 성공 여부와 운명적 과정, 시일의 경과 등을 상징되기에, 잘 포장된 길은 소원과 사업 등의 운세가 대길함은 말할 것도 없으며, 반대로 길이 절단되거나 붕괴와 함정과 암벽 등의 꿈은 소원과 계획의 좌절과 병마의 상징이 되어 불운을 겪게 된다.

큰 길을 가다가 작은 길로 접어들면 모든 일에서 운세가 약해짐을 상징하고, 길을 보수하면 계획이나 방법을 개선하는 것이며, 달빛이나 약간 어두운 길은 생소한 일이나 생소한 사람을 만나는 것이며, 길을 찾아 하늘을 나는 것은 진행함에 근심과 불안함을 상징하고, 길이 환하게 트이면 장차 사업과 소원이 이루어진다.

골목길은 다른 방법의 조건과 상징하며, 길모퉁이는 다음이나 전환점이 되고, 하늘의 길을 걸으면 고위층, 최고의 방법, 언론이나 사회적인 일과 관계가 있다.

갈 길이 얼마 남지 않았다면 거의 성사됨이요, 앞으로 3킬로 남았다면 삼 개월이나 삼십일 걸리는 시간을 상징하기도 하며, 이정표를 만나면 협조자를 만나 도움을 얻게 되며, 길이 많아 방황하면 방법을 얻지 못해 방황하는 것일 수도 있다.

종자 돼지가 교미하다 다리가 무너져, 교미하던 돼지까지 함께 무너진 꿈을 꾼 국회의원 보좌관의 꿈은, 갈 길과 이념이 다른 정치권의 정당이 분열되고 다시 합당하고자 했으나 협상에 실패하는 꿈이었다.

. 다리는 기관과 단체의 연결부 또는 방법, 전환점, 중개기관을 상징한다.
. 다리는 기관이나 회사, 연락처, 중개 기고나, 전환점, 연결 기관의 상징이 되며, 만약에 다리가 끊어지면 소원과 방법과 인연과 결정이 좌절되는 상징이 된다.
. 외나무다리는 일, 사업, 직무 등을 수행하는데 기반이 튼튼하지 못함을 상징한다. 돌다리를 건너는 것은 일의 기반이 튼튼함을 상징한다.
. 다리 위를 여러 사람이 건너는 것은 경쟁적인 일이나 청탁한 일이 지지부진해진다.
. 다리 위에서 아래로 내려다보면 신분이 높아지거나 상부기관에서 하부 층을 내려다보는 일의 상징이다.
. 다리위에서 누구를 기다리면 일이 잘 추진되지 않아 기다리고 있는 상징이다.
. 다리위에서 누군가가 올라오라고 하면 고위층에 부탁한 일이 잘 이루어진다.
. 다리가 끊어지거나 부서지면 소원, 방법, 인연 등의 일이 좌절된다.
. 큰 다리가 폭발물이나 기타의 힘으로 절단 되거나 파괴되면 불가침의 권세가 무너지고 자기의 소원이 크게 성취된다.
. 교각이 부러지면 협조자, 부하, 수하자 등을 잃거나 신체의 일부가 다치기도 한다.
. 다리를 새로 가설하면 두 기관의 연합이나 사업에 확장이 있게 된다.
. 다리 위를 우마차나 자동차가 지나가면 협조기관에 의해 일이 추진된다.
. 다리위에 물건을 올려놓으면 어느 기관에 자기 일의 청탁이 있다.
. 다리가 튼튼한 돌다리이거나 다리를 완전히 건너거나 하면 소원하는 일이 성취되고, 반대로 비바람이 사나워 다리를 건너기 어려우면 타 세력의 방해가 있고, 다리가 부실하고 좁으면 협조기관의 힘이 약하다.
. 다리 위에서 아래를 내려 보면 신분이 고귀해지고, 다리 위에 물건을 올려놓으면 자기의 일이 성취되고, 다리를 새로 놓으면 두 기관의 연합과 연결을 상징하고, 징검다리를 건너면 여러 방법이나 장소를 거쳐 일을 처리하게 되

고, 다리 위에 자동차나 사람이 많이 다니는 것은 협조 기관의 일 진행이 순조롭다.

· 진흙길을 걷다가 오물이 묻은 꿈은, 건설업자가 하자 보수로 구설을 들었다.
· 빙판길을 무사히 가는 꿈은, 위험하고 어려운 일을 무난하게 처리했다.
· 길에 자동차 바퀴 자국의 꿈은, 모인 협조자가 떠나고 기록만 남았다.
· 길은 일과 사업의 과정과 방법의 상징이며 시일의 경과 노력의 과정 등에 관계된다.
· 잘 포장된 탄탄대로는 소원, 사업, 운세 등이 크게 발전하고 성공할 것을 상징 한다.
· 집 마당에부터 큰 도로가 나 있으면 사업 운, 관운 등이 대길한 상징이다.
· 길을 포장하고 있는 꿈은 사업기반을 닦거나 어떤 일을 착수하게 된다.
· 가던 길이 암벽, 강, 함정 등에 의해서 끊기면 소원, 계획한 일이 좌절된다.
· 길이 환하면 운세가 크게 열리는 것을 상징한다.
· 암흑 속에서 길을 찾아 헤매는 것은 모든 일이 암담해지거나 미개척 분야에 종사한다.
· 어스름한 달밤이나 저녁 무렵에 길을 걸으면 생소한 곳이나 생소한 일, 처음 만나는 사람과 대화 할 일이 있다.
· 길을 찾아 공중을 날면 불안, 걱정, 근심 할 일이 있다.
· 길이 질퍽거려 걷기가 불편하면 병에 걸리거나 생활 사업 등이 어려움에 처한다.
· 바위가 널린 곳을 껑충껑충 뛰어가면 여러 사업에 손을 대거나 직장을 전전하게 된다.
· 학교나 관청의 긴 복도와 여러 개의 방은 그 기관의 부속 건물이나 내부를 등을 상징한다.
· 큰길을 가다가 작은 길로 접어들면 사업, 정치 등 운세가 내리막길을 상징한다.
· 길을 보수하는 것은 방법의 개선을 상징한다.
· 길모퉁이에서 사람을 잃으면 사건이 미궁에 빠지고, 길모퉁이를 돌면 다음의 해로 연장된다.
· 산모퉁이로 꺾어진 길은 전환기, 년도의 바뀜 등과 상관한다.
· 이정표 앞에 서면 조력자, 지도자, 안내자 등을 만난다.
· 갈 길이 아직도 사십 리가 남았다고 하면 4개월 또는 4년을 더 걸려야 된다. 는 상징 언어이다.
· 하늘에 난 길을 걸으면 고위층, 최고의 일, 사회적인 업적과 행적에 관계된

일의 상징이다.

. 천당이나 극락세계에 다녀온 사람의 이야기는 자기가 아직 죽지 아니하고 앞
으로 더 살게 된다는 예지의 상징이다.

제14장. 하늘, 천체, 기상의 꿈

1) 하늘 꿈

하늘은 넓은 세계, 깊은 진리, 제일가는 권세, 윤리 도덕, 임금, 부모, 남편 등과 국가나 사회의 최고 권력 기관을 상징한다.

한 스님의 꿈에, 많은 문과 창문이 달린 중국에 있는 오대산 하늘에서 비행기가 기총소사와 더불어 폭격을 하니, 지하에 피신을 하는 사람도 있고, 총과 폭격에 맞아 죽는 사람들의 시체가 널려 있으며, 그중 알고 지내는 한 남자는 부인과 더불어 '한국의 송광사'로 피난을 한다.' 하며 도망가는 꿈을 꾸었다.

이 꿈을 꾸고 필자에게 묻기에 해석하기를, 중국의 오대산은 불교와 관련이 있는 다양한 부서를 가지고 있는 기관이며, 하늘은 공개된 사회의 생활을 담당하는 언론이며, 비행기의 폭격과 기총소사는 집중되는 기사가 될 것이며, 지하에 죽은 사람은 기사를 읽고 감동을 받아 찾아오는 사람이며, 아는 사람이 한국의 송광사로 가는 사람은 당신과 관계를 정리하여 다른 불교계의기관에 관계되는 일을 상징한 것으로 판단하였다.

이 스님은 과연 그 후, 특별한 일로 여성동아에 기사화되어 많은 사람이 찾아와서 상담을 하게 되었고 일을 돕던 사람은 불교 언론계에 관계하게 되었다.

이와 같이 하늘은, 공개된 언론과 넓은 사회의 권력과 도덕, 천명, 최고의 권력기관의 상징이 되나 하늘에서 어떠한 일이 연결이 되었느냐가 더욱 중요하다.

. 하늘을 오르는 것은 출세와 명예, 승진, 성공 등의 상징이 되고, 공중에서 비행하는 비행기나 새는 국가나 사회기관에서 관리하는 과시, 선전, 사업의 상징이 된다,
. 하늘에서 들리는 소리는 경고, 지시, 소식 등의 상징이 되며, 하늘에서 울리는 폭발과 뇌성은 국가나 사회의 개혁과 더불어 놀랄만한 일의 발표 등의 상징이 된다.
. 하늘을 올라가는 황룡의 꿈은, 대통령이 되는 꿈이었다.
. 하늘에 떠 있는 헬기에서 내려온 밧줄을 잡고 오르다가 떨어진 꿈은, 국회의

원 공천에서 실패하였다.

. 하늘이 무너진 꿈은, 위대한 아버지가 사망하였다.

. 하늘을 오르는 천사를 보고, 자기의 작품이 언론에 찬사를 받았다.

. 어머니가 흰옷을 입고 하늘에 높이 오르며 사라지는 꿈은, 오랜 병에 앓던 어머니가 사망하는 꿈이었다.

. 하늘이 갈라지거나 무너지면, 협조세력이나 부모, 스승 등과 인연이 끊어지거나 국가나 사회에 변란이 생긴다.

. 하늘에 오르는 것은 출세, 득세, 명예, 진급, 성공 등의 일을 암시한다.

. 자기나 상대방이 하늘에 오르거나 동물, 기구 및 기타의 물건이 오르면 사회적으로 공개나 과시, 성공할 것을 암시한다.

. 자기가 하늘 문을 통과 하거나 올라갔다고 생각하면 최고의 목적을 달성하거나 최고의 세력 기구 내에 있을 것을 예시한다.

. 푸르고 맑은 하늘을 쳐다보면 소원이 성취된다.

. 공중을 비행하는 비행체, 새, 지상동물, 바위 등은 국가나 사회적 기반에서 행위 되는 과시 선전 사업의 일과 상관된다.

. 공중에서 폭발소리가 요란하면 국가나 사회적인 큰일, 사회개혁, 선전포고, 경이적인 발명, 위대한 인물의 탄생 등을 예고 할 때의 상징이다.

. 사람 또는 동물이 하늘을 오를 때는 그 형체가 사라지기 전에 잠을 깨는 것이 좋다.

. 공중에서 완전히 사라져 버리는 것은 일종의 사망이나 행방불명 등이 일과 상관있다.

2) 태양의 꿈

 태양은 국가, 왕, 대통령, 통치자, 권세, 위대한 업적과 인물 등을 상징한다. 어떤 여인이 망설이다가 말하는 태몽에서, 자기 자신이 태어날 때 아버지의 꿈에 동해바다에 떠오르는 태양을 보았다고 했다. 그, 후 그 딸이 훌륭하게 될 것으로 판단한 아버지는 어려운 가정형편을 감수하고 고이 길렀고 대학까지 가르쳐 훌륭한 여성으로 성장했다. 그 후 유력한 신랑을 만났고 남편은 한 기관의 기관장이 되었다.

 이렇듯이 해는, 영광과 국가, 대통령, 통치자, 기관장, 유명인, 개척자, 권세, 명예, 위대한 업적 등의 상징이 된다.

. 햇볕이 따사로우면 은혜, 자비, 윗사람의 혜택을 얻어 입신양명, 진급, 병마

제거 등의 일과 관련한다.

- 태몽에서 태양에 관계된 꿈은 태아가 장차 권세와 명예를 얻기도 하나, 꼭 왕이 된다는 그런 해석은 과욕을 하게 되어 위험하거니와, 과욕을 부리지 않아도 유명 인이나 위대한 일과 관련되고, 크게는 국가적인 인재와 작게는 사회적인 성공을 상징하기도 하며, 여아의 태몽도 마찬가지로 출세하거나 남편을 대신하기도 한다.

- 하늘에 두 개의 태양이면 정부나 기업체 군주가 같은 성격의 두 개의 집단으로 판단이 되고, 두 개의 해나 달이 떠 있는 것을 본 태몽은 장차 두 가지의 권리나 능력 있는 형제의 꿈이 될 수도 있다.

- 두 개의 달 또는 태양이 합쳐지면 두 개의 조직이 합쳐지기도 하고, 태양이나, 달이 두 개로 나누어지면 정당이나 단체의 분열을 의미한다.

- 태양을 받아 가지고 방으로 들어온 태몽은, 늦게 성공한 꿈이었다.

- 태양을 손으로 두 번을 잡았다 놓은 사이루스 왕의 꿈은, 이십년의 통치를 상징했다.

- 태양이 이지러진 꿈은, 사업이 쇠퇴하기 시작했다.

- 태양을 보고 절을 한 사람의 꿈은, 기관에 물건을 납품하여 부자가 되었다.

- 태양을 삼킨 태몽은, 송나라 황제가 되었다.

- 달을 삼킨 태몽은, 황후가 되었다.

- 자기 진으로 빠르게 굴러오는 태양에 놀란 조조의 꿈은, 오나라 손권이 급하게 진격하여 덤비는 일이었다.

- 일식을 본 군인의 꿈, 자기의 사령관이 갑작스런 죽음을 겪었다.

- 태양은 국가, 왕, 대통령, 통치자, 권세, 위대한 업적과 인물 등을 상징한다.

- 햇빛이 따사로우면 은혜, 자비, 사랑을 체험한다.

- 햇빛이 화사하게 빛나면, 영광, 경사, 명예, 소원충족, 근심걱정의 해소를 상징 한다.

- 해를 본 태몽을 꾸면, 태아가 장차 성취 시킬 업적, 권세, 사업 등을 상징한다.

- 강이나 산에서 막 떠오르는 해는, 사업의 출범이나 성공의 시초, 단체, 기업, 작품 등이 기초 단계에서 명예로워 짐을 상관한다.

- 자기 몸이나 집 등에 햇빛이 비치면, 입신양명, 진급, 병마 제거 등의 일과 관계한다.

- 숲속이나 나뭇가지에 햇빛이 찬란하면, 학업, 작품 및 기타의 일과 사업에 영광이 깃든다.

- 해가 안개 속이나 구름 속으로 들어가 희미해지면 포부는 크나 근심과 걱정

이 있고 병들게 되며 작품, 사업 등 별로 빛을 보지 못한다.

. 두 개의 해나 달이 떠 있는 태몽은 태아가 장차 두 개의 권리를 보유하거나 형제가 있어서 같은 세력을 갖게 됨의 상징이다.

. 두 개의 천체 사이는 선후 관계를 뜻하며 상당한 시일을 경과한 후에 각각 이루어짐을 의미한다.

. 해 또는 달이 하나로 결합되면 사업단체 등이 결합 하거나 연합, 결혼이 성사 되기도 한다.

. 두 개의 해가 맞붙어 보인 태몽은 쌍둥이를 낳거나 두 개의 사업을 동시에 이룰 사람이다.

. 해가 갈라지는 것은 나라가 두 군데로 갈라지거나 정당이 둘로 분열되며 부모와 이별하게 된다.

. 해를 가지고 방으로 들어가면 말년에 성공한다.

. 해가 이지러져 보이면 세력, 사업 등이 쇠퇴한다.

. 둥근 해를 품에 안은 태몽을 꾼 조선의 왕 성종은 임금이 되고 같은 꿈의 일본은 일련법사를 낳았다.

. 일식 하는 것을 보면, 한 때 국운이나 사업이 일시적으로 불운하나 곧 회복됨을 암시한다.

. 해를 보고 절하면, 권력기관에 소청이 이루어진다.

. 해가 동쪽에 있으면, 초년 운세가 좋고, 중천에 있으면 청장년 운세, 서산에 넘어가면 말년에 해당되고 임종을 상징하기도 한다.

. 해를 맞추어 떨어뜨리면, 소원이 성취된다.

. 세 개의 붉은 해가 하늘에 떠 있는 것을 본 조조의 꿈은, 천하가 3분 될 것을 상징했다.

3) 달의 꿈 편.

달은, 사회 공익과 교육사업의 기관, 권리, 작품, 명예, 권력, 유명인, 지도자, 안내자, 왕비, 어머니, 애인, 친구, 여성 등의 상징이 된다. 초등학교의 교장으로 임명된 여인에게 필자는 태몽을 물었고, 말하기를 "어머니가 달이 품안에 안기는 꿈을 꾸었다."고 했다.

특히 태몽에서 달이 품에 들어오거나 삼키거나 공중에 빛나는 것을 보는 태몽 등은, 장체 세도가, 사업가, 인기인, 유명인 등의 사회의 공익과 교육사업의 성공하는 지도자가 됨을 상징한다.

- 미혼 남자가 꿈에 달을 보거나 품에 안거나 하면, 대부분 결혼에 성공하고, 달무리가 오색찬란하면 결혼 생활이 행복해지고, 달빛을 받거나 달을 보고 소원을 빌면, 소원성취하며 영광과 영화스러워진다.
- 달 속을 탐험하면, 최고의 학문을 이루거나 외국의 이름을 떨치기도 하며 외적인 사업으로 성공을 기약하고, 반달이나 초승달은 새로 시작하거나 일부분의 일을 상징하기도 하며, 달을 보고 술을 마시면 중요한 성과를 얻거나 사회적인 책임이 따르기도 한다.
- 달밤에 길거리를 걸으면, 남녀 간의 데이트나 친하지 않은 사람과 대화를 하기도 한다.
- 성경에서 해와 달 그리고 11개의 별이 자기에게 절을 하여 받은 요셉의 꿈은, 파라오와 11개 부족의 도움을 주고 존경을 받는 꿈이다.
- 달은 정신적 계몽 사업이나 왕비, 어머니, 여성, 권리 , 작품, 명예 유명인의 상징이다.
- 달을 품에 안거나 떨어지거나 삼키거나 하는 태몽의 꿈은 장차 세도가, 사업가, 인기인 등의 지도자가 될 운명을 타고 나거나 성공을 암시하는 상징이다.
- 달이 품속에 들어오거나 떨어지거나 삼키거나 공중에 빛나는 것을 본 태몽은, 장차 유명 사업가나 정치가 등 계몽적인 사업에 성공하는 상징의 꿈이다.
- 달이 떨어져 사라지면, 유명 인이나 지도자, 저서 등이 거세된다.
- 결혼을 하지 않은 미혼자는 꿈에 달을 보거나 품에 안으면, 결혼을 한다.
- 달 앞에 크고 빛나는 별이 지나는 것을 보면, 사업이나 일에 지도자, 협조자의 도움으로 성공하는 꿈이다.
- 으스름한 달밤에 상가를 걸으면, 별로 친하지 않은 사람과 대화 할 일이 있다.
- 달을 보며 술을 마시면, 사회적인 일을 책임지거나 큰 연구 성과를 이룬다.
- 반달이나 초승달을 보면 사업의 시초임을 뜻하고 부분적인 일이 세상에 공개된다.
- 달이 물속에 비추면, 유명 인에 관한 것을 기사를 통하여 읽게 된다.
- 달 속에 일어나는 일은 세력권이나 사업권역에서 일어나는 일의 상징이 된다.
- 달을 보고 절을 하면, 유명인사, 위대한 인물에게 청원이 이루어진다.
- 달이 오색찬란하면, 결혼 생활이 행복해지거나 영광스러운 일이 있다.

중학교에 다니는 한 소녀는 꿈에 멀리 목성이 보이더니 점점다가와 어마어마한 크기로 머리 위에 있었다.

별은 장래의 희망, 권리, 명예, 사업 등을 상징하니, 이 꿈을 꾼 소녀의 아버지가 사업을 하고 있었고, 별이 머리 위에 있었던 것은 윗사람을 상징하며, 멀리 있는 별이 점점 다가오면서 또렷해진 것은 점점 현실화되면서 구체적이 되는 해석이 된다.

실제로 꿈을 꾼 소녀의 아저지가 사업을 구상하여 점점 현실화되었고 계약까지 이루어졌다.

중요한 보직을 맡아 직책을 수행하던 공직자는, 고발로 감사와 조사를 받아오다 근심과 걱정을 하던 중에, 작은 언덕 위에 집 앞에서 멀리 하늘에서 초롱초롱한 별을 보고 꿈에서 깨어났고 필자에게 꿈 해몽을 구했다.

필자는 해석하기를 현재는 작은 조직에서 임무를 수행하나 시간이 흐르고 고발과 감사에서 누명을 벗고 억울함에서 벗어나게 될 것이라 했고, 그 후 그 공직자는 억울함에서 벗어나 원위치에 복직되었다.

. 별이 한두 개 떨어지면, 권력자나 유명인 등이 몰락하거나 서거하게 되고, 별이 우수수 떨어져도 권력, 권리, 명예 등이 추락하거나 개혁을 상징하고, 별을 얻거나 집안에 들어오거나 별이 하늘에서 빛나거나 하면, 모두 길몽 이니, 경사와 권력, 취직, 명예를 얻는다.
. 별이 해처럼 커진 사람의 꿈은, 작은 사업이 크게 성공하였다.
. 별은 장래의 희망, 권리, 명예 사업 등을 뜻할 수 있다,
. 혜성이 떨어진 꿈은, 직책을 잃었다.
. 별은, 희망, 권리, 위인, 유명인, 권력자, 지도자, 명예, 사업 등을 상징한다.
. 성좌는, 단체세력, 권력기구, 국가, 사업체, 업적, 명예 등을 상징한다.
. 무수한 별이 휘황찬란하게 빛나면, 운세가 대길하고 학문적 성과를 얻거나 지상에 발표된 작품이 그 가치를 인정받는다.
. 샛별이 찬란하게 빛나는 것을 보면, 위대한 인물, 출판물, 사업체 등이 세워진다.
. 별이 해만큼 커지면 작은 사업이 크게 번창한다.
. 별이 한 두 개 떨어져 사라지면, 유명인, 학자, 권력자 등이 권좌에서 물러나거나 서거한다.
. 떨어진 별이 한 곳에 머물러 있는 것을 보면, 기성세대나 기존 학설이 권좌

에서 물러나지만 그 힘은 그대로 존재한다.

· 별이 우수수 쏟아지면 권력, 권리, 사업, 명예 등이 추락하거나 개혁 할 일이 생긴다.

· 한 두 개의 별이 흐르지 않고 날아다니면 아내 또는 남편이 바람을 피운다.

· 별이 길게 흐르는 것은 관직, 명예 등이 새롭게 되거나 이사 갈일, 작품을 과시할 일의 상징도 된다.

· 북두칠성이 집안으로 들어오면 횡재수가 있거나 벼슬을 하게 되며 자리를 바꾸면 시국에 변화가 생긴다.

· 견우성과 직녀성이 나란히 있는 것은 국가나 사회단체의 연합, 결연, 결혼 등의 일이 잇다.

· 북극성을 보면 희망, 목표가 생기거나 조언자, 협조자가 생기며 새로운 법이 생기기도 한다.

· 은하수를 건너거나 목욕을 하며 손발을 씻으면 국가나 사회의 고급에 속하는 직위, 신분, 운세 등을 상징한다.

· 4성 장군을 보면 네 가지 공로 및 사업, 업적을 이루거나 우두머리, 지도자가 된다.

· 이마에 한 개의 별을 붙인 사람은 신문 기자나 경찰을 만나는 일의 상징이 되기도 한다.

· 멀리 목성이 보이더니 점점 다가와 어마어마한 크기로 머리위에 있는 꿈은, 별이 머리 위에 있었던 것은 윗사람을 뜻하는 것이고, 멀리 있던 별이 점점 다가오면서 뚜렷해진 것은, 점점 현실화 되면서 구체적이 되는 것을 상징 하는 것이며, 아버지가 사업을 구상 중이었는데 점점 현실화가 되었고 계약 까지 이루어지게 되었다.

5) 구름과 안개의 꿈

구름과 안개는, 하늘에 덮어 가리고, 태양의 밝은 혜택과 공개됨을 막는 특성이 있다, 그래서 암울함과 불쾌, 불만, 불길함을 상징하고, 아울러 공개되지 않는 단체나 기관 그리고 장막의 상징이 된다.

넉넉하고 유복하나, 엄한 아버지와의 갈등으로 집안에서 가출하여 어려운 사회생활을 하는 한 젊은이는, 꿈에 하늘의 구름과 자신의 앞에 있는 안개가 서서히 걷히는 꿈을 꾸고서는 '부모와 오해가 불식되고 이해와 관용으로 집에 다시 돌아가게 되었다.'는 이야기를 들었다.

- 하늘에 검은 구름이 덮여 곧 비가 올 것 같은 기상은, 국가나 사회에 어려움이 예견되며, 개인적인 일로서는 윗사람과의 관계나 언론, 사회적인 일로서 불쾌함과 불길함을 상징한다.
- 안개가 시야를 가리면, 운명의 쇠퇴와 질병, 근심, 비밀을 상징하고 산허리의 안개가 돌면 한때 어려움이 예상된다.
- 구름이 활짝 개어 맑은 하늘이 보이면 명랑, 상쾌, 소원충족 등의 행복이 이루어진다. 구름을 타고 다니면, 유명 인이 되고 단체를 이끌어 가는 지도자가 되며, 구름을 타고 내려오는 신령한 존재를 보면, 기관의 우두머리와 관계된 꿈이며, 자신이 구름 속의 용이 되어 하늘을 오르면 국가기관의 최고의 자리에 오를 수 있고, 저녁노을을 보면 인생말년에 큰 성공을 기약할 수 있고, 오색구름은 세상 사람에게 감동을 주어 명예를 얻는다.
- 꿈은 구름을 하나의 단체나 기관, 또는 장막, 사업체로도 상징된다.
- 검은 구름이 온 하늘을 덮으면 불쾌, 불만, 불길한 징조가 나타난다.
- 맑은 하늘이 갑자기 흐려지면서 어두워지면 국가나 사회에 환난이 생긴다.
- 구름이 활짝 걷히고 맑은 하늘이 보이면 명랑, 상쾌, 소원충족 등의 행복한 날이 된다.
- 흰 구름은, 소박하고 후덕하며 불순하지 않은 집단, 세력권, 기관 등을 상징한다.
- 검은 구름은, 불길한 징조, 곧 비가 올 듯 한 그러한 의미를 상징한다.
- 구름을 타고 다니면, 기관이나 단체를 지휘하는 신분이 되거나 사업, 운세가 대길해진다.
- 구름을 타고 내려오는 신령적인 존재는, 기관 단체의 우두머리와 동일시된다.
- 용이 공중을 올라 구름 속으로 들어가면, 국가 최고의 기관에 몸을 담아 입신 양명한다.
- 붉은 구름은, 종교, 문학, 철학 등의 사상의 매개체이다.
- 구름이 황금색으로 변하면, 영광과 부귀로 운 일이 있게 된다.
- 저녁노을을 보면, 인생 말년에 큰 업적을 남기게 되며, 오색구름은 인기 직장이나 사업체를 뜻하며 세상 사람들에게 감동을 줄 일과 관계한다.
- 검은 구름에서 번개가 수십 번을 치면, 어떤 단체에서 수십 차례의 선전광고나 영광된 서평을 받는다.
- 안개가 시야를 가로막아 형체를 분간 할 수 없으면, 사상적 쇠퇴나 유행성질병, 근심, 재난, 비밀 등의 일을 상징한다.
- 국부적으로 안개가 덮이면, 불미스런 사건이 생기거나 세상에 소문이 난다.

. 산허리에 실안개가 돌면, 사업의 성공 과정이 한동안 장막 속에 가려지거나 행방불명될 일이 생긴다.
. 물속에서 잉어, 용, 뱀 등이 안개를 휘감고 나타나면, 큰 인물이나 위대한 작품이 탄생되어 세상에 감동을 준다.

6) 비와 바람의 꿈

필자는 까다롭고 어려운 강의를 하기로 하였으나 준비가 미비하여 근심하고 있었고, 그날 밤 꿈에 우리 마을 동네에 세차게 내리는 소나기를 보고 꿈에서 깨어났다.

필자는 준비가 덜된 근심했던 강의를 무사히 마쳤고 흡족한 반응이 있었다. 무더운 여름이나 가뭄이 들었을 경우 내리는 비나 소나기를 시원함이, 질식된 감정의 소원충족의 상징이 되고, 또한 하늘과의 관계가 되니 사회적 혜택이나 사상과 이념의 상징이 된다.

. 비를 흠뻑 맞아도 개인적인 소원충족이 되고, 비가 내리는 것을 보아도 사회적인 이슈가 언론에 반응으로 소원충족이 된다.
. 비가 내리고 본인은 처마나 천막에서 비를 피하면, 소원충족이 되고, 비난이나 간섭에서 해방된다.
. 논이나 밭에 비가 와 고이면, 재물이 풍족하게 되며, 창문에 비바람이 몰아쳐도 여론의 좋은 평가를 받는다.
. 장마가 계속되는 꿈이면, 불만과 불안, 과잉과 지나침과 사회의 근심으로 해석해야 하며, 한두 방울의 빗방울 역시 불만과 슬픔과 짜증 같은 일을 경험하게 된다.
. 바람은, 거센 세력이나 능력, 파괴, 압력, 등의 상징이 되니, 불쾌한 바람이 집안에 몰려오면 거칠고 힘든 외부 세력에 신변의 위험과 고통을 받게 되고, 자기가 바람을 얻거나 일으켜 힘을 쓰게 되면 큰 세력을 얻게 된다.
. 바람의 힘으로 배가 움직이면, 모든 일에 세력을 얻게 되고, 바람이 거칠고 황사를 만나면 사회적인 혼란을 경험하게 된다.
. 비는, 소원의 경향이나 질식된 감정을 충족 하거나 사회적 혜택이나 사상, 이념 등을 상징한다.
. 흡족하게 비가 내리면, 정신적 물질적인 소원이 충족된다.
. 소나기가 세차게 쏟아지면, 사회적인 여론이나 정신적, 혜택, 작품 평, 소문 등 기타의 소원 충족과 관계한다.

. 빗방울이 한 두 방울 떨어지는 것은, 슬픔과 눈물, 불만과 쾌감 등을 체험한다.

. 장마가 계속되면, 불안, 근심, 과잉상태, 사회적인 환란 등의 상징을 말한다.

. 비를 흠뻑 맞으면, 큰 은혜를 입고 촉촉이 맞으면 자비로운 사랑과 혜택을 입는다.

. 비를 피해 처마 밑으로 들어가면, 사회적인 간섭이나 자극을 피하게 된다.

. 비가 창문을 들이치면 ,사업, 업적, 성과 등이 사회적으로 인정받는다.

. 비가 와서 논에 물이 차면, 재력이나 재물을 얻는다.

. 나무나 곡식 단 등에 빗방울이 드문드문 떨어지면, 외상으로 준 물건 값을 받기 어렵게 된다.

. 무수한 조약돌에 가랑비가 촉촉이 내리는 것을 보면, 사업성과나 작품 등에 좋은 평가를 얻는다.

. 눈은, 순결, 결백 등의 심리상태, 세상을 억제하거나 감화 시키는 거대한 힘, 정신력, 재력 등을 상징한다.

. 펄펄 내리는 눈을 맞고 걸어가면, 사회나 국가적인 혜택을 받거나 법을 준수해야 하는 일이 있다.

. 남이 눈을 맞는 것을 보면, 고소당할 일이 있거나, 부모상을 입는다.

. 산과 들이 백설로 뒤덮인 것을 보면, 사업, 법령, 정치, 학설 등으로 세상을 지휘 감독 할 일이 있게 된다.

. 스키나 썰매를 타면, 협상, 사업, 입학, 고시, 취직 등의 일의 상징이 된다.

. 높은 산 정상이나 산등성이 부분에만 눈이 덮인 것을 보면, 고상하고 위대하며 명예롭고 관록 있는 남의 인격이나 업적, 목적의 상징이 된다.

. 눈을 쓸면, 자기 세력권을 확장하고 사업기반을 닦거나 가정, 직장 등에서 유보 되었던 일이 해결된다.

. 주먹만 한 눈송이가 방안에 들어와 쌓이면, 재물, 청탁, 축하금 등이 쇄도한다.

. 눈이 무거워 건물이 반파되거나 일부가 무너지면, 파산, 발병, 좌절 등을 체험 한다.

. 잔설로 길이 질퍽하거나 풍경이 아름답지 못하면, 잔무처리, 남과의 시비, 소원의 일들이 부진하다.

. 눈을 뭉쳐 상대방을 때리면, 정신적, 물질적 자본을 들여 경쟁자와 투쟁할 일이 있다.

. 눈을 계속 뭉쳐 큰 덩어리를 만들면, 일의 축적 사업자금의 조달이 수월한 상징이 된다.

- 눈과 비가 함께 오면, 각축전 일의 교차 등으로 일이 성사되지 않는다.
- 우박이 많이 쌓이면, 정신적, 물질적 성과가 있고 싸락눈이 내리면 시끄럽고 허무한 일과 관계된다.
- 서리가 와서 주위가 하얗게 덮인 것을 보면, 사업이 위축되거나 전염병이 만연되고 외세의 간섭을 받게 된다.
- 이슬방울을 먹거나 마시면, 지혜를 얻거나 교리를 신앙할일이 생기고 배불리 먹으면 진리나 지혜가 충만해진다.
- 얼음을 보면, 사업, 소망, 사상 따위가 와해되기 힘든 상태에 있거나 동결된 상태를 상징한다.
- 얼어붙은 논밭과 강 등을 걸으면, 타개하기 힘든 상태에 있는 어떤 일을 추진하게 된다.
- 빙산의 덩어리는, 사상, 이념, 학설, 기업체 또는 방해적인 여건 등을 상징한다.
- 국한된 지역이 얼어붙은 것을 보면, 기관이나 사업장이 폐쇄, 언론, 출판 등의 금지령 등에서 고통을 받는다.
- 얼음을 깨고 그 속에 들어가 몸을 씻는데 물이 따뜻하면, 타개하기 어려운 일을 해결한다.
- 폭포수, 수돗물, 우물물 등이 갑자기 얼어붙으면, 사업이 순조롭게 번창하여 크게 성취하거나 오랜 시일이 지난 후 부귀하게 됨을 상징한다.
- 얼음을 사오거나 사용하는 것은, 재물, 소원 충족 여부와 관계된 상징이다.
- 바람은, 거센 마음이나 정력, 기세, 능력, 파괴, 압력 등을 상징한다.
- 폭풍이 부는데 일을 진행시키면, 사회적 또는 상부의 압력으로 진행의 난관에 봉착한다.
- 바람이 세차게 불어 불길이 더욱 치솟으면, 사회적인 협조를 얻어 사업이 더욱 번성한다.
- 심한 바람으로 고목이 쓰러지거나 꺾어지면, 훌륭한 인재, 기업체, 재산, 신분 등의 어떤 압력으로 몰락한다.
- 자기가 바람을 일으키거나 바람으로 주변의 물건이 허물어지거나 날아가 버리면, 권세에 강대함, 정신력의 강대함, 운세의 대길함을 상징한다.
- 비바람이 사납게 몰아치면, 국가나 사회의 변란, 신변의 위험, 불안 등을 상징 한다.
- 자기 집이 바람에 날려 공중에 뜨면, 사업 기반이나 직위를 상실한다.
- 집 또는 자기가 바람에 의해 공중을 날아다니면, 세상에 과시 할 일이 있거나 병세의 호전이 있다.

- 태풍이 불어 파도가 사납거나 집, 나무, 사람 등이 쓰러지면, 권세와 능력을 과시할 일이 있거나 환란, 고통의 일과 관계한다.
- 부처님의 좌선하는 주변에 사나운 바람이 몰아치는 것을 보면, 어떤 스님이나 성직자의 강대한 위력을 볼 수 있다.
- 바람을 등지거나 돛단배가 바람에 잘 가면, 강대한 협조세력을 등에 업고 사업을 잘 추진한다.
- 미풍이 불어 상쾌한 느낌이 들면, 서서히 정신적인 감화를 받을 일이 있다.
- 바람이 돌, 자갈 등을 날리면, 신앙적인 기적이 많이 일어남을 보고 황진이나 황사가 일어나면 전란이나 질병으로 재난을 당한다.
- 부채, 선풍기, 바람개비, 풍차 등의 기구를 사용하면 정신적, 물질적인 협조자나 협조기관이 생긴다.
- 재가 바람에 날려 사라지면, 사건 등의 근거가 없어진다.
- 비료용 잿더미를 바람에 날려 버리면, 재물이 흩어진다.

7) 눈과 얼음의 꿈 편.

공직자의 꿈에 흰 눈이 창밖에서 몰아치다가 집안에 들어와서 황금색과 오색의 빛으로 바뀌니 꿈은, 억울한 누명이 벗겨져서 언론에 해명이 되어 명예회복이 되었다.

- 흰 눈은, 흰색이라는 상징이 순결과 결백의 심리상태와 세상을 억제하거나 감화시키는 거대한 힘과 정신적인 능력을 상징하며 사회적인 여론의 상징이 되기도 한다.
- 펄펄 내리는 눈을 맞으면, 사회나 국가의 혜택을 받거나 사회적인 규율에 복종 하게 되기도 하며, 산과 들이 백설로 덮히면 사회적인 법령이 새로워 지고, 높은 산에 백설이 덮힌 것은 고상하고 위대한 결과를 얻게 되는 일과 관계 한다.
- 눈을 쓸게 되면, 자기의 세력권이 확대되고, 문제의 해결이 되기도 하며, 눈싸움을 하면 경쟁자와 투쟁을 하게 되고, 눈을 뭉쳐 굴려 키우면 자본이 늘어 나고, 눈사람을 만들면 수월하게 일이 이루어진다.
- 남이 눈을 맞으면, 구설과 시비에 얽히게 되고, 더러는 부모의 상을 당하기도하며, 우박이 내리는 것은 정신적 물질적인 혜택을 얻으며, 싸락눈은 허무하고 시끄러운 구설을 듣는다.
- 얼음은, 그 특성이 동결과 견고함의 상징이 되니, 소망, 사업, 사상이 동결

되어 해결에 시간을 필요로 하는 해석이 된다.

. 논과 밭이 얼고 강과 내가 얼고 폭포와 호수가 어는 것은, 모든 일이 당분간 해결되지 않는 어려움의 상징이 되고, 반대로 얼음이 녹는 것은, 모든 일에서 해결되는 것을 상징한다.

. 얼음 위에서 미끄러져 넘어진 꿈은, 대학시험에서 실패했다.

. 얼음 위에서 스케이트를 멋지게 탄 꿈은, 어려운 시험에 합격하여 승진하였다.

. 하얀 서리가 내린 꿈은, 사업에 실패하여 병을 얻었다.

8) 뇌성, 번개, 벼락, 무지개의 꿈

언론에 대서특필되었던 군 인사에 관계된 공직자는, 억울하게 누명을 쓰고 구설과 망신으로 속을 썩이고 있었고, 재판에 회부되어 유무죄의 판결을 기다리고 있었다.

필자에게 와서 하소연을 하며 억울함을 호소하다가, "오죽 운수가 없으면 꿈에서도 벼락을 맞아 죽게 되는 꿈을 꾸었겠느냐?"하며 꿈을 꾼 이야기를 하며 좌절과 절망하였다.

꿈에서 벼락을 맞아 죽으면, 국가나 사회의 최고의 명예와 보상을 받게 될 것을 말했고, 다만 꿈에서 금방 죽지 않고 죽어가는 꿈이었기에 시간이 지나야 무죄로 해결되어 명예회복이 될 것으로 해석하여 주었다.

그 후 이 공직자는 두 번의 거듭된 재판을 받은 결과 무죄로 최종판결을 받아 명예회복이 되었고 새로운 공직을 얻어 열심히 복무하고 있다.

. 벼락을 맞아 죽으면, 취직을 구하는 자는 최고의 직책을 맡아 명예와 권세를 얻어 명성을 떨치게 되고, 번개가 집안이나 문에 내리쳐 그 빛이 자기에게 비추면, 최고의 기쁜 소식과 함께 부귀해지며, 멀리서 뇌성이 들려오면 시간이 걸려 훗날 명예 명성을 얻게 되고, 벼락이 떨어져 길에 구르면 시험, 고시, 작품 등이 세상을 놀라게 한다.

. 벼락이 떨어져 나무가 부러지면, 불길하니, 사업체나 기관이나 단체 등이 망하게 되고, 마른하늘에 뇌성이 진동하면 국가나 사회의 톱뉴스나 경고, 법령이 공포되고, 벼락을 맞아 죽지 않으면 명예만 있고 실리가 없다.

. 무지개의 상징은, 경사와 명예와 인기와 영광, 부귀를 상징하므로 무지개가 집이나 우물에 걸린 꿈을 꾸면 집안의 경사와 더불어 무사귀환, 결혼, 명예, 영광된 일이 생긴다.

- 생활 디자인의 작품을 출품한 사람의 꿈에, 선녀가 무지개를 타고 오는 꿈은 최고의 명예를 얻는 대상을 받기도 했으면, 쌍무지개가 뜬 꿈은 두 개의 사업에 성과가 있기도 하며, 무지개 길을 걸은 아가씨는 귀한 집에 시집을 가는 꿈이기도 했다.
- 오로라의 후광의 꿈은, 무지개와 다르나 무지개와 같이, 성공한 위대한 사람과 위대한 사상가, 종교가의 상징이 되기도 한다.
- 무지개의 태몽일 경우에는 태아가 장차 유명 인기인 등으로 성공하여 명예와 부귀를 얻는 경우가 많고, 무지개가 갑자기 끊어지거나 희미해지면 경사나 결혼 등의 일이 결실을 얻지 못하는 경우가 있다.
- 뇌성, 번개 벼락은, 사회적 현상으로 위대한 사상 및 부귀, 명성, 위험, 놀람들을 상징한다.
- 뇌성이 사방에서 일어나는 것을 보면, 사업이 도처에서 융성하거나 어떤 사건으로 소문과 명성을 떨칠 일이 있다.
- 뇌성이 멀리서 들려오면, 먼 곳에서 먼 훗날 어떤 소식을 전해온다.
- 뇌성과 더불어 번개가 치면, 사업, 권세, 명성을 세상에 떨칠 일이 있다.
- 번개가 창문, 방안, 자기 몸에 비치면, 운세가 호전되고 부귀해지며 기쁜 소식이 온다.
- 벼락을 맞아죽으면, 국가나 사회적인 최고의 보상, 명예 등을 얻게 된다.
- 나무가 벼락을 맞아 꺾어지면, 어떤 사업체나 기관 등이 망하게 된다.
- 벼락이 길에 떨어져 구르는 것을 보면, 시험, 고시, 작품 등이 성사되어 세상 사람들을 놀라게 한다.
- 맑은 하늘에 뇌성이 진동하면, 국가나 사회적인 공보나 톱뉴스, 경고, 법령이 공포된다.
- 무지개가 자기 집이나 우물에 걸리면, 입신양명하여 무훈을 세우거나 무사 귀환, 결혼 등이 성사된다.
- 무지개가 중간에 끊어지거나 일부가 희미해지면, 약속, 결사, 결연, 혼담 등에 파탄이 온다.
- 무지개를 타고 선녀가 내려오는 것은 아름다운 여인, 인기인, 귀인, 인기작품등이 세상에 과시되거나 영귀해진다.
- 쌍무지개가 뜬 것은, 두 개의 사업이나 업적, 명예를 얻지 않으면 두 개의 세력이나 이념 등이 맞서게 된다.
- 오색찬란한 조명등이나 네온사인, 폭죽 등이 발산되는 것을 보면, 경사로운 일 명예로운 일, 인기 물, 흥미꺼리 등의 일의 상징이 된다.
- 무지개 같은 빛이 길을 인도하면, 행운의 상징이다.

. 동물, 나무, 꽃등에서 오색찬란한 서광이 뻗으면, 위대함, 영광됨, 부귀 등을 나타낸다.

. 오로라 빛을 보면, 새로운 종교, 진리, 학문, 명작 등과 관계하고 세계평화를 상징한다.

제15장. 자동차 전화기와 편지의 꿈

1) 자가용 승용차 꿈 편.

승용차는 일의 방법이나 협조기관, 회사, 사업체, 직장, 단체세력, 과학적인 방법 등의 상징이다.

옛날과 달리 요즘은 자가용 승용차에 관심이 남다르다 할 수 있다. 필자는 불교심리학연구소를 개원하여 마음과 꿈의 상징에 대한 강의를 하던 중, 회원들의 요청으로 인상심리학 강의를 2회에 걸쳐서 하게 되었다. 개강 전에 인상심리학 강의가 잘 될 것인가에 대한 꿈을 꾸게 되었다.

하얀 외제차를 시운전 하다가 고속도로 입구에서 신호대기 중에 잠에서 깨어났다. 필자는 해석하기를 "나는 부처님의 제자이기에 외제 차는 불교가 아닌 외도의 학문을 상징하고, 흰색은 전통이 있는 학문임을 상징하며, 손수 운전을 하였으니 내 자신이 강의를 주도하는 것이고, 고속도로 입구에서 안전띠를 하고 신호대기를 하였으니, 며칠 후에 강의가 시작되면 성공적인 강의가 되겠구나." 하고 생각하였다.

인상 심리학 2회 강의를 성공적으로 마치고 다시 꿈의 상징에 대한 강의를 하기 위해 꿈을 꾸었는데, 이번에는 사용한 적이 있는 하얀 국산차를 운전하는 꿈을 꾸었다. 해석하기를 "불교와 관계된 강의이기에 하얀 국산차로 상징이 되었고, 사용한 흔적이 있는 차이기에 몇 차례 강의를 한 내용이구나." 하고 생각하였다. 이 후 두 개의 꿈은 정확히 현실화 되었다.

예로부터 탈 것은 두 가지 역할을 가지고 있다. 하나는 출세한 사람의 과시용으로 직업과 신분의 위치를 상징하고, 본래의 목적인 운송수단으로의 상징은 일의 방법이나 협조기관, 회사, 사업체, 직장, 단체세력, 과학적인 방법을 뜻하게 되며, 자가용 승용차는 주로 기관의 위치를 상징하며 운전하는 것은 사업주나 지휘자, 책임자가 되고 자가용의 승용차 뒷좌석에 앉으면 자기는 오너가 되어 아랫사람들이 자기의 주장대로 잘 따라주거나 오너나 책임자가 자기의 주장을 잘 받아들이게 된다.

. 자가용을 신나게 운전하면, 기업체를 운영하거나 지휘권을 갖게 되고 가정을

잘 리드해 나간다.
. 자동차의 기사는, 사업주이고 승객은 동업자 또는 협력자 등을 상징한다.
. 자기가 기사가 되어 운전을 하면, 사업주, 지휘자, 책임자가 되고 자기가 뒷자리에 앉으면 상대방이 자기주장대로 잘 따라준다.
. 택시를 기다리거나 승차를 거부당하면, 단체 가입이나 협조기관에 청탁한 일 또는 소원 등을 기다리게 되거나 이루어지지 않게 된다.
. 차안을 들여다보고 타지 않으면, 청탁한 기관이나 청혼자가 내부의 사정이나 가문의 내력을 알아보고 인연을 맺지 아니한다.
. 차를 타고 집으로 들어오면, 회사 대표가 사업상 자기와 타협할 일이 있게 된다.
. 자기 마당에 여러 대의 자가용이 서 있으면, 사업상 협의대상이 여럿 있음을 상징한다.
. 여러 대의 승용차 중에 한 대만 타고 다른 차는 따라오면, 자기가 부탁할 여러 회사 중 한 회사에서 일이 진행됨을 상징한다.
. 차를 타고 공중을 날면, 사업체가 세상에 공개 과시되거나 일이 수월해지고 결혼 생활 등이 행복해진다.
. 차가 강물에 빠지면, 사업이나 소원의 경향이 큰 기관에 흡수되거나 억류된다.
. 차가 강물에 떠내려가 사라지면, 어떤 강대 세력에 의해서 사업기반을 잃게 된다.
. 자기가 탄 차가 수렁에 빠져 진퇴양난이면, 사업이 운영난에 빠지고 몸만 빠져 나오면, 부실기업에서 손을 떼게 된다.
. 자기 방에 검은 택시가 들어와 있으면, 처녀의 경우는 갑자기 결혼하고 일반 사람은 집안의 누가 사망한다.
. 버스가 방에 들어와 있는 것은, 기관의 추대를 받거나 기관 내에서 단체에 항의하는 여론에 부딪혀 권세가 흔들린다.
. 차가 마당 문전에 있는데 주변에 아무도 없으면, 초상날 일과 관계된다.
. 차머리가 밖으로 향해 있으면, 일이 조속히 잘 추진되나 차머리가 안으로 향해져 있으면 반대의 의사가 있다.
. 차에 치어죽으면, 사업, 작품, 일, 소원 등의 어느 기관 또는 권력자에 의해서 성사된다.
. 남의 차에 치어죽으면, 자기와 관련된 사람의 일이 성사됨이다.
. 차바퀴가 빠지면, 활동력, 수하자, 세력, 방도의 일부가 상실된다.
. 차바퀴가 펑크가 나거나 수리하면, 사업 체계를 재정비 할 일이 있다.

- 차에 기름을 넣으면, 사업자금을 투자하고, 차가 파손되면 새로운 사업을 하게 된다.
- 자가용 자동차를 분실한 주지스님의 꿈은, 주지 소임의 직을 놓게 되었다.
- 승용차를 분실한 기관 책임자의 꿈은, 책임자의 소임에서 물러나게 되었다.
- 자가용 승용차를 들여다보고 타지 않은 사람의 꿈은, 혼인하기 위해서 선을 보았으나 청혼자가 자기의 가문을 알아보고 인연을 맺지 않았다.
- 사장이 승용차를 타고 자기 집에 오는 꿈은, 사장이 중요한 결정과 협조를 상의하였다.
- 사업가의 집에 자가용 승용차가 여러 대 도착한 꿈은, 여러 기관의 대표가 서로 협상을 하고자 했다.
- 자가용 승용차를 타고 하늘을 난 사람은, 취직과 결혼으로 친척과 동료에게 과시했다.
- 자기의 자동차가 진흙 속에 빠진 꿈은, 사업의 부도로 이어졌다.
- 검은 승용차가 집안에 들어온 꿈은, 집안의 어른이 갑자기 죽게 되었다.
- 자기의 자동차가 강물에 떠내려간 꿈은 다른 큰 회사에 합병되었다.
- 자기의 승용차가 전복된 사람의 꿈은, 경찰에 구속되었다.
- 승용차의 앞이 밖으로 있었던 꿈은, 빠르게 사업이 추진되었다.
- 작은 승용차가 집 앞에 당도하여 기분이 나쁜 꿈은, 부하 직원의 반항이 있었다.
- 고급 승용차에 치어 죽은 꿈은, 고위직의 인사에게 자기의 일이 선택되었다.
- 승용차의 바퀴가 빠진 꿈은, 실력 있는 아랫사람의 이직으로 힘이 들었다.
- 자동차에 기름을 넣은 꿈은, 사업에 투자를 하게 되었다.
- 자동차의 완전 파손의 꿈은, 새로운 사업을 하게 된다.

2) 버스와 트럭의 꿈

사회의 저명인사가 사거리에서 신호대기를 하였는데, 앞에 한 대의 자가용 승용차가 있었다. 그런데 전방에 커다란 버스가 달려들어 앞차와 충돌하여 앞차에 타고 있던 사람은 죽고, 자기 자신의 차량과 몸은 약간의 상처를 입고 잠에서 깨어났다. 이 사람은 어느 단체의 이사직을 다른 사람과 경합하고 있었는데, 자기는 이사 선임에 실패하여 구설을 듣고, 그 경쟁자는 그 기관의 임원으로 선임되었다.

이와 같이 버스에 충돌한 것은 공공기관의 상징이 되고, 자가용의 승용차는 개인의 위치나 역할이었기에 앞의 차에 운전자가 죽은 것은 일이 성사됨이요,

뒤에 자기 자신의 차와 사람은 약간의 상처만 입었기에 일이 성사되지 못하고 구설만 들은 것이다.

. 버스는, 공공단체, 기업체, 단체, 집회, 직장, 권리 등을 상징하며 택시도 이와 준해서 해석한다.
. 만원 버스는, 직원이 포화 상태에 있는 직장이나 경쟁자가 많은 사업장, 시험장을 상징한다.
. 버스에 서서가다 나중에 앉아가면, 외근 관계 직에서 내근을 맡게 되고 완전한 책임부서를 맡는다.
. 기사와 자기만 버스를 타고, 가면 사업상 방해적인 여건이나 시비의 대상이 없는 자기 권한의 최대한을 행사 할 수 있다.
. 버스 종점은, 일의 시작이나 종말을 상징한다.
. 버스에서 내려 주는 물건을 받으면, 기관, 회사 등에서 일, 권리, 이득, 명예를 얻는다.
. 중도에서 차를 타면, 취직, 단체가입 등의 일이 생긴다.
. 관광버스를 타면, 견학, 탐방, 연구, 작품 수집 등의 일과 관계된 상징이다.
. 버스 창을 통하여 본 사건은, 사업도중이나 생활도중에 생길 문제와 사건을 뜻하거나 남에 관한 일을 상징한다.
. 국방색이나 검정색 지프차는, 대체로 관공서, 국영기업체, 언론 등을 상징한다.
. 트럭은, 사업체, 협조기관, 중개수단, 중개업자 등을 상관한다.
. 트럭에, 곡식, 동물, 상품 등의 연료 등을 가득 실어오면 큰 재물을 얻는다.
. 이사 집을 트럭에 싣는 것은, 투시적인 꿈이 아니면 어느 기관에서 많은 일을 청탁하거나 사업을 갱신한다.

3) 비행기와 배의 꿈 편

비행기나 배는 버스와 공통적인 공공기관, 회사, 사업체, 방법의 상징이 되는 것은 비슷하나 하늘에 활동이 되기에 해외와 관련된 일과, 공중에 떠 있는 특성으로 언론과 공개, 기관이나 정부의 상층부의 상징성이 있다.
필자는 장관을 꿈꾸던 사람이 꿈에 대통령의 전용기를 타는 꿈을 꾸고, 장관이 될 것을 확신하고 장관이 될 것을 말했고, 사실 그대로 되었다.

. 비행기의 승무원이 된 사람은, 고급스런 사상을 다루는 조직에 중요한 직책

을 맡게 되었다.

- 하늘에 떠 있는 헬기에 내려온 밧줄을 잡고 오르다 떨어진 꿈은, 총선 국회의원의 후보 공천에서 탈락하였다,

- 비행기 폭격으로 사람이 많이 죽은 꿈은, 유명 잡지사의 공개된 지면에 기사화되어 널리 알려졌다.

- 타고 있던 비행기가 바다에 착륙한 것은, 해외의 사업을 개척하는 상징이 된다,

- 비행기가 공중에서 폭발한 꿈은, 사업을 크게 갱신하여 발전하는 상징이 된다,

- 타고 있던 비행기가 떨어져 자기가 죽지 않고 다쳐 서 있는 꿈은, 사업의 몰락을 가져온다.

- 타고 있던 비행기가 바다에 착륙한 것은, 해외의 사업을 개척하는 상징이 된다,

- 수많은 배가 연결되는 바다 부둣가에 간 꿈은, 해양수산부 장관실에 가보게 된 일이다.

- 배는 물 위에 떠다니는 특성으로 자동차보다는 더 넓은, 이를테면 해외도 포함 된 세상의 활동을 상징하며 운반 수단의 연락 기관, 사업체, 가정, 단체 회사 등의 상징이 된다.

- 요식업을 하는 사람의 꿈에 바다에서 많은 고기를 잡아 다시 큰 배를 옮겨간 꿈은, 일차적인 사업으로 성공을 하여 이차적인 사업 확장을 하게 되었다.

- 바다는 넓은 세상과 많은 사람을 상대하는 일의 상징이니 그곳에서 배는 사업장의 상징이 되는 것이다.

- 배를 타고 떠나는 것이나 나루터는, 일의 시작과 끝을 상징한다.

- 비행기가 혼란스럽게 떠 있던 꿈은, 감기에 두통으로 힘든 일이었다.

- 함정에 로켓포가 장착된 꿈은, 잡지사의 기사를 준비한 일이다.

- 비행기의 폭격으로 건물이 폭파되지 않고 위의 층만 부서진 꿈은, 다단계의 사업으로 피해를 입어 신문에 기사가 된 일이었다.

- 대통령의 전용기에 탄 꿈은, 장관에 선임 되었다.

- 비행기는 공공단체, 세력기관, 회사, 사업체, 소원충족, 방법, 공격적인 성향을 상징한다.

- 기러기 떼나, 비행기 편대 그리고 대포 탱크 등 중무장한 기갑부대가 산을 타고 내려와 진을 치면, 저술, 출판물로 성공한다.

- 비행기가 큰 건물을 폭격해서 폭발시키면, 구태의연한 일을 타파하여 혁신한다.

. 비행기 폭격으로 사람이 죽고 이리저리 흩어지면, 공개된 지면에 기사화된
다.
. 엔진 또는 프로펠러가 십여 개 달린 큰 비행기가 바다에 착륙하는 것은, 연
구기관이나 사업체가 해외에서 정착해 크게 성공할 것을 상징한다.
. 경찰기가 경찰하면, 어느 기관에서 일의 탐색, 비밀탐지, 인재모집 등의 일이
있다.
. 비행기를 타고 여행하면, 직장생활이나 사업체에 운영 등의 일과 관계된다.
. 비행기가 추락하거나 공중에서 폭발하면, 자기 사업이나 직위가 새로워진다.
. 공무원이 국가 원수의 전용기를 타면, 정부기관이나 고위층간부 급에 발탁
되어 승진한다.
. 회사원이 우방국가 원수에 비행기를 타면, 재직 중인 회사와 자매를 맺거나
동류회사로 전근한다.
. 비행기로 물건을 실어다 주면, 기관, 회사, 단체에서 어떤 책임을 준다.
. 비행기가 착륙을 하자 자가용으로 바뀌면, 국영기업체가 어떤 전환기에 개인
기업으로 바뀐다.
. 로켓이 발사되는 광경이 꿈속에 재현되는 것은, 어떤 단체 사업 등의 출발을
알린다.
. 인공위성이나 비행접시를 타고 다니면, 좀 더 고급기관에서 생활하게 되는
꿈이다.
. 배는, 단체, 회사, 가정, 연락기관, 운반수단 등으로 자동차의 상징과 비슷하
다.
. 나룻배나 보트를 타는 것은, 단체나 직장, 회사의 일원으로 사업, 연락이나
목적 달성 등을 행위 하는 상징물이다.
. 나룻배를 타지 못하면 소망이 좌절되고 보트를 저어가면, 사업, 가정을 잘
이끌어 가게 된다.
. 노를 놓치거나 저을 수 없으면, 사업 궤도에서 벗어나 어려운 고비를 맞는
다.
. 뱃사공은 리더이고 손님은, 동업자, 동행자, 경쟁자, 동지 등의 상징이다.
. 아무도 없는 배에 혼자 타고 떠나면, 사업을 수습 할 수 없거나 병원에 입원
한다.
. 보트를 타고 벌판 한가운데 하천에서 물고기를 많이 잡은 꿈은, 많은 소득이
있을 꿈이다.
. 연인과의 보트놀이는, 성행위나 성취과정, 동업, 회담 등을 상징한다.
. 요트경기는, 사업, 연구 등 경쟁에서 승부를 겨룰 일이 있다.

- 나룻 터는 기차, 자동차의 정류장과 마찬가지로 일의 시작이나 마지막의 시점을 상징한다.
- 돛단배가 바람을 받아 잘 가면 기타의 소원성향이 순조롭다.
- 배가 강가로 바짝 다가가다 가운데로 가면, 부진한 사업이 사업주의 각성으로 본 궤도에 올라 잘 운영된다.
- 배안에서 음식을 먹으면, 어떤 단체나 직장에서 주는 책임을 맡게 된다.
- 배안에서 춤추거나 노래를 부르면, 사업상 시비, 호소 등의 일이 있고 배에서 누우면, 기다림이 있거나 병상에 눕게 된다.
- 배안으로 물고기가 뛰어들면, 사람을 구하거나 재물이 생기고 그물로 물고기를 잡으면 돈을 벌게 된다.
- 배안에 물이 괴면, 사업 또는 집안 형편이 좋아진다.
- 배에 구조되면, 어떤 회사에 협조를 받아 희망이 되살아난다.
- 선원의 꿈에 항구도시에서 술을 마시면, 선장이나 동료에게 꾸중을 듣거나 사기 당한다.
- 접대부를 어루만진 꿈은, 배의 고장이나 불쾌한 일을 경험한다.
- 여성과 만족한 성교를 한 선장은, 배에 가득한 고기를 잡거나 회사와 유리한 계약이 이루어진다.
- 표류중인 선원이 요정과 호텔에서 진수성찬을 먹는 꿈은, 구조되어 더 좋은 직장에서 일하게 됨을 상징한다.
- 뱃머리에 청기, 홍기가 꽂히거나 자기 혼자 배를 타고 가면, 조만간 불행한 일이 생긴다.
- 뱃길에 물이 마르면, 사업은 중단되고, 물이 밀려와서 뜨면 사업이 재건된다.
- 배가 공중을 날면, 운세가 대길하고 배가 거꾸로 날면 동맹파업 또는 시위가 있게 된다.
- 갑판 위나 선장실에서 회의 하는 것은, 새로운 단체나 사업체를 조직하거나 어떤 세미나에 참석 하게 된다.
- 배가 침몰되거나 대파되면, 사업, 조직을 새로이 하고 배에 화재가 나면 사업, 생활, 상업 등이 융성해진다.
- 기선이 기적소리를 울리며 항구에 들어오는 것을 보면, 사업, 연구, 조직, 학원의 완성이나 성과 복귀 등의 상징이 된다.
- 기선에서 내리는 사람이 많으면, 같은 사람이 취직되거나 집회에서 퇴장함을 본다.
- 짐을 만재한 화물선이 부두에 닿으면, 이득을 얻고 유조선이 닿으면 정치자금, 사업자금이 생긴다.

. 목재 등을 배에서 내리면, 재물, 병력, 인적자원을 얻는 것을 상징한다.

. 자기가 서 있는 부둣가는, 자기의 세력권의 상징이다.

. 기선이 항구에서 기적을 울리며 떠나면 사업, 입학, 입대 등의 일이 시작되는 상황이 된다.

. 배가 수평선 너머로 사라지는 것은, 사업성과가 언제 올지 모르며 외국에 가는 일도 상징한다.

. 군함은, 권력기관, 정당, 사회단체, 회사, 권세, 공격 등이 상징이 된다.

. 자기가 함장이 되어 적을 공격하면, 상대의 회사나 정당 등에 제제를 가하거나 공박, 평가를 할 일이 있다.

. 배가 침몰하는 광경을 꿈에서 보고 현실에서 그대로 배가 침몰하는 것을 아는 것은, 우리 마음에 본래 가지고 있는 본능이다.

. 국가 원수의 전용기를 탄 공직의 꿈은, 승진하여 중요 직책을 맡게 되었다.

. 비행기에서 내려 승용차로 바뀐 꿈은, 국영기업체에서 개인 사업을 하게 되었다.

. 인공위성의 로켓을 탄 사람의 꿈은, 특별한 학문을 접하게 되었다.

. 강에서 배를 타지 못한 꿈은, 소망이 좌절되었다.

. 아무도 없는 배를 탄 사람의 꿈은, 사업의 실패를 암시했다.

. 아무도 없는 배를 홀로 타고 요단강을 건너간 병자의 꿈은, 사망을 암시 했다.

. 배에서 고기를 잡은 꿈은, 요식업에서 대박이 터졌다.

. 배에서 라면을 끓여 먹는 꿈은, 직장에서 작은 일을 처리한 꿈이다.

. 배에서 춤추고 노는 꿈은, 직장에서 구설과 시비가 있었다.

. 배 안에 물과 고기가 같이 들어온 꿈은, 재물을 얻었다.

. 바다에서 큰 배에 구조된 꿈은, 대기업에 취직이 되었다.

. 배의 선장이 성행위를 만족하게 한 꿈은, 많은 고기를 잡아 높은 가격에 계약이 되었다.

. 강물이 마른 뒤에 다시 물이 들어온 꿈은, 어려운 사업이 다시 발전하였다.

. 배에 혼자 타고 가던 환자의 꿈은, 사망에 이르렀다.

. 배가 공중을 날았던 꿈은, 명성을 크게 얻었다.

. 배가 화재가 나서 침몰한 꿈은, 사업을 혁신하여 재물을 얻었다.

. 화물선이 부두에 닿은 꿈은, 사업의 성공과 결실을 상징했다.

. 화물선이 부두에서 떠나는 꿈은, 사업의 시작을 상징했다.

. 배가 수평선 너머로 사라진 꿈은, 해외에 이민을 가게 되었다.

. 타이타닉호가 침몰하는 꿈을 꾼 영국의 실업가 존 오코니는, 그가 타려던 배

를 타지 않았고 타이타닉호는 정말로 침몰하였다.

4)기차와 특수 차량의 꿈

　기차는, 집단세력, 기관, 회사 등을 상징하고 기관차는 집단을 리드하는 통수
부를 상징한다.
　지하철 한 칸의 돼지를 몰고 온 학생은, 연구비 장학금을 일 년 동안 받았고,
거대한 통신업체에 사업을 수주하고자 공개 입찰에 도전한 사업가는 연결되어
따라오는 기차를 보고 연속되는 일거리를 연달아 입찰에 성공하였다.

. 기차는, 연속성을 상징하는 공공단체와 기관, 단체, 계모임, 다단계사업 등이
　상징이 되며 지하철은 공개되지 않은 연구단체, 학교의 학문, 공개를 꺼리는
　조직의 상징이 된다.
. 자동차와 같이 기차에 치어 죽으면, 기관이나 조직에서 일이 성취되고, 대합
　실이나 정거장에 앉아 있으면, 오랜 시간을 기다리는 상징이 된다.
. 기차의 전복이 가장 흉한 꿈이 될 것이니, 조직의 와해나 기능의 마비 등의
　해석이 된다.
. 기차가 철길을 잘 달리고 기적소리가 요란하면, 사업이나 진행에서 성공을
　의미하고, 정류장은, 시작과 종결의 상징이 된다.
. 소방차는, 세관, 병원, 군대, 경찰, 권련기관의 상징이 되며,
. 분뇨차는, 세무서의 상징이 되기에 자기 집의 분뇨를 퍼 가면 세금을 내게
　된다.
. 불도저나 굴삭기는, 강력한 힘이 있는 사람이나 단체의 능력을 상징하고,
. 영구차는, 은행이나 관공서의 상징과 상여와 같은 해석이 되고,
. 탱크 등 전쟁에 쓰는 자동차는, 거대한 권력기관이나 관청의 상징이 되니 그
　쓰임에 따라 해석이 차이가 있다.
. 구급차나 경찰의 패트롤카는, 권력기관, 감찰기관, 봉사기관,　심사기관 등을
　상징하며,
. 구급차는, 어려운 환경에서 구원의 협조자를 만나 일이 잘 되는 일과 관계가
　있고,
. 사이렌 소리가 나는 패트롤카는, 군대나 경찰이 동원되는 일을 상징한다.
. 기차가 철로 위를 질주하면, 세력집단, 사업체, 정책, 행정, 사업 등이 잘 운
　영된다.
. 기차여행을 하면, 문예작품 연재나, 직장생활, 단체생활, 공동사업, 계모임

등이 잘 운영된다.

. 도중하차를 하면, 일, 사업, 직장을 부탁하거나 소개된 일, 계획한 일이 중단
  된다.

. 사고나 고장으로 차를 멈추면, 계획한 일, 결사, 계약, 계, 결혼, 학업 등이
  좌절 된다.

. 차가 떠나 타지 못하면, 청탁이나 현상모집, 응모, 취직, 입학, 단체의 가입
  이 탈락된다.

. 철길을 여러 개 건너거나 기차 밑을 통과하면, 비상수단을 써서 난관을 극복
  한다.

. 기차에 치어죽으면, 정치적인 일, 작품 등이 어느 기관의 시초와 결말 등의
  일과 관계한다.

. 대합실에 앉아 출발시간을 기다리면, 사업, 전근, 계획한 일이 상당한 기간을
  보류 또는 기다리게 된다.

. 나무가 듬성듬성 서 있는 사이로 검은 화차가 달리거나 멈추어 서 있는 것을
  보면, 방비가 소홀한 틈을 타서 범죄 집단이 침범할 것을 예시한다.

. 기차가 전복 되거나 폭파되면, 기관, 회사, 사회단체의 기능이 마비되거나 사
  업 갱신의 일이 있게 된다.

. 기차가 폭파, 전복되는 꿈을 꾸고, 며칠 후 여행 도중에 사망한 경우도 있다.

. 전차나 전동차는, 기차나 상징이 동일하다.

. 개찰구 접수구는, 어느 기관의 취직, 퇴직, 전근, 진급 등을 관장하는 부서
  심사기관이다.

. 기차가 레일이 없는 산야나 공중을 질주하면, 단체나 조직체가 자유로이 운
  행되거나 세상에 과시되고, 개척에 종사하는 상징이 된다.

. 기차의 헤드라이트가 자기를 비추면, 어느 기관이나 단체에서 자기 일을 빛
  내주거나 기용할 일이 생긴다.

. 기적소리가 요란하면, 사업, 단체, 조직이 개가를 올리고 바퀴소리, 엔진소리
  가 요란하면 세력의 강대 일의 진행이 비상함을 나타낸다.

. 일반택시는, 협조기관, 회사, 단체, 직장, 중개소, 매매업자 등을 상징한다.

. 전쟁용 차량은, 감독기관, 지휘기관, 단체세력 및 과학적인 방법이나 법령,
  강권, 악당 등을 상징한다.

. 백차가 집으로 오면, 관청에서 시비를 가르거나 하는 상징이다.

. 구급차를 타면, 봉사기관에서 구원의 손길이 와서 일이 잘 이루어진다.

. 소방차는, 세관, 세무서, 병원, 군대 경찰 등의 상징이 된다.

. 사이렌 소리가 요란하고 소방차가 달리는 것을 본 꿈은, 군대, 경찰 등이 동

원되거나 데모사건 등을 진압 할 일이 있다.

. 분뇨차가 냄새를 풍기는 곳을 지나가면, 어느 기관에서 아름답지 않은 소문을 퍼뜨리거나 자기 사업이 소문이 난다.

. 불도저가 길을 닦거나 집터를 닦으면, 어느 기관에서 개척 사업이나 새로운 사업을 시작한다.

. 덤프트럭, 트랙터 등은, 세력기구, 집단, 회사, 방도 등을 상징한다.

. 탱크, 장갑차, 수륙양용 전차 등의 무기는, 거대한 세력집단, 관청이나 과학적인 방법, 법률, 이념, 교리 등을 상징한다.

. 탱크를 탄 채 총을 쏘고 부수고 죽이면, 어떤 세력을 잡거나 기관을 통해서 마음껏 자기 능력을 행사하거나 과시 할 일이 있게 된다.

. 분뇨차가 창고의 똥을 퍼간 꿈은, 많은 세금을 내게 되었다.

. 굴삭기로 산을 부수고 황금 보따리를 들고 간 꿈은, 힘 있는 사람, 필자의 공부 발표와 경제적인 어려운 문제 해결이었다.

. 탱크를 타고 적을 죽인 꿈은, 회사에서 업무를 완성하여 윗사람의 표창을 받는다.

5) 오토바이와 자전거, 수레의 꿈 편

자전거 오토바이 등의 작은 승용구는 단체적인 성격이 배재된 개인 간의 대화나 사업방도, 협조자, 연락처 등을 상징한다. 기관의 일을 청탁하여 해결코자 하는 사람의 꿈에 오토바이를 얻은 사람은, 무사히 기관의 협조를 얻어 일이 성사가 되었다.

이와 같이 자전거나 오토바이를 타고 신나게 달리면 일이 통쾌하게 이루어지며, 자전거나 오토바이의 뒤에 타면 경영자나 책임자가 자기의 뜻대로 움직여주고, 자기가 운전을 하고 남을 태우면 동업을 하게 되며, 대개는 자동차와의 해석 방법이 동일하나, 조금은 작은 일이나 작은 사건을 상징하나 꿈꾸는 사람의 그릇에 따라 그 크기가 차이가 있다.

가마와 인력거는 현대의 자동차와 같은 해석이 되며, 병자나 노인이 가마를 타고 가는 것은 불길함의 상징이 되고, 본인이 가마를 타고 가면 출세를 하게되며, 인력거 역시 가마와 동등한 해석이 되며, 잘 달리면 모든 일이 순조롭고 인력거를 끌고 가는 사람은 협조자나 기관 실무자로 해석이 된다.

. 자전거나 오토바이를 신나게 달리면, 하는 일이 통쾌하게 이루어진다.

. 자전거나 오토바이 뒷자리에 타면, 지도자, 안내자, 경영자 등이 자기의 의사

대로 잘 움직여 준다.

. 상대방의 자전거 앞에 타면, 강요에 못 이겨 사업을 추진한다.

. 자기가 운전하고 상대방을 태우고 가면, 어떤 사람과 동업하게 된다.

. 자전거를 서툴게 타면, 어떤 협조자가 컨트롤이 되지 않아 사업하기 힘들다.

. 자전거를 타고 경사진 곳을 오르면, 일이나 소원의 경향 등이 고통 중에 있음을 뜻하고 차에서 굴러 떨어지면, 모든 일에 실패함을 상징한다.

. 병자나 노인이 가마를 타고 어디론지 가는 것을 보면, 불행한 사건이 발생한다.

. 가마 문을 열어 놓고 가면, 운세가 대길하고 수행원을 앞뒤로 거느리면 명예로운 일로 경사가 있다.

. 인력거를 타면, 협조기관에 청탁할 일이나 직위, 작품 등의 일에 관련된다.

. 인력거가 잘 달리면, 모든 일이 순조롭게 진행된다. 인력거 꿈은 실무자의 상징이다.

. 채찍을 들어 역마차를 몰면, 자기 사업체에서 고용인을 부려 사업을 급히 추진시킨다.

. 쌍두마차나 사두마차를 타고 자기가 왕자나 왕비가 되듯 화려한 도시를 달리면, 기업체의 장이 되거나 신분이 고귀해진다.

. 들것을 타고 가면, 동업자, 협조자, 추대자, 천거자 등 두 사람에 의해서 지위가 높아진다.

. 시체를 들것에 싣고 집 주위나 마당 등에서 왔다 갔다 하는 것을 보면, 일의 성과, 재물 등이 예비 되어 있으나 그것을 얻기는 상당한 시간이 필요하다.

. 우마차를 끄는 말과 소는, 고용인, 실무자, 협조자 등의 동일시 상징이다.

. 어떤 사람이 손수레에 청과물을 가득 길어다 놓으면, 어느 회사를 통해 사업 성과를 얻거나 누가 유사한 과일을 망태기에 담아 가져옴을 본다.

. 짐을 실은 소와 수레가 함께 탁한 물에 빠졌는데 소만 기어 나오면, 사업을 운영하는 사람이 사업에 실패하고 재기를 꾀한다.

. 그네를 뛰면, 소원의 충족, 직장의 변동이나 자기의 기능과 재주를 과시할 일과 관계한다.

. 나뭇가지나 기둥은, 어느 회사나 기관을, 그네는 의지할 사람 및 방법, 사업 기반을 상징하기도 한다.

. 그네를 마음껏 높이 뛴 사람은, 크게 소원이 충족되거나 세상에 과시할 만한 일이 생긴다.

. 둘이서 같이 뛰면, 일을 협력해서 할 일이 생기거나 일을 상징하기도 한다.

. 그네 뛰는 꿈은, 소송사건의 일승일패의 승부와 관계된 일을 뜻하기도 한다.

. 시소나 널을 뛰면, 직위, 신분, 행위, 능력의 고하로 두 사람 사이에 경쟁,
  시비, 재판 등 우위에 서려고 경쟁하는 상징이다.
. 엘리베이터나 케이블카를 타고 오르내리면, 진급, 강등, 소원의 경향, 일의
  중개, 연락, 병세나 성감의 변화를 암시한다.

6) 전화기와 전신주, 편지의 꿈 편

 미혼 여성은 상점에서 아름다운 분홍색의 휴대폰을 생각보다 만원의 돈을 주
고 샀고, 그 후 한 달 후, 그 미혼 여성은 생각 밖에 결혼을 예정한 애인이 생
겼다고 자랑을 하며 자문을 구했다.

 현대에 들어서는 집에서 쓰고 있는 전화기보다는 들고 다니는 휴대폰의 시대
가 되었다. 전화기는 사랑하는 사람에게 선물을 하고, 그것으로 대화는 물론
간섭과 감시도 하는 기능을 가지고 있기에 사랑하는 애인이나 남편의 상징이
될 수가 있고, 집에서 쓰는 전화기와 더불어 협조자와 수단과 방법의 상징이
되기도 한다.

 남자일 경우에는 휴대폰이나 전화기를 사게 되면, 돈을 준 액수만큼의 시일
이 걸려 사업체를 운영하거나 취직이 되기도 한다. 전화기의 소화가 잘 들리거
나 하면 일의 추진과 진행의 순조로운 상징이 되고, 전화기의 소리가 끊기면
일의 진행과 추진이 되지 않는 상징이며, 전화가 되지 않아 짜증이 나며 초조
해지면 답답하고 불쾌해지는 일이 있으나, 꿈속에서 들리는 내용은 그 내용에
따라 해석의 차이가 있다.

 e-mail은 편지와 같은 해석이 되며, 통지서, 명령서, 입학, 소식, 통보 등의
성사 여부의 통지를 받는 상징이 되고, 그 내용에 따라서 상징해석이 달라진
다.

 공중전화박스에서 전화를 하는 것은, 중개인이나 중계기관을 통하여 상대와
일을 해결하는 상징이 되고 전신주 역시 동일한 중계를 상징하는 동일의 해석
이 된다.

. 휴대폰의 대화가 들리지 않은 꿈은, 사업의 협조자의 도움이 끊어졌다.
. 일방적인 상대방 소리의 꿈은, 상사의 일방적인 명령을 들어야했다.
. 한두 장의 검은 지폐가 들은 편지의 꿈은, 범칙금 고지서가 왔다.
. 청첩장을 받은 것은, 세금 고지서가 왔다.
. 연애편지가 온 것은, 사업의 협상을 상징했다.
. 한 개의 전신주는, 통신사, 신문사, 전신국, 종교적인 포교소 등을 상징한다.

. 전주에 오르면 승진, 소망 등의 일을 상징한다.

. 전신주에 많은 새가 앉거나 날면, 신문사나 잡지사에 여러 사람의 작품, 기사거리 등을 발표한다.

. 남에게 전주를 1만원에 사면, 1년 후 또는 10년 후에 어떤 사업체를 운영하거나 회사 일을 한다.

. 전주를 새로 세우면, 통신기관 잡지사, 포교소 등의 사업이 시작한다.

. 전선이 끊어지면, 대외적인 사업이나 교재 등이 단절되고, 전선을 철거하면 회사와 거래가 단절된다.

. 전보를 받으면, 입학, 취직, 소식, 일의 성사여부의 통지를 받거나 하는 상징이다.

. 키를 두드려 전문을 발신하면, 명령 하달이나 사상전파, 통신 등의 일과의 상징이다.

. 안테나는, 두뇌, 통신기관 중계소 등의 상징이다.

. 안테나 장치를 파괴하거나 제거하면, 청탁할 일, 중개소, 정신적인 문제 등이 지장을 받는 다.

. 라디오는, 중계기관이나 소식통, 전달자, 교육자 등을 상징한다.

. 라디오 소리를 들으면, 다음날 남의 일로 말다툼 할 일이 있다.

. 라디오 소리를 통한 연설을 들으면, 윗사람에게 잔소리를 듣고, 뉴스를 들으면 소식을 듣는다.

. 라디오를 새로 사오면, 어떤 기관에 청탁한 일이 잘 이루어진다.

. 텔레비전은, 공보기관, 책, 영화관, 교육 , 꿈 내용 등의 상징이 된다.

. 가족이 모여 TV를 보면, 상사의 명령, 수령, 영화 관람이나 교육받을 일이 있다.

. TV의 화면의 내용이 사건을 기억 할 수 있으면, 그것은 꿈의 내용이 된다.

. 전화기는, 중계인, 중개소, 소식통, 정체불명의 사람 등을 나타내는 상징이다.

. 전화로 상대방을 불러내면, 어떤 기관이나 회사에 청탁할 일이 있다.
상대방과 대화 할 수 있으면, 그 대화내용이 청탁, 사건 등의 주요골자가 된다.

. 전화기에 대고 짜증을 내거나 껄껄 웃으면, 상대방을 제압하거나 소원이 충족 된다.

. 일방적으로 상대의 말소리만 들리면, 그의 소식을 듣거나 명령에 복종할 일이 생긴다.

. 공중전화 부스에 들어가 전화를 하면 ,중개인이나 중계기관을 통하여 상대에

게 청탁할 일이 있다.

. 전화벨 소리를 들으면, 외부로부터 소식을 듣는다.

. 전화가 되지 않아 짜증이 나고 초조해지면, 답답하고 불쾌한 일에 직면한다.

. 전화기를 새로 놓으면, 정신적인 협력자, 협력기관이 생기거나 좋은 방법이 생기는 상징이다.

. 편지는, 통지서, 명령서, 관보, 입장권, 여권, 보증서 등을 상징한다.

. 요즘의 편지는, 청첩장 내지는 공납금 통지서를 상징하는 경우가 많다.

. 우편함이나 우체국에 편지를 부치면, 어떤 기관에 청원할 일이 있으며 그 소원은 이루어진다.

. 검은 옷을 입은 사람이 편지를 놓고 가면, 부고를 받는 상징이다.

. 우체부의 가방이 터질 듯 편지를 담아 열려진 채로 저 멀리 오는 것을 보면, 오래도록 상당히 많은 편지를 받을 것을 예시한다.

7) 텔레비전과 라디오의 꿈

텔레비전에서 '아버지가 죽었다'고 뉴스를 하는 것을 보고 놀란 소녀의 꿈은, 현실에서 아버지가 기관장이 되었다는 소식을 들어 알게 된 일과 관계가 되었다. 텔레비전은 공보기관, 체육기관, 영화관, 독서, 광고, 교육 등의 상징이 되며 신문을 대신하기도 한다.

어린이의 꿈에 텔레비전을 사온 꿈은 새 컴퓨터를 산 상징이 되기도 했으며, 텔레비전을 가족 전체가 보는 꿈은 직장 윗사람에게 스크린을 통해 교육 받는 것이기도 했으며, 텔레비전에 내용이나 사건을 기억할 수 있으면 그 내용이 미래의 일을 상징한다.

. 라디오 역시 중계기관이나 중개인, 소식통, 전달자, 대변자, 교육자 등의 상징이 되며, 일방적으로 라디오 소리를 듣고 기분이 상하면, 남과 다툴 일이 있으며, 라디오 소리에서 나오는 연설을 들으면, 잔소리를 듣게 되며, 라디오에서 나오는 음악소리를 들으면, 남이 상품 선전을 하거나 남의 자랑을 듣게 되기도 한다.

. 라디오에서 들은 대통령의 사망 소식은, 정부기관에 다니는 아버지의 직장에 최고 책임자가 아버지의 승진을 발표하는 소식을 들었으니, 꿈에서 들리는 라디오 소리의 내용에 따라서 해석의 중요함이 있다.

. 라디오의 안테나는, 중개수단이나 두뇌, 중계소가 상징이 되며, 안테나가 부셔지거나 제거되면, 부탁이나 소원이 실패하거나 정신적인 문제로 시련을 겪

기도 한다.

. 아버지가 죽었다는 텔레비전 뉴스의 꿈은, 아버지의 승진이 발표되었다.

. TV프로그램에서 하는 공개 맞선 자리에 나갔는데, 둔하고 싫게 생긴 남자가 입이 두 개인데 입 하나는 턱 주변에 있었다. 그런 남자가 오래 전부터 날 봐 왔다며 공개적으로 프로 포즈를 했고, 싫다고 대답을 하려고 하는데 대답을 못 한 채 잠에서 깨어난 꿈은, 오래전부터 있던 일거리라고 해석이 되는데, 남자니까 프로젝트 제안을 한 거고, 대답을 못했으니 아직 그 프로젝트를 받아들일지 결론을 안 내고 진행 중인 것이며, 남자가 맘에 안 들었으니 역시 프로젝트가 썩 내키지 않은 것이며, 입이 두 개라는 것은 두 가지의 특징이 있는 일거리라는 해석이 된다.

제16장. 집과 관공서의 꿈

1) 궁궐, 관공서, 회사와 기타의 꿈

중앙청이나 시청 등 관청의 상징은, 그대로 권력기관이나 행정부의 상징이 된다. 학교는 현재의 직장, 연구원, 사찰, 병영 및 기타의 기관이나 회사를 상징한다.

중앙청 화장실에서 대변을 보고 필자에게 해몽을 구한 사람은, 해외여행을 하기 위해 구청 민원실에서 여권을 만드는 일로 해석이 되었다.

현대의 사람에게는 현대식 관청은, 자기의 민원이나 소원을 이룰 수 있는 장소를 상징하고 있기에 해석함에 어려움이 덜하다 할 수 있으나, 실제의 중앙청이나 시청 등 관공서는 꿈에서는, 대부분 옛날의 왕궁이나 대궐 또는 오래된 기와집으로 대신하여 나타나는 경우가 많다.

. 왕궁이나 대궐에 들어가거나, 그곳에서 임금이나 왕을 만나면, 그것에 대한 해석이 필요하나 대부분 길몽이 되고, 정부의 상징과 출세의 기반이나 조건을 가지게 되는 큰일과 관계된다.
. 호랑이를 타고 궁궐에 들어간 꿈은, 기관의 대표가 되었다.
. 왕궁이나 대궐을 둘러싼 성벽이나 성루에 오르게 되면, 어려운 난관을 극복하고 출세의 조건이 성사된다.
. 경치 좋은 산이나 강에 정자일 경우에 오르거나 서 있으면, 업적과 진급, 득세와 성공의 상징이 된다.
. 옛 성을 꿈에서 보게 되면, 비밀스러운 장소나 권력기관이나 연구기관 등의 상징이 된다.
. 옛 성을 꿈에서 보게 되면, 완고한 노인이나 학자, 열녀, 등의 상징도 된다. 꿈꾸는 사람에 따라서 해석이 달라지기도 하다.
. 옛날의 건물인 사당이나 종묘는, 권력기관과 종교단체를 상징하기도 하나 사람이나 조직의 업적을 표현하기도 한다.
. 중앙청이나 시청 등 관청의 상징은, 그대로 권력기관이나 행정부의 상징이 된다.

- 절과 교회는 조직체, 학교, 군대, 교도소, 학문적 성과나 책을 상징한다.
- 염주나, 십자가는 자비, 진리, 명예, 권세 등을 상징하며, 얻으면 길한 일이 생기고 보기만 하고 전파의 느낌이 있으면, 유행병의 상징도 된다.
- 십자가를 불태워 흔적을 남기지 않으면, 병폐적인 구태와 악법이 사라진다.
- 전쟁 중에 십자가나 절 卍 문양이 보이는 절이나 교회를 보면, 고통과 환란에서 구제된다.
- 절에 들어가 물건을 얻은 태아의 태몽은, 그 물건의 상징 의의와 더불어 학업 이수나 기관에서 신분이 고귀해진다.
- 절에서 물을 얻어 마시거나 목욕을 하면, 기관, 학교, 회사에서 취직, 승급, 입학 및 기타소원의 경향이 충족된다.
- 목탁소리가 법당 밖에 울려 퍼지면, 세상에 소문나거나 감동을 줄 일이 생기고 부처님께 공양을 올리면 이웃 사람에게 도움을 받게 된다.
- 불단에 자기 가족 중 누군가의 위패가 모셔져 있으면, 출세하거나 명성을 떨친다.
- 법당 안에 사천왕이 눈을 부릅뜬 태몽을 꾸면, 태아가 장차 군인이나 경찰관으로 출세함을 상징한다.
- 종을 얻은 태몽은, 태아가 장차 세상에 명성을 떨치게 됨을 예시한다.
- 경찰서는, 군대, 교도소, 신문사, 교회, 심사기관, 병원 등의 상징이 된다.
- 교도소는, 학교, 병원, 종교단체, 군대 등의 상징이 된다.
- 재판소는, 종교단체, 신문사, 병원, 심사기관 등의 상징이 된다.
- 호텔이나 여관은, 임시적이 ㄴ근무처나 대기처의 상징이다.
- 상점은, 단체, 기관, 회사와 직장과 사업장의 상징이 된다.
- 상가를 걸으며 안을 들여다보면, 결혼 상대자나 취직 처, 사업장등을 물색하거나 선택할일이 있으며 책을 읽을 일과도 상관된다.
- 의류상가의 많은 옷이 진열된 것을 보면, 입영, 입학, 취직 등의 일과 상징한다.
- 술집과 유흥업소는, 사교장, 화합장소, 대기 등의 일이 기관을 통하여 이루어질 일을 상징한다.
- 음식점은, 기관이나 회사에서 직무, 퇴직, 취직 등의 일과 결부된 장소적 의의를 상징한다.
- 이발소에서 머리를 깎거나 깎아 주면, 중간 업자나 소개업 또는 기관에서 진금 전직 되거나 신분이 새로워진다.
- 병원은, 학교, 법정, 군대, 사령부, 교도소, 경찰서의 상징이 된다.
- 아파트는, 커다란 기관과 단체, 사업체, 큰 호텔, 학문적 업적 등으로 상징한

다.

- 중앙청은, 시청이나 관청의 바꾸어 놓기의 상징이 된다.
- 은행에 예금하러 가면, 기관에 일을 의뢰할 일이 있고 돈을 찾아오면, 기관에서 부탁한 일을 책임지거나 돈을 얻게 될 일이 되기도 한다.
- 박물관은, 학교, 도서관, 신문사, 영화관 또는 관광, 탐색 등의 상징이다.
- 동물원은, 대체로 기관 내부의 일이거나 관청창구의 일, 학교 등의 일을 관계해서 사람과 동물의 바꿔놓기이다.
- 식물원은, 숲 공원 등과 동일한 상징 의의를 가지며 관광, 인생문제, 사업성과, 혼담 등을 상징한다.
- 군인들의 경우에는, 병영과 사령부 등을 실제의 그곳이 되지만, 일반인은 직장이나 사업장, 기관 단체의 장소를 상징한다.
- 성은, 비밀장소, 세력기관, 연구기관, 유서 깊은 학교, 고루한 노인, 학자, 열녀 등을 상징한다.
- 사당과 종묘, 정자, 암자 등은 권력기관, 정치단체, 종교단체 등을 상징한다.
- 성루에 오르거나 성벽을 기어오르면 출세, 득도, 성공 등의 일을 상징한다.
- 새집은 책임부서나 숙박업소, 자유의 구속, 가옥과 감옥을 상징한다.
- 벌레나 벌집, 개미집 등은 사회단체, 학교, 기관, 회사 등을 상징한다.

2) 집의 꿈

집은 기관, 회사, 사업체, 인체, 업적, 무덤, 일의 시발점과 종착점 등을 상징한다.

대학원생인 학생은 지하철 한 칸의 가득한 돼지새끼를 집으로 몰고 온 꿈을 꾸고는 복된 돈이 많이 생긴다고 생각했고, 그것은 다름 아닌 살고 있는 집이 재수가 있는 집으로 생각했다. 성장한 주부가 되었어도, 그 때의 친정집을 팔고자 하는 부모에게 결사적으로 말렸고, 팔고자 하는 부모는 필자에게 꿈의 해몽을 구했다.

필자는 묻기를 그 꿈을 꾸었을 '그 당시 학생의 신분으로 부모에게 받지 않은 의외의 돈이 생긴 일이 없었는가?'를 물었고, 그 여인은 대학원생일 때, 학교에서 연구자금을 일 년 동안 받았으며 학생의 신분으로는 많았다고 했다.

필자는 해석하기를 공개된 지상이 아닌 지하철은, 아직은 공개되지 않은 학문을 연구하는 상징이 되고, 지하철의 한 칸은 일 년으로 해석했고, 집으로 돼지를 몰고 도착한 것은 집은 성사된 종착점을 상징하며, 돼지새끼는 그 당시에 연구비를 받았던 연구비용인 돈을 상징한다.

집이 재수가 있다는 것은 잘못된 생각이며, 그 때 살던 집이 종착점의 상징이 되는 것을 설명하였으며, 이와 같이 집은 기관, 회사, 사업체, 업적, 무덤, 조직체 일의 시작점과 종착점 등 여러 가지 상징해석이 되기에 해석에 어려움이 있다.

특히 여성의 꿈에서 친정집이 꿈의 재료로 많이 나타나는 것은 어려서부터 친정과 그 집이 잠재의식 속에 깊이 기억되었기 때문이다.

직장을 가진 여인은, 시집에서 사람을 죽이는 꿈을 꾸고 놀라 필자에게 해몽을 구했다. 필자는 해석하기를 직장에서 승진했을 것으로 판단했다.

. 남자의 꿈에서 나타나는 집의 상징이 대부분 직장과 사업장의 해석이 되나, 여인의 꿈에서는, 친정을 현재의 집으로 가는 것은 시집을 직장으로 표현 되는 경우가 많다.
. 시집에서 친정으로 다시 돌아오는 꿈은, 직장이나 기관에서 일을 추진하는 일의 결과를 상징하기도 하며, 일의 내용에 따라 해석의 차이가 있지만 과거의 일을 다시 하는 경우와, 과거의 사람과의 관계일 수도 있다.
. 일가친척의 집은, 대체로 동업자나 동지적인 사람들이 관계된 조직체가 되고, 협조기관이나 협조기관의 윗사람이 있는 조직이 되기도 한다.
. 친구 집의 상징은, 친분이 있는 회사, 기관, 사업장이며 일을 도움을 받을 수 있는 곳과 부탁할 장소의 표현이기도 하다.
. 새 집은 새로이 창업한 조직이거나 새 색시, 새 신랑, 새로운 무덤의 상징이 되고, 새 집을 둘러보면 새로운 사람을 살펴보거나 새로운 조직에 관여하고자 하는 상징이 된다.
. 빈 집은, 남이 손대지 않은 조직이거나 임자가 없는 홀로 사는 사람의 경우가되기도 하고, 빈 집에 누워 있으면 혼담이나 계약, 취직 등이 오랜 시간이 지난 후에 이루어지는 상징이 된다.
. 새 집으로 이사한 꿈은, 새로운 부서로 전직을 하였다.
. 병자가 새 집에 홀로 누워 있는 꿈은, 죽을 것을 상징했다.
. 자기의 집에 과일 수레를 끌고 온 꿈은, 사업의 결과를 얻어 재물을 얻었다.
. 자기 집에 돈을 받으러 온 꿈은, 책임을 지어야 하는 사람의 방문을 받았다.
. 싸움을 한 사람이 자기의 집을 짐을 지고 떠난 꿈은, 그 사람과의 어려운 문제가 해결되고 인연이 끝났다.
. 집터를 닦은 꿈은, 새로운 사업을 하게 되었다.
. 남이 집을 지은 것을 보는 꿈은, 자기가 관심 있는 사람의 사업이 발전한다.

- 자기 집을 스스로 허물은 꿈은, 사업과 조직의 갱신을 하였다.
- 남이 자기 집을 허물은 꿈은, 남으로 해서 자기의 조직이나 사업체의 변화가 있다.
- 건물이 저절로 완전히 허물어진 꿈은, 사업이나 조직이 새롭게 갱신하여 자기에게 환경의 변화가 크게 왔다.
- 건물의 일부분만 무너진 학교 건물의 꿈은, 소란과 데모로 교장이 크게 구설과 시비를 겪었다.
- 새 집으로 이사를 하고 이삿짐을 들인 꿈은, 새로운 사업에 투자하여 재벌과 이익이 생긴다.
- 이사를 하려고 짐을 내어놓은 꿈은, 새로운 환경 변화와 새로운 일을 해결하고자 하였다.
- 집에 물건을 가져온 꿈은, 가져온 만큼 재물이 생겼다.
- 새 집을 사는 꿈을 꾸고, 결혼에 성공하였고, 취직이 된 사람도 있었다.
- 집을 판 사람의 꿈은, 사업을 청산하였고, 이혼을 한 사람도 있었다.
- 집을 증축한 사람의 꿈은, 사업을 확장하였다.
- 아파트의 복도를 걸은 사람은, 여러 기관에 도움을 청했으나 실패했다.
- 많은 사람이 집에 몰려온 꿈은, 많은 사람의 책임과 구설을 들어야 했다.
- 자기 집에서 사람이 모여 웅성거리는 꿈은, 많은 구설과 시비에 어려움을 겪었다.
- 자기 집에서 친척이 모여 우는 꿈은, 부모의 초상을 겪었다.
- 큰 집으로 이사를 간 사람은, 큰 기관으로 자리를 옮겼다.
- 백화점에서 소변을 본 사람의 꿈은, 관공서의 민원 처리가 쉽게 되었다.
- 집터를 돈을 주고 사는 꿈은, 부모의 묘지를 구입하게 되었다.
- 멀리 자기의 땅에 남이 집을 지은 꿈은, 자기의 사업의 지점이 생겼다.
- 본체의 집 옆 건물을 수리한 꿈은, 부러진 팔을 수술하는 꿈이었다.
- 하얀 노인이 자기 집을 살펴보는 꿈은, 의사를 만나 진찰받는 꿈이었다.
- 집에 불이 나 활활 타는 꿈은, 사업이 크게 발전하는 꿈이었다.
- 집 마루에서 마그마가 터져서 불기둥이 올라온 꿈은, 사업이 크게 이루어 졌다.
- 집은 기관, 회사, 사업체, 인체, 업적, 무덤, 일의 시발점과 종착점 등을 상징한다.
- 자기 집은 실제의 자기 집이나 직장, 사업장, 인체, 관공서 등의 상징이 된다.
- 남의 집은 실제의 남의 집, 자기와 간접적인 관계가 있는 건물, 기관, 회사

등을 상징한다.

. 친정은 현재의 자기 집이나 친정집, 기관, 회사, 직장, 사업장 등을 상징한다.

. 친정에 있던 여인이 시집으로 오면, 일을 성취할 장소나 관공서, 직장 등에 볼일일 있게 된다.

. 시집에서 친정으로 가다 되돌아오면, 기관이나 회사에 청탁 또는 일을 추진하다가 그만 두거나, 헤어졌던 사람과 다시 만날 일과 관계한다.

. 삼촌 집은, 협조기관이나 회사, 동업자가 있는 사업장, 협조적인 윗사람이 있는 것을 상징한다.

. 외삼촌 집은, 삼촌 집과 동일한 뜻을 가지며 외무관계 직장, 전근이나 사업, 일을 부탁할 장소를 상징한다.

. 일가 집은, 대체로 동업자, 동업회사, 동지적인 사람이 있는 곳을 상징한다.

. 친구 집이나 개인집은, 연고 또는 친분 있는 회사, 기관, 사업장, 일을 부탁할 장소 등을 상징하거나 실제의 집 일수도 있다.

. 초가는 시골 풍경과 조화를 이루거나 고고학적 업적과 관계하는 외에는, 집의 상징의 전반에 걸쳐서 표현된다.

. 허허벌판 외딴 초가는, 병영, 관청 기타 직장을 상징하기도 한다.

. 한식 기와집이나 단독주택은, 문화적 업적, 문화 사업과 관계된 외에는 보통 집과 상징 의미가 같다.

. 삼층 건물은, 아래층은, 말단기관, 이층은, 중간기관, 삼층은, 상부 기관을 상징 한다.

. 빈집은, 학문적 연구대상, 남이 손대지 않은 사업체, 과부댁, 유적 등을 상징한다.

. 빈집에 들어갔다 다시 나오면, 청탁, 연구, 계약 등의 일이 성사되지 않는다.

. 빈집에 홀로 누워 있으면, 혼담, 계약 등이 오랜 시일 후에 성사됨을 의미한다.

. 새집은 새로운 기관이나 회사, 사업체, 새색시, 무덤 등을 상징한다.

. 새집의 여러 방을 살펴보면, 새색시의 이모저모와 그 인물됨을 살펴본다.

. 새집으로 이사하면, 전학, 입학, 전직이나 새로운 사업, 학설 등이 이루어진다.

. 병자가 새집을 짓고 들어가 문을 닫고 나오지 않으면, 사망한다.

. 움집에 들어가면, 미인계나 남의 음모에 빠지고, 병을 앓거나 사망하기도 한다.

. 집에서 밖으로 나가면, 사업이나 일의 착수, 외적인 일과 관계한다.

- 자기가 집으로 들어가면 사업을 결실, 종결, 말년 기타 어떤 기관이나 회사에 청탁할 일과 관계된다.
- 상대방이 집으로 들어오면, 자기를 방문하거나 일에 관계하며 자기에게 소청을 할 일이 있다.
- 상대방이 집에서 나가면, 인연이 끊어지거나 자기와의 어려운 관계가 해결되고 근심, 걱정이 사라진다.
- 집터를 닦으면, 사업판도나 세력권을 형성할 일이 있고 그 자리에 집을 건축하면 정신적, 물질적 사업을 시작한다.
- 자기 집을 스스로 허물면, 계획한 일, 과거의 업적, 사업, 조직, 소망 ,학설 등을 갱신 할 일이 있다.
- 집이 저절로 허물어지면, 사회적인 추세에 의해서나 압력, 이념, 학설 등에 의해 더욱 좋게 새로워질 일과 관계한다.
- 집의 일부가 무너지면, 사업, 신분, 명예 등이 몰락하거나 병이 들게도 된다.
- 이사 전후에 집이 폭삭 무너진 것을 보면, 큰 행운이 찾아오나 일부가 무너지는 것은 불길한 징조이다.
- 이사 가기 위해 짐을 밖으로 내가거나 차에 싣는 것을 보면, 사업전환, 청탁, 이전, 새로운 환경 조성 등이 있게 된다.
- 새집으로 이사 가야겠다고 말하고 생각하면, 사업계획, 내 직장, 새로운 배우자를 얻으려고 노력한다.
- 이사 짐이 많으면, 사업 밑천이 많고, 짐을 여러 차례 나르면 근심 걱정이 계속된다.
- 자기 집으로 물건을 들여오는 것은, 재물, 이득, 사건 등을 이끌어 들이는 것을 의미한다.
- 집을 사면, 사업기반, 직장, 배우자를 얻고 집을 팔면 사업, 신분, 직장, 배우자 등을 상실 또는 바꾸게 된다.
- 이층을 올리거나 외곽에 또 하나의 벽을 쌓으면, 이중성을 띤 사업이나 이론 형성 등의 일과 관계한다.
- 집을 수리하는 것을 보면, 기존 사업을 완벽하게 하거나 자본을 더 투자 할 일이 생긴다.
- 여러 세대가 잇대어 지은 연립주택을 지나면, 어떤 일을 진행함에 있어 여러 기관, 부서 계통을 통과한 후에 일이 진행됨을 상징한다.
- 자기 집 안팎에서 사람들이 웅성거리면, 초상이 나거나 큰 일이 생긴다.
- 큰집과 작은집 두 채 중 한곳으로 이사를 하려 하면, 집값의 액수나 사업체, 직장 등의 크고 작음을 암시한다.

- '가'의 곳에서 술을 마시고 '나'의 건물에서 소변을 보았다면, 가의 기관에서 맡겨준 일을 나의 기관에서 성사 시킨다.
- 어떤 집에 잠깐 머무르거나 안을 들여다보면, 그곳에서 한 동안 일에 종사하거나 연구, 청탁, 탐지 등의 일을 하게 된다.
- 무당들이 굿을 하면서 노래 부르거나 춤추는 것을 보면, 어떤 주간지에 특수한 사람, 역학자, 철학관, 무속 인이 글을 발표하는 것을 본다.
- 공공건물을 짓는 것을 보면, 사업체, 조직체 등을 형성할 일이 있고 개인집을 지으면 자기 일이나 업적을 구성하게 된다.
- 집터를 물색하면, 사업기반이나 묘 자리를 잡기도 하며 집터를 닦는 것을 보면 사업에 착수하게 된다.
- 목재, 시멘트, 모래, 자갈, 기와 등이 건축자재를 확보하면 인재, 연구자료, 사업자금이 마련된다.
- 돌로 담이나 벽을 쌓으면, 진리의 집대성, 학문적 연구 성과, 사업체의 견고함을 상징한다.

3) 학교의 꿈

필자가 학문과 공부를 하기 위해 출가의 결심을 하기 전 몇 번을 어린 학생이 되어 학교를 입학하는 꿈을 꾼 적이 있다. 그 후 꿈을 연구하고는 그 이유를 알았지만, 학교의 상징이 대부분 교육과 관계된 직장이나 종교단체, 교도소, 군대, 현재의 직장 등의 상징이 되며 학교의 명칭은 그 기관이나 단체의 내용이나 성격과 유사한 경우가 된다.

- 학교의 강단은, 기관이나 회사의 세력권과 사업 장소나 신문의 지면과 언론의 영향력을 상징하기도 하며, 학교 내부의 건물은 종교단체, 국회, 정부기관의상징이 된다.
- 학교를 오래 전에 졸업한 사람들의 꿈에서 다시 학교에 입학하는 꿈은, 다시 새로운 조직이나 직장에 취직하거나 새로운 기관이나 조직에 가입하여 새로운 인생이 시작되는 상징이 되고, 범죄인의 경우에는 교도소나 경찰서에 구금되거나 하기도 하는 상징이 된다.
- 학생일 경우에 학교에 대한 꿈을 꾸게 될 경우에는, 본인이 다니고 있는 학교의 일이기도 하나, 꿈의 내용에 따라 해석이 달라지며, 대부분은 학교가 아닌 사회에 관련된 일일 경우가 많고, 학생이 실제 학교일 경우에는 수영장이나 동물원, 교도소, 종교단체의 일로 표현되는 경우가 대부분이 된다.

- 꿈속 학교에서 만나는 교장, 교감, 선생님들은 대부분 직장의 책임자로 해석의 상징이 된다.
- 동급생은 직장의 동료가 되며, 선배, 후배는 직장의 선후배의 해석이 된다.

4) 건물의 부분 상징의 꿈

　자기 집의 안방에서 성직자에게 세 채의 이불을 받고, 더불어 성행위를 한 꿈을 꾼 여인은 필자에게 죄스러운 마음으로 해몽을 구했다.
　필자는 세 가지의 조건으로 성직자와 성행위는, 믿을 수 있는 상징이니 확실한 기관의 책임자와 계약이 성사될 것을 말했고, 그 후 세 곳에서 신용이 확실한 광고 회사와 계약이 성사되었다고 했다. 유방암으로 수술을 하게 된 여인의 꿈에서 지하의 세 군데 방을 수리하는 꿈은, 세 곳의 임파선을 제거하는 일이 있었다.

- 건물의 내부인 방은, 사건의 무대와 사업의 기반, 여성의 내면, 우리 몸 내부의 장기, 기관의 부서, 사건의 종결과 시작을 상징하고, 안방은 집안이나 사업체의 내부나 사장실, 기업의 중심 부서를 상징한다.
- 꿈에서 침실은, 자기의 방이 되기도 하지만 결혼, 애인, 결혼생활, 사업, 병원, 입원실, 교실, 시험장의 상징이 된다.
- 응접실은, 외교, 외무, 외근, 사교의 일과 관계된 일의 상징이 되고, 바깥채의 집 역시 외부의 사업장이 된다.
- 서재는, 연구실, 학교, 도서관, 전시관의 상징이 되고, 빈방이나 골방은 병실, 일꾼 등과 관계된 일과, 어느 기관에 부속된 기관의 상징이 된다.
- 어느 방인지 분명하지 않으면 장소의 의의가 중요하지 않은 일의 상징이 된다.
- 지하실을 들여다 본 꿈은, 공개되지 않은 일을 관계하게 되었다.
- 안방은 집안, 관청의 내부, 기관중심의 부서를 상징한다.
- 건너 방은 기관의 부속건물, 회사의 지부, 외근 관계부서 등을 상징한다.
- 여러 개의 방은 여러 채의 집과 동일한 해석이 가능하다.
- 바깥채는 외부의 기관, 외무 담당의 상징이 가능하다.
- 응접실은 외교, 외무, 외근, 사교 등의 일과 관계된다.
- 침실은 자기 방이나 연애, 결혼생활, 사업, 병원, 교실 등이 상징이다.
- 서재는 연구실, 학교, 도서관, 작전본부, 전시장 등의 상징이다.
- 골방은 입원실, 첩, 가정부, 일꾼과 관계된 상징이다.

- 어떤 방인지 분명치 않으면, 장소적 의의가 중요시 되지 않는 일의 상징이다.
- 방이 길거나 넓으면, 자기의 사업장이나 위탁한 기관 세력의 강대함을 상징한다.
- 윗 좌석이라고 생각되는 곳에 손님을 모시면, 존경하고 보호해야 할 사람이 나일과 관계된다.
- 큰 저택에 오르면, 신분이 고귀해지고 등용이나 취직의 일이 있다.
- 뒷마루에 오르면, 외무부, 부속기관, 외교 관계나 서적과 부록 등을 관계하는 직책을 얻는다.
- 계단은, 계급, 학년이나 노력 여하 일의 편의와 고통, 시간경과, 연쇄작업, 중계수단 등에 관한 일을 상징한다.
- 처음에는 계단을 오르기가 고통스럽다가 올라 갈수록 편해지면, 일의 진도나 진급 등에 있어 처음에는 고통스럽다가 나중에 편해짐을 의미한다.
- 건물내부의 계단을 쳐다보면, 진급 전망이나 사업진도를 가늠하는 것으로 벅찬 일과 관계한다.
- 계단에서 미끄러지거나 떨어지면, 진급, 진학, 사업, 소망 등이 좌절된다.
- 일곱 계단위에 서면, 행복한 일과 관계되며, 일곱 계단을 내려오면, 7년의 불행이나 병고 등과 관련한다.
- 13계단에 서는 것은, 불행, 죽음 등과 관계된 관념의 표상이다.
- 사다리는, 협조기관, 사업방도, 학년, 계급 진도 등의 일과 관계한다.
- 사다리를 앞에서 들고 윗사람과 같이 벽을 새운 학생의 꿈은, 수석 입학하는 것으로 체험됐다.
- 끝을 알 수 없는 구름사다리를 오르면, 망상적인 일을 진행시키거나 병세가 더욱 악화된다.
- 사다리를 통해 지붕에 오르면, 진급이나 상부 층과 거래가 성립되고 창문 으로 들어가면 협조자, 협조기관 또는 편리한 방법에 의해서 소원이 성취된다.
- 사다리 꼭대기에서 내려올 수 없으면, 일을 중단할 수 없거나 이직 등의 일이 어렵게 된다.
- 건물 아래층에서 위층으로 오르면, 상부의 일을 맡게 되거나 신분, 직위 등이 높아진다.
- 대학생의 꿈에 4층에서 일어나는 일은, 4학년생과 관계하고 4층에서 뛰어내린 사람은, 좋은 성적으로 졸업한다.
- 지하실은, 연구실, 비밀단체, 비밀장소, 유치장, 부업, 뒷거래 등과 관계된 어떤 장소적 의의를 갖는다.

- 지하실을 들여다보면, 어떤 비밀스러운 사업이나 학문, 남의 이면 상 등을 연구, 탐사, 관심을 가지게 된다.
- 캄캄한 지하실 내부를 헤매다가 깨어나면, 밝힐 것을 밝히지 못하고 범죄인 으로 몰려 고통을 받는다.
- 지하실에 물이 가득하면 막대한 재물 또는 돈이 생기고, 지하실에 물이 얼 어 붙으면, 사업 자금 등의 동결 상태에 놓인다.
- 현관은, 취직의 관문, 사업의 청탁 접수부, 그대로의 현관이거나 신문의 제 1 면과 관계한다.
- 관청이 현관 앞에 서면, 그 관청 일에 관심을 갖거나 청탁할 일이 있고 현관 을 통과하면, 일이 깊이 진전된다. 또 현관을 닫고 나서면, 그 기관이나 회 사의 인연이 끊기게 되고, 현관문이 열려 있으면, 청탁, 방문이나 공개적인 일이 수월하게 이루어진다.
- 벽은, 한계점, 세력기관, 단체, 협조기관, 절망의 대상, 방비, 주체성 등을 상 징 한다.
- 벽의 내면과 외면은, 각각 내향성, 외향성의 사건과 관계한다.
- 벽에 그림, 액자, 시계, 달력, 옷 거울 및 기타 물건을 걸어두면, 기관, 단체 등에서 업적이나 명예, 작품을 과시하게 된다.
- 벽에 물건을 걸거나 붙이는 것은, 물건의 상징 의의에 따라 추대한다, 기념 한다, 마음에 새겨둔다 등의 일과 관계한다.
- 입던 옷을 벽에 걸면, 협조자의 도움을 직접 또는 간접으로 오래 받거나, 일 을 어느 기관에 위탁한다.
- 큰 암벽에 이름 또는 문구가 새겨진 것을 보면, 책의 표제를 암시하거나 기 관의 윗사람을 상징한다.
- 벽에 큰 구렁이나 공작새가 앉아 빛을 발하면, 기관에 명예로운 일이나 작품 등을 제출해서 길이 기념하게 된다.
- 벽에 무수한 파리 떼가 붙어 있으면, 부모, 남편 및 기타의 의지가 되는 사 람의 신상에 우환이 생기거나 글을 발표할 일이 생기기도 한다.
- 사방의 벽이 막혀 탈출구를 찾지 못하면, 외세의 압력을 받거나 절망 상태에 빠져 고통을 받는다.
- 벽에 물을 뿌리거나 저절로 물이 흐르면, 여러 사람을 감동 시킬 일이 있다.
- 벽을 새로 바르거나 청소하면, 기관에 소청할일, 사업의 개정, 예방, 마음 가 짐에 대한 수양 등과 관계한다.
- 벽에 금이 가서 무너질 것 같으면, 기관이나 사업에 내분이 생기거나 업적에 손상을 입게 된다.

- 벽이나 담이 완전히 무너져 큰 구멍이 뚫리면, 새로운 기관 사업체에 관여하거나 자기의 일이 대외적으로 공개된다.
- 고향집이 무너져 약간의 담 벽만 남으면, 사업이 성취되고 잔무처리만 남게된다.
- 담은 세력권, 큰 기관, 학원, 병영, 방어태세, 한계선 등을 상징한다.
- 저택에 큰 담을 끼고 야경을 돌면, 군인은 파견근무, 공무원은 외근을 하게된다.
- 담이 무너져 밖이 크게 내다보이면, 사업이 융성해지거나 운세가 대길해진다.
- 도둑이 담을 뚫고 들어오면, 사업이나 학문적 연구에 협조해 줄 사람이나 배우자를 얻게 된다.
- 차에 부딪혀 담이 무너지면, 유력자가 나서서 사업방도에 활로를 제공해준다.
- 학생이 담 위에 오르면, 시험에 합격되고, 담 밑에 개구멍을 통과하면 수능에 좋은 성적을 얻는다.
- 담 위에 여러 개의 꽃송이를 늘어놓은 것을 본 꿈은, 작품심사와 관계된 것이다.
- 담 위에서 이웃집을 내려다보거나 외계를 전망하면, 남의 세력권을 자기의 권세 아래에 놓거나 간섭하게 되며 검토 할 일이 있다.
- 남이 담 위에서 자기 집을 내려다보면, 사생활을 간섭 받거나 청원, 청혼 등을 위압적으로 해온다.
- 고양이, 닭, 뱀 등이 담 위에 오르면, 사업이 잘 이루어진다.
- 고양이가 담 위에서 내려다보면, 누군가가자기 일에 간섭하거나 감시, 청원, 탐지 등을 하게 된다.
- 밖에서 담 안에 있는 것을 보거나 손을 뻗어 물건을 가지면, 기관, 회사, 내부의 일을 간섭 하거나 소유하게 된다.
- 담장 안에서 주인이 과일을 따주면, 관청이나 회사의경영자가 자기에게 어떤 보상을 해줄 일이 있거나 그 기관에 채용된다.
- 여러 사람이 벽돌을 날라다 담이나 벽을 쌓는 것을 보면, 여러 사람의 협력에 의하여 세력권, 사업체, 단체, 학문적 업적 등을 형성하게 된다.
- 울타리는, 담과 동일한 상징의의가 있으며 세력권, 방어수단, 허실, 한계점, 마음의 장벽 등을 상징한다.
- 과수원 울타리 앞에 서서 안을 보면, 학원, 병영, 사업장에 관심을 갖거나 연구 또는 청탁할 일이 있다.

- 울타리를 넘어 들어가면, 기관, 회사, 학원 등에서 학업 수련, 사업에 관여하게 된다.
- 목장 울타리는, 자기의 세력판도, 기관, 회사 등의 사업장이나 학원, 병영 기타 경내를 뜻한다.
- 울타리가 쳐진 가축 사육장 안으로 가축을 몰아넣으면, 재물과 인재를 확보한다.
- 울타리 밑으로 뱀, 호랑이 등 동물이 들어온 태몽의 꿈은, 태아가 장차 학업을 닦아 성공할 것을 예시한다.
- 울타리는, 자기 집 것이라도 기관이나 사업장, 회사, 학원 등과 관계되는 상징 물이다.
- 철조망을 끊거나 폭발시켜 안으로 침입하면, 비상한 능력과 방도에 의해서 기관을 움직이거나 일을 성사 시킨다.
- 앞에 있는 철조망 울타리가 제거 되거나 낮아지면, 사업이 무난히 성사된다.
- 천장은, 상층부나 고위급 인사, 정신부위, 중복적인 일을 상징한다.
- 천장이 높으면, 고위층과 관계가 밀접하지 않고 천장이 낮아 서기 힘들면 궁색한 문제가 생긴다.
- 천장이 무너지면, 부모나 이웃사람이 죽거나 상급자의 기세가 꺾인다.
- 천장을 뚫고 들어온 동물에 관한 태몽을 꾸면, 태아가 일찍 요절하거나 부모와 일찍 사별한다.
- 천장이 무너진 구멍으로 새가 날아가는 것을 보면, 재해로 인해서 인명이 희생됨을 본다.
- 방안에 앉아 뚫린 천장 밖으로 무수한 별을 보면, 고위층을 통해서 사업성과나 작품 등이 크게 이루어진다.
- 천장에, 거미줄, 전선 등이 이리저리 얽혀 있으면 두통을 앓거나 고위층에 청탁한 일이 언제 성사될지 모른다.
- 천장에, 청룡, 황룡이 얽혀 나는 그림을 보면 업적, 작품 등이 기관을 통해 선전 광고가 되거나 명예가 주어진다.
- 천장에, 무수한 파리 떼가 앉아 있으면 부모님에게 병환이 있거나 신문 잡지에 글을 발표하게 된다.
- 나무가 천장을 뚫고 하늘로 치솟은 것을 보면, 사업이 크게 융성하여 확대된다.
- 천장에 불이 붙어 활활 붙으면 고위층에 청탁한 사업성과나 작품 등이 크게 광고 되거나 발표되며 평가된다.
- 벽 또는 천장에 붙은 다락은, 연구기관, 금고, 상부기관, 학원, 위탁소 등을

상징한다.

. 다락문을 열고 안을 들여다보면, 학문적 연구나 고위층에 청탁할 일이 생긴다.

. 자기가 다락에 숨어 있는데 호랑이가 덤벼들어 물거나 성교하면, 기관에 청탁이 성사되고 소원 성취되며 명예가 주어진다.

. 다락에서 무수한 벌레가 기어 나오면, 연구 성과가 크다.

. 긴 복도를 걸어가면서 이 방, 저 방 들여다보면 한 기관 또는 회사 내부의 여러 부서나 사업장, 산하단체 등과 관계한다.

. 복도에 놓인 꽃병을 가지고 나온 여성은, 회사의 비서나 외무 담당자와 교제, 결혼 등을 하게 된다.

. 천장에 매달린 꽃병에 꽃을 장식한 밑을 사람들이 왔다 갔다 하면, 사업성과나 작품 등을 대외적으로 공개해서 명성을 떨친다.

. 옥상에서 하늘을 우러러 보면, 정신적인 수도를 한다.

. 옥상에서 일하거나 앉아 쉬면, 자기의 일 또는 소청한 일이 어떤 고위층에 의해서 이루어진다.

. 옥상에 가마니를 뒤집어쓰고 있는 사람을 보면, 직장을 은퇴할 사람이나 죽음에 임박한 사람이다.

. 지붕에 사람들이 빽빽이 서 있는 것을 보면, 집안이나 직장에 어려운 일이 생긴다.

. 호랑이, 고양이가 지붕에 올라가 내려다보면, 어떤 권력가가 해를 끼치거나 억압을 가할 일이 있다.

. 닭이 지붕마루에서 크게 울면, 고급관리가 되고, 큰 구렁이가 지붕마루에 오르면, 출세하거나 명예를 얻는다.

. 지붕에 기와나 이엉을 잇는 것을 보면, 사업, 작품 등의 완성, 간판, 책명, 명칭, 개정 등이 이루어진다.

. 기와지붕이 적색, 청색, 홍색, 흑색 등 각색의 기와로 되어 있으면, 사업체나 기관, 서적 등의 특성을 각각 나타낸다.

. 지붕이 무너지고 파괴되면, 신분, 사업, 단체 등이 몰락하거나 와해된다.

. 추녀 밑에 들어가 비를 피하면, 세도가의 도움으로 사업을 운영할 일이 생긴다.

. 추녀 끝이 남의 집 지붕까지 덮으면, 세력의 팽창을 가져온다.

. 높고 큰 굴뚝으로 연기가 잘 나가면, 기관에서 선전광고가 잘되거나 세상 사람 들에게 설득력을 가질 일이 있다.

. 문을 여는 것은, 개방, 공개, 탄로, 과시, 확인, 허락, 진급, 방문, 통과, 청원

등과 관계된 상징이 된다.

- 문을 닫는 것은, 중지, 폐쇄, 정체, 보류, 종결 등을 상징한다.
- 대문, 방문 등의 안팎은, 기관이나 회사의 내부와 외부, 가문과의 관계 실제 의 집 안팎 등을 상징한다.
- 닫쳐진 방문을 열고 안을 들여다보면, 일이나 연구의 진상규명, 청원할 일이 있다.
- 문을 열고 방안으로 들어가면, 본격적으로 일에 관여 또는 착수하게 된다.
- 문을 자물쇠로 잠그면, 기관, 집, 가문 등과의 관계가 끝나 버리는 것을 상관 한다.
- 잠근 문을 열면, 일의 방도나 운세, 소원 등이 크게 호전된다.
- 방문을 열고 밖을 내다보면, 대외적으로 관심을 갖거나 연구, 관찰, 감독할 일이 생긴다.
- 호랑이를 타고 대궐이나 큰 저택 등의 대문으로 들어간 태몽을 꾸면, 태아가 장차 협조자나 정당의 추천을 받아 큰 기관이나 단체의 우두머리가 된다.
- 처녀가 대문을 나서서 산 또는 무덤으로 걸어가면, 취직, 결혼 등의 일이 이 루어진다.
- 문이 저절로 열리면, 당국에서 협조해 줄 일이 있고 안에서 누가 열어주면 안내자, 협조자, 지도자를 만나 일이 성사된다.
- 문을 노크하면, 상대방의 의사를 타진하거나 간접적으로 청원할 일과 관계된 다.
- 문을 새로 고치면, 소원이나 사업, 계획한 일, 운세 등이 새로워진다.
- 대문 앞에 큰 길이 전개되면, 가운, 관운, 사업 운이 크게 열린다.
- 문구멍으로 들여다보면, 염탐, 정보수집 등 가해할 목저 ㄱ등에서 행위 되는 일과 관계한다.
- 문구멍으로 내다보면, 신문, 잡지, 방송 등의 언론을 통해 자기 일이 선전 광 고된 것을 본다.
- 문밖에서 유령, 도깨비, 교활한 여성 등이 교태를 부리고 뒹굴거나 춤추며 들어다 보면, 병에 걸리거나 우환이 생긴다.
- 상대방이 자기 방을 들여다보면, 그가 자기 내력을 알려 하거나 시비, 반항 등을 할 일이 생긴다.
- 애인이 자기 집 방문턱에 잠깐 걸터앉아 들여다보면, 그가 결혼을 할까, 말 까 망설이고 있음을 나타낸다.
- 구렁이가 문턱에 걸쳐 있다가 사라지면, 결혼을 하더라도 생이별을 한다.
- 상대방이 방문 안팎에서 다리를 하나씩 걸치고 서 있으면, 진퇴양난에 처해

있거나 그의 심정을 알 수 없게 된다.

· 대문으로 들어가면, 관문을 당당히 통과하는 것이고 후문으로 나가면, 도피하거나 떳떳하지 못한 일과 관계한다.

· 대문 협문을 번갈아 가며 들락날락 쫓고 쫓기면, 기자, 수사관 등이 취재에 분망하거나 사건의 꼬리를 잡지 못함을 상징한다.

· 창문을 열면, 대외적으로 관심을 갖는 일, 분투노력할 일, 주장을 강하게 내세울 일, 공개, 시위 등의 일을 체험한다.

· 고층건물의 창문을 열어놓고 앉아 밖을 내다보면, 어떤 일을 세상에 제기 하고 그 반응을 살필 일이 생긴다.

· 창문 안에 유명인과 악수하거나 키스하면, 일이 성사된 기별을 듣거나 명예를 얻는다.

· 어떤 집 창문에 불이 환한 것을 보면, 취직, 결혼, 사업, 청탁 등의 반가운 소식이 온다.

· 창문으로 넘어 들어가면, 취직, 청탁 등의 일이 이루어진다.

· 유리창을 통해 안을 들여다보면, 기관을 통해 간접 또는 직접으로 알 일이 생기며 ,태몽일 경우면, 모자 이별이 있다.

· 새집에 문패를 달면, 간판, 명예, 신분, 직위 등이 새로워지거나 널리 알려진다.

· 집집마다 문패 또는 표지를 대문에 달아주면, 권한, 사상 등이 전파된다.

· 문패를 자기가 떼거나 상대방이 떼면, 직권, 명성, 인기 등이 몰락한다.

· 창고는 학원, 연구원, 은행, 기관, 지혜의 보고 아니면, 그대로의 창고를 뜻한다.

· 창고 안에 있는 물건은, 연구대상, 관심사, 이익, 소득 등의 의미를 상징한다.

· 마당은, 세력권, 사업판도, 부속기관, 타향, 외지, 외무 등을 상징한다.

· 마당에 물건을 놓거나 쌓으면, 완전한 자기 소유가 아니라 공유, 재산, 일 사업 등을 의미하거나 기관에 청탁할 일이 있게 됨을 예시한다.

· 곡식을 마당에 쌓거나 덮어놓으면, 집안에서의 일이 아니라 자기의사업장에서기관에 청탁한 재물이나 일, 작품 등을 암시한다.

· 자기 집 마당에 사람들이 웅성거리면, 혼사나 초상이 나고 상여나 차가 놓여져 있는 것을 보면, 자기 권한 하에 있는 기관이나 사업장에서 행위 되고 있는 상황이다.

· 마당에 냇물이 흐르거나 샘이 솟고 물이 괴면, 사업장에서 재물이 생기거나 기관을 통해서 창작물이 발표되기도 한다.

. 정원이 넓으면, 기관의 내부나 세력권, 학원, 사업판도, 운세 등이 발전적이
  거나 큰 것을 뜻한다.

5) 화장실과 목욕탕의 꿈 편

대변이 급해서 화장실은 찾았으나 길게 늘어선 사람들의 끝에서 기다리고 있
었다. 언제 내 차례가 오나 하고 기다렸더니, 어디선가 친척 한 사람이 와서
다른 화장실을 안내해 그곳에서 시원하게 대변을 보았다.
필자는 해석하기를 화장실은 소원을 해결하기 위한 공공기관 민원실이며, 그
곳에서 소원이 충족되었음을 말했다. 그 사람은 대출을 받기 위해 대기자가 많
은 은행에서 기다리고 있었으나, 알고 지내던 사람의 소개로 다른 은행에서 손
쉽게 대출을 받았다고 했다.

. 화장실은, 자기 일을 처리해 주는 어느 기관, 회사, 사업장, 술집 등의 상징
  이 되며, 공공기관의 민원실일 경우가 대부분이며, 화장실에서 대소변을 보
  는 것은 하고자 하는 일의 성취됨을 상징하나, 대소변을 보지 못하면 그 공
  공 기관에서 일이 성취되지 않는 경우이다.
. 많은 사람들과 함께 목욕을 기분 좋게 하는 꿈을 꾼 대학의 교수는, 학생들
  과 함께 졸업식을 성대히 거행한 것을 표현했듯이, 목욕탕은 화장실과 마찬
  가지로 명예욕, 성욕, 물욕 등의 소원을 충족하는 장소의 상징이 된다.
. 공중화장실이나 목욕탕일 경우에는, 개인적인 일의 해결을 위한 일이 되나,
  마찬가지로 관공서나 기관의 민원실일 경우가 대부분이다.
. 저수지나 호수에서 목욕을 하는 것도 마찬가지, 사업장이나 기관에서 소원의
  충족됨을 표현하나, 다만 목욕물이 깨끗하고 맑아야 한다.
. 화장실에서 본 대변이 돼지로 바뀐 꿈은, 정선 카지노에서 놀고 돈을 따기도
  했다.
. 화장실로 피신을 했던 사람의 꿈은, 비리를 저지르고 해결하고자 했다.
. 식당에 딸린 화장실에서 여인의 성기를 보았던 꿈은, 술집에서 여인의 유혹
  에 망신을 했다.
. 화장실에서 성행위를 만족하게 한 사람의 꿈은, 관공서의 납품 계약이 성사
  되었다.
. 남녀가 화장실에 성행위를 하는 것을 본 꿈은, 남이 계약되는 것을 알게 되
  었다.
. 화장실에서 화장을 하고 손을 씻은 꿈은, 억울한 구설과 시비가 해결되었다.

. 화장실이 지저분하여 볼일을 보지 못한 꿈은, 조건과 자격의 부족으로 은행 대출의 일이 해결되지 않았다.

. 화장실에 남이 쳐다보아 볼일을 보지 못한 꿈은, 남의 방해를 받았다.

. 화장실에서 빠져 허우적거린 사람의 꿈은, 회사의 재무를 맡고 구설과 시비를 얻었다.

. 야외에 볼 일을 본 사람의 꿈은, 공개적인 세미나로 성과를 얻었다.

. 더러운 물에 목욕을 한 꿈은, 일을 마치고도 시비와 구설을 들었다.

. 더러운 목욕탕에서 소변이 담겨진 대야에 세수를 한 꿈은, 생일잔치 하던 식당에서 다툼과 시비로 구설을 들었다.

. 목욕탕에 물을 끼얹은 꿈은, 돈을 써 광고를 하였다.

. 화장실은, 자기 일을 처리해줄 어떤 기관, 회사, 여인의집, 부정한 곳, 재물의발생지, 장소 등의 상징이 된다.

. 화장실에 들어가면, 어떤 일을 처리 할 장소를 택할 수도 있고, 대소변을 보면, 소원 충족이나 청탁한 일이 성사된다.

. 식당 옆에 화장실을 가면 매춘 녀 와 관계하고 화장실의 열린 곳을 들여다 보면 음탕한 여인을 만난다.

. 화장실에서 화장을 하거나 손발을 씻으면, 소원충족, 근심걱정 해소, 신분이 새로워 질 일이 있다.

. 화장실의 앉을 자리가 불편하면, 회사, 기관을 통해서의 일처리가 입지조건이나 환경의 여건에 불만을 갖게 된다.

. 화장실 밖이나 안에서 사람, 동물이 들여다보고 기웃거려 변을 보면, 방해하는 사람으로 일을 처리하지 못한다.

. 화장실에 빠져 허우적거리면, 신분, 명예가 몰락되고 귀중품을 빠뜨리면 명예, 재물, 일 등을 잃는다.

. 화장실이 없는 야외에서 배설하면, 공개적인 일의 상징이다.

. 여러 개의 화장실을 지나 한 화장실에서 많은 대변이나 소변을 배설하면, 여러 사업장을 거친 후에 한곳에서 크게 소원을 충족시킨다.

. 목욕탕은 화장실과 마찬가지로 성욕, 물욕, 명예욕 등을 해소 시키고, 소원을 충족시키는 기관에서, 일이나 사업, 작품 등이 성사된다.

. 공중목욕탕에서 목욕을 하면, 사회적인 일, 고동적인 일, 경쟁, 주시 등이 성사 되거나 충족된다.

. 목욕탕 안에 물은, 깨끗하거나 많아야 좋고 물이 더럽다거나 적으면 불만이 생긴다.

. 같은 목욕탕을 세 번이나 들어가면, 같은 기관이나 단체에서 세 번의 소원충

족의 일의 상징이다.

· 탕 물을 떠서 몸에 끼얹으면, 어떤 재물 또는 사상적인 지원으로 신분이 새로워 진다.

· 수도 파이프에서 떨어지는 물에 샤워를 하면, 사업장에게 정신적 물질적 혜택을 받는다.

· 저수지, 하천, 약수터 및 기타 야외에서 벌거벗고 목욕을 하면, 사람이 거처하는 곳이나 기관, 단체 안에서 훈계나 설명을 듣는다.

· 저수지나 하천 등에서 목욕을 하면, 기관이나 사업장에서 소원을 충족 시켜 준다.

· 갓난아이를 목욕 시키면, 자기 일이나 작품 등을 기관 또는 사업장에서 더욱 완전한 것으로 해야 할 일이 생긴다.

6) 식당과 부엌의 꿈 편

커다란 식당에서 많은 사람이 모여 식사를 하였으나 자기는 더럽다는 생각에 돌아선 꿈은, 직장에서 해직당한 꿈이었으며, 조그마한 식당에서 작고 왜소한 여인의 서비스를 받으며 미얀마와 태국의 음식을 질리게 많이 먹은 꿈을 꾼 사람은 다음날, 수준이 낮은 일을 하루 종일 하였다고 하소연 하였다.

· 식당에서 누구에게 음식을 대접하는 일은, 그 음식과 대접을 받는 사람의 해석을 중요시하나 대부분 소원을 부탁하는 일의 상징이 된다.

· 식당일 경우는, 일을 해결하는 장소가 된다.

· 음식이 고급이면, 일거리나 작품이 수준이 높은 경우이다.

· 음식을 받는 사람이 귀인이면, 높은 관청이나 귀인에게 일을 부탁하는 일이기도 하다.

· 식당은, 어느 기관의 사무실의 상징이 된다.

· 음식은, 직무, 음식을 먹는 사람은, 일을 맡아 해결하는 일꾼, 종업원은 사무원, 명령 전달자의 상징이 된다.

· 부엌에서 요리하거나 음식을 만드는 사람은, 기획실의 직원의 바꾸기이며, 식당의 주인은 그 기관이나 직장의 책임자이다.

· 부엌에서 불을 때는 것은, 직장이나 사업장의 핵심부의 일을 진행하여 발전하는 과정을 상징한 것이다.

· 부엌에 불을 때는 것은, 사건이나 일이 빠른 시간에 성취되는 일이기도 하다.

. 부엌은 일의 시발점, 인사교류, 기획실, 재정적, 출세기반 등을 상징한다.
. 부엌에서 생기는 일은 지극히 가까운 시일 안에 이루어지는 일과 상관한다.

7) 교도소와 경찰서의 꿈 편

몇 해 전에 사십이 넘은 여인이 꿈에 아버지와 아이가 된 자신이 앞길에 철길이 있었고, 그 옆에 교도소가 있었으며, 갑자기 나타난 교도소 간수가 아버지를 묶어 끌고 가서 사형을 시키는 것을 보고 무서워하며 통곡하는 꿈을 꾸었다고 했다.

필자는 그 여인에게 "무엇을 하느냐"고 물었고, 가정이 어려워 사십이 넘은 나이에 대학을 가고자 했다. 필자는 해석하기를 아버지는 오래된 숙원 사업이니 학업을 상징했고, 교도소는 대학을 상징, 간수는 교수를 상징, 길게 나 있는 철길은 장래의 희망을 상징하며, 통곡을 하는 것은 소원충족과 명성을 상징했고, 본인이 아이가 된 것은 나이가 먹었어도 앞으로 성장해야 되는 학생의 신분을 상징했다.

필자는 꿈에 독일에 놀러갔다가 독일의 경찰서에 끌려가 조사를 받는 꿈을 꾸고서는, 농어민 신문에 꿈을 연재하게 되었으니, 독일은 대한불교 조계종이 아닌 타 언론기관이며, 독일 경찰서 수사과장은 농어민신문의 편집국장의 상징이 된다.

. 법원에서 재판을 받아 사형선고를 받은 사람은, 교수 심사를 받아 교수로 임명이 된다.
. 사람을 죽여 경찰관에게 잡혀간 사람의 꿈은, 고위 공직자로 선임이 되었다.
. 아들이 교도소가 수의를 입은 꿈은, 병원에 입원한 상징이다.

8) 사찰과 교회의 꿈 편

절에 다니는 노 보살님은, 어느 날 꿈에 절에서 부처님께 절을 하고 법당 앞에서 약수 물을 떠 마시고 집에 와 보니, 아들이 죽어 있어 거적으로 덮어 놓은 시체를 보고 통곡한 꿈의 해몽을 구했다.

필자는 해석하기를, 절의 건물은 권력이 있는 관공서가 되고, 부처님은 결정권자가 되고, 물을 마신 것은 아들이 능력과 학식이 있음이요, 아들이 죽어 시체가 된 것은 권력자에 의해 취직이 결정된 것을 상징하며, 통곡을 하는 것은 소원이 이루어져서 감동을 하는 것으로 해석하여 공직에 취직될 것으로 해석하여 주었고, 그 후 그 노 보살님의 아들은 행정고시에 합격하여 공직자가 되었다.

- 사찰은, 대부분의 관청이나 권력기관의 상징이 되고, 더러는 소원을 이룰 수 있는 기관의 상징이 된다.
- 절에서 기도를 하면, 현실의 관공서나 기관에서 일을 해결해 준다.
- 태몽에서 절에 가서 불경을 얻으면, 태아가 장차 학자와 공직자로 성공하고, 목탁이나 요령소리를 들으면, 명성이 있는 유명 인이 되고, 절에서 사천왕을 보면 군인이나 경찰 등 무관으로 성공한다.
- 절에서 부처님께 공양물을 얻으면, 많은 사람들에게 도움을 받아 소원이 이루어진다.
- 절에서 부처님과 스님은 기관의 절대적인 권한을 가진 권력자의 상징이 되고, 스님은 기관이나 관공서의 중요 직책을 가진 인물의 상징이 되며, 교회도 사찰과 동일한 해석과 상징이 된다.
- 절에서 기도하면, 소원이 이루어진다.
- 절에서 아들이 죽은 것은, 고시에 합격한다.
- 절에서 죽은 시체를 보면, 관공서에서 큰돈을 얻어 쓴다.
- 절에서 기도하여 얻은 태몽은, 공직자의 상징이 된다.
- 이절 저절 에서 기도하면, 부탁해야 될 기관이 많은 것이다.
- 절에 딸린 삼성각, 칠성각, 등도 정부기관에 관련된 기관의 상징이다.
- 절에서 부처님께 공양물을 얻으면, 기관의 도움으로 소원을 이룬다.
- 교회에서 종소리를 들은 꿈은, 다니는 학교에 대학 합격자가 많다는 소식을 들었다.
- 십자가를 태워 재가 된 꿈은 앓던 감기가 나았다.
- 교회에서 십자가를 가져온 꿈은, 학교에서 회장의 책임과 명예를 얻었다.

9) 병원의 꿈 편

다니는 절의 주지스님이 죽었다고 하여 병원에 가게 되었고, 병원에 가보니 주지스님이 아닌 남편이 죽어 있어서 통곡을 한 꿈을 꾼 여인은 필자에게 꿈의 해몽을 구했다.

이 꿈은 신앙인 이유로, 절의 주지스님은 믿음의 상징이니 병원의 상징인 특수한 관공서로 바꾸어 놓기가 되며 관공서는 확실한 믿음의 상징이 되고, 남편이 병원에 죽어 있는 것은 그대로 남편의 사업이 관공서에서 해결되어 돈벌이가 되는 꿈이었다.

병원은 심사기관이나 학교, 법정, 군대, 교도소, 경찰서, 종교단체의 상징이 된다. 그러기에 병원에서 일어나는 일은 어떠한 일을 해결하는 기관이나 단체의 상징이 되니 특수한 기관의 상징이 되고, 그곳에서 죽음은 일의 종결과 성사됨을 상징하나 만약에 진찰이 이루어지는 상황이 되면 일의 심사 내지는 조사가 이루어지는 상징이 되고, 수술을 하게 되면 작품이나 조건의 수정을 의미한다.

병원에서 일하는 의사는 그 기관의 책임자를 상징하고 간호사 역시 그곳에 근무하는 직원을 상징한다.

그러나 실제로 환자가 병원을 가게 되는 꿈은 병원으로 나오는 경우는 극히 드물며 대부분 경찰서나 교도소 검찰청 법원에서 재판을 받거나 조사를 받게 되는 경우이며 그곳에 책임자는 실제의 의사나 간호사 등으로 나타나게 된다.

. 병원에서 약 처방을 받은 꿈은, 구청에서 건물의 신축 허가를 받았다.
. 아들이 병원에 갇혀 있는 꿈은, 경찰서 구치소에 구금되는 일이었다.
. 병원에서 진찰을 받는 꿈은. 기관의 감사를 받는다.
. 병원에서 수술을 받는 것은, 기관에 의해 조건의 수정이나 개혁을 하게 된다.
. 병원장은, 기관의 장이요. 의사는 기관원이며, 간호사는, 근무하는 직원일 경우다.

10) 상점과 시장의 꿈 편

상점은, 학교, 회사, 직장, 사업장의 상징이 된다.
시장의 양복점에서 오만원의 돈을 주고 양복을 한 번 산 꿈을 꾼 사람은, 5개월 후에 좋은 직장에 취직이 되었다.

. 포목상에서 색종이를 두루마리로 산 꿈은, 등기소에서 새로 산 부동산을 등기했다.
. 쌀집에서 쌀 한 가마니 사온 꿈은, 백만 원의 돈을 은행에서 찾아 왔다.
. 과일 상회에서 과일을 가져온 꿈은, 직장에서 월급을 받아온 것이다.
. 서점에서 책을 골라 가지고 온 꿈은, 다니는 교회에 감동을 받고 성경을 공부하게 되었다.
. 금은 보석상에서 보석이나 금과 은의 제품을 산 것은, 고급 직업을 얻게 되

거나, 중개인으로부터 결혼 대상자를 구하게 되거나, 귀한 신분이 되는 태아의 태몽이 된다.
- 술집이나 음식점에서 술이나 음식을 사 먹는 꿈은 돈의 액수만큼 맡은 일을 책임져야 하고, 취직이 되기도 한다.
- 나이트나 카바레나 다방 등의 찻집 등에서 사람들과 모이는 것은, 회합, 모임 등 기관을 통하여 이루어지는 일이 된다.
- 시장이나 상가나 백화점에서 물건이나 상품을 사고 지출하는 돈의 액수는, 해결되는 시간이나 날짜, 책임지는 시간 등의 상징이 대부분이 된다.
- 꿈에서 나타나는 시장은, 생활을 하기 위해서 활동하는 생활의 터전의 직장과 사회생활의 방법을 상징하게 되는 장소가 되는 것이다.

11) 동물원, 식물원의 꿈 편

결혼은 했으나 아이가 없는 여인은 꿈에 동물원에서 예쁜 사슴을 한 마리 얻어오는 꿈을 꾸었다. 필자는 개인의 환경과 생활을 묻고 해석하기를, 꿈속에서의 동물은 대부분 애착 가는 사람을 상징됨이 많은데, 혹시 '아이가 없으면 입양하고자 하는 뜻이 없나.'를 물었다. 그 후 그 여인은 시설에서 예쁜 사내아이를 입양하여 기르게 되었다.

- 동물원은 사람이 모여 있는 기관을 상징하니, 군대, 교도소, 영아원, 고아원, 학교, 훈련장 등의 상징이 된다.
- 꿈에서 동물원에 가 이곳저곳을 둘러본 꿈은, 자기가 관련된 기관을 관찰 하고 살펴보는 해석이 된다.
- 꿈에서는, 보는 동물과의 관계에 따라서 그 해석이 다르게 된다.
- 식물원은 동물원과는 달리 숲과 나무와 같은 해석이 된다.
- 꽃나무에 꽃이 많은 경우에는, 기관이나 단체에서 자기의 혼담이나 직장에서 성과와 결과를, 명예와 영광이 이루어지는 것을 관찰한다.
- 식물원에서 나무나 꽃을 집으로 가지고 오는 것은, 혼담이나, 직장에서 명예와 영광을, 기관에서 결실이 이루어진다.
- 식물원에서 나무에 열매가 익어 수확을 하는 경우에는, 직장과 사업장에서 결실이 되어 재물을 얻게 된다.
- 식물들이 마르고 죽으면, 사업장과 직장에서 어려움을 상징함은 나무와 꽃과 열매의 해석과 동일하다.

12) 기타 기관의 꿈 편

극장에서 영화를 보고 감동을 얻은 사람은, 친구들과 모여 증권의 지식을 얻기 위해 증권회사에서, 세계의 경제 상황의 강연을 감동 있게 듣는 꿈으로 해석이 되었다.

. 은행이나 우체국, 이러한 금융기관은, 금융기관으로 투시가 될 수도 있지만, 대부분은 우체국을 은행으로, 은행을 우체국으로, 또는 학교로 잡지사로, 출판사로, 신문사나 방송국 등 언론 기관의 상징이 된다.
. 은행에서 돈을 맡기러 가거나 하면, 어떤 일에 대한 기관에 부탁할 일이 있고, 은행에서 돈을 찾아오면 많은 돈은 현금대로 돈이 생기나, 대부분은 돈의 액수에 따라 해결이나 책임지는 시간의 상징이 되는 경우가 많다.
. 박물관의 경우에는, 그 뜻하는 의미가 관광, 견학, 교육 등의 뜻이 있기에 학교, 신문사, 도서관 관광, 탐색 등의 일을 관계된 꿈을 꾼다.
. 미술관일 경우에는, 도서관과 연구소, 상담소, 신문사, 잡지사 등의 상징이 되고 전시장은 박람회장, 세미나, 연구발표회 등의 상징이 되며, 중요함은 그곳에서 자기와의 관계를 중요시 하여 해석하여야 할 것이다.
. 어느 종교 활동에서 책임자는, 많은 개미들을 사육하는 꿈을 꾸고, 종교 활동에 헌신하게 되었다.
. 벌집이나 개미집 등은 작은 동물에 해당되지만, 많은 사람들이 모인 사회활동 기관의 상징이 되니 학교, 기관, 단체, 회사의 상징이 된다.

13) 아파트의 꿈 편

아파트뿐만 아니라 거대한 건물들은 어느 힘 있는 기관의 상징이 되니, 회사, 기관, 사업체 등 많은 사람이 모여 있는 조직체의 상징이 되고, 빌딩 같은 고층건물은 실제의 건물이 되기도 하며 거대한 업체, 사업의 성과, 이념, 위대한 학문, 법규의 상징이 되기도 한다.

살고 있는 아파트에 여성 술객이 있어서 어쩌다가 궁금한 일이 있으면 상담을 하는 일이 있었다. 그날따라 꿈에 그 여성 술객을 찾아 아들의 일을 상담을 하게 되었으나 유난히 잔소리를 하고 불쾌하기에 뒤돌아 나왔으나, 그 여성 술객 앞에는 검은 글씨로 아들의 이름을 쓴 종이를 가지고 있었다.

필자에게 꿈 해몽을 구했고, 자세한 내용을 듣게 되었다. 아들을 군대에 보냈으나 예기치 않게 병을 얻어 중도에 제대를 하게 되었고, 억울하게 생각한 어머니는 검찰에 고발을 하게 되었고, 검사가 조사를 하게 되었다.

필자는 해석하기를 살고 있는 아파트는 커다란 힘 있는 조직의 상징이 되니 검찰청으로 해석하였고, 여성 술객은 평소에 상담을 해도 불쾌함을 가지고 있었기에 불편한 검사를 바꾸어 놓았고, 마주보고 있던 것은 해결이 되지 않고 의견의 충돌을 상징하며, 불쾌하게 돌아 나온 것은 상대에게 등을 보였기에 상대의 약점을 보이게 되었으니, 검사에게 불쾌함을 당하고 아들의 일은 해결되지 않을 것으로 해석하여 주었다.

. 아파트 단지 전체가 완전히 무너지는 꿈. 11살 아이가 이 꿈을 꾸고 학교를 일주일 후 갑작스럽게 전학을 하여 더 좋고 다니기 편한 학교로 전학을 하게 되었다.
. 친구가 우리 아파트 아래층에 이사를 온 꿈은, 이 꿈을 꾸고 나서 친구가 내가 다니고 있던 종교 단체에 가입을 하고 같이 다니게 되었다.
. 아파트나 빌딩 같은 고층건물은, 실제의 건물, 기관의 계급적 관념, 사업단계, 거대한 업체, 지도의 업적, 이념, 학문, 법규 등을 상징한다.
. 아파트에 입주하는 꿈은, 대기업에 어려운 시험과 면접을 통해 입사 한 꿈이다.
. 아파트에 당첨은, 대기업 시험에 합격하는 꿈이다.
. 아파트 옥상에서 아래로 떨어지는 꿈은, 대기업에 근무하는 사람이 생각지도 않은 해외 대학원에 유학하여 공부를 하게 되었으나 회사에서 모든 경비를 대주었다.
. 아파트의 계단을 내려오는 꿈은, 직장을 잃게 되었다.
. 이웃 아파트로 이사한 꿈은, 같은 회사의 지점으로 전근을 하였다.

14) 문과 창문의 꿈

문은 어느 것이나 개방하고, 통과하는 일과, 폐쇄와, 종결을 상징한다. 둘째 며느리인 중년 여인은 어느 날 꿈에, 북한의 김정일이 죽은 김일성을 부축하여 자기의 집 앞 대문 앞에서 마중을 하고 있었다. 마음속으로는 '대문을 열지 말아야지' 하고 생각했으나, 가까이 다가 온 김정일과 김일성의 위세에 대문을 열고 말았다는 꿈의 해석을 필자에게 구했다.

필자는 해몽을 하기 전에 묻기를 꿈꾼 사람의 직업이나 하는 일을 물었으나 직업이 없었고 하는 일도 없었다. 다시 묻기를 시아버지와 시동생과 남편의 관계를 묻고서야 꿈의 정확한 해석을 하기에 이르렀다.

시아버지를 모시고 있던 시동생이 능력 부족함을 이유로 시아버지의 봉양을 부탁하는 일로 해석이 되었다. 죽은 김일성을 시아버지로, 김정일을 시동생으로 바꾸어 나온 것이 특징이라 할 수 있으니, 개인의 집안 사연을 분단된 우리나라의 현실로 비유했으며, 평소에 불편하게 지내는 시아버지와 시동생 관계를 나타낸 상징이 꿈으로 표현되었다.

. 문을 여는 것은, 개방, 공개, 탄로, 허락, 성공, 승진, 방문, 통과의 일의 상징이다.
. 대문을 닫는 것은 중지, 폐쇄, 정체, 보류 종결 등의 일과 관계되어 표현된다.
. 꿈에서는 문 안과 문 밖의 해석이 다르며, 문 안에서 밖을 바라보는 것과 밖에서 문 안을 바라보는 것의 해석이 다르다.
. 유리창 문을 안과 밖에서 바라보는 것은 서로의 관찰을 상징한다.
. 태몽에서 호랑이를 타고 큰 저택에 들어간 꿈은, 큰 국가 조직의 책임자가 되었다.
. 잠긴 문을 열쇠로 열고 들어간 꿈은, 시험으로 공직자가 되었다.
. 방문을 열고 밖을 나가는 꿈은, 새로운 일을 시작했다.
. 사찰의 사천왕문을 들어간 태몽 꿈은, 군인으로 성공하였다.
. 미혼녀가 대문을 나가는 꿈은, 결혼하여 출가하였다.
. 분홍색의 문을 두드리는 꿈은, 사랑하는 여인에게 간접 청혼하는 일이었다.
. 대문 앞에 길이 전개되었던 꿈은, 사업의 성공을 상징했다.
. 문을 고친 사람의 꿈은, 사업의 변화로 성공하였다.
. 문 밖에서 귀신이 노려본 꿈은, 머리가 아픈 병에 힘들어 했다.
. 문 안으로 들어온 빚쟁이의 꿈은, 부담되는 사람의 방문을 받았다.
. 문 밖에서 남이 집안을 들여다 본 꿈은, 마을 사람의 방문을 받았다.
. 대문 밖에서 대학을 바라본 꿈은, 대학에 합격하였다.
. 여인이 문 앞에 서서 들어오지 못하게 하는 꿈은, 청혼에 실패하였다.
. 여인이 문턱에 앉아 있던 꿈은, 오랜 시간이 지난 후에 결혼하였다.
. 호랑이가 문 앞에 앉아 있다가 사라진 태몽은, 결혼 후 이별하였다.
. 뒷문으로 도망간 꿈은, 직장에서 비리로 퇴직하였다.
. 창문을 넘어가는 꿈은, 직장을 얻었다.
. 유리창 문에서 독수리가 쳐다보는 꿈은, 힘 있는 사람의 관심으로 협조를 얻었다.
. 불 켜진 창문을 바라본 꿈, 오랜 교제 끝에 결혼에 성공하였다.

. 유리창 문으로 집안을 바라본 태몽은, 자식이 유학으로 떨어져 살아야 했다.

15) 천장과 옥상과 지붕의 꿈 편

기와지붕은 천정이나 옥상과 달리 고위층, 은퇴, 죽음, 명예 등의 상징이 되니 사람이나 동물 가운데 호랑이나 고양이 등이 기와지붕위에 올라가 있으면 남의 구속을 받거나 집안의 어려움이 생긴다. 그러나 닭이 울거나 구렁이나 뱀이 지붕에 오르면 출세하거나 명예와 권력을 얻기도 하니, 자세한 관찰을 요구한다.

서울에 사는 아들이 시골 기와집의 천정이 무너지는 꿈을 꾼 사람은, 시골에 사는 아버지가 옛 기와집의 천정 대들보가 무너져 내려 병원에 옮겼으나 바로 사망하고 말았다.

. 천정은, 윗사람의 관계와 정신적인 상징이 되며, 천장이 높으면, 윗사람과 관계가 멀고 천장이 낮으면, 윗사람과 불편한 관계로 볼 수 있다.
. 천정을 뚫고 동물이 들어오거나 나가는 것은, 불길함의 상징이 되며, 뚫린 천장으로 하늘을 바라보거나 별을 보면, 윗사람의 협조나 도움으로 크게 소원이 이루어진다.
. 천장에 아름다운 그림이나 무늬가 있으면, 윗사람으로부터 행운이 오게 되며, 나무가 천장을 뚫고 하늘을 향하면 가문이 융성하게 되고, 천장에 불이 나게 되면 집안의 번성이 온다.
. 옥상의 꿈은 대부분 천정과 비슷한 해석이 되니, 윗사람과의 관계와 정신적인일의 상징이 된다.
. 출가한 스님이 옛 집의 옥상에 앉아 있던 꿈은, 선원에서 참선을 하게 되었다.
. 기와와 초가지붕을 수리하거나 바라보면, 명칭이나 간판, 작품의 완성 등의 일을 바꾸거나 새롭게 한다.
. 지붕이 무너지면, 사업과 집안이 몰락하게 된다.
. 천정에 화려한 꽃그림의 꿈은, 신문에 작품이 기사화되었다.
. 벽에 붙은 다락에서 호랑이에게 물린 꿈은, 공직자와 혼인이 성사되었다.
. 바닥에서 쥐를 잡아 죽인 꿈은, 은행에서 대출을 받았다.
. 복도를 걸어 다닌 꿈은, 이곳저곳의 사찰의 내부를 구경하였다.
. 사찰의 내부 복도를 걷다가 꽃병을 가지고 온 꿈은, 직장의 유능한 직원과 결혼하게 되었다.

. 병자가 새 옷을 입고 기와지붕에 오르는 꿈은, 사망을 암시 했다.
. 기와지붕에 올라간 아버지의 꿈은, 직장에서 정년퇴임을 하였다.
. 처마 밑에서 세차게 오는 비를 피한 꿈은, 강연장에서 멋진 강의로 찬사를 받았다.
. 처마가 이어진 꿈은, 사업 확장을 하는 일이었다.

16) 벽과 담, 울타리와 계단의 꿈

벽은 한계점, 세력기관, 단체, 협조기관, 절망, 방비의 상징이 되고, 벽에 그림이나 옷 등이 여러 가지 물건을 걸어두게 되면 그것은 기관이나 단체, 학교, 출판사, 신문사 등에 자기의 업적이나 명예나 작품을 과시하게 된다.

어떤 남자는 성행위를 하고 정액이 들은 콘돔을 벽에다 걸어 놓은 꿈을 꾸었고, 창피하기도 하였지만, 남자이기에 부끄러움이 없이 필자에게 해몽을 구했다.

필자는 사업가인 그 사람이 성행위를 했기에 계약이 되고, 콘돔은 계약된 증거물이 되며 벽에 걸어놓은 것은 지속적인 계약의 이행으로 이익이 될 것을 말했고, 그 후 그 사업가는 제 2금융권과의 이익이 되는 장기 계약이 성사되어 통장으로 일 년 동안을, 지속적인 계약 이행이 되었다.

. 군인이 보직을 옮기기 위해 고심을 하던 중에, 거대하고 튼튼한 콘크리트 담에 창문을 들여다 본 꿈은, 새로운 힘 있는 기관에 보직을 맡게 된 일이 있었다.
. 담은 세력권, 큰 기관, 학원, 교회, 군대, 방어태세, 한계성의 상징이 된다,
. 담이 무너져 밖이 보이면 사업이 융성해지거나 운세가 크게 좋아진다.
. 도둑이 담을 뚫어 놓으면 어려움을 해결해 줄 협조자를 만나게 된다.
. 담 벽을 세우거나 수리하면, 사업의 변화나 타 기관의 도움을 받을 수 있고, 마음을 수양하기도 한다.
. 도둑이 보따리나 커다란 가방을 훔쳐 가면, 근심걱정이 사라진다.
. 도둑이 담을 넘는 것을 보면, 남에게 정보를 잃고 불행을 당한다.
. 담 벽에 동물이 앉아 있으면, 명예나 성과를 얻게 된다.
. 학생이 담 위에 앉으면, 시험에 합격한다.
. 개구멍에 통과해도, 특별한 방법으로 학교에 입학하게 된다.
. 입던 옷을 벗어 벽에 걸어놓은 꿈은, 상당한 시간을 두고 협조해준 사람의 상징이 되었다.

· 앞에 있는 철조망을 무사히 넘은 학생은, 시험에 합격하였다.

· 철조망의 장애로 넘지 못한 학생은, 시험에 불합격하였다.

· 울타리 안으로 돼지를 몰아넣은 사업가의 꿈은, 상당한 돈이 생겼다.

· 과수원의 울타리를 쳐다본 꿈은, 백화점에 납품을 하게 되었다.

· 울타리에 꽃이 만발한 꿈은, 동창회장이 되었다.

· 담 밖에 나무의 가지가 자기에게 넘어오는 꿈은, 사업 연합체의 회장이 되었다.

· 담 안에서 과일을 넘겨받은 꿈은, 토지 보상비를 시청에서 받았다.

· 담 위에 있던 고양이의 꿈은, 남의 간섭을 받았다.

· 담 위에 호랑이를 본 꿈은, 남자의 청혼을 받았다.

· 담이 금이 간 꿈은, 사업장의 직원들의 갈등으로 힘이 들었다.

· 담 벽이 막힌 꿈은, 유학을 가고자 했으나 실패했다.

· 담에 붙은 문패를 떼어가는 꿈은, 신분이 몰락했다.

· 새 집에 문패를 달면, 신분이 새로워지거나 직위가 생긴다.

17) 창고와 마당의 꿈 편

창고는, 기관, 사업장, 학원, 연구원의 상징이 되며, 창고 안에 있는 물건은 정신적이나 물질적인 이익과 소득을 상징한다.

물류회사를 하는 큰 기업의 상무는 창고에 많은 볏 가마가 쌓이고 마당에는 많은 볏단이 쌓인 꿈을 꾸고, 필자에게 부자가 될 것으로 확신을 받고자 했다. 그 후 국내의 거대한 물류회사의 상무에서 전무로 승진을 했고, 그가 담당하는 부서는 전국적인 물류회사의 한 지역을 총괄하는 직책을 겸하게 되었다.

· 창고 안을 들여다보면, 기관이나 회사에 관여하거나 취직을 하게 되고, 창고 안에 시체나 관, 물건들이 쌓여 있으며 사업이 성공적이며 많은 재물을 얻게 된다.

· 마당은, 세력의 영향권, 사업의 판도, 활동 무대, 타향, 외지, 대외적인 사업 장의 상징이 되다.

· 마당에 물건을 쌓아 놓으면, 완전한 자기의 소유가 아닌 공유하는 재산이나 일이나 사업을 의미하고 기관에 부탁을 상징하기도 한다.

· 마당에 낙엽이 쌓여도 외부의 돈을 얻어 쓰게 되고, 마당에 쓰레기를 모아 태우면 근심걱정이 사라진다.

· 마당에 시냇물이 흐르거나 샘이 생기면 재물이 생기거나 정신적인 일의 관계

를 한다.

. 마당이나 정원이 넓으면 세력과 활동 영역이 넓은 것을 상징한다.

. 집안 마당에 많은 사람이 웅성거리면, 많은 사람이 모이는 경사나 초상일 경우가 있다.

제17장. 서적, 문자, 성명, 도장, 숫자의 꿈

1) 책과 신문의 꿈

책을 얻으면 선생을 만나거나 방법, 학문, 계시 등과 관계가 되고, 책을 태몽으로 꾸면 학문적인 성공을 하는 인물이 된다.

꿈에 두꺼운 책을 앞에 둔 넥타이를 맨 아저씨를 본 수험생의 꿈은, 과외선생을 만나 공부하게 되었고, 신문에서 자기 자신이 수갑 차고 있는 것을 본 유명인의 꿈은, 이권에 개입하게 되어 실제로 구속되는 일에 해당되었다. 이와 같이 책은 스승과 학문, 방법, 지침, 교리의 상징이 되고, 책의 내용과 문구는 사상이나 예언의 형식을 상징하며, 실제의 다른 책의 상징이 되기도 한다.

- 서적과 책은, 정신, 스승, 교리, 지침, 방법 지혜를 상징하고 실제의 서적을 반영한다.
- 서적을 얻으면, 진리 ,방법, 학문, 선생, 계시 등을 얻는 상징이니 실제로 서적을 얻기도 한다.
- 남에게 책을 빌려오면, 가정교사를 두게 되거나 누구의 지시에 따라 노력 할 일이 생긴다.
- 친구에게나 애인에게 노트를 빌려오면, 애정, 우정, 약속 등의 일이 성립된다.
- 책을 찢거나 던지면, 선생님에게 반항하거나 상대방을 학대하고 학문을 포기한다.
- 상대방이 읽는 책을 넘어다보면, 그 사람의 심적 동향을 살피거나 비밀을 탐지 하게 된다.
- 이성이 자기 책의 문구를 읽으면, 그와 의견이 일치되거나 동조하게 된다.
- 자기가 수기를 쓰면, 자기 마음을 피력할 일이 생기고 그것을 읽으면 반성할 일이 생긴다.
- 달력을 손에 넣으면, 일 년 운세가 대길하고 그 해에 할 일이 많게 된다.
- 책력을 얻으면, 장수 하거나 노인으로부터 혜택을 얻는다.
- 신문의 기사는, 대체로 투시적인 경향을 예시한다.

. 사회적 유명인사의 관한 기사 내용이나 톱뉴스 등은, 꿈속에서는 자기 일을 표현한다.
. 신문을 보게 되면, 그 내용은 자기의 일을 표현하고 있는 상징이 되기도 하고 남의 일을 알거나 새로운 정보를 얻게 되는 일의 상징이 된다.

2) 서류와 문서의 꿈 편

주택을 12억 원에 팔고자하는 사람이 꿈에 부동산에서 계약을 했는데, 13억 7천만 원에 계약하는 꿈을 꾸고 필자에게 꿈 해몽을 구했다. 필자는 해석하기를 꿈을 꾼 당일부터 날짜를 세어 13일 후에 보니 7일이었고, 그 날짜에 팔릴 것을 예언했다. 과연 그 후, 그 날짜에 매매계약이 체결되었다. 문서나 서류는 청구서, 방법, 책임, 명령서, 임명장 등의 상징이 되며 비슷한 문서나 서류를 표현한다.

. 계약서를 받거나 서명을 하거나 하면, 꿈을 꾸는 사람에 따라 해석이 달라지나 대부분 책임을 지게 되는 결정과 명령을 이행하는 상징이며, 그 내용의 숫자는 대부분 책임져야 하는 시간의 상징이 된다.
. 남에게 서약서나 계약서나 시말서를 받으면, 남에게 명령 하는 위치에 있음을 상징하고, 남이 사상이나 실력을 심사하게 될 일이 생긴다.
. 문서나 서류를 태워 버리면, 신분, 권리, 사건, 책임 등이 상실되거나 해소된다.
. 신령스러운 노인이나 윗사람에게 문서를 받으면, 승진이나 명예와 권리를 얻게 되고, 태몽이면 학문을 관계된 일로 출세하고 권리나 명예를 얻는 상징이 된다.
. 주민증이나 학생증, 공무원증, 면허증 등의 신분증은 그대로 신분증이나 이권, 직책, 명예, 방법을 얻기도 하며 행정관서에 서류나 문서를 등기하면 권리와 소유권이나 계약이 성립 된다.
. 졸업자 또는 상장을 받는 것은, 명예, 업적, 과시, 권리 등을 얻는다,
. 합격증은, 합격이나, 불합격 등의 표현이 된다.
. 누런 봉투에 관한 꿈은, 중요한 통지나 합격을 상징한다.
. 학교나 기관에서 보내온 통지서는, 신문이나 잡지 팜플렛의 상징이 된다.
. 국회의원의 당선 통지는 기관이나 단체의 임원 통지가 되기도 한다.
. 징집영장이나 구속영장일 경우 일반 사람은, 취직이 되거나 승진이 된다.
. 경찰관이 가져온 호출장이나 구속영장의 경우는, 병자는 사망하게 되고, 범

죄인은 구속이 되기도 한다.

- 영장이나 호출장이 누런 봉투나 화려한 무지개 색이나 분홍빛일 경우는, 경사를 알리는 소식의 상징이 된다.
- 대통령이나 귀인이 주는 명함이나 통지서는, 최고의 명예나 복권 당첨 등의 상징이 된다.
- 기차표는, 신분 보장, 권리, 방법, 승진 등의 상징이 된다.
- 관공서의 수위나 보초병에게 여행증을 제시하고 통과하면, 검렬, 질병 검사의 통과, 소원 충족의 상징이 된다.
- 극장표 역시 방법, 권리, 증서, 우편물의 상징이며, 상표는 사건이나 물건의 내용을 상징하는 해석의 단서가 된다.
- 문서는, 청구서, 욕구불만, 방도, 책임전가, 명령서, 임명장 등을 상징하며 비슷한 문서를 비유할 때도 있다.
- 남의 집무서, 부동산 증서 등을 손에 넣으면, 권리, 재산, 토지 등의 일과 관련 된다.
- 계약서를 작성해서 수수하면, 실제로 체험할 일이 있거나 어떤 계약이 성립한다.
- 계약서에 관한 꿈을 꾸면, 약속, 책임전가, 결연 등의 일을 체험한다.
- 계약서에 명시된 금액은, 실제의 액수나 경과 일 수, 머리 숫자나 일 년 숫자의전체가 비슷한 금액이기도 한다.
- 남에게 각서나 시말서를 받으면, 명령권이 생기거나 상대방의 사상을 검토하고 심사할 일이 생긴다.
- 문서를 찢거나 태워 버리면, 신분, 권리, 사건, 일, 책임 등이 상실되거나 해소된다.
- 문서를 태워 재가 남거나 문서를 구기거나 찢어서 간직하면, 사건, 증거 등의 일이 완전 해소되지 않는다.
- 신령적인 존재가 문서를 가져다 준 태몽을 꾸면, 태아가 장차 학자의 지도를 받아 학문 연구를 하고 그의 후계자가 됨을 상징한다.
- 주민등록증 등 신분증 등은, 그대로 신분증이나 이권, 직책, 명예, 방법을 상징 한다.
- 기능적 면허 등의 증서를 받으면, 방도 또는 어느 임무가 주어진다.
- 행정관서에 부동산을 등기하면, 소유권, 권리, 계약 등의 일이 주어진다.
- 졸업장 또는 상장을 받는 것은, 명예, 업적, 권리, 전근, 과시 등의 일을 상징 한다.
- 합격증의 관한 꿈은, 대체로 합격 또는 불합격을 투시 적으로 예시한다.

- 누런 봉투에 담은 합격증은, 반드시 합격한다.
- 합격증을 받았으나 이름이나 번호를 확인 하지 못하면, 불합격 될 우려도 있다.
- 학교, 기관, 단체에서 통지서가 오면, 실제로 통지서를 받게 되거나 신문, 잡지, 팜플렛 등을 입수한다.
- 국회의원 당선 통지서를 받으면, 위원회의 일원이 되거나 세미나 또는 연구발표 또는 방송국에 초대 된다.
- 징집영장, 구속영장 등을 받으면, 실제로 받게 되거나 관청 직원으로 발탁된다.
- 경관이 구속영장, 호출장 등을 가져오면, 작가나 사업가가 아니면, 병을 얻거나 사망하기도 한다.
- 영장에 붉은 줄이 쳐 있는 것을 받으면, 작품 당선 통지서나 사망 통지서를 받는다.
- 병원 접수부에서 진찰권을 받으면, 입원 치료 하거나 취직, 전직, 입학, 사업에 착수 할 일이 생긴다.
- 기차표는, 사업방도, 신분보장, 권리, 임관 증명서 등을 상징한다.
- 보초에게 여행증을 제시하고 통과하면, 사업 감사나 검열, 일의 재검토 병의 진단과 상관한다.
- 극장표는, 방도, 권리, 증서, 우편물을 상징한다.
- 상표는 그 상표에 붙여진 문자, 도안, 기호 등이 한데 어울려서 상품이 상징하는 가치관을 나타내거나 적적한 표현을 암시한다.
- 서류를 차곡차곡 챙겨서 가슴팍에 안고 가는데, 그 서류가 주루룩 떨어졌고, 다시 서류를 차곡차곡 챙겨서 이번엔 옆에 끼고 들어가는데 가다 보니 서류가 없어졌다. 다시 뒤돌아 가서 서류를 찾아 봤더니 길거리에 버려져 있었고 다시 서류를 주워들고 차곡차곡 정리하며 챙기다가 깨어난 꿈은, 서류를 챙기다 떨어뜨리고 또 챙기다 떨어뜨리는 것을 보니, 일을 하려고 했다가 놓고 또 하려는 꿈이었다.

3) 도장과 성명과 글씨의 꿈 편

기업체에 중견간부로 있는 사람의 꿈에 대통령이 커다란 도장을 주면서 네가 앞으로 내 대신 결재를 하라는 꿈을 꾸고는 필자에게 해몽을 구했다. 필자는 해몽을 구할 것도 없이 근무하는 기업에서 최고의 권리와, 사장을 대신할 권리를 얻게 될 것을 말했다.

이와 같이 도장은 대리, 권리, 명예, 결정, 명령, 과시 등의 일과 관계된다. 대통령이나 귀인에게 도장을 얻으면 최고의 권리와 명예를 얻게 되고, 자기의 도장을 새로 만들면 새로운 신분이나 권리를 얻게 되고, 윗사람에게 관인이나 직인이 찍힌 문서를 받아도 권리와 명예와 승진이 된다.

. 자기가 남에게 도장을 찍어주면, 약속해 주고 복종하게 되며, 일의 종결과 남이 나의 대리 행사가 되며, 계산서나 종이에 여러 사람이 찍어준 도장이나 서명날인은 많은 사람의 협조나 동조를 얻게 된다.
. 승진을 앞에 둔 군인이 자기의 이름이 군복에 선명하게 쓰인 것을 보고서는, 미리 승진될 것을 알았다.
. 자기의 이름이 선명하게 게시되거나 뚜렷하게 나타나면, 명예와 권세, 덕망, 승진, 입학, 취직이 되거나 한다.
. 꿈에서 산에 삼화사라는 절의 일주문의 간판을 본 불교신도인 여인은, 얼마 후에 삼자가 든 주지가 자기가 다니는 절의 주지스님으로 왔다는 이야기를 했다.
. 꿈에서 나타나는 글자는, 그 상징성을 살펴 해석하면, 그에 상응한 대답이 나온다.
. 한자의 日, 月 등 두 글자는 해와 달, 또는 그것의 상징의 의미를 찾아야한다.
. 영어로 King 이라는 말이나 영어의 문자는, 왕이란 말과 글로 그와 대등한 상징을 찾아야 된다.
. 하늘에 큰 大자는, 위대한 사람이나 큰일을 상징한다.
. 자기의 흰옷에 누가 붓글씨를 쓰면, 신분이 새로워지거나 영업 간판을 단다.
. 자기의 이름 세자가 뚜렷하면 명예, 권세, 덕망, 승진, 승급, 취직이나 입학이 이루어진다.
. 누런 군복지에 쓴 자기 이름을 보면, 승진하나 백지에 쓴 명찰을 보면 진급되지 않는다.
. 새로 만든 명함을 상대방에게 주면, 권리, 책임 등을 이양하거나 전가할 일이 생긴다.
. 대통령의 명함을 받으면, 최고의 권리나 방법이 주어진다.
. 기관, 회사, 병원, 접수계에 자기 이름이 계제되면 취직, 전직 등이 이루어진다.
. 도장은, 대리, 직권, 명예, 권리, 결정, 사명, 명령, 과시 등의 일의 상징이다.
. 상대방의 이름이 새겨진 인장을 얻으면, 협조자나 권리를 얻는다.

- 자기의 도장을 새로 만들면, 새로운 신분이나 권리가 주어진다.
- 직인이나 관인을 얻으면, 크게 부귀 한다.
- 땅속에서 대통령의 도장을 캐내면, 운수 대통하거나 대업을 완수 할 수 있다.
- 관인이나 직인이 찍힌 문서를 받은 태몽을 꾸면, 태아가 장차 천부의 사명을 다하거나 고급관리, 유명인 등이 됨이다.
- 상관에게 결재 도장을 받으면, 후원자에게 의해서 소원이 충족되고 진급이나 사업의 성과를 얻는다.
- 계산서에 여러 사람의 도장이 있는 것을 보면, 많은 동조자, 호평자 등을 얻는다.

4) 숫자의 꿈 편

필자는 '꿈 미래의 열쇠'의 제목에 책을 출간하고자 원고를 쓰고 있었다. 언제쯤이나 책이 출판될 것인가 궁금하였던 때에, 필자에게 공부를 한 제자 한 사람이 얼마 전 꿈에 동창회를 하게 되었는데, 방이 두 개인 사무실에서 한 방은 비어 있고, 한 방에서는 잔치를 하여 많은 사람이 많은 꽃과 더불어 모여 있었고, 선생님으로 보이는 필자가 사람들에게 축하를 받고 있었으며, 사람들이 많아 얼마나 왔는지 알 수 없어서, 신발을 세어보니 30여개의 신발을 보았다는 꿈 이야기를 기억했다.

필자는 해석하기를, 필자가 출판기념을 하는 꿈을 대신 꿈꾸었음을 알고, 해석하기를 양력 삼월 삼십일이 음력 삼월 일일이 되었기에 이날 책이 나올 것을 알고 출판 기념일을 잡았고, 행사를 성공리에 무사히 마치게 되었다.

꿈에서 나타나는 숫자는 대체로 현실과 동일하게 표현됨이 많지만 현실에서 길한 숫자는 그대로 길한 숫자가 되고 예를 들면 해운의 7의 수 등을 말한다. 현실에서 나쁘게 인식되는 숫자는 꿈에서도 불길한 상징으로 본다.

- 꾸어준 돈을 받고자 하는 사람은 꿈에 374-5346의 전화번호가 나타났다, 현실에서 3,7,4를 합한 숫자의 날인 14일에 5,3,4,6을 더한 액수인 천팔백 만원의 돈을 받았다는 사례가 가 있다.
- 꿈에서 나타나는 숫자는 대부분의 일이 종결되거나 해결되는 날짜에 해당 되는 경우가 많으나 상징성이 있기에, 꿈꾸는 당사자의 문제에서의 해석이 중요함이 된다.
- 숫자는 대부분 일수, 월 수, 년 수 등을 상징하나 숫자의 뜻이 상징될 때

는, 그것을 해석해야한다.

- 누가 꾸어준 돈을 받아야 하는데 꿈에 374-5346의 전화번호가 나왔다면, 현실에서는 374의 수를 합한 수의 날인 14일에 5346을 더한 수의 액수인 팔백만 원의 돈을 받은 일이 있다.

- 7일이란 수는, 대개 좋은 날이라는 상징의 해석이며, 3이란 숫자는 현실적인 수 그리고 삼각관계, 삼류, 3장 등의 뜻을 상징하기도 한다.

- 4자는, 대개 네 개의 숫자를 상징하고, 사방 사각이란 뜻도 되며, 사망을 암시하기도 한다.

- 13이란 수는, 서양인이나 이미지를 나쁘게 가지고 있는 사람은 불길함도 되나, 보통사람은 숫자에 상징하기도 한다.

- 공중에 어떤 숫자가 나타나면, 장차 그 숫자에 관계있는 일로 사회적인 일을 체험한다.

- 2004년 10월 영월 화력 발전소에서 아는 사람과 악수를 하고, 발전소에서 많은 사람이 목욕하는 장면을 보면서 '왜 목욕탕에서 하지 않고 발전소에서 하나' 하고 생각을 했다. 정문에 가족이 탄 나의 자동차가 서 있었는데, 위에서 각진 시멘트 블록이 떨어져 차는 종이처럼 납작하게 되었지만 본인(꿈꾼 사람)과 아들, 집사람 모두 아무 탈 없이 걸어 나오는 장면의 꿈을 꾸고 해석하기를, 본인의 자동차 번호 2369, 배기량 2500cc에 차량 배기량은 2497cc, 아들 나이 16, 집사람 나이 43, 목욕탕 비용 3200원의 숫자를 있었는데, 98회 로또 숫자는 23, 6, 9, 24, 16, 32 보너스 43으로 판명되었다. 이 꿈은 로또 복권을 사지는 않았으나 숫자를 맞춘 꿈의 신비함과 마음의 능력을 표현하기 위해 기록했다.

- 꿈에서 김치찌개를 숟가락으로 세 번 떠먹은 꿈은, 삼일 후에 감기에 걸렸다.

- 국어, 수학, 과학 3과목 시험을 봤는데, 각 5개씩 틀리는 꿈은, 그날 반 배정과 번호를 받아 왔는데, 5학년 5반 5번이 되었다. 아마 꿈에 나온 숫자의 의미가 이렇게 나타난 것이다.

제18장. 전쟁, 병기, 깃발의 꿈

1) 전쟁의 꿈

 새로이 숙박업소를 개업하고자 하는 사람이, 숙박업소를 건축하는 도중에 전쟁이 나서 치열한 전투가 벌어져 사람이 죽고, 죽이는 광경을 보고 꿈의 해석을 구했다. 필자는 해석하기를 새로운 여관을 개업해서 많은 사람에게 알려지게 되고 경쟁 숙박업소보다 더욱 더 돈벌이가 잘될 것으로 해석해 주었고, 그 후 숙박업소를 개업하여 성공적인 운영이 되었다.

 국회의원을 하고자 하는 사람의 꿈에 전쟁이 나 무기와 탄약이 없어서 전투를 피해 도망간 꿈은 국회의원에 출마하였으나 자금과 조직의 부족으로 좌절을 겪었다.

 이와 같이 전쟁의 꿈은 과거의 언론이나 책에서 얻은 지식으로 우리의 잠재된 마음속에 전쟁이 기억되어 있거나, 꿈에서 나타나는 전쟁은 우리가 현실에서 전쟁처럼 어렵고 힘든 생활전선의 전쟁을 상징하고 있다.

. 전쟁이 나서 군대가 이동하는 것을 보면, 사업의 성과가 있게 되거나 사업의 시작을 상징한다,
. 전쟁에서의 승리는, 일과 사업의 성공을 상징하고, 패배하면 일의 실패를 상징 한다.
. 전투에서 사람을 죽인 꿈은, 일의 성공으로 성과를 얻게 되는 것이다.
. 본인이 총이나 칼에 죽어도, 어려운 일을 남의 힘으로 성공하는 상징이 된다,
. 포로가 되어도, 자기의 일이 기관이나 타인에게 채택되거나 성사되는 상징이 된다,
. 적의 동정을 살피거나 탐색하면, 사업체를 물색하거나 학문의 연구, 고적 탐방의 상징이 되기도 한다.
. 실제로 전쟁이 일어나는 꿈은, 장기, 바둑, 거대한 동물과의 싸움이나 실제적인 투시가 되기도 하며, 국회의원과 대통령의 선거에서도 이와 비슷한 상징이 나타난다.

. 전쟁은, 대부분 전쟁과는 상관없이 힘겹고 두렵고 고통스런 일을 상징한다.

. 전쟁이 치열하면, 치열해질수록 사업은 복잡해지거나 난관에 부딪친다.

. 전쟁에서 승리하면, 일의 성취를 뜻하고 패배하면 일의 실패를 암시 한다.

. 전쟁이 났다고 군대를 이동하면, 사업이 크게 시작하고 사업의 성과가 발표 된다.

. 전쟁이 나서 피난을 가면, 가정 사정이나 기관에 청탁한 일, 시험, 경쟁 등의 일이 잘되지 않거나 실패한다.

. 자기가 선전포고 문을 낭독하면, 성명서를 내거나 사업 계획서를 발표할 일 이 있다.

. 전투 끝에 적진을 점령하면, 자기가 계획하는 일이나 소원이 크게 성공한다.

. 적과 싸워서 전사하면, 분투노력 끝에 사업이 크게 성공한다.

. 전우나 적이 전사하는 것은, 자기가 성취시킨 어떤 일을 상징한다.

. 포로가 되거나 폭사 당하면, 기관이나 남에게 청원한 일이 성취되거나 당선 되며 소문이 난다.

. 간첩을 신고하면, 상품의 매매 처를 구하고, 누가 데려가면 중간 업자나 상 인에게 매도한다.

. 간첩을 잡으면, 암거래 상품을 취급하거나 중개해서 상품, 일 등을 얻는다.

. 적의 동태를 탐색하면, 사업체를 물색하거나 상대방의 심리분석 사업, 학문 의 연구, 고적 탐방 등을 한다.

. 휴전선이 가로 막혀 갈 수 없으면, 기관의 일을 탐색하거나 사업이 진전이 어렵다.

. 휴전선을 넘어 전쟁 행위를 하거나 전쟁이 일어난 꿈은, 기관, 회사, 학원 내 에서 행위 되는 일을 상징한다.

. 학생의 꿈에 3차 세계대전이 일어나면, 3차 등록금이 일어나거나 시험 등 기 타의 힘든 일을 겪는다.

. 전쟁에서 총으로 적군 다섯 명을 죽인 꿈은, 직장에서 다섯 가지 어려운 문 제를 해결하였다.

. 다섯 명의 특공대가 적진을 폭파하는 꿈은, 다섯 명의 협조자가 자신의 일을 해결하여 명성과 재물이 생긴 일이었다.

. 비행기가 폭격하여 폭파 소리가 요란했으나 건물의 일부분만 파괴된 꿈은, 다단계의 사건에 연루되어 언론과 집중적인 질타를 받았고, 사업에 크게 시 련을 겪게 되었다.

2) 병기의 꿈

국회의원에 출마한 사람의 꿈에 누가 군도를 주기에 받은 꿈은, 국회의원에 당선이 되었고, 권총으로 사람을 쏘아 죽인 꿈은 취직이 되었다.

이와 같이 무기나 탄약 등 전쟁에서 사용되는 도구는, 일을 성사 할 수 있는 도구나 방법과 협조자를 상징하고, 그것을 손에 넣거나 가지는 것은 권력과 방법과 협조자를 얻는 것을 상징한다.

- 칼이나 총으로 사람을 죽이는 것은, 권력이나 협조자, 방법이 좋은 것을 상징하며, 죽인 것은 일의 성공을 의미한다.
- 칼이나 총을 들고 있어도, 일의 진행이 순조로우나 타인과의 칼로 서로 겨루고 있으면, 상대가 나와 대등한 능력이 있음이니 일의 어려움을 상징한다.
- 칼싸움을 하면, 타인과 언쟁 다툼이 있게 되며, 타인이 일방적으로 칼이나 창을 휘두르고 그것을 보게 되면 타인에게 시련과 패배와 좌절을 겪는다.
- 전쟁의 도구가 없거나 녹슬거나 부러지거나 하면, 협조자나 방법이나 능력의 결함을 상징하니, 현실에서 그대로 좌절과 절망을 겪게 된다.

  활을 쏘아 과녁이 맞으면, 소원이 성취되어 취직, 결혼, 승진 등이 성취되고 동물이나 나는 새를 맞추면, 남의 이목을 끄는 일에 성공되어 출세하게 된다.

- 남의 총, 칼, 활이 자기를 향하고 있어 두려움에 떨게 되면, 고통과 불안, 좌절, 병마의 시련을 겪게 되고, 반면 타인의 총알이나 화살이 자기의 몸에 박히면, 계약, 청혼, 합격, 당선, 당첨 등의 일을 경험한다.

  폭탄이나 총소리가 요란하면, 세상에 크게 명성을 얻게 되고, 공포를 쏘게 되면 헛되게 소문만 요란하게 된다.

- 대포 등 중화기는, 강력하고 거대한 세력과 사업성과 방법, 단체, 기관 등을 상징하고 폭탄은 정신적, 물질적인 능력을 상징한다.
- 탱크와 군함, 비행기는, 강력한 능력과 힘을 상징하고, 커다란 조직과 관공서의 상징이 되기도 한다.
- 무기나 탄약 및 전쟁용 기계는, 협조자나 협조기관, 권세 그리고 물질적인 자본, 위험물, 명성 등을 상징한다.
- 칼은, 협조자, 방법, 능력, 권세, 힘, 위험물 등을 상징한다.
- 군도를 차면, 지휘능력, 권세, 명예, 신분이 고귀해진다.
- 군도를 얻으면, 지위가 높아지고 학문 연구나 정치, 작전, 사업 등에 특수한 방도가 생긴다.
- 칼을 **빼어** 들고 있으면, 상대를 평가할 일이 있거나 좋은 방법 또는 협조자가 생긴다.

. 은장도를 누가 주어서 받은 처녀는, 훌륭한 배우자를 만나 시집간다.

. 칼로 남을 베면, 어떤 일이 성취 되거나 언론에 의한 일을 상징하기도 한다.

. 칼로 물건을 자르면, 어떤 방법에 의해서 일, 사건 등을 세분하거나 비판, 정리 할 일이다.

. 남이 칼춤을 추는 것을 보면, 어떤 사람이 자기 일에 시비 비평을 한다.

. 칼이 녹슬거나 부러지면, 정신적 육체적인 병에 걸리거나 협조자가 튼튼하지 못하며 패배, 좌절 등을 겪는다.

. 자기의 가슴을 찔러 놀라 깬 꿈은, 가슴에 병이 들어 수술한다.

. 의사가 칼을 들고 자기를 수술하면, 자기의 작품이나 일을 기관이나 권력자에게 검사나 심사 당한다.

. 창으로 상대를 찔러 뽑지 아니하면, 어려운 일을 성취 하는데 상당한 시일이 걸린다.

. 창을 던져 남을 맞히면, 단체적인 힘이나 학설 등으로 일의 성취가 있다.

. 남이 쏜 화살이 자기 몸에 맞으면, 기관이나 관청을 통해서 일이 성사되거나 결혼 신청을 받거나, 병에 걸리기도 한다.

. 활을 쏘아 표적을 맞추면, 소원하는 일이나 입학, 시험, 취직, 연애 등을 성공한다.

. 활로 나는 새를 쏘아 맞추어 떨어지면, 관직에 오르거나 공개적인 일로 성공한다.

. 활시위가 끊어지면, 좌절, 배신, 이별 등이 있게 된다.

. 총을 쏘아 적을 사살 하면, 정신적 물질적인 사업이나 시험, 결혼 및 기타의 일이 이루어진다.

. 남이 나에게 총구를 겨누고 있어 무서워서 떨면, 고통, 역상, 득병, 불안 등 가장 불길한 일을 체험한다.

. 남이 쏜 총알이 자기 몸에 박히면, 결사, 계약, 청혼 입학 당선 등의 일이 이루어진다.

. 권총을 발사하여 사람이나 동물을 죽이면, 명성과 소문이 나고, 유리한 방도나 자금에 의해서 일을 성사한다.

. 남의 권총을 빼앗으면, 그의 권리를 이양 받거나 단체의 리더가 된다.

. 남이 권총을 버리거나 떨어뜨리면, 생사를 판가름 할 일에서 해방된다. 때로는 경쟁에서 승리한다.

. 죽은 시체가 권총을 가진 것을 보면, 소원은 성취되나 유형, 무형의 부채를 갚지 못해 마음의 부담이 있다.

. 공중에서 권총을 든 총구가 자기에게 겨누어 지면, 데모가 일어나거나 고위

급의 견책을 받는다.

- 수류탄, 지뢰, 포탄 , 폭약 등은 거대하고 선풍적인 인기나 일의 성과나 자본, 권세, 명성과 관계된다.
- 기관총을 쏘아 적을 무수히 쏘아 죽일 수 있으면, 어떤 기관을 통해 자기의 소원이나 일을 통쾌하게 처리한다.
- 남이 총을 겨누고 있는 곳을 피해가면, 난관을 피해가거나 반대로 자기일이 어느 기관에서 당선되거나 해결되지 않는다.
- 박격포, 야포, 함포 등의 중화기는 강력하고 거대한 세력, 가업성과, 단체, 기관을 상징하고 탄환은 거대한 정신적, 물리적인 자본을 뜻한다.
- 일단의 군인이 대포를 포진하고 동쪽을 향하여 쏘는 소리가 요란하면, 자기의 사업이나 소망이 크게 이루어져 세상 사람들을 놀라게 하거나 동쪽에서 길이 열린다.
- 탱크는, 강력한 연합세력이나 권위적인 기관, 이념, 주장 등을 상징한다.
- 자기가 출동시킨 탱크나 가두를 돌진 해가는 탱크를 보면, 강력한 후원세력이나 지휘능력, 힘을 상징한다,
- 군함은, 거대한 권력기관, 협조세력, 단체, 사업체, 방도, 권세 등을 상징한다.
- 전쟁이 나서 지구가 파괴된 꿈은, 17대 대통령과 새로운 정부가 탄생한 일이었다.
- 신라시대 이 홍의 화살에 맞아 놀라 깨어난 신문왕의 꿈은, 등창이 나서 죽을 것을 상징하였다.
- 여인이 단도로 자기의 가슴을 찔렀다 빼는 꿈은, 가슴에 병이 들어 수술 하였다.
- 화살을 맞은 입시생의 꿈은, 대학에 합격하였다.
- 창으로 미운 거인의 가슴을 찔러 죽인 사람의 꿈은, 작품의 중요함을 해결하였다.
- 전쟁에 피해 달아난 꿈은, 국회의원의 꿈이 좌절되었다.

3) 깃발의 꿈

 지방의 기관장을 하고자 하는 사람은 만국기가 나부끼는 꿈을 꾸고, 기관장에 당선되었다.

- 깃발은, 권세와 명예, 사상, 경사 등을 상징하므로 만국기가 달린 것을 본 꿈

은 경사가 자기에게 있음을 알게 되는 꿈으로 해석이 되었다.

· 국기에 경례를 하면, 국가에 청원할 일이 있거나 국가의 책임을 다할 일이 있게 되며, 국기를 높이 게양하거나 하면 국가적인 명예와 권력을 얻게 되고, 국기를 방안에 펼친 꿈도 국가적인 일이나 사회사업에 관계된 일의 상징이 된다.

· 깃발의 글씨나 그림이 있으면, 그 내용이 현실에서 일어날 일이나 관계된 상징이 되기에 중요함이 된다.

· 군인이나 단체가 군기나 상징된 깃발을 뺏기거나 잃거나 찢기게 되면, 패배와 좌절과 실패를 상징하듯 꿈에서도 깃발을 잃거나 깃발을 접거나 빼앗기면 흉몽의 상징이 된다.

· 태극기를 반기 하는 것과 또는 검은색의 깃발은, 현실 그대로 국가나 단체의 불행한 일을 상징한다.

· 장례식이나 상여에서 많은 깃발을 보게 되면, 출세하여 그 이름을 널리 알리게 된다.

· 기는, 권세, 명예, 사상, 이념, 간판 등의 상징이 된다.

· 국기에 대해 경례를 하면, 국가에 충성 할 일이 있거나 정부에 대한 단체적인 소원이 이루어진다.

· 반기를 달면, 현실 그대로의조의 뜻이 있고, 국기를 들고 다니면 국가적 또는 사회적인 권리를 행사하게 된다.

· 국기를 펼치는 태몽은, 태아가 장차 국가적이나 사회적인 사업을 하게 된다.

· 만국기를 달거나 깃대에 나란히 꽂힌 것을 보면, 국가적, 사회적인 경사가 있고 사업상 선전 광고나 과시 할 일이 있다.

· 올림픽에 일등해서 자기나라 국기가 게양되면, 국내 또는 세계적으로 명성을 떨칠 일이 있다.

· 군대가 국기를 앞세우고 행진하는 것을 보면, 자기 이념이나 정책, 권세 등이 세상에 널리 알려진다.

· 군기를 빼앗기거나 접어두면, 일이 성사되지 않거나 자기의 세력, 단체가 와해된다.

· 단체나 기관을 상징하는 기는, 단체기관의 명의임을 상징한다.

· 집에 왔는데 태극기가 집에 게양되는 꿈은, 깃발은 과시의 상징이니 태극기가 게양된 것은 명예와 권세가 주어지고, 과시 할 만 한 일이 생긴다,

제19장. 질병, 의술, 약의 꿈

1) 질병의 꿈 편

필자는 십여 년 전에 미얀마에서 남방불교의 참선법을 공부하고자 하였다. 미얀마 선원에서, 지금은 고인이 되셨으나 존경하고 모시던 스승 탄허 큰스님이 병이 들어 '나 죽겠다.'고 하여 큰스님을 어깨동무하고 힘들게 걷고 있는 꿈에서 깨어났다.

이 꿈을 꾼 후에 필자는 생각하기를 도의 상징인 탄허 스님이 아파죽겠다고 하시니, 도 닦는 일이 진행되어 가고 있으나, 어깨동무를 했으니 힘든 과정을 상징하였으며 큰스님이 죽음이 이르지 않았으니, 필자가 도 닦는 일이 완전하지 못함을 상징한 것이다.

· 꿈에서 병이 드는 것은, 정신적인 문제나 사상의 전파, 자기의 업적과 더불어 사건이나 일의 진행과정이 상징으로 꿈꾸어진다.
· 병이 든 환자가 꿈에 병이 나으면, 자기의 병이 완쾌되는 일이 되기도 하나, 대개는 자기의 병과는 상관없이 계획이나 소원이 이루어지는 상징이 된다.
· 전염병에 걸리면, 새로운 유행이나 종교나 사상에 관계된 일이 될 수 있고, 몸에 열이 나는 꿈은 정신적인 열중을 하게 되고, 기침은 사상의 발표나 남에게 피력하는 일이며, 감기에 걸리면 사상이나 종교에 감화되어 있는 상징이 된다.
· 병에 걸려 누워 있게 되면, 직무상 한 동안 고심을 하게 되고, 병이 들어 죽으면 소원이 성취되고, 병이 나아서 일어나게 되면 역시 소원이 성취된다.
· 아기를 낳고자 하는 산통은, 새로운 창조적인 일의 힘든 것을 상징한다,
· 음식을 먹고 체하여 배가 아프면, 일이나 사명을 책임졌으나 그 일이 힘든 것임을 상징한다,
· 음식을 먹고 배가 아파 의사를 찾으면, 계획이나 일을 수정, 검토 또는 심사받을 상징이 된다.
· 가슴에 병이 들면, 마음의 상처를 받거나 어떤 일에 대한 검토, 심사, 연구, 보완할 일의 상징이 되며, 정신병자는 종교를 열렬히 신앙하는 사람의 상징이 된다,

. 사육하는 동물이 병들면, 작품이나 자식의 일이 잘못됨을 상징한다.

. 다리가 병든 사람은, 부하 직원들이나 하부조직의 어려움이나 결함을 상징하듯, 각각의 신체 부위는 각각의 상징성으로 해석한다.

. 꿈속에서의 병은, 정신적인 문제, 자기의 이력, 업적과 관계되는 일이나 악습, 결점, 사상의 전파, 정신적인 감화 등을 상징한다.

. 환자가 건강해지면, 장차 자기의 병이 완쾌해지고, 병과 상관이 없는 경우는 소원이나 계획이 성사 된다.

. 병에 걸려 앓아누우면, 직무상 한 동안 고심하게 된다.

. 부모가 앓아누워 있으면, 자기를 지배하고 억제를 가하던 일이 성사단계에서 진통을 겪거나 개선할 일이 생긴다.

. 전염병은, 사상, 종교, 유행 등을 상징하고 전염병에 감염되면 사상에 감염된다.

. 문둥병 환자가 집으로 찾아오면, 전도사, 선전원이 찾아온다.

. 감기에 걸리면, 사상적이나 종교에 감화되고, 콧물이 나오면 자기의 신세 타령이나 사상을 남에게 토로한다.

. 꿈에 열이 나면, 학문이나 종교에 열중하고 기침이 나면, 학문적이나 종교에 논쟁할 일이 있다.

. 음식을 먹고 체해서 배가 아프면, 어떤 일을 책임졌으나 그 일이 벅참을 암시 한다.

. 아기를 낳으려고 배가 아프면, 창조적, 생산적인 일에 진통을 겪는다.

. 큰 동물을 잡아먹고 배가 아파 의사를 찾으면, 큰일을 계획해서 발표할 일이 있거나 수정을 요하게 되어 검토 또는 심사를 받을 일이 있다.

. 정신병자는, 종교를 열렬히 신앙하는 사람이나, 신문기자 등을 상징한다.

. 사육하는 동물이 병들면, 작품, 일이 잘못 되었거나 오랫동안 연구했음을 뜻하고 의사에게 치료를 받으면 주무당국에서 심사나 검토를 받게 된다.

. 몸의 각 부분이 병이 든 것은 인체의 부분적 표상의 상징의의와 결부 시켜 해석한다.

2) 의사와 의술의 꿈 편

사업이 난관에 봉착한 자영업자는, 병원에 의사를 만나 진찰을 받은 후에 '완쾌되었다.'는 판정을 받고 꿈에서 깨어났다, 그 후 관공서의 도움을 받아 사업에 재기하는데 성공하였다.

이와 같이 꿈에서 병을 치료하는 것은, 사업, 소망, 사건을 검사, 검토, 심사,

보완, 수정하는 일의 상징이 되고, 병이 완치되는 것과 병을 치료하다 죽는 것은 사업이나 소원, 계획이 성취되거나 그 일에서 손을 떼게 되는 상징이 된다.

만일 치료 중에 꿈에서 깨어나거나 치료를 중단하는 것만 보고 꿈에서 깨어나는 것은, 일이 진행 중이거나 난관에 봉착하게 되는 상징이 되며, 병원에 입원하게 되면 입원하게 되는 시간이나 날짜가 그 기관에서의 일을 책임지거나 해결되는 시간을 상징한다.

의사에게 병세를 설명하게 되면, 기관에 책임자에게 자기의 신상이나 계획을 심사 받는 일에 해당되고, 병원의 진찰대나 수술대에 누우면, 당국의 책임자에게 복종을 상징하고, 수술을 하게 되면 작품이나 일의 검사나 심사를 상징한다.

. 병이 완치되거나 치료하다 죽으면 사업, 소망, 사건이 성취되거나 그 일에서 손을 떼게 된다.
. 치료가 중단되거나 치료하는 것만 보고 잠에서 깨면, 일이 진행 중에 있거나 난관에 봉착한다.
. 병원에 한 달 정도 있어야 된다는 서류를 받으면, 한 달이나 일 년간 그 기관에서 일을 하거나 일을 보관 해 두어야 할 일이 생긴다.
. 의사에게 자기의 병세를 자세히 설명하면, 단체장이나 윗사람이나 남에게 자기의 일을 보고할 일이 있다.
. 진찰대에 누우면 주무 당국이 시키는 대로 복종하게 되고, 의사가 진찰을 하면 일이나 사업, 업적 등에 관해서 검토, 심사 등을 받게 된다.
. 수술을 받을 때 아픈 통증의 느낌이 있으면, 남이나 자기의 일에 깊이 관여하여 감동을 주거나 느낀다.
. 병원의 치료 도구는 어떠한 일처리의 방법이나 능력, 자원을 상징한다.
. 병원의 각각의 부서, 내과는 기관단체의 내부를 상징하듯이 산부인과는 기획실 또는 연구실 등으로 응용한다.

3) 약의 꿈 편

직장의 중요 임무를 맡아 성실히 근무하는 사람이 꿈에 대통령이 나타나 사약이라는 약을 주기에 거절하지 못한다는 생각과 함께 먹고 죽어가는 자신의 모습을 보고 꿈에서 깨어난 사람은 필자에게 해몽을 구했고, 필자는 중요한 업무를 맡아 성공하게 될 것을 말했다.

그 후 그 사람은 사장이 맡긴 중요한 업무를 성공리에 처리하여 승진을 하게 되었다. 이와 같이 치료약은 방법, 능력, 자본, 성과, 임무 등의 상징이 되고, 의사가 약을 주어서 먹으면 어떤 기관장에게 임무를 부여 받거나 지시를 받게 된다.

. 사이비 신앙생활에 열중인 사람이 의사의 약을 받아먹고, 새로운 성직자를 만나 진리에 눈을 뜨게 되었다고 했다,
. 산신령이 주는 산삼을 먹고, 다음날 의사의 처방을 받아 오래 앓던 병이 나았다. 는 사례를 듣기도 했다.
. 자살을 하겠다고 극약을 약국에 사먹은 꿈은, 취직이 되었다,
. 가난했던 사람이 약국에서 약사가 주는 약을 얻은 뒤, 관공서 책임자의 도움으로 사업을 시작하게 되었으니, 약국은 직장의 상징이 되었으며 약국은 은행, 백화점, 회사, 서점 등의 상징이며 약사는 기관의 책임자의 상징이 된다.
. 심각한 암에 걸린 사람의 꿈에 콩알 몇 알을 누군가에 받은 것은, 다음날 병원에서 의사에게 약을 얻었으나, 필자는 효력이 없는 약이지 않았을까? 생각 하였다.
. 치료약은, 방도, 능력, 자본, 성과, 영향, 임무 등을 상징한다.
. 의사가 약을 주어서 먹으면, 남에게 임무를 부여 받거나 업무처리에 시정을 요하는 지시를 받게 된다.
. 전염병을 걸렸는데 약을 먹고 나으면, 종교인은 신앙에서 이탈, 사업가는 사업의 재정비 등의 일이 있다.
. 약국에서 약을 지어오면 생계비, 사업장의 운영방법 그리고 새로운 방법이나 약속이 이루어지기도 한다.
. 신령적인 존재가 약을 주거나 치료 방법을 일러주면, 실제로 병을 고치게 된다.
. 약병이 즐비하게 놓여 져 있으면, 학문적 자료나 사업의 방법이나 생계비가 마련된다.
. 상자에 가득 찬 약병을 얻으면, 물질적인 힘을 크게 얻게 된다.
. 약국은 은행, 백화점, 서점, 회사 등의 상징이 되며 약사는 지도자나 책임자가 된다.
. 독약이라도 생각되는 약을 받아먹으면, 자기가 성공 할 수 있는 직장이나 책임을 얻는다.
. 임금님이 내리는 사약을 먹고 죽으면, 최고의 명예나 권리 등이 주어진다.

제20장. 의복과 치장, 소지품의 꿈

1) 각종 의복의 꿈 편

2003년 대선 1년 전 필자는 꿈에 '미국 대통령인 부시가 황제의 제복을 입고 악수를 청하였다.' 그래서 '나와 인연이 있는 사람이 대통령이 되겠구나.' 하고 예견을 했었다.

그 후 정말 노무현 대통령 후보의 특보와 인연이 되어 노무현 대통령 후보가 대통령이 될 것을 예언했다, 그 후 영부인인 권 여사께서 잠옷을 입고 비스듬하게 누워있는 꿈을 꾸고, 대통령의 직책이 탄핵으로 일시 정지됨으로 현실화 되었다.

옷은 빈부귀천, 협조자, 보호자, 명예, 권세, 직장, 집, 은혜, 과시 등의 상징이 된다.

. 새 옷을 입으면, 신분, 지위, 협조자가 새로워진다,

. 옷을 빨아 손질해 입으면 ,근심 걱정이 해소되고 새로운 일을 시작하며 재물이 생기기도 하며, 반대로 '헌옷'을 입으면 신분, 직업, 협조자, 권리를 잃게 되고 병에 걸리기도 한다.

. 윗사람이 주는 옷은, 직업, 명예, 권리, 혜택이 생기며, 옷을 선사 받으면 직업, 협조자를 얻는다.

. 남의 옷을 입으면, 남의 책임을 이어 받거나 업적을 잇게 되고, 비단옷이나 관복, 예복을 입으면 벼슬을 얻는다,

. 벗어 놓은 옷을 잃어버리면, 신분이 몰락하고 고독과 어려움을 면하기 어렵다.

. 옷을 고의로 찢거나 찢기면 ,직장에서 좌천되거나 협조자나 부부, 자식과의 이별이 있고, 옷을 꿰매 입으면 몸을 다쳐 수술을 하여 상처가 남으며, 옷을 다른 천으로 기워 입으면, 여러 사람의 도움으로 직책이나 사업의 명맥을 유지 한다.

. 옷에 흙이나 기름, 음식, 대소변, 피 등으로 얼룩이 묻으면, 창피와 근심, 걱정이 생기나, 더러워진 옷을 빨면, 근심과 걱정이 해소되고 증거가 없어

지며, 우물이나 샘터에서 세탁을 하면, 신분, 직장에서 과거를 청산하고 새로운 일이나 학업에 충실하게 되며, 세탁소에 세탁물을 맡기면, 재판소나 기관에서 자기의 어려움을 해결해 주고, **빨래를 말리면**, 업적이나 신분을 세상에 공개하게 된다.

. 옷을 갈아입으면, 협조자, 사업, 직책, 배우자, 집 등에 자주 변동이 있으나, 남이 화려하고 좋은 옷을 입으면, 남의 출세를 보기에 자기 자신은 불쾌함을 겪는다.

. 대통령, 스승, 신들이 입은 화려한 옷은, 권위적이며 명예로운 일이 생긴다.

. 옷을 파는 상점에서 옷을 사면, 협조자, 일, 직업, 책, 문서를 얻게 된다.

. 흰옷을 입으면, 유산 상속과 순수한 성품을 상징하며, 흰옷이 빛나면, 더욱 길몽이 되니 신분이 고귀해지고 명예를 얻는다.

. 흰 상복을 입으면, 정신적, 물질적인 유산을 상속받게 되고, 여러 사람이 흰 옷을 입으면, 여러 사람에게 상속이 되거나 그들의 결백한 주장을 하는 사람들일 경우가 있다.

. 반대로 검은 옷은, 죄를 상징하거나 저승사자, 불길한 일과 상복을 입을 경우에 해당되기도 한다.

. 품위가 있는 검은 옷은, 신분의 고귀함과 협조자의 음덕, 후덕, 온정을 얻게 되나 남의 희미한 검은 옷은, 기억의 부실함이나 남의 신분을 분명하게 알지 못하는 경우에 해당되고 얼룩색의 옷은, 다양한 성품이나 복잡한 일의 상징이 된다.

. 초록색, 청색류 색깔의 옷은, 젊음과 노력과 희망과 유치함 규칙적인 근면 등이 상징이 되며, 젊은 사람의 상징인 청바지나 푸른색의 옷이 이것에 해당 된다.

. 노란색이나 황금색의 옷은, 남의 사랑을 받거나 인기를 얻고 기관이나 단체의 중심적인 일과 사람의 상징이 되고, 누런색의 비옷은, 관청과 관계되거나 유산의 관계가 있다.

. **빨간** 옷을 입거나, 남이 입은 것은, 남과 위험한 일로 관계되거나 위험한 일, 시비, 다툼 등의 불쾌한 일과 미움에 관계된 일이며, 붉은 관복은, 신분의 고귀함이나 고위 공직자의 일에 관계되고, 분홍색이나 핑크색일 경우에는, 깊은 애정과 극진한 사랑, 매력과 매혹적인 일에 상관된다.

. 관복과 당의는 신분의 고귀함을 상징하고, 귀한 협조자를 얻기도 하며, 임금의 옷인 곤룡포를 입으면 최고의 명예와 신분을 얻게 된다.

. 학생복이나 군복, 경찰 등의 제복은, 기관이나 조직원의 상징이 되며, 옷을 벗으면 휴가나 제대, 조직에서 물러나는 일의 상징이 된다.

- 여성이 웨딩드레스를 입은 것은, 실제의 결혼을 하게 되거나 취직이나 신분이 새로워지거나 귀한 협조자를 만나는 상징이 되고, 드레스를 입고 실제로 결혼을 하면, 기관에 직장을 얻거나 책임을 맡게 되고, 검은 예복도 ,신분이 고귀해지고 유산을 상속 받기도 한다.
- 옛 학자나 선비가 입는 갓을 쓰고 두루마기를 입은 사람은, 학교의 교장이나 정신적인 일의 책임자나 책일 경우가 있고, 갓이나 모자, 겉옷은 협조자, 위치, 신분의 상승 등이 상징되는 것이며 다른 옷과 동일한 해석이 된다.
- 한번 세탁을 했던 옷을 입었으나 옷이 크거나 작은 것은, 과거가 있는 사람을 만나거나 과거에 있었던 일과 관계한다.
- 작업복을 입었거나 입은 사람을 만나면, 기관원이나 관리자, 근로자의 상징이거나 힘든 일을 하는 상징이 된다.
- 색동옷이나 번쩍이는 옷을 입거나 하면, 인기 직업이나 인기인의 상징이 된다,
- 옷을 완전히 벗어 몸 자랑을 하면, 자신을 공개하거나 과시하는 상징이, 입을 옷이 없어 옷을 벗으면, 곤궁하여 의지할 협조자나 위치가 없음을 상징한다.
- 옷의 상의는, 윗사람과 상층부를 상징하고 하의는 아랫사람이나 하층부의 상징이 되며, 상의를 벗으면, 윗사람의 협조를 얻지 못하고, 상의를 잃어버리면, 윗사람, 협조자나 협조 기관의 상실을 의미하고, 하의를 잃으면, 반대로 아랫사람이나 부하직원의 협조를 얻지 못하며, 속옷만 입으면, 사업이나 위치가 불안함을 상징한다.
- 태몽에서 여성의 치마에 받거나 담거나 하는 것은, 장차 태아의 업적과 상관이 있다.
- 옷을 벽에 걸어 놓으면, 간접적인 협조를 상징하거나, 능력이나 업적을 언론에 공개하는 일과도 관계된다,
- 행주치마나 앞치마는, 수하 사람의 상징이 되며, 행주치마를 벗으면, 가정부가 집을 나가고, 행주치마에 손을 씻으면, 출가한 딸이 집에 오게 된다.
- 양말과 버선, 스타킹 등은 협조자, 이력, 행적, 내력, 권리를 상징하며, 이것들을 잃거나 하면 협조자나 의지하던 사람을 잃게 되거나, 인연이 끊어지거나 한동안 이별을 상징하며, 반대로 얻으면 협조자나 의지할 사람을 얻게 된다.
- 넥타이는, 애인이나 남편, 신분, 계급, 간판, 상표를 상징하고, 목도리는 보호자 협조자의 상징이 된다. 여인이 넥타이를 선물하면, 청혼을 하는 것이며, 남자의 목에 넥타이를 매면, 결혼에 성공하며, 목도리는 ,협조자를 얻는다.

. 손을 보호하는 장갑 역시, 형제, 수하인, 수단 방법 등의 일을 보호하고 은폐하며 계약된 일의 수행과 관계되며, 가죽장갑이나 털장갑 등 고급스러운 장갑을 얻거나 손에 끼면, 형제나 협조자의 관계가 좋아지는 것을 상징하며, 작업용 장갑은, 계약의 상징이 되니 만약에 세탁을 하면 계약의 종결을 상징하고, 작업용 장갑이 많으면, 사업상 자료나 일감이 풍부함을 상징한다.

. 옷 보따리를 풀지 않으면, 중요하고 고급인 일이 해결되지 않아 근심을 하게 되고, 옷 보따리를 잃어버리거나, 도둑맞거나, 펼쳐 보거나 하면 근심걱정이 해결된다.

. 옷과 더불어 부속품인 허리띠는 묶는 이유로서, 결혼, 결정, 구속, 압박, 단속 등의 상징이 되며 허리띠가 끊어지면, 계약, 규제, 구속 등에서 해소되고, 허리띠가 금으로 장식되어 허리에 매게 되면, 고위관직을 얻게 되고, 귀한 허리띠의 장식을 팔고자 하면, 훌륭한 딸의 혼처를 구하기도 한다.

. 옷의 부속품인 단추 역시, 결합과 인연을 상징하며 명예와 계급, 권세 과시를 상징하게 되니, 금은보석으로 되었으면, 훌륭한 배우자나 협조자를 만나거나 권력과 명예를 얻게 된다.

. 남쪽에서 빨간 옷을 입은 여자가 볏단을 이고 경복궁에 불을 지른 선조의 꿈은, 임진왜란이 일어날 것이 예지된 꿈이다.

. 빨간 옷을 입었던 꿈은, 위험한 여인의 유혹을 상징했다.

. 흰옷 입은 딸아이가 검은 관용차에 치어 죽은 꿈은, 유산을 상속받았다.

. 황제의 제복의 꿈은, 인연 있는 대통령의 후보가 대통령에 당선되었다.

. 학생이 교복의 단추를 떼인 꿈은, 학교에서 전학을 강요받았다.

. 검은 옷을 입은 저승사자의 문 밖에 있던 꿈은, 골프장에서 골프공을 맞고 사경을 경험했다.

. 양복을 벗고 트레이닝복을 입은 국회의원의 후보자 꿈은, 국회의원에 낙선하였다.

. 스님이 승복이 찢어진 꿈은, 중병에 걸린 신도를 위문차 병원에 가서 문병하고자 했으나, 그 환자는 이미 병원에 있는 사이 타 종교로 개종하는 망신을 겪었다.

. 옷은 빈부귀천, 협조자, 보호자, 명예, 권세, 직장, 과시 등을 상징한다.

. 새 옷을 입으면 신분이 새로워진다.

. 옷을 빨아 손질해 입으면 근심, 걱정이 해소되고 새로운 일에 착수하며 생활형편이 좋아진다.

. 중병환자가 새 옷을 입고 집 주위를 분주히 돌아다니면, 그 사람 또는 그와 동일시되는 인물이 죽게 된다.

- 헌 옷을 입으면 신분, 직위, 집, 협조자, 권세 등이 쇠퇴하거나 병에 걸린다.
- 윗사람이 주는 옷을 받으면, 직업, 권리, 명예, 혜택 등이 주어진다.
- 옷을 선사 받으면 일, 직업, 협조자 등을 얻는다.
- 남이 입던 옷을 벗어주면, 남의 책임을 전가 받거나 업적을 이어받을 일과 상징한다.
- 비단 옷이나 관복, 예복 따위를 얻으면. 상대방에게 크게 은혜를 입거나 출세하고 덕을 보게 된다.
- 벗어 놓았던 옷을 잃어버리면, 의지했던 협조자나 신분, 직장, 집, 사업 등 상실하고 고독, 빈곤, 고통을 면치 못한다.
- 옷소매가 찢어져 나가면, 처자, 친구, 형제간에 이별을 하거나 사업의 일부가 소용없게 된다.
- 옷고름이 떨어지면, 인연이 끊어지고, 저고리 등이 찢어지면 큰 집이나 기관에서 이탈한다.
- 옷에 흙이 튀어 얼룩이 지면, 질병에 걸리거나 부채, 창피, 근심 등 걱정할 일이 생긴다.
- 물속에 들어가도 옷이 젖지 않으면, 외세나 남의 사상 등이 자기의 주관을 바꾸지 않고 주변에 영향을 미친다.
- 옷이 흠뻑 물에 적시면, 신분, 사상 등에 크게 변화를 받아 환경에 적응한다.
- 때, 기름, 흙, 대소변 등 오물이 묻은 빨래를 하면, 근심거리 등이 해소되고 불쾌한 일의 증거가 없어진다.
- 옷을 우물이나 냇물에서 빨면, 신분, 직장 및 기타 과거를 청산하고 새로워지며 일이나 학문에 열중하게 된다.
- 빨래를 말리면, 자기의 업적이나 신분을 세상에 공개할 일이 있고 그 빨래를 다듬으면 일의 정리가 끝난다.
- 옷을 이것저것 갈아입으면, 협조자, 직장, 배우자, 동업자, 집을 여러 차례 바꿀 일이 있다.
- 화려한 옷을 입으면, 신분, 직위, 사업 집 등이 고귀해지거나, 훌륭한 배우자를 만난다. 남이 그러한 옷을 입으면, 정신적으로 압도당할 일이 있다.
- 대통령, 스승, 신령적인 존재가 빛나는 옷을 입은 것을 보면, 은혜로운 일, 권위적인 일 등으로 크게 명예로워진다.
- 옷장이나 트렁크에 여러 가지 옷을 챙겨 넣거나 접어서 쌓아놓으면, 사업, 생활 등을 정리 할 일이 있다.
- 여성의 옷을 하나하나 벗기면, 책이나 기계류의 내용을 탐독 또는 조사할 일이 있다.

- 여성의 옷을 벗기면, 차용증서나 그 밖의 문서 내용을 잘못이 없는지 검토해 볼일이 있다.
- 정치와 관련된 꿈에서 대통령의 옷이 단정하면, 정부가 기강이 바로 잡히고 정치가 잘된다.
- 상대방 여성이 옷을 단단히 입었는데도 속살이 만져지면, 의견, 이념, 지조를 고수하는 사람의 비밀이나 사생활을 알게 되고 영향을 준다.
- 맞추어 입은 옷이 크고 작아서 마음에 들지 않으면, 집, 배우자, 직장 등에서 불만이 생긴다.
- 옷가게에서 옷을 사면, 협조자, 일, 직업, 신분증명서 책 등을 얻게 된다.
- 흰 옷을 입으면, 순진무구함을 상징하거나 유산 상속자를 표현한다.
- 흰 옷이 빛나고 있는 것을 보면, 신분이 고귀해지고 명예가 주어진다.
- 흰 상복을 입으면, 정신적, 물질적인 유산을 받을 일이 있다.
- 여러 사람이 흰옷을 입고 웅성거리면, 그들의 결백함을 주장하는 것으로 고소당할 일이 있다.
- 흰 옷을 입은 사람들이 쳐다보거나 엎드려 있으면, 시비나 재판을 맡아 판결해 줄 일이 있다.
- 검은 천이 드리워지거나 몸의 일부를 감싸고 옷고름, 동정이 검으면, 죄를 짓거나 상복을 입는다.
- 검은 양복, 예복, 드레스 유니폼, 코트 등을 입으면, 신분의 변화, 협조자의 음덕, 후덕, 온정을 입게 된다.
- 검은 옷을 빨아 걸어 놓으면, 부모상을 입는다.
- 남이 회색 옷을 입은 것을 보면, 이중인격자 또는 죄인, 환자 등을 상징한다.
- 얼룩 옷 또는 여러 색깔의 혼합된 옷은, 성격의 다양성이나 연고 있는 일과 관계해서 표현된다.
- 감색, 푸른색, 초록색 옷을 입으면, 강한 지조, 규율, 근면, 신고, 노력 등에 관계된 일이나 사람과 상관한다.
- 남이 빨간색 옷을 입고 있으면, 상대방과 싸우거나 불쾌감을 갖게 되거나 재난을 당하거나 상대에게 질투심이 생긴다.
- 붉은 관복을 입으면, 신분이 고귀해지고, 붉은 장식 옷을 입으면 열광적인 일에 관계한다.
- 분홍색 옷을 입으면, 배우자나 다른 사람에게 극진한 사랑을 받거나 매혹 시킬 일과 관계되며 상사병에 걸리기도 한다.
- 관복과 활옷을 입으면, 신분, 직위가 고귀해 지고 좋은 협조자나 남편 등을 얻게 된다.

- 임금의 곤룡포를 입을 수 있다면, 최고의 명예가 주어진다.
- 학생, 군대, 경찰 등이 제복을 벗고 사복을 착용하면, 휴가나 휴직, 단체에서 물러나는 것을 상징한다.
- 군인이 군복에 군모, 군화를 착용하고 있는 것을 보면, 기다리고 있는 군인이 휴가를 오지 아니한다.
- 군인이 사복을 입었거나 군모를 벗고 있는 것을 보면, 곧 휴가나 제대를 한다.
- 미혼 여성이 웨딩드레스를 입으면, 실제로 결혼을 하거나 취직이 되고 신분이 새로워지며 협조자가 나온다.
- 드레스를 입고 신랑과 나란히 서서 결혼식을 올리면, 결사나 계모임, 동창회 등에서 어떤 책임을 진다.
- 자기가 귀부인이 되어 검은 예복을 입고 대리석 궁전을 걸어가면, 유산상속 등으로 부귀해지거나 유복해진다.
- 두루마기, 도포, 잠바, 코트 및 기타 덧옷을 입으면, 협조자, 은인을 만나 신분이 고귀해 지거나 명예, 권세가 주어진다.
- 남이 두루마기를 주면, 신용장, 학위 등을 얻거나 어떤 협조기관을 얻는다.
- 도포를 입고 갓을 쓴 점잖은 노인은, 대학자나 연고 있는 학교의 교장이나 기관장이다.
- 색동옷을 입으면, 인기직업을 갖거나 인기를 얻게 된다.
- 작업복을 입은 사람은, 기관원, 관리, 근로자 등의 신분이거나 일이 고되거나 힘든 노력을 하는 사람을 상징한다.
- 잠옷을 입으면, 배우자, 집, 직업 등을 얻는다.
- 한번 세탁했던 옷을 약간 크다고 생각하면, 누가 한번 살았던 일이 있는 집을 얻게 된다.
- 수영복을 입으면, 신상문제를 일부만 공개할 일과 관계 된다.
- 많은 사람들이 수영복을 입고 있는 것을 보면, 선동적인 일의 상징이 된다.
- 상의 하의가 모두 갖추어지면, 완전한 일이나 완전한 신분, 완전한 협조자를 상징한다.
- 하의를 새로운 것으로 바꾸어 입으면, 아랫사람과 새로운 인연을 맺거나 산하단체, 직장 등을 새로 마련한다.
- 태몽에서 여성의 치마는, 자손과의 상징부위이며 치마에 담거나 담은 물건은 자손에 업적, 사업 등과 관계한다.
- 속옷만 입고 다니는 꿈은, 사업상 불안한 상태이거나 협조자의 도움이 약한 상징이다.

. 행주치마는, 며느리, 가정부, 딸, 일꾼, 수하자 등의 상징이니 입고 벗음에 사람이 들어오고 나가고 하며, 행주치마에 손을 닦으면 딸이 온다.
. 외국에 간 배우자가 신던 양말을 한 보따리 보내온 꿈은, 외국에서 이성편력의 상징이다.
. 양말이나 목도리 장갑 등은, 혼담의 상징이며 육친, 배우자, 자손, 협조자의 상징으로 본다.
. 넥타이는, 계급, 신분, 간판, 상표, 배우자를 상징한다.
. 애인의 목에 넥타이를 매어주면, 상대가 자기 뜻에 따르도록 행동한다.
. 장갑은, 수하사람을 보호하는 상징이 되며 보호 또는 은폐, 계약 이행 등을 상징한다.
. 장갑을 빨면, 동업자의 계약이 해약되고 작업용 장갑은 일의 자료가 많음을 상징한다.
. 허리띠를 매면, 결혼, 결연, 규제, 압박, 계약 등의 일이 있다.
. 황금 허리띠를 팔려고 하면, 훌륭한 딸의 혼처를 구하는 상징이다.
. 호주머니는 작아도 마음의 도량, 금고, 창고, 집, 기관, 연고지를 상징한다.
. 호주머니에 무엇을 넣으면, 그 상징물에 따라 판단한다.
. 옷에 단추를 떼면, 소속되는 해당 기관이나 단체에서 자격을 잃는다.
. 결혼식장에서 상복을 입은 사람이 나타나면, 결연, 계약, 결사 등에서 우두머리가 되거나 책임자가 되는 사람을 본다.
. 퇴색한 옷, 찢어진 옷, 때 묻은 옷을 입으면 남에게 냉대를 받거나 집, 신분, 사업이 쇠락한다.
. 보따리는, 아직 공개하지 않은 일이나 근심거리, 오랜 시일이 걸려야 밝혀질 일의 상징이 된다.
. 남이 옷 보따리를 가져다주는 것은 풀지 않고 받으면, 오랫동안 근심 걱정할 일이 생긴다.
. 옷 보따리를 풀어 많은 옷을 헤쳐 보면, 혼담이나 상담, 어떤 사람의 내력을 알게 된다.
. 옷을 보자기에 싸고 있으면, 일, 사업 등을 중지하게 되거나 많은 사람을 모집할 일이 있다.
. 남이 무늬가 있는 비단 보자기를 펴 보이면, 그 사람의 자랑을 들어주게 된다.
. 남이 비단보를 주면, 결혼이 성립된다.

2) 옷감과 재단과 실과 바늘의 꿈

미혼 여성이 분홍색의 옷을 만들어 금실로 수를 놓은 꿈을 꾸고서는 필자에게 해몽을 구했고, 필자는 해석하기를 귀한 사람과 결혼이 성사될 것을 말했다. 그 후 마음에 드는 멋진 사람과 결혼 하였다는 소식을 전해 들었다.

분홍색이었기에 애정을 상징했고, 금실이기에 귀한 사람이며, 옷을 만드는 과정은 혼인 과정의 데이트 상징이 되며, 이와 같이 옷을 만드는 것은 작품, 취직, 혼인, 선택 등의 상징이 되며, 옷감을 재단하면 계획, 취직, 결혼, 사업 등 일의 진행을 상징한다.

- 옷감을 사오게 되면, 권리와 토지, 재물, 명예가 생기며, 많을수록 재물과 성과가 크다.
- 옷감에 물을 들이면, 사상이나 직업의 변화를 갖게 되며, 밝고 좋은 색은 결과가 좋으나 검은색이나 회색은 사업 변화의 결과가 좋지 않은 상징이 된다.
- 재봉틀이나 기계는, 능력이나 회사, 기관의 협조를 상징하고, 재봉틀을 활용하면 재물과 일의 성공이 수월함을 상징한다.
- 바늘은, 방법을 상징하고, 바늘에 실이 꿰인 것은 조직의 창설과 결혼, 인연이 되고, 방편을 얻으며 바늘에 꿰인 실의 길이에 따라 성사되는 시간과 세월을 상징하기도 하며, 바늘을 많이 얻는 꿈은 많은 조건과 좋은 평가를 얻는 상징이 되고, 바늘에 찔리게 되면 사업이나 사람에게 고통을 받게 되기도 하고 신변이 통증을 얻기도 한다.
- 실타래를 누구에게 주면, 인연이 맺어지는 결혼의 성사나 오랜 친구가 생기나, 병자의 꿈에서는 오랜 병마에 시달리기도 한다.
- 하늘에 연이 높이 뜨면, 사업이 융성하고 명성을 얻는다.
- 색칠이나 염색은, 사상의 감화, 직업의 변화, 계약의 상징이 된다.
- 입은 옷의 일부가 다른 색으로 물들면, 타의적, 사회적인 영향을 끼칠 일을 상징한다.
- 옷을 세탁한 후 더 진하게 다른 색으로 물들이면, 경영방침이나 사업내용을 변경 시키거나 직업을 바꾸게 된다.
- 옷을 염색소로 들고 가면 ,참회의 종교단체에 가거나 교도소에 갈일이 있다.
- 화가가 캔버스에 물감으로 채색 하는 것을 보면, 사건이나 사연을 기록에 남기거나 심리진단, 진상, 규명 등의 상징이 된다.
- 벽이나 가구에 페인트칠을 하면 ,간판을 새로 달거나 사업을 변경하여 일의 성과 등에 좋은 평가를 얻는다.
- 손발에 물감, 먹물, 잉크 등이 묻어서 지워지지 않으면, 계약이 성립되거나

사상, 행적 등에서 벗어날 수 없게 된다.
- 옷을 만드는 것은, 작품, 결혼, 결사, 선택 등의 일을 비유하거나 상징한다.
- 옷감을 재단하면, 계획, 취직, 결혼, 사업 등의 일에 착수한다.
- 양복점 재단사가 재단을 하는 꿈은 ,어느 기관에 실무자가 자기가 청탁한 일을 진행시키고 있음을 상징한다.
- 미싱을 사오거나 방안에 들여 놓으면, 사업체를 이끌어갈 능력이 생기거나 어느 기관에서 협조해 준다.
- 고급 양복지나 비단 옷감을 사오면, 권리, 토지, 재물, 명예 등을 얻는다.
- 천을 필로 들여오거나 수북이 쌓아 놓는 것을 보면, 넓은 토지나 직권 등을 얻고 부귀해 진다.
- 바늘은, 통찰력, 자극, 선도자, 방도, 평가 등에 관한 일을 상징한다.
- 바늘에 꿰인 실은, 조직, 결사, 결혼, 인연 등의 방편이나 근원을 상징하거나 시간의 길고 짧음을 표시한다.
- 바늘을 잃어버려 찾지 못하면, 사업방도를 잃어버리거나 사업이 중단된다.
- 알바늘을 많이 얻으면, 사업방도나 지식, 좋은 평가를 얻는다.
- 바늘에 손가락을 찔리면, 사업상 고통을 받거나 각성할 일이 생긴다.
- 직물, 자수, 편물 등은 결혼, 계약, 결의 등의 일과 관계한다.
- 색실로 수를 놓으면, 공로를 쌓거나 애정을 피력하고 결사, 결의, 의 일과 관계된다.
- 상대방이 주는 실타래나 실 꾸러미를 가지면, 수명이 길거나 할 일이 많고 계획한 일이나 병세 등이 오래간다.
- 실타래를 남에게 주면, 처녀는 곧 결혼 하게 되고 환자는 병상에서 일어난다.
- 연이 하늘 높이 잘 뜨고 연줄이 모두 풀리면, 사업이 융성하고 남에게 업적을 과시한다.

3) 모자나 갓의 꿈

신라의 원성왕이 흰 갓을 쓰고 우물 속으로 들어가는 꿈은, 국가의 왕위를 상속하는 의미인 흰 갓이 중요한 상징이 되었고, 군인이 옛 벼슬의 상징인 감투를 벗은 꿈은, 고위직 군인의 직책을 놓게 되는 상징이 되고, 왕관을 쓴 학생은 학교에서 학업 성적 발표에서 1등을 하였다.
이와 같이 모자는, 윗사람, 명예, 권세, 계급, 보호자, 신분증, 직업, 직 등의 상징이 되며, 새로 모자를 사서 쓰거나 하면, 입학, 취직, 자격증 획득, 신분증 갱신 등의 일이 있게 되고, 일반인이 군모나 학생모를 쓰게 되면, 직장에 취직이 되거나 새로운 단체에 가입이 되는 상징이 된다.

- 군인이 군모를 벗으면, 휴가나 제대를 상징하고, 사병이 장교의 모자를 쓰면 승진이나 명예와 권리가 생기며, 전투모를 쓰면, 준비와 계획이 성립되고, 모자를 쓰지 않은 군인은 기자나 기관원, 회사원의 상징이 되며, 박사, 석사, 학사 등의 모자를 쓰면 학문적 공로와 명예의 상징이 된다.
- 장례식에서 굴건을 쓰지 않은 꿈은, 자기 조상의 유산이 굴건제복을 한 사람에게 상속되었으며, 자기가 굴건을 썼으면 자기에게 유산이 상속된다.
- 모자를 벗어 과일이나 돈이나 물건을 받으면, 정신적인 일이나 아이디어 사업으로 재물이 생긴다.
- 모자는, 협조자 윗사람, 명예, 권세, 계급, 직업, 신분증 등의 상징이 된다.
- 감투를 새로 만들어 쓰면, 권리를 얻거나 신분이 고귀해진다.
- 누가 새로 만든 관을 씌워주면, 신분증, 주민등록증 등을 새로 만들게 된다.
- 군모를 벗고 집에 나타나 군인을 보면, 그 사람이 휴가를 온다.
- 군인 옆에 군모가 여러 개 놓여 있으면, 장교가 제대하여 예비역에 편입된다.
- 일반인이 군모를 쓰고 군복을 입으면, 취직이나 직장에 변동이 생긴다.
- 사병의 꿈에 장교모를 쓰거나 교관의 계급장을 달면, 출세하거나 권리, 지휘의 능력을 얻으며 상관의 보호를 얻는다.
- 새로 모자를 사서 쓰면, 입학, 취직, 자격증 갱신 등이 있게 된다.
- 흰 갓을 쓰면, 유산을 상속 받거나 큰 권리가 주어진다.
- 굴건을 쓰면, 정신적, 물질적인 유산을 상속 받는다.
- 자기 외에 다른 사람이 굴건을 쓰고 있는 것을 보면, 그와 더불어 유산을 분배 받거나 유산 문제로 다툴 일이 있다.
- 장례식에 굴건을 쓴 사람이 많으면, 유산 분배 자가 많거나 수제자가 많음을 상징한다.
- 모자를 벗어 과일, 돈, 금, 은, 보석 등 기타의 물건을 담으면, 정신적인 사업으로 이익이 있다.
- 전투모를 쓰면, 예방 조치나 작전계획이 서고 군인이 집단적으로 철모를 쓰고 행진하면, 사업이 번성한다.
- 왕관이나 금관 월계관 등을 머리에 쓰면, 최고의 권리, 영광이 주어지며 회장, 퀸, 학위 등 1등 당선 등의 상징이 된다.
- 유부녀가 족두리를 쓰고 거울을 보면, 출세해서 훌륭하게 된 친지 또는 반가

운 사람을 만나게 된다.

. 관 또는 모자를 태우거나 찢어버리면, 진급 또는 전직을 하며 만약에 잃어버리면 협조자 위치를 잃는 상징이 된다.

. 모자를 쓰지 않은 경찰관은, 기관원이나 신문기자, 회사원의 상징이 된다.

4) 신발의 꿈

유명인사의 꿈에 좋은 신발을 사고자 노력했으나 자기에게 맞는 신발이 없었던 꿈은, 학교에서 고위직의 위치를 얻고자 하는 일에서 실패를 하였다.

이와 같이 신발은 일상생활에서 의지할 수 있는 부모, 배우자, 협조자, 아랫사람, 집, 신분, 직장, 협조기관, 재산 등의 상징이 되며, 신발을 잃어버리면 위와 같은 신발의 상징된 것을 잃게 된다.

. 자기의 신을 찾지 못해 남의 신을 신으면, 직장, 배우자, 사업, 집 등을 바꾸게 되며, 좋은 것으로 바꾸면 길몽이 된다.

. 새 신을 사거나 신으면, 새로운 일이 일어나게 되기도 하며, 결혼 전에 신발 한짝을 잃으면 결혼 후 이별을 상징하게 된다.

. 결혼 전에 신발을 여러 가지로 바꾸어 신은 것은, 여러 번의 이별을 상징 하나 마지막 신발이 최종 정착하는 상징이 된다.

. 신발을 깨끗이 씻어 보자기에 싸놓은 꿈은, 남편과 자식과 한동안 이별하는 상징이 된다.

. 신발이 발의 크기와 맞지 않아 크거나 작거나 하면, 직책이나 집이 분수에 맞지 않음을 상징한다.

. 문 앞에 많은 사람의 신발은, 여러 사람의 협조자가 많은 것을 상징한다.

. 짚신을 삼으면, 하인이나 아랫사람을 얻게 되고 미투리나 짚신을 삼으면 직장이나 직업을 얻기 위해 노력하는 것을 상징한다.

. 남편이 많은 여인의 신을 가지고 있는 꿈은, 여러 여인과의 관계가 있거나 협조자가 많은 상징이 된다.

. 신발의 태몽은, 사회사업이나 사회적인 지위와 업적에 관계되어진다.

. 신발은, 일상생활에서 의지 할 수 있는 부모, 배우자, 협조자, 신분, 직장, 자손, 재산들을 상징한다.

. 신던 신을 잃어버리면, 현실에서 신발의 상징성이 있는 것을 잃어버린다.

. 신령적인 존재가 주는 신을 받아 신으면, 위대한 학자나 지도자의 후계자가 된다.

- 새신을 사거나 얻으면, 모든 의지가 되는 중 그 어떤 것을 새로 얻거나 갖게 된다.
- 낡고 찢어진 신을 신으면, 신분, 직업, 사업, 협조자 등이 무력해지고 병에 걸리기도 한다.
- 옥색 고무신, 흰 고무신, 검정 고무신 등 세 켤레를 번갈아 신은 꿈은 여성은 세 번 결혼에 안정을 얻는다.
- 새로 산 신발이 발보다 크거나 작으면, 집이나 직책이 분수에 맞지 않아서 불만이 있게 된다.
- 신을 벗고 마루에 오르면, 직장에서 한 동안 일하거나 승진한다.
- 문전에 여러 사람의 신을 벗어 놓은 것을 보면, 어느 기관의 일에 대한 협력자나 청탁자가 많음을 상징한다.
- 어린아이에게 꽃신, 구두, 털신 등을 사다주면, 실제의 아이라면 협조해 줄 일이나 아이가 일의 상징이라면 그 일의 보장이나 완결 등을 상징한다.
- 신을 얻은 꿈은, 태아가 장차 사업체나 사회적인 지위를 얻거나 업적을 남길 것을 상징한다.

5) 소지품의 꿈

시계는, 배우자, 협조자, 권리, 직책, 애인, 협조기관 의 상징이니 결혼한 남자가 결혼의 예물이나 배우자의 상징이 된다.

남편의 행동이 수상하다며 필자에게 상담을 의뢰한 여인은, 꿈에 남편이 양팔에 시계를 차고 있다하며 그것이 남편의 새로운 여인이 아닐까 하고 의심하였다. 그 후 그 여인의 남편은 직장의 여성과 비밀한 동거를 하고 있었다.

이혼한 남자가 재혼을 하고자 하여, 선을 보던 날 꿈에 약간의 먼지가 묻은 헌 시계를 차고 있던 꿈을 꾸고는 과거가 있었던 여성과 결혼을 했다.

- 남편이 시계를 양팔에 차고 있으면, 남편의 숨겨둔 여인으로 판단이 된다.
- 재혼하고자 하는 남자의 팔에 찬 시계는, 약간의 먼지와 헌 시계이기에, 과거가 있는 사람의 상징이 된다.
- 시계를 선물 받으면, 협조자, 권리, 지위를 얻게 되고, 시계가 고장 나면 일, 사업의 부실함을 상징하고, 협조자나 배우나, 자손 등이 병들거나 사고를 만나기도 한다.
- 큰 시계를 배에 찬 사람은, 능력이 있음을 상징하고, 시계를 잃어버리거나 시곗줄이 끊어지면 협조자나 권리와 직책, 인연과 유대가 단절된다.

. 시계를 선물 받으면, 협조자, 재물, 권리, 지위, 직업을 얻는다.

. 안경은, 지위, 협조자, 지혜, 통찰, 선전, 과장, 위장 등의 상징이 된다.

. 안경을 사서 쓰면, 지위 직책, 권리 등이 새로워진다.

. 금테 안경을 쓰면, 신분이 귀해진다.

. 안경도, 소지품의 일종이기에 시계와 더불어 같은 협조자의 상징이 되나 지혜와 통찰력의 방법을 얻기도 하고 선글라스처럼 색안경은 위장과 의심을 가장하는 상징이 된다.

. 선글라스 쓴 사람을 보면, 신분, 학력, 본심을 속이는 사람을 만나게 되고, 안경을 쓴 사람을 만나게 되면 자기의 마음속을 꿰뚫어 보는 사람을 만나게 된다.

. 망원경으로 먼 곳을 본 그곳이 빛이 나면, 훗날 좋은 일이 생기는 상징이 된다.

. 망원경은, 멀리 보는 도구이기에 먼 훗날 일어날 일을 알거나 먼 곳의 소식을 알기도 한다.

. 지팡이는, 협조자나 능력을 상징하며, 지팡이로 남을 때리면 남에게 훈계나 충고를 하게 되는 경우이며, 지팡이를 사용하여 걷는 것은 협조자와 기관의 권리를 얻게 된다.

. 지갑은, 권리, 신분, 기관, 회사 등을 상징하며 지갑에 지폐가 가득 있으면 방법과 재물, 권리가 만족할만하게 된다.

. 남자의 손가방과 여인의 핸드백은, 가정과 집, 직장, 협조자, 기관, 자금, 힘든 일, 해결이 되지 않은 일의 상징이 되기도 한다.

. 가방이 열려있고 돈이나 문서가 없어지면, 어려운 문제가 해결되어 근심 걱정이 해소되고, 개봉되지 않은 가방을 가지고 있으면 근심걱정이 오래간다.

. 작은 손지갑이나 패스포드, 신분증 등을, 잃으면 귀중한 사람이나 협조자 등을 잃는다.

. 학생의 무거운 가방은, 많은 고통과 시련이 따르고, 가방을 버리거나 방에 놓고 가면 근심과 고통에서 해결된다.

. 패스포드는, 신분증, 이력서, 신원보증서 등의 상징이 되고, 검문소나 공항을 통과하면 모든 어려움에서 해결되는 상징이 된다.

. 손수건은, 충복, 수하자, 협조자, 계약서 등의 상징이 되며 손수건에 피나 배설물이 묻으면 증거물이나 계약의 상징이 된다,

. 수건은, 협조자나 추천서, 소개장, 방법, 권리행사 등의 상징이 되며, 수건을 걸치면 권리나 직책의 협조자를 얻고, 이마에 수건을 동여매면 어려운 일이 해결되나, 남이 수건을 동여매고 있으면 자기의 의견을 반대하는 사람의 상

징이 된다.

- 라이터를 가지거나 켜거나, 담배를 가지고 있으면, 협조자나 권리, 방법을 얻게 되나, 담배에 불을 붙이거나, 불을 끄는 것은, 소모되는 재물이나 사업의 중단을 상징한다.
- 성냥을 가지고 있는 것은, 정신적인 지식이나 재물의 상징이 되고, 성냥의 알갱이는 일의 성사되는 시간과 세월을 상징하거나 재물의 액수가 되며, 성냥불을 켜고 불을 내면 크게 사업의 성과와 발전이 있고, 성냥불이 여러 차례 켜지지 않으면 일의 방법에 어려움이 봉착하거나 재물의 손실을 가져 오며, 많은 성냥은 재물의 상징이 된다.
- 담배는 많으면, 재물의 상징이 되고, 담배를 피우는 것은, 정신적 물질적인 손실을 상징하며 남이 주는 담배를 피우면, 남의 부탁을 들어주게 되고, 자기가 주는 담배를 남이 피우면, 남이 나의 청을 들어주나, 남이 주는 담배를 피우지 않고 가지고 있으면, 권리나 방법이나 조건을 새로 얻게 된다, 버린 담배꽁초에서 불이 나면, 고뇌했던 일이 크게 성사되고, 재떨이는 협조자, 배우자, 관대한 사람, 일처리 기관 등의 상징이 된다.
- 재떨이의 상징이 되는 사람이나 태몽은, 근심걱정을 해결해 주는 사람을 만나거나 도움을 받는 해석이 가능하다.
- 담뱃대는, 소비조합, 중개인, 이력서의 상징이 되고, 담뱃대를 얻거나 잃어버리면 그에 맞는 상징으로 해석하여 판단한다.
- 상아로 된 파이프를 갖게 되면, 신분이 높아지거나 이력이 빛나게 된다.

6) 거울, 화장품과 도구의 꿈

거울에 비친 자기와 다른 사람의 모습은 친척을 만나거나 제 삼자를 만나게 되는 상징이며, 거울에 비친 얼굴이 젊고 예쁘고 화려하고 밝은 모습의 자기는, 보고 싶은 사람이나 애인, 협조자를 만나게 되며, 거울에 아무것도 보이지 않으면 먼 곳이나 훗날 기다리는 반가운 소식이 오며, 거울이 흐려지면 답답한 소식을 접한다.

여자 친구가 짙은 화장을 하는 꿈을 꾼 어느 좋은 직장을 가진 남자는, 필가에게 말하기를, 이 꿈을 꾸고는 여자의 친구의 여러 가지 과거의 비밀을 자기에게 감추고 있던 것을 알게 되었다고 했다.

- 거울은, 협조자, 소식통, 중개인, 애인, 신분, 마음 등을 상징한다.
- 손거울이 깨져 입 안에 숨긴 꿈은, 가정 싸움으로 외부에 알려지는 것을 감

춘 일이다.

- 손거울을 남이 가지고 노는 꿈은, 누가 자기의 애인이나 아내를 희롱하는 일이었다.
- 벽거울이 움직인 꿈은, 애인의 배신을 경험했다.
- 거울이 움직여 사라진 꿈은, 배우자의 변심을 경험했다.
- 거울을 얻은 사람의 꿈은, 애인의 마음을 확인했다.
- 거울을 얻은 사람의 꿈은, 직장에 승진을 경험했다.
- 거울이 떨어져 깨진 꿈은, 애인과 이별을 경험했다.
- 거울을 내던져 깨는 꿈은, 애인의 믿음과 결혼식 날을 잡았다.
- 여러 개의 화장품을 놓고 화장을 하면, 신분, 지위, 명예 등을 돋보이게 할 일이 생긴다.
- 거울 앞에 자기의 얼굴을 비추어 보며 화장을 하면, 다른 사람이나 자기의 일 또는 마음을 변화시킬 일이 있다.
- 거울에 비친 자기는, 중개소, 매개물, 소식통이니 자기의 얼굴을 통해 반영되는 어떤 사람이나 일의 동일시이다.
- 화려한 옷을 입고 거울을 보면, 보고 싶은 사람이나 협조자 등을 만나게 된다.
- 거울에 자기의 얼굴을 여러 번 비추어보면, 똑같은 사람이 여러 번 찾아온다.
- 거울에 비친 자기의 얼굴이 젊고 예쁘면, 젊고 예쁜 사람이 찾아온다.
- 거울에 자기 얼굴 등 아무것도 보이지 않는 것은, 먼 곳이나 먼 훗날 반가운 소식이 오며, 거울이 흐려지면 답답한 소식을 접하게 된다.
- 자기의 포켓용 거울을 남이 가지고 놀면, 누가 배우자를 희롱하거나 자기의 증명서를 뺏는 일과 관계 된다.
- 벽거울이 움직이면, 배우자가 변심하게 되고, 거울이 방안을 지나가면 배우자가 정부를 두게 된다.
- 거울을 얻거나 상대방에게 받으면, 배우자의 일에 관한 방법을 얻거나 신분, 지위 등이 높아진다.
- 거울을 얻고 결혼 하거나 아이를 낳으면, 도량이 넓고 사교술이 능하며 세상에 감화를 줄 사람을 얻는다.
- 거울이 떨어지거나 저절로 깨어지면, 믿음의 협조자나 애인 등과 이별하게 된다.
- 자기가 일부러 거울을 깨었으면, 신분이 새로워지고, 믿음과 협조자가 생긴다.

- 머리빗은, 협조자, 배우자, 방법, 정리 작업 등을 상징한다.
- 빗으로 헝클어진 머리를 빗으면, 복잡한 사정으로 얽힌 사건이나 일 등을 협조자나 방법에 의해서 무사하고 원만하게 해결된다.
- 남이 화장하는 것을 보면, 남이 본심을 위장하거나 거짓 선전에 불쾌함을 갖게 된다.
- 남이 얼굴이 달라지도록 짙은 화장을 한 것은, 남이 나의 지휘권을 가져가거나 업체의 명의를 바꿀 일을 상징한다.
- 화장이 지워져 흉하게 보이면, 상대방을 원망 하거나 간판, 벽화 등이 퇴색함을 보게 된다.
- 화장품을 사오게 되면, 신분, 지위, 사업 등을 새롭게 할 정신적, 물질적인 자본을 얻게 된다.
- 애인이 화장품을 사주면, 결혼 선물을 주거나 애정의 표시를 하게 된다.
- 머리에 기름을 발라 머리가 윤택해지면, 신분이 돋보이거나 소원이 충족된다.
- 머리를 빗으면, 성욕을 해결하고 병을 치료하는 방법이 생긴다.
- 빗질을 해서 이가 우수수 떨어지면, 미해결 문제가 해결되고 근심, 걱정이 사라진다.

제21장. 침구, 가구, 집기, 도구, 사무용품 등의 꿈

1) 침구의 꿈

새로운 상업을 하고자 한 사람의 꿈에서 집안에 새로운 침대를 가져오고 더불어 세 채의 이불을 가져온 꿈은, 그 후 사업의 허가를 관공서에서 받았으며, 그 사업의 종류가 세 가지의 조건으로 이루어지게 되었다.

- 침대는, 생활기반, 결혼생활, 병상, 사업기반의 상징이 되고, 이불이나 요는, 사업의 조건을 상징하듯이 침대나 이불을 밖으로 내가게 되면, 권리 이양, 사업의 중단, 이혼, 전업 등의 상징이 되기도 하고, 침대에서 떨어지면, 직장, 결혼, 사업, 지위, 권리 등을 잃게 되고 침대에 누워있거나 앉아 있으면, 병마나 기다림의 상징이 되고, 환자가 되어 침대에 누워 있으면, 직무에 어려움을 겪으며, 침대의 다리가 부러지면, 수하나 고용인 또는 사업의 어려움을 겪는다.
- 이불이나 요를 펴고 누우면, 사업자는 사업을 시작하게 되고, 병든 환자의 경우는, 병이 오래가게 되며, 이불을 접으면, 사업이나 일을 중단하게 되고, 이불을 찢으면 ,사업이나 결혼의 파탄을 상징한다.
- 비단이불이나 요를 얻거나 보게 되면, 결혼, 사업 등의 성공을 상징하고, 이불속에서 동물이나 소지품 등 물건이 있으면, 사업이나 연구에 성과가 있으며, 이불 속에 도둑이나 자기가 들어가면, 사업이나 연구에 진통과 고난이 따른다.
- 이불은 결혼, 사업, 경력, 이력, 보호책, 안식처 등을 상징한다.
- 이불을 펴고 누울 자리를 마련하면, 어떤 사업을 시작하거나 병의 시초가 되기도 한다.
- 이불을 덮고 누워 있으면, 사업이 한창 진행 중 이거나 병자는 병이 오래간다.
- 이불을 접어 올리면, 사업을 끝내거나 중단하고 새로운 대외적인 사업에 들어 간다.
- 이불장 또는 방 한 모퉁이에 첩첩이 쌓아놓은 이불은, 이력, 경력, 병력 등을

상징한다.

· 이불속에서 동물이 나오거나 물건을 꺼내면, 오랜 연구 끝에 어떤 성과를 보게 된다.

· 이불 위에 동물이나 물건이 있으면, 사업을 하거나 인생편력이 다채롭게 펼쳐짐을 의미한다.

· 이불을 갈기갈기 찢으면, 사업, 결혼 등에 파탄이 온다.

· 한 이불속에 여럿이 자면, 여러 동업자와 사업을 같이 하고 이성을 이불 속으로 끌어들이면 동업, 계약, 동문 등의 일과 관련된다.

· 비단 이불을 보면 결혼생활, 사업 등이 잘되고 화려하며 경력 또한 다채로워 진다.

· 이불 속으로 도둑이 숨으면, 자기만의 일에 집착하거나 사업, 학업 등이 진통 속에 있다.

· 요는, 사업기반, 사업자본, 증명서, 소개장, 자본 등을 상징한다.

· 요를 펴서 끌고 다니다가 위로 끌어다가 덮으면, 소개장이나 작품을 기관이나 단체에 제출할 것을 예시한다.

· 방석은, 책임부서, 지위, 접대부를 상징한다.

· 주인이 내주는 방석을 깔고 앉으면, 어느 기관 또는 회사에 취직 되거나 직책이 주어진다.

· 꽃방석에 앉아 붉은 과일을 먹으면, 데이트를 하거나 좋은 직책에서 수월한 일을 한다.

· 베개를 보면, 사업에 협조자가 생기거나 보완책이 생기고 윗사람의 혜택을 입는다.

· 둘이서 한 베개를 같이 베면, 사상, 이념 등이 같은 동지나 동업자가 생긴다.

· 방바닥에 새로 자리를 깔면, 새로운 사업을 벌이거나 많은 손님과 함께 연회나 집회를 가진다.

· 자리위에 화문석을 깔면, 귀한 손님이 오거나 어떤 권리가 주어진다.

· 붉은 카펫이 깔려진 위를 걸어가면, 국가적 사회적인 명예가 주어지거나 존경을 받는다.

· 자리를 짜서 엮으면, 단체, 조직, 결혼 등이 이루어진다.

· 야외에 여러 개의 자리를 펴고 자리마다 사람들이 앉아 음식을 먹고 있으면, 여러 차례 회담이나 사업 문의가 있다.

· 경사진 좁은 자리에 옹색하게 앉아 있으면, 만사가 여의치 않고 고생 하며 불만을 체험한다.

· 침대는 사업기반, 결혼생활, 병상 등을 상징한다.

. 침대를 방으로 새로 들여오면, 사업기반이 마련되고 미혼자는 결혼하게 된다.

. 지금까지 있었던 침대를 밖으로 내가면, 사업 중단, 권리이양, 전업, 이혼 등의 일이 있게 된다.

. 침대에 걸터앉으면, 직책을 얻거나 어떤 기다림이 있고 다른 사람과 같이 앉으면 동업, 혼담, 등의 일이 이루어진다.

. 야전용 침대에 누우면, 병원에 입원하거나 직장 이에 부심한다.

. 환자가 되어 환자용 침대에 누우면, 어느 기관에서 직무에 시달리게 되고 진찰 대에 누우면 직무 성적을 평가 받게 되어 수술대에 누우면 업적을 검토 받을 일이 있다.

. 침대 다리가 부러지면, 사업상 결함이 생기거나 부하, 수하, 고용인을 잃는다.

. 침대에 많은 개미나 빈대가 기어오르면, 경제적 출혈이나 귀찮은 사람으로 시달림을 받는다.

. 침대위에 뱀이 기어오르면, 정부를 갖게 되고 뱀이 자기 몸을 감으면 간통, 임신하게 되거나 지혜나 권리가 주어지기도 한다.

. 침대에서 떨어지면, 안식처, 직장, 지위, 명예 등을 잃는다.

2) 가구의 꿈

연구소를 하게 된 유명인사는 꿈에 아파트 군락지에 자기의 아파트 내부가 화려한 장롱과 가구, 책상, 의자 등이 꾸며져 있었고, 꽃병에는 꽃이 있는 꿈을 구고는 자기의 연구소에 관계된 협조자와 연구생과 연구의 실적이 결실을 맺을 것을 확신했다.

. 이불이나 의복을 보관하는 장롱은 기관, 집, 은행, 금고, 사업 기반, 생활 형편을 상징하며, 장롱을 열어놓거나 물건을 꺼내게 되면, 직무와 명예, 권세, 사업 등과 개업과 문물의 개방, 기관의 협조 등을 상징하고, 장롱의 문을 닫으면 보관, 저장, 매장, 단속, 마감, 처리 등의 일과 관계된다.

. 가구와 집기와 사무용품 등은, 모두 협조자와 직무, 방법, 도구, 직책, 권리, 기관 등의 상징이 된다.

. 금고의 경우에는, 돈의 보관처라는 의미인 은행과 지식의 창고의 학교의 상징이 되고, 금고에서 보석을 꺼내게 되면, 명예나 권세를 얻게 되고, 금융기관에서 융자를 얻게 되거나 학문적인 기관에서 지식을 얻게 되기도 하며,

금고에 보석이나 귀중품을 보관하면, 재산을 보관하거나 생활의 방법이 생기며, 금고의 다이얼을 돌리면, 돈을 구하고자 하는 노력을 상징하고 금고 문이 열리면, 소원이 성취된다.

. 여인이 사용하는 화장대는, 이성과의 인연과 직장, 부서 직위의 상징이 되니 얻거나 잃거나에 따라 해석을 달리하게 된다.

. 책상은, 상징 그대로 사업 기반, 책임 주서, 직책과 직위의 상징이 되고, 책상 앞의 의자에 앉거나 집무에 임하면, 사업이나 일의 직책을 수행하는 상징이 되고, 책상을 떠나면, 직무, 사업, 직위 등을 잃거나 떠나게 되며, 새로운 책상을 얻거나 앉으면, 권리가 주어지고 낡은 책상에 앉게 되면, 직책이나 권리가 강등되거나 문책이 따른다.

. 의자는, 지위, 계급, 권리, 책임, 협조자, 남편 등의 상징이 되며, 만약에 용상에 앉으면, 최고의 위치를 얻게 되고, 자기나 남의 의자를 찾아 앉으면, 직위, 직책, 협조자를 만나게 되고, 자기의 의자를 찾지 못하면, 권리나 직책, 협조자를 잃게 된다.

. 의자에 앉아서 누군가를 기다리면, 좋은 일이나 집, 협조자에 의지하여 일이나 사건을 기다리게 되고, 의자에 여럿이 앉으면, 경쟁자나 동업자, 동료와 일을 같이 기다리거나 수행하게 되며, 공원의 의자는 군대, 공공기관의 직책이나 부서에 머무름을 상징한다.

. 냉장고나 선풍기, 에어컨, 찬장, 방석, 쟁반, 서류함 화장 도구 등의 해석 역시 기타 도구의 용도에 따라서 협조자와 방법과 조건을 상징하게 되니, 얻거나 파손되거나 잃거나 하는 것에 따른 해석을 달리해야 한다.

. 장롱은 기관, 집, 은행, 금고 등의 상징이 된다.

. 장롱을 닫으면 보관, 저장, 매장, 단속, 철리 등의 일과 상징된다.

. 장롱을 열어 놓으면, 개업, 문물의 개방, 등용 등의 일이 생긴다.

. 장롱을 채워두면, 사업 종결, 영구보전 등의 일과 상징된다.

. 장롱에서 물건을 꺼내면, 일, 직무, 명예, 권세, 상업에 좋은 일이 생긴다.

. 화려한 장롱이 방안에 가득 찬 것을 보면, 많은 협조자를 얻고 부귀 영화한다.

. 진열장 속에 많은 물건을 보면, 공장, 박물관, 실험실, 연구소, 백과사전을 보거나 연구한다.

. 금고는, 은행을 상징하고 기업주, 대체로 금융계통을 상징한다.

. 금고에서 보석이나 금화를 꺼내면, 연구소, 학교, 기관 등에서 명예나 권세를 얻고 금융이관에서 융자를 받거나 서적에서 훌륭한 지식을 얻는다.

. 보석이나 금화를 금고에 넣어두면, 재산을 어느 기관에 위탁하거나 생계가

마련된다.
- 집안에 놓아둔 작은 금고는, 다이얼을 돌리면, 부모에게 돈을 달라고 간청할 일이 생기고 금고가 열리면, 소원이 이루어진다.
- 화장대와 장롱은, 동일한 해석이 가능하고 새로 화장대를 사오면, 이성이나 인연이나 직장, 직위 등이 새로 마련된다.
- 책상 앞에 걸상을 끌어다 놓고 앉으면, 어떤 부서나 직책, 지위가 결정된다.
- 책상에서 집무하면, 맡은바 사업이나 일, 직책 등을 최선을 다하거나 공부에 열심이다.
- 책상에서 둘이 마주 앉으면, 의견의 대립이 생기고 원탁에 둘러앉으면 회답, 토론이 있게 된다.
- 교실 맨 뒤에 앉으면, 윗사람의 영향이 직접적으로 미치지 않는 자유 분망한 일을 하게 된다.
- 자기 의자에 앉지 못하면, 입학, 취직, 권리 등이 여의치 못하고 애인을 빼앗기기도 한다.
- 용상에 앉으면, 최고의 권리, 지위, 명예 등을 얻고 행복해진다.
- 용상에 어떤 사람의 손이 닿는 것을 보면, 정당, 사회단체, 기관, 회사 등에서 야망을 품은 사람을 상대하게 된다.
- 하늘에서 용상이 내려오고 수많은 시녀가 따라 내려와 뱃속으로 들어오면, 최고의 명예와 권리를 얻고 많은 추종자나 제자를 둔다.
- 공원 벤치에 앉아 있으면, 군대, 병영, 기관, 공공단체, 직책, 부서 등에 한동안 머무름을 뜻한다.
- 병풍을 둘러치면, 훌륭한 협조자의 도움을 받거나 자기 업적을 과시 할 일이 있다.
- 걸 궤의 그림을 받으면, 훌륭한 지도자, 스승, 협조자를 섬기거나 자기 의견을 발표하게 된다.
- 액자나 걸 궤의 그림, 글씨가 암시하는 것은 자기 운세나 교훈적인 예시와 관계한다.
- 사람이나 고궁에 대문에 걸어놓은 현판, 액자는, 어느 기관의 간판을 비유하거나 연구, 성과, 업적 등을 과시 할 일이 있다.
- 장막은, 차단, 한계, 비밀, 시작과 끝, 공개와 개폐 등을 상징한다.
- 침실에 분홍색 휘장을 하면, 애인과 사랑이 무르익고 결혼 생활이 행복해진다.
- 애인이 자기 방 커튼을 치는 것은, 장벽이 가로막혀 자기 마음을 전달할 길이 없다.

- 모기장을 치고 그 안에 누우면, 용이하게 자기 보호를 하며 어떤 일을 기다리게 된다.
- 천막을 치는 것을 보면, 임시적이며 잠정적인 어느 사업에 종사하게 된다.
- 천막촌을 보면, 개척적인 사업에 종사하거나 여행을 하게 된다.
- 극장에 막이 오르면, 사업, 일, 사건 등이 어느 기관을 통해 공개됨을 보게 된다.
- 방문에 걸어 놓았던 발을 끊거나 떼어 버리면, 자기 가문에 들었던 사람, 양부, 양자, 의형제 등의 인연을 끊는다.
- 쌀통에 쌀이 가득하면, 생활이 유복해지고 쌀이 없고 송장이 있으면 기관에 청탁할 일이 생기고 성취한다.
- 두 사람이 마주앉아 음식을 먹으면, 어떤 일을 공동으로 하게 되나 의견대립을 면하지 못한다.
- 긴 식탁에서 여러 사람이 나란히 앉아 음식을 먹는 것을 보면, 직장이나 단체에서 질서정연하게 일을 처리함을 상징한다.
- 원탁에 둘러앉아 식사를 하면, 회의 세미나를 하게 된다.
- 상자는, 다른 그릇의 비유거나 책, 증서, 상장, 창고, 기관, 집 등을 상관한다.
- 선풍기는, 선전기관, 협조기관, 사업방도, 선풍적인 일을 상징한다.
- 서류함은, 기관, 직장, 보관업무, 관계부처 등을 상징한다.
- 부채는, 사업방법, 협조자, 선전물, 인기 물, 소원충족의 방법 등을 상징한다.
- 화분은, 사업기반, 직위, 신분을 상징하며 화분에 심은 화초는 사업체 일의 사업성과 등을 상징한다.
- 처녀가 꽃병을 얻거나 훔쳐 가지면, 흠모하는 사람과 결혼하게 된다. 꽃병에 꽃을 장식한 여성은 애정을 얻고자 한다.

3) 음식 도구의 꿈 편

옛날 기와집에서 솥에 밥을 하고 많은 사람들이 모여 행사를 하고자 하는 꿈은, 새로운 전통적인 사찰의 주지로 취임하게 되어 가는 과정을 상징한 꿈이었다.

- 솥은, 기관, 회사, 사업체 본부, 방법의 상징이 되니, 솥에 음식을 넣고 불을 때고 있으면 사업을 시작하는 상징이 되고, 솥에 밥이 넘치는 것은 지나친 사업의 확장을 상징하고, 밥이 다 되었으면, 성과가 이루어진 것이며, 여

러 그릇에 밥을 퍼 담으면, 분배를 상징하거나 사람을 고용하는 일이며, 솥이 크거나 고급이면, 사업체나 기관이 크고 재력과 힘이 있음을 상징하며, 꿈에서 솥이 깨지면, 사업이나 생계 등의 소원했던 일의 실패를 상징 한다.

· 음식을 담아먹는 그릇이나 도구는, 사업의 성격이나 직책, 사업의 성과와 관계가 있고, 식기나 그릇이 고급이면, 직책, 신분, 직위, 운세가 훌륭한 것을 상징하고, 식당에 많은 그릇을 쌓아 놓으면, 많은 사람을 고용하거나 관련된 사람이 많음이다.

· 만약에 꿈에서 그릇을 엎거나 하면, 사업이 중지됨을 상징하고, 그릇이 더럽거나 녹슬면, 종업원이 병들거나 나태해진다.

· 은잔이나 금잔 등의 컵을 얻으면, 명예와 귀한 협조자를 얻거나 방법을 얻게 되고, 미혼 여성이 유리의 컵을 얻으면, 활달하고 시원한 성격의 배우자를 맞이하고, 금이 간 그릇이나 컵을 얻으면, 사업기반, 회담, 배우자의 흠이 있거나 완전하지 못함을 상징하고, 그릇이 깨지면, 계약과 혼담이 깨어지나, 일부러 고의로 그릇을 깨면, 소원이 성취된다.

· 빈 병이 많아도 재물의 상징이 되고, 기름이나 물이나 음료수가 많은 것도 재물의 상징이 된다.

· 수저는 생활의 도구가 되니 방법과 협조자, 인원 수, 연령, 노력의 표현의 상징이 되며, 수저가 많으면, 관계된 사람이나 종업원이 많음을 상징하고, 사업의 방법이 다양함을 상징한다. 쟁반을 얻으면, 사업의 기반을 얻게 되고, 주전자나 찻잔 등은 방법과 도구가 되니, 차나 술을 마시게 되면 취직이나 일거리가 생기고, 차나 술이 없으면 소원을 성취하기가 어렵다.

· 대야나 함지박, 물통 등은 그 용도에 따라 해석을 달리하나 맑은 물이면, 소원이나 재물이 이루어지고, 더러운 물이나 오염되었으면, 힘든 일이나 어려운 일이 생긴다.

· 장독대의 항아리나 동이나 독은, 사업체와 생활의 형편, 분수, 창고, 보관된 재물의 상징이 되고 관계된 사람의 많고, 적음을 상징한다.

· 항아리나 독이나 동이가 많고 내용물이 많으면, 재물의 풍족함을 상징하고, 사업의 성과가 있으면 많은 독을 사오게 되어도 사업의 번성을 상징하고, 독의 뚜껑을 여는 것은, 사업의 시작을, 뚜껑을 덮는 것은, 시간이 지난 후에 성과를 얻거나 재물의 보관을 상징한다.

· 바가지로 물을 푸는 것은, 재물을 얻는 방법을 상징하고, 두레박으로 물을 얻는 것도, 결과를 얻는 방법의 상징이 된다.

· 조리질이나 채질을 하는 것은, 일이나 사람을 선택하거나 추첨하는 일이며,

채로 고기를 잡는 것은, 재물을 얻고자 하는 상징이 된다.
. 청소를 하는 도구인 비나 걸레는, 방법이나 협조자, 아랫사람의 상징이 되고, 청소를 하면, 소원이 충족되고 근심걱정이 없어진다.
. 솥에 음식 재료를 넣고 불을 때면, 어떤 사업이든 시작하고 있음을 뜻한다.
. 솥에 밥이 다 되면, 일의 성취 단계에 있음을 뜻하고 밥이 설거나 타면 사업의 성과가 완벽하지 못하다.
. 솥에 밥이 넘치는 것은, 지나친 사업 확장을 뜻하고 여러 그릇에 밥을 퍼 담으면 이윤을 분배하거나 많은 고용인을 둔다.
. 솥이 크거나 고급이면, 사업체, 기관 등이 크고 든든한 재력을 가졌음을 뜻한다.
. 솥이 깨지면, 사업, 생계 및 기타의 소원경향이 실패로 돌아가거나 가정에 병자가 생기기도 한다.
. 솥에 음식을 삶으면, 연구, 생산 등의 어느 기관에서 일을 성사하기 위한 노력의 경주를 뜻한다.
. 프라이팬은, 솥과 거의 같으나 부수적인 일의 상징이 된다.
. 식기가 고급이면, 고급일수록 직책, 신분, 지위, 운세 등이 훌륭해 진다.
. 조상이 쓰던 밥그릇의 태몽은, 태아가 장차 유업을 잇는 전통적인 직업에 종사한다.
. 식당에서 많은 그릇을 쌓아놓은 것은, 어느 기관에서 많은 사람을 부리거나 사업성과를 얻는다.
. 식기를 엎어 놓으면, 일, 사업 등이 중지나 경과가 오래 걸리며 식기가 녹슬거나 더러우면 종업원이 병들거나 나태해진다.
. 종업원이 접시를 깨는 꿈은, 실제로 접시를 깨지 않으면 주인에게 꾸중을 듣거나, 그 집에서 나가게 된다.
. 일반인이 접시를 깨는 꿈은, 계약, 혼담 등이 깨지고 고의로 깨면 소원이 성취된다.
. 은잔, 금잔 등의 컵을 얻으면, 명예로운 일에 좋은 협조자나 방법이 생긴다.
. 처녀가 유리잔을 얻으면, 활달하고 시원한 배우자를 얻으며 금이 간 컵을 얻으면 회담, 배우자의 흠이 있다.
. 남의 술잔에 술이 내잔 보다 많으면, 자기가 더 유리한 입장이 된다.
. 빈병이 방안에 많으면, 많은 경험을 얻거나 그 수만큼의 부채를 지게 된다.
. 술, 기름, 약 등이 들어 있는 병을 사오거나 얻으면, 그 개수만큼 정신적, 물질적 재물과 방법이 생긴다.
. 수저를 잃어버리거나 부러지면, 사업의 방법의 부실, 수단, 고용 수하를 잃는

다.

. 주전자의 물이 없어서 마시지 못하면, 기관이나 단체의 소청이 달성되지 않는다.

. 대야의 물이 맑거나 흐린 것은, 소원충족 여부와의 상징이 되고 손발을 씻으면 신분이 새로워지거나 근심, 걱정이 사라진다.

. 큰 함지박에 가득찬 물은, 많은 돈이 생긴다.

. 장독대에 독이나 항아리가 많은 것은, 집안 살림이나 사업 등이 번창하고, 독을 많이 사오면 새로운 사업이 시작된다.

. 어떤 집 또는 공지나 독장수의 집에 독이 많은, 것을 보면 일이 많아진다.

. 빈 독은 사업기반이나 창고를 뜻하고 그 안에 간장 및 물건이 들어 있으면, 그 만큼 재물을 얻는다.

. 바가지로 물을 푸는 것은, 재물을 얻는 수단과 방법과 수량을 헤아리는 것의 상징이다.

. 광주리나 채반에 음식 또는 음식 재료를 담아 놓은 것을 보면, 일이나 작품, 재물 등이 친밀치 못한 사람을 통해서 이용함을 상징한다.

. 조리질을 하면, 일, 작품, 사람 등을 선택하는 상징이다.

. 키질을 하면, 선택, 분석, 추첨 등의 일이다.

4) 생활 도구의 꿈 편

망치로 집의 고드름과 굴뚝의 얼음을 깨어 부순 사람은, 오랫동안 집안의 어른과 가족과의 불편했던 관계가 해소되는 꿈이었다. 대체적으로 망치나 도끼나 칼 등의 생활 도구는 일의 방법이나 협조자, 정신적인 능력을 상징한다.

. 칼로 음식을 썰거나 나무, 연필 등을 깎으면, 분배와 분할, 정리를 상징하고, 도끼로 장작, 통나무 등을 패거나 빠개면 능력, 협조자, 방법을 써서 정리와 해결하는 상징이 되고, 커다란 나무를 톱으로 베어내는 것은, 유력자, 사업체 등을 제거하는 상징이며, 목재를 도끼로 다듬는 것은, 재물이나 사람을 얻는 것의 상징이 된다.

. 망치를 들고 못을 박으면, 일을 튼튼히 하거나 마무리 하게 되고, 망치로 얻어 맞으면 남에게 언어폭력을 당하기도 하고, 당선, 당첨이 되기도 하니 꿈꾸는 사람의 일이 중요하다.

. 대패질은, 창작 사업이나 건설과 건축 사업에 성과가 있고, 펜치로 못을 빼면, 해약과 인연의 단절을 상징하고, 철사를 자르면, 시간과 인연의 단절의

상징이다.

- 드라이버로 나사못을 **빼**면, 고정된 일에서의 해결과 결합에서 해체를 상징하고, 나사를 고정하면, 연결, 협심, 완성을 상징한다.

- 가위는, 분할과 조직 와해의 상징이 되고, 송곳은, 심사와 간섭과 고통을 상징하며, 남이 송곳으로 나를 찌르게 되면, 간섭과 고통을 당한다.

- 자물쇠는, 남의 비밀과 방해와 동결을 상징하고, 반대로 열쇠는, 문제의 해결과 방법을 상징하고 소원성취의 상징이 된다.

- 우산이나 양산, 역시 협조자나 보호자, 소개인, 예방의 방법 등의 상징이 되고, 비가 오는데 우산을 쓰고 가면, 윗사람의 간섭이나 영향을 받지 않고 자기의 독자적인 진행을 상징하고, 맑은 날씨에 우산을 쓰고 가는 것은, 윗 사람의 반항과 반대를 상징한다.

- 양산을 쓰고 가면, 은둔, 기피, 반항의 상징이 되고, 우산을 누군가와 같이 쓰는 것은, 동지가 생기고, 우산이 작아서 비를 맞게 되면, 소원성취가 부족하여 어려움을 겪는다. 무더운 날씨에 양산이 없으면, 보호자와 방법이 없어 어려움을 겪게 되고, 삿갓과 우비도, 마찬가지의 비슷한 해석이 된다.

- 밧줄을 얻으면, 인연의 연결 방법이 생기고, 밧줄을 잡고 위로 오르면 고위층의 인연으로 출세하게 되고, 짚으로 새끼를 꼬게 되면 일의 계속의 의미와 세력의 확장을 상징한다.

- 멍석을 펴면, 사업의 공개와 활동이 시작되고 멍석을 말면, 사업의 중지를 상징하고, 탈곡기를 사용하여 벼를 터는 것은, 부지런한 활동으로 재물을 얻음이요, 탈곡기는, 방법과 능력과 관계된 기관을 상징한다.

- 저울이나 자를 얻는 것은, 권리와 직책인 심사관과 판단력과 지위를 얻는 상징이 되고, 사용하는 것은, 성과를 추측하여 얻게 되고 능력을 행사하는 상징이 된다.

- 호스를 끌어서 물을 받으면, 어느 기관에서 이어 주는 재물이 생긴다.

- 호스로 물을 뿌리면, 재정의 손실이나 투자에 해당되는 상징이 된다.

- 호스를 수도에 연결하기 위해 가져오면, 사업을 시작하거나 돈을 벌게 된다.

- 그릇 닦는 솔을 사거나 얻으면, 살림살이가 나아지거나 아랫사람을 얻는다.

- 빗자루 등은, 아랫사람의 일이거나 협조자의 상징이 되며, 문장과 관계해서는 붓, 펜 등을 상징하기도 한다.

- 누가 비로 방이나 주변을 쓸면, 손님이 온다.

- 긴 빗자루로 마당을 쓸면, 사업 기반을 닦거나 후원자가 생기며 근심걱정이 해소된다.

- 걸레질도 비와, 마찬가지의 해석이 가능하나 수선, 개선 등의 일과도 관계된

다.

- 비가 오는 길을 우산을 쓰고 걸어가면, 국가나 사회, 윗사람의 영향력이나 간섭을 받지 않고 독자의 노선을 고수한다.
- 맑은 날씨에 우산을 쓰고 걸어가면, 상부에 반항의 뜻이나 반대의사를 상징하며 윗사람이 사망하는 수도 있다.
- 양산을 쓰고 가면, 은둔, 기피, 반항 등의 일과 상관된다.
- 비가 오는데 우산을 같이 쓰고 가면, 남과 보조를 맞추어 행동하는 상징이다.
- 무더운 날씨에 다른 사람은 우산을 썼는데 자기는 없어서 고통스러우면, 의지할 사람이나 보호책, 예방책이 없어 고생한다.
- 비옷, 삿갓, 장화 등은 예방책, 상복, 전투복의 비유이며 보호와 관련된 상징이 된다.
- 나무를 제거 할 목적에서 도끼질을 하면, 세력, 법규에 의해서 유력자, 사업체 등을 제거하는 일을 상징한다.
- 재목을 얻기 위해 하는 도끼질이나 톱질은, 어떤 방도나 권리 능력을 사용하는 행위이다.
- 상대방이 낫을 들고 위협하면, 교통사고나 필화 등의 불안한 일을 체험한다.
- 망치로 정수리를 얻어맞으면, 당선, 당첨 등의 일이 이루어지거나 두통을 앓게 되기도 한다.
- 괴한이 송곳으로 목을 찌르면, 감기로 목이 쉬고, 양 볼을 뚫으면 작품 심사나 검토를 받게 된다.
- 자물쇠로 잠궈 놓은 방문을 열쇠로 열고 들어가면, 열쇠의 상징 의의에 적합한 모든 일이 해결되며 여성을 정복하기도 한다.
- 열쇠를 얻으면, 소원의 경향, 계획한 일, 곤란한 문제, 학문, 행복한 일 등을 해결할 능력과 방법이 생긴다.
- 쟁기로 논밭을 갈면, 사업 경영, 개척 사업 등의 상징이다.
- 암벽을 타고 오르다가 자일이 끊어지거나 풀어져 아래로 떨어지면, 의지가 되는 협조자, 협조기관, 직장과 인연이 끊어지며 신분, 직장, 권세가 몰락한다.
- 줄타기를 하면, 자기 사업이나 일의 난관을 상징하고, 줄을 건너면 난관을 극복하고 소원이 성취된다.
- 줄다리기는, 두 단체의 세력다툼이나 이념 투쟁 등을 상징한다.
- 공중에서 줄이 내려와 그것을 잡고 오르면, 고위층의 연줄로 협조, 구원의 손길이 있어 인연을 맺거나 출세한다.

- 줄이 연결되어 있으면, 인연이나 일이 오랜 시일을 걸려서 이루어 질 일의 상징이다.
- 지게는, 방법, 수단, 책임 등을 상징하나, 빈 지게를 지고 있으면 일의 책임이 있으나 할 일이 없음을 상징한다.
- 멍석을 펴면, 사업, 연회 등을 시작하고 멍석에 곡식을 널면 작품 발표, 사업 공개 등의 일이 생기며 멍석을 말면 사업이나 일의 중지를 상징한다.
- 탈곡기를 부지런히 밟아 벼를 털고 있는 꿈은, 분주한 일을 하는 상징이된다.
- 자로 높이, 길이, 넓이, 깊이를 재는 것은, 일의 가치나 시간의 길이를 판단하거나 그것을 잰 만큼의 권리나 재물, 사업 기반을 갖게 한다.
- 눈으로 추측하는 것도, 위와 같은 사업 판도, 세력권, 지면의 크기를 암시한다.
- 수량을 재는 말을 얻은 태몽은, 도량이 넓은 부자가 되는 사람의 상징이다.
- 말로 곡식을 재면, 그 수의 재물을 얻으며, 퍼내면 손실이 된다.
- 저울의 ,상징은 판단, 비교, 방법, 차별, 기관, 협조자 등의 상징이 되니, 고급스러운 저울을 얻으면 재판관 등이 되는 태몽이 되고, 일반사람은 용도에 따라 상징이 달라진다.

5) 학용품과 사무용품의 꿈

과거에 교사로 근무를 하다가 명예퇴직을 하고 가정을 돌보던 여인은 새로운 교탁에 볼펜 여섯 자루가 있는 것을 가져온 꿈을 꾸고는 필자에게 해몽을 구했다.
필자는 새로이 교단에 서게 되나 임시에 불과하며, 여섯 개의 볼펜은 6개월의 근무를 하게 되는 해석이 되었고, 과연 그 후 6개월의 임시교사를 제의 받아 근무했다.

- 어떤 스님의 꿈에, 샤프 연필심을 한 케이스 얻고, 현금 100만원의 돈이 생겼다. 이와 같이 꿈에서의 필기도구는 방법과 능력, 권리의 상징이 되고 잉크와 먹물, 연필심은 자본을 뜻한다.
- 필기도구로 글씨를 쓰는 것은, 자기의 생각과 뜻을 남이나 기관에 알리고자 하는 일의 상징이 되고, 글씨가 잘 써지는 것은 자기의 소원충족과 뜻이 통과되는 상징이며, 붓이나 필기도구가 부러지거나 결함이 생기며 글이 써지지 않는 것은 불만과 불안의 상징이 된다.

- 한두 자루의 필기도구를 얻으면, 권리, 명예, 협조자, 직책을 얻게 되고, 학생은 학교의 성적이 오르거나 훌륭한 친구가 생기기도 하며, 학문의 도구인 학용품을 얻게 되면, 계획과 협조자를 얻게 되어 계획이나 일의 수월함을 상징 한다.
- 사무용품인 종이는 많이 얻거나 쌓이면, 재물의 상징이 된다
- 백지를 받으면, 처음 하는 일이나 책임에 관계되고, 글을 쓴 종이가 구겨지거나 더럽혀지면, 일이 미숙하거나 일의 뒤처리가 깨끗하지 못함을 상징하고 글 쓴 종이를 태워 버리면, 증거물을 없애거나 근심, 걱정이 해소된다.
- 필기도구나 붓을 잡으면, 사상이나 자기의 마음을 피력할 일이 있고, 먹을 벼루에 갈고 있으면 정신적 수련, 작품 등을 구상 할 일이 있다.
- 좋은 필기도구 만년필, 붓, 먹, 벼루, 연적 등을 얻으면 계획, 학문, 사상, 연애, 취직 등의 일이 성사된다.
- 필기도구나 붓대가 꺾어지거나 빠지면, 소원이 좌절된다.
- 좋은 필기도구를 남에게 주거나 잃으면, 명예, 권리, 직책, 방도, 비판력을 잃는다.
- 타이프나 타자가 마음대로 되지 않고 틀리면, 연인과의 관계가 원만치 않거나, 윗사람과의 관계가 원만치 못하고 자기의 청이 반려되며, 불안과 초조함이 생긴다.
- 종이로 얼굴을 가리면, 누군가 행방불명이 된다.
- 종이로 포장을 하는 것은, 감춘다, 보류한다, 비공개를 상징한다.
- 큰 백지를 받으면, 책임부서, 할 일, 사업 등의 주어질 일이 예비 되어 있으며 백지를 받으면 개척적인 일이나 책임을 맡게 된다.
- 글 쓴 종이를 태워버리면, 증거물을 없애버리거나 근심걱정이 해소된다.
- 글 쓴 종이가 더러워지고 구겨지면, 일이 미숙해지거나 일의 뒤처리가 깨끗하지 못한다.

제22장. 운동과 오락과 예술의 꿈

1) 운동의 꿈

 승진을 앞에 둔 공직자가 꿈에 축구 경기를 하였고, 남이 실패한 공을 자기가 어렵게 차 골인을 시킨 꿈은, 경쟁에 성공하여 어렵게 승진을 하였다.
 이와 같이 운동경기의 꿈은 정신적인 갈등과 경쟁에서의 표현과 전쟁의 전망을 상징하며, 운동장은 사건의 현장, 기관, 사업장, 신문이나 언론을 상징하며, 구기 종목에서의 공은 공로의 상징이 되며, 권리, 이론, 사건, 시비의 상징이 된다.

. 운동경기의 꿈은, 정신적인 갈등, 사업의 성패, 전쟁의 전망들을 상징한다.
. 운동장 등의 상징은, 사건의 현장, 사업장, 신문 잡지 등 공개된 지면을 상징한다.
. 자기의 구령에 따라 많은 사람들이 체조를 하면, 자기의 지휘능력에 사람들이 잘 따른다.
. 기계 체조를 하면, 자기의 재주, 능력, 기술 등을 발표하거나 공개할 일이 생긴다.
. 마라톤 선수와 관계된 꿈은, 긴 시간과 많은 고민을 안고 있는 일과의 상징이다.
. 국제 경기에서 우리나라가 이기면, 사업 등에서 자기편의 주장이 관철된다.
. 구기에서 골에 공을 넣어 승리하면, 일이나 학문, 논쟁에서 승리한다.
. 자기가 찬 공이 높이 떠오르거나 하면, 능력을 과시하고 치하를 받는다.
. 야구경기에 홈런을 날리면, 어떤 경기에 크게 성공하거나 명성을 떨친다.
. 배구에서 상대팀에게 공을 넘기면, 자기에게 부과된 임무를 완수한다.
. 공을 주고받으면, 일의 시비 거리로 공과를 따진다.
. 어떤 경기에서 반칙, 폭력 등을 쓰는 것은, 현실에서는 일의 성공과 소원 충족에 해당된다.
. 격투기는, 투쟁적인 일이거나 비평, 사업 성패 등을 상징한다.
. 검도나 펜싱 등도 논전을 하는 상징이다.

- 우승기나 우승컵, 메달을 받으면, 어려운 난관을 극복하고 소원이나 계획이 성취되어 명예와 권세를 얻는다.
- 상장을 받으면, 면허증, 임명장, 명령서를 받는다.
- 야외에서 여럿이 놀면, 어떤 일을 계속해서 하게 된다.
- 보물을 찾다가 흙을 헤쳐 사람의 뼈가 나오면, 논문이 채택되거나 학위, 증서, 돈 등을 얻는다.
- 가위 바위 보를 하면, 남과 대결하거나 경쟁적인 일에 관계된다.
- 자기가 숨는 것은, 관심이 없거나 관여하지 않거나 피한다는 상징이다.
- 등산 도구를 지고 산에 오르면, 소원, 사업, 계획한 일에 고달픈 역경이 따른다.
- 목적한 산을 정복하면, 진급, 명예, 권세, 지휘 등의 일에 성공한다.
- 낚시질 하는 꿈은, 계교, 노력의 경향, 인물이나 재물을 획득할 일에 관여한다.
- 낚시도구를 얻으면, 일의 방법, 사람을 구하는 방법을 얻는다.
- 화투나 카드놀이는, 자기일의 심사과정, 경쟁, 당선, 일의 성공 여부, 운세의 흥망성쇠 등을 상징한다.
- 화투장이나 카드에 나타난 숫자나 그림은, 일의 예시나 암시로 본다.
- 화투장이나 카드가 방안에 흩어져있으면, 일이나 사건이 정리되지 않고 심적 갈등을 가져온다.
- 화투를 치면, 남과의 시비나 일에 문제가 생기거나 한다.
- 노름판에서 적은 돈은, 근심과 걱정을 상징하고 많은 돈은 노력해서 상당한 재물을 얻는다.
- 화투를 치려다 치지 않고 옆으로 밀어 놓으면, 부탁한 서류가 보류되기 쉽다.
- 장기나 바둑을 두면, 세력다툼, 당쟁이나 선거의 승패, 전쟁, 국제적인 변화를 상징한다.
- 장기판과 바둑판은 세력판도, 국토, 전쟁의 판도를 상징하고 장기알과 바둑알은 인적, 물적 요인, 병력 등을 상징한다.
- 동년배와 바둑은, 동격이나 상대가 될 만한 상대와 전쟁이며, 나이가 늙었거나 어린아이이면 자기보다 차이가 있는 상대와 전쟁을 치르게 된다.
- 어린아이와 장기를 둘 때, 그 아이의 연령을 알 수 있으면, 벅차고 고통스러운 일이나 외세의 간섭이 얼마의 시일이 걸릴지를 짐작한다.
- 상대방의 장기 알을 한꺼번에 움직여 오면, 총 공격을 뜻하고 이쪽에서 일진일퇴의 전법을 쓰면 현실 유지를 뜻한다.

- 안방에서 장기를 두면, 국내 전쟁과 관련하고 야외나 딴 곳에서 두면 외국의 전쟁이다.
- 국수 급에 해당하는 윗사람과 바둑을 두어 이기면, 최고의 세력이나 권리가 확보된다.
- 기계를 이용한 노름을 하면, 어떤 기관을 통해 당선, 당첨, 노력의 대가를 얻게 된다.
- 자기가 차거나 멀리 날린 공은, 공로를 치하 받거나 능력을 과시하는 일에 성공한다.
- 공이 목표물에 골인, 홈런이나 홀컵에 들어가면, 당선, 당첨 등의 소원충족을 가져오며, 반대면 좌절과 패배, 불만, 절망을 체험하게 된다.
- 복싱이나 씨름, 유도, 레슬링, 태권도 등의 격투기 역시 투쟁적인 일의 상징이며 사상과 이론의 성패와 사업이나 일의 경쟁을 상징한다.
- 심판이나 감독, 코치는, 지휘자, 협조자, 심사관의 상징이 된다.
- 개인적인 체조나 창던지기, 원반던지기 등의 자기의 능력을 과시 하는 꿈이 된다.
- 남이 하는 체조를 보는 것은, 자기의 실패와 좌절과 불쾌함을 상징한다.
- 단체적인 일은, 사상의 대결이나, 단체적인 일의 상징이 된다.
- 운동경기에서 우승기나 상장을 받는 것은, 소원성취의 상징이 되고, 그에 따른 명예와 권리, 승진, 임명장, 면허증, 자격증, 명령서를 받고 소원이 충족된다.
- 운동장에서 응원하는 함성과 아우성이 많으며 관중이 많으면, 많을수록 일이 힘들고 난관이 많으며, 사건이나 사업에 시비가 많고, 관람자가 없으면, 일이 수월하고 순탄하다.

2) 오락의 꿈

대선에 관련된 정치인의 꿈에서 바둑을 두어 지는 꿈을 꾸고는 필자에게 물었으며, 필자는 정치적인 대결이 바둑의 승패로 표현되는 것이라는 해석을 하였다.

화투를 쳐서 돈을 많이 땄다고 자랑을 하는 사람은 경쟁적인 입찰에 성공하여 많은 돈을 벌게 되었다.

이와 같이 장기와 바둑은 세력의 다툼과 정권을 놓고 경쟁하는 정치를 상징하고, 국가적인 전쟁의 상징이 되기도 하며, 장기알과 바둑알은 인적, 물질적 상징이 되고 바둑이나 장기판은 세력의 판도, 전쟁의 정세를 상징한다.

. 장기나 바둑 등의 게임의 경기는 상대가 누구냐의 판단으로 상대의 판단이 가능하고, 이기면, 경쟁적인 관계에서 승리를 얻게 되고, 패하면, 실패를 상징하며, 윷놀이도 동일한 해석이 가능하며, 기계로 하는 파친코나 게임기의 게임은, 어떤 기관이나 단체에 관계된 일의 성패를 상징하기에 승리하면 소원 충족을 상징한다.

. 장기나 바둑을 두는 데 훈수를 하는 사람은, 제 삼국이나 제 삼자의 개입을 표현한다,

. 작은 돈을 따면, 근심과 걱정이 생기며, 작은 돈을 잃으면 근심걱정이 사라지며 그러나 많은 돈을 따면 사업에 성공하여 부자가 된다.

. 어린이나 학생들의 게임은 학교생활의 상징이 된다.

. 화투를 치는 꿈, 2006년 2월 28일 평상시처럼 5명이 앉아 화투를 치고 있었으며, 본인(꿈 꾼 사람)의 옆에 광산업을 하는 사돈이 구경을 하고 있었고, 화투를 치면서 돈을 가슴에 천원, 만원을 계속 집어넣으면서 연속으로 딴 꿈은, 그 후 정선 카지노에 가서 무려 25시간을 놀았는데도 돈을 따 가지고 왔다.

3) 음악과 소리의 꿈

많은 사람이 모여 있는 곳에서, 평소에는 부족하게 느낀 곡을 능숙하게 바이올린 연주하였으나 모든 사람이 흩어져 나간 꿈을 꾼 후, 필자에게 모인 관중이 흩어졌으니 대학 시험에 떨어지는 것 아닌가 하고 근심과 걱정을 하며 꿈의 해석을 구했다.

필자는 대학에 합격을 할 것이라 해몽을 했고, 그 후 대학에 특기생으로 무사히 합격하였다.

. 능숙하게 연주하고 관중이 흩어져 하나도 남지 않은 것은, 남에게 감동을 주고 인정을 받으나, 만약에 관중이 쳐다보고 있고 잘한다고 소란 했으면 오히려 불합격되는 해석이 된다.

. 음악을 연주하는 것은, 소원을 이루고자 하는 상징이 된다,

. 악기의 소리나 자신의 노래 소리는, 감정 호소, 소식, 경고, 사상, 명성, 선전 등의 일을 상징한다.

. 남이 악기나 음성으로 노래를 하거나 연주하는 소리를 듣게 되면, 경쟁자의 명성과 소문과 명예를 듣기에 불쾌하고 속상하게 되며, 필요 없는 남의 하소

연을 들어주게 된다.

- 꿈에서나 현실에서 남의 불행이 나의 행복이 되는 경우가 많으며, 나의 행복은 남의 불행이 되는 것은 잠재된 본능의 역할이기도 하다.
- 뇌성이나 맑은 하늘에서의 굉음, 공중에서 나는 우렁찬 목소리, 폭음 등을 들으면, 크게 명성을 얻을 일이 있다.
- 지진이나 화산 폭발, 총성 등이 천지를 진동하며 울리는 소리를 들으면, 사회적으로 명성을 떨치거나 소문 날 일이 생긴다.
- 소리가 가냘프고 크지 못하면, 어떤 소식을 듣거나 남과 다툴 일이 생기며 은밀한 가운데 사건이 일어났다가 소멸됨을 상징한다.
- 총성이나 짐승이나 사람의 소리가 멀리서 들려오면, 먼 곳의 소식이 오거나 오랜 시일이 경고한 다음에 소식 또는 사건 진상이 밝혀진다.
- 남을 꾸짖고 명령하며 항거하고 시위하는 고함소리를 들으면, 사회적인 Top 뉴스, 경고문, 소문낼 일이 있다.
- 자기가 살려달라고 소리를 지르거나 악을 쓰고 고함을 치면, 세상에 크게 소문을 내거나 명성을 떨칠 일, 감동할 일이 생긴다.
- 남이 아파서 신음 소리를 내거나 비명을 지르는 것을 들으며 애처롭고 불쌍히 여기면, 남으로 인해서 불쾌한 체험을 한다.
- 전쟁 또는 불이 나서 사람들이 비명을 지르는 것을 보면, 자기와 관계된 어떤 일이 크게 성취되어 많은 사람들이 감명을 받거나 감동한다.
- 혼자 노래를 하면, 어떤 사상이나 연정을 피력해서 남을 따르게 할 일이 생긴다.
- 대중 앞에서 노래를 하면, 선전, 호소, 사상을 피력해서 남을 따르게 한다.
- 남이 노래하는 것을 보면, 자기에게 무엇을 호소하거나 선전으로 불쾌한 체험을 하고 백주에 놀아나거나 슬픈 일, 동정할 일의 기분 나쁜 일이 생긴다.
- 낮은 언덕에서 노래를 부르면, 부모상을 입어 곡할 일이 있게 된다.
- 높은 산에서 노래를 부르면, 권세와 명예를 떨친다.
- 반주에 맞추어 노래를 하면, 단체의 대변자 노릇을 한다.
- 국내 외 유명 배우나 가수와, 같이 길을 가거나 데이트를 하면 인기직업을 갖거나 인기 음반을 듣기도 하고 인기인의 책을 읽기도 한다.
- 합창단의 노래를 들으면, 단체적으로 자기에게 압력과 제제가 있어 마음에 혼란과 동요를 가져온다.
- 자기 곁에서 아내나 애인이 노래를 하면, 그녀가 실제의 인물이면 자기에게 마음을 상하게 할 일이 있다.
- 악기는, 주로 정신적인 문제와 결부된 기관이나 사업체, 매개체, 어떤 사람,

애인, 방법 등의 상징이 된다.

- 음악소리가 아름다워 도취 되거나 감격하면, 정신적 감화를 받거나 선전에 매혹되고 사상적 세뇌를 받기도 한다.
- 농악을 구경하면, 선전, 광고 등 남에게 과시할 일, 욕구 충족의 일과 상징된다.
- 피아노 등 악기들을 가지면, 애인, 협조자, 방법 등을 얻고 연주를 하게 되면 남의 마음을 얻거나 움직이고. 남이 연주하면, 나의 마음에 동요가 생긴다.
- 하늘에서 나는 뇌성이나 공중에서 나는 우렁찬 소리는, 크게 명성을 떨치거나 언론을 통하여 세상에 명성을 떨치게 되는 일이 된다.
- 자기가 소리를 지르고 악을 쓰는 것은, 자기의 일을 세상에 알려 명성을 얻게 된다,
- 남이 악을 쓰고 큰소리를 내어 자기가 위축되면 좌절과 불쾌한 일을 겪게 된다.
- 남의 애처로운 소리에 마음이 걸리게 되면, 남의 어려움의 하소연과 도움을 주게 된다.
- 소리가 먼 곳에서 들리면, 오랜 세월이 걸리는 일의 상징이 된다,
- 바람소리, 파도소리, 폭포소리, 새소리, 소나기 소리 등의 자연의 소리는, 작품이나 종교 사회의 여론 등의 언론의 선전이나 감탄과 격찬 일 등과 관계됨을 알게 된다.
- 자기 자신이 군중 앞에서 노래를 부르면, 남에게 감정을 호소하거나, 명성을 얻고자하고, 선전을 하기도 하여 사람을 따르게 하고자 하는 상징이다,
- 남들이 열렬한 박수를 치면 명성을 얻게 되며, 합창을 하거나 듣는 것은 단체의 항의나 시위의 상징이다,
- 남이 노래를 부르거나 악기를 연주하면, 불쾌하거나 남을 동정할 일이 있다.
- 산의 정상에서 노래를 하면. 권세와 명예를 얻게 된다,
- 산 아래에서 노래하면, 부모상을 입어 곡을 할 일이 있다.
- 유명 가수나 인기 배우와 동행을 하면, 인기 있는 일을 하거나 유명인과 관계된 일이 된다.
- 인기인이나 아내나 애인이 자기 옆에서 노래를 하면, 사랑하는 사람이 불평과 울음으로 마음을 상하게 된다.
- 꿈에서 나타나는 악기는, 기관의 상징이 되기도 하고, 협력체가 되며, 애인이나 방법의 상징이 되기도 한다.
- 악기를 연주하면, 기관이나 사람을 통하여 자기의 일이나 사업의 목적을 달성하고자 하는 상징이 된다.

. 녹음기나 기계와 관계되는 것은, 방송국이나 기관의 상징이 되고, 소문을 상징 하기도 한다.

. 남이 연주하는 음악에 감동되면, 남에게 정신적인 감화를 받거나 사상적인 세뇌를 받게 되며 남의 선전에 빠지기도 한다,

. 군대의 악대의 연주나 농악을 구경하면, 선전, 광고, 욕구충족, 과시 등의 꿈이다,

. 개인적인 악기를 연주하여 소리가 크게 울리면, 소원이 충족된다.

. 스님이 목탁을 치거나 북을 치는 것이 자기를 위한 것이면 집안의 경사와 명성을 얻게 되고, 태몽이면 태아가 크게 명성을 얻게 되는 상징이 된다.

4) 연극과 영화의 꿈

꿈에 영화 속에서 아버지가 죽는 꿈을 꾼 사람은, 현실에서 아버지의 일이 성취되어 소원이 이루어지는 것을 알게 되었다.

이와 같이 영화나 연극이나 텔레비전에서 자기가 관람자가 되어도, 나타나는 내용은 대부분 자기의 현실이나 어떤 일의 예지적인 일을 상징하는 것으로 일반적인 해석이 되고, 언론이나 신문에 나는 일을 상징하기도 한다.

. 유명 연예인이나 배우 탤런트와의 데이트나 대화는, 인기인이 되거나 과시할 일의 상징이 된다,

. 키스를 하면, 인기 있는 일의 소식이나 명예스러운 일의 소식을 듣게 되고, 성행위가 되면 명예와 인기 있는 일의 계약이나 소원이 성취된다,

. 유명인의 옷을 얻거나 입으면, 협조자나 직위나 명예가 생긴다.

. 서커스의 공연을 보면, 선거의 유세나 상품이나 약의 선전을 보거나 남의 유혹을 경험하기도 한다,

. 줄타기의 광경에서 떨어지는 것을 보면, 자기 자신의 위태로운 상태를 표현하고 있다,

. 줄타기 줄에서 떨어져 죽는 것을 보면, 일이 성사되어 소원이 이루어진다.

5) 미술의 꿈 편

직장에 취직을 하고자 하는 사람의 꿈에서 화가가 자기를 마주하고 초상화를 그리고 있는 꿈은, 다음날 취직하고자 하는 직장에서 면접관이 면접을 하는 꿈으로 확인되었고, 직장의 사장은, 그 사람의 용도와 재질을 관찰한 후 시일이

지난 후에 취직이 되었다.

. 미술이란 낱말이 붙은 명칭과 작업은, 선악의 분별, 신상문제의 연구, 진리탐 구, 인기작품, 미인 등을 상징한다.

. 그림을 그리는 것은, 남이 신상문제를 관찰하거나 진리를 탐구하거나 미래를 계획하는 일 등의 상징이 된다.

. 미술관이나 전시관은, 도서관, 연구소, 박람회장, 신문사 등의 상징이 되며, 그림을 그리는 화가는 심리학자, 상담소직원, 신문사의 기자, 경찰청의 심문 관, 검사 등의 상징이 된다.

. 화가 앞에서 자신이 모델이 되어 그림을 그리면, 남이 나의 신상을 알고자 한다.

. 남을 그리면, 남의 신상을 알고자 하는 일을 알고자한다.

. 사생화나 풍경화를 그리면, 자기의 미래의 사업, 운세, 결혼, 소원 등의 일을 계획하는 일이 된다.

. 풍경화나 산수화 등 그림을 관람 하는 것은, 소원이나 계획의 상징이 된다.

. 자기가 그리는 그림에 만족하지 못하면, 계획이나 소원이 불만이거나 미수에 그친다.

. 남의 그림을 감상하면, 남의 계획이나 부탁이나 서류를 읽거나 검토, 심사하 게 된다.

. 그림을 사오면 서적과 상장, 학위를 받게 되거나 명예를 얻게 되며, 남이 그 림이나 사진을 보내주면 혼담이나 편지, 서적, 알림, 결정된 일의 통보를 받 게 된다.

. 남녀의 성행위나 여성의 나체를 보는 것은, 남의 신상을 알게 되고, 심리학, 역사학, 철학적인 책을 보게 된다.

. 미술관은 도서관, 연구소, 박람회장, 발표장 신문사 등을 상징한다.

. 화가가 나체 모델을 그리고 있으면, 사주관상, 심리상담, 예언자 등 상대방의 신상문제를 감정하는 상징이 된다.

. 나체화에서 성적 충동이 생기면, 남의 작품에서 불쾌감이 생긴다.

. 한 폭의 풍경화를 감상하면, 자기의 소원이나 계획, 운명적 추세를 그 그림 으로 예시한다.

. 자기가 그린 그림에 만족하지 못하면, 계획이나 소원이 미수, 불만 등을 나 타낸다.

. 교사가 칠판위에 그려 놓은 그림을 학생들이 따라 그리면, 상관이 임명하는 직책이나 부임지를 배당 받는다.

- 그림을 잘못 그리면 좋지 않은 곳에 부임되고 필기도구가 없어서 쩔쩔매면, 당국의 명령대로 움직이게 된다.
- 상대방이 그림을 보내주면, 예고나 경고장도 되며 서적, 혼담, 연애편지의 상징이 된다.
- 만화책을 보면, 어떤 일의 사건 전말이나 영화, TV를 보기도 한다.
- 춘화도를 보면, 역사책, 심리학, 철학서를 읽기도 한다.
- 사진은, 실제의 사진, 사진 내용에 따른 상징 등을 잘 파악해서 해석한다.
- 자기가 사진기로 상대방을 찍으면, 남의 행적을 기사화하거나 인터뷰, 녹음할 일이 있다.
- 결혼사진을 찍으면, 결혼, 계약 등의 일이 있다.
- 풍경이나 고적 따위를 찍으면, 어떤 사건이나 업적 등을 기록에 남기거나 녹음, 인쇄하게 된다.
- 자기가 사진에 찍히면, 남이 자기의 신상문제를 묻거나 기사화, 녹음해갈 일이 있다.
- 애인이 딴 사람과 같이 사진을 찍기에 엉엉 울었으면, 애인이 사업 또는 작품으로 성공한 기별을 받고 기뻐하게 된다.
- 사진을 현상하면, 인쇄, 출판, 창작 등의 일과 상징한다.
- 가슴에 훈장을 단 자기의 사진은, 작품에 좋은 평가를 얻는다.
- 만약에 그림 속의 여인을 보고 애욕을 느끼면, 불쾌하고 망신당하는 일의 상징이 된다.

6) 사진의 꿈 편

직장을 구하고자 하는 사람이 회사 사장과 결혼사진을 찍고자 했으나, 사진사가 없어 다음으로 미루는 꿈을 꾸고는 직장을 구하고자 하는 일에서 실패를 하였다.

- 사진을 찍는 것은, 결정, 계약 등의 상징이니 사진을 찍었으면 취직이 되고 일의 결정과 약속이 이루어진다.
- 사진 속의 내용은, 그림과 같이 탐색과 관찰과 기사, 상장, 증서의 상징이 된다,
- 사진을 들고 남을 찍거나 찍고자 하면, 남의 일을 알고자 인터뷰, 녹음, 확인하고자 하는 일이 된다,
- 남이 자기를 사진 찍거나 찍고자 하면, 남이 나의 신상을 알고자 한다.

. 남편이나 아내가 남과 결혼하는 사진을 보고 울면, 남편이나 아내가 사업이
  나 일의 성취로 소원 성취되어 만족하게 되는 상징이 된다.
. 사진을 찍는 카메라는, 도구, 방법, 애인, 협조자의 상징이 되며 얻고 잃음에
  따라 해석의 중요함이 된다.

7) 연극과 영화의 꿈2

. 연극이나 영화는, 자기의 소망이나 운세 등을 상징적으로 암시하거나 남의
  일을 대신 할 상징이 된다.
. 자기가 관람자의 입장에 있어도, 그 연극은 자기에 관한 일을 대리하고 있
  다.
. 극중 인물의 주연은, 또 하나의 자아로서 자기를 대리하는 것이며 그밖에 출
  연자는 그 사건과 결부된 사람 또는 일이다.
. TV의 화면, 또한 영화나 연극과 동일한 해석이 가능하다.
. 유명한 배우나 탤런트 등과 데이트를 하거나 이야기를 하면, 인기인이 되거
  나 과시할 일이 생긴다.
. 인기 배우와 키스 할 수 있으면, 유명 인에 관한 소식을 책이나 서적에서 읽
  는다.
. 배우 등의 의상이 화려한 것을 부러워하면, 어떤 사람의 뛰어남을 보고 패배
  의식을 갖는다.
. 유명한 배우가 입던 옷을 받아 입으면, 유명인, 인기인의 지도를 받거나 협
  조를 얻어 비슷한 일이 생긴다.

제23장. 희, 노, 애, 락 등 감정의 꿈

1) 웃음과 울음, 슬픔과 기쁨의 꿈

대학의 입학시험을 앞둔 학생은, 꿈에 교도소의 간수가 오더니 자기의 옆에 있던 아버지를 끌고 가서 사형을 시키는 것을 보고는 놀라 대성통곡을 하며 크게 울다가 깨어난 후, 그 학생은 우수한 성적으로 대학에 합격하였다.

사람은 한 평생 살아가면서 타인과 끝없이 치열한 생존의 경쟁을 하고 있기에, 남의 불행은 나의 행복이 되고, 나의 불행은 남의 행복이 되는 것처럼, 경쟁에서 이기거나 승리하면 나의 기쁨이 되고, 또 그 기쁨은 승리자만 누린다.

그러기에 꿈에서 나의 웃음과 기쁨은 그대로 기쁨의 상징이 되고, 반대로 꿈에서 남의 행복은 나의 불행으로 연결되기에, 남의 웃음이나 기쁨은 나에게 불행하고 불쾌한 일의 상징이 된다.

. 시체 앞에서 딴사람과 울면, 유산이나 이익의 분배로 다툼이 있다,
. 울음을 그치고 다시 울면, 두 번 이상의 소원이 충족 된다,
. 남과 마주 보고 울면, 시비 끝에 서로 냉정을 찾게 된다.
. 검은 옷을 입은 많은 사람이 우는 꿈을 꾼 링컨의 꿈은, 자신의 죽음을 상징했다.
. 어떤 경우나 자신이 기뻐하면, 현실에서도 기쁜 일과 만족한 일을 체험한다.
. 남이 기뻐하는 것을 보면, 패배, 불쾌, 불만 등의 일을 체험한다.
. 남과 함께 기뻐하면, 남과의 교제에서 기쁜 일을 체험한다.
. 사람이 죽어 슬퍼하면, 어떤 일이 성사되지만 다소 불만이 생긴다.
. 신세를 한탄하며 슬퍼하면, 신분, 직장, 상업 등에 불만이 생긴다.
. 배우자가 못생겨서 슬퍼하면, 사업상 또는 방문, 상면에서 상대방에 대해 불만이 생긴다.
. 조상이 슬퍼하며 우는 것을 보면, 호주나 직장상사에게 큰 불행이 닥치고 그 영향이 자기에게 미친다.
. 남이 미소를 지으면, 상대에게 불쾌함을 당한다.
. 통쾌하게 웃으면, 최대의 소원 충족이 있거나 근심, 걱정이 해소되며 남을

복종시키게 된다.

- 남이 통쾌하게 웃으면, 교활한 흉계에 말려들거나 병마에 시달린다.
- 남과 마주보고 서로 웃으면, 상대와 의사소통이 잘된다.
- 서로 마주보고 빙그레 웃으면, 상대와 다툴 일이 있거나 냉대를 당한다.
- 정체불명의 웃음소리를 들으면, 남들의 비웃음을 사거나 병고에 시달린다.
- 청중이 왁자하게 웃으면, 여러 사람에게 비웃음을 당한다.
- 청중과 함께 웃으면, 남과 시비를 하며 남을 혹평할 일이 있다.
- 시원스레 울면, 기뻐하거나 만족할 일이 생긴다.
- 대성통곡을 하면, 소원이 성취되거나 크게 소문날 일이 있다.
- 가족이 죽어 크게 울면, 정신적, 물질적 일이 성사되거나 유산을 상속받아 크게 만족한다.
- 흐느껴 울면, 소원이 성취되어 기쁘기는 하지만 남에게 알려지기를 바라지 않는다.
- 시원스럽게 울지 못하면, 속 시원한 일이 있으면서도 섭섭해 하거나 답답한 일이 생긴다.
- 기뻐서 울면, 기쁨, 만족들을 체험한다.
- 남이 노래를 부르거나 흐느껴 울면, 누군가가 자신을 악선전 하거나 모함하여 해를 끼친다.
- 우는 어린 아이를 달래면, 일을 수습할 수 없어서 고통을 당한다.
- 무리지어 우는 것을 보면, 재산 분배나 권리 쟁탈에서 시비와 분쟁이 생긴다.
- 서로 마주보고 울면. 시비를 벌이다가 결국 냉정을 찾는다.
- 울음을 그쳤다가 다시 울면, 두 번 이상 기쁜 일이 생긴다.

2) 사랑, 미움, 무관심, 유쾌, 불쾌의 꿈

어떤 여인의 꿈에서, 마주 스쳐간 애인의 얼굴이 무심한 것을 보고, 필자에게 꿈의 해석을 묻기에, 그 연인의 마음은 변함이 없이 당신을 사랑하는 것이니 염려 말라고 해석해 주었다. "왜냐"는 질문에 무심한 것은 변함이 없는 상징이 되기에 해석으로 대신했으며, 만약 웃거나 마주보거나 하면 당신에게 대한 비웃음과 대립의 상징이 된다.

- 꿈에서 사랑과 미움은 무관심, 그리고 유쾌함과 불쾌함은 그대로 현실에서 이루어지며, 잠재된 우리의 의식은 사랑과 미움의 본능 그대로가 상징이 되

기 때문이다.

- 꿈에서 무관심하게 바라보면 남과의 관계에서 근심, 걱정이 없는 상징이 되며, 명랑하고 유쾌한 표정은 남과 나의 관계가 잘 되는 상징이 되며, 우울하면 답답하고 근심이 생긴다.

- 남의 언행이나 오물이 묻어 불쾌하면 현실에서 그대로 불쾌함과 죄책감, 근심, 걱정이 생기며, 남을 미워하면 남과의 불쾌함과 불만을 경험하며, 더럽거나 추하다는 느낌이 들면 불쾌함과 창피함과 분함이 생긴다.

- 이성에 대한 욕망이 생기면 남으로 해서 불만과 불쾌, 손재의 상징이 되고, 이성이 애정을 표현하면 남에게 유혹당하거나 애착 가는 일로 마음이 상하며, 자애함과 인정과 우정을 느끼는 것은 남과 나를 가리되, 남의 일로 도움이나 애착이나 심려함이 되고, 윗사람이나 남이 나에게 자애함과 우정을 느끼면 남의 도움을 받게 된다.

- 음식 맛이 감미로우면 고급스런 일이나 기쁜 일을 하게 되고, 꽃이나 그림의 빛깔이 아름답다 느끼면 매혹적이며 유쾌한 일을 경험한다.

- 오물 같은 것이 묻어 불쾌감을 느끼면, 창피한 일, 죄책감, 근심걱정 등을 체험 한다.

- 남의 언행으로 불쾌해지면, 상대방 또는 직장 일로 인해서 불쾌한 일을 체험하거나 불만이 생긴다.

- 자애, 인정, 우정 등을 느끼면, 상대방 또는 다른 일로 애착이나 심려가 생긴다.

- 신령, 조상 등이 자기를 사랑하는 태도를 취하면, 은인, 협조자 등에게 큰 도움을 받는다.

- 이성이 애정을 표시하면, 어떤 사람 또는 일에 유혹 당하거나 애착이 생긴다.

- 이성에 대하여 욕정이 생기면, 상대 또는 일에 불쾌, 불만, 미수 등의 일을 체험한다.

- 상대방을 미워하면, 상대방을 못 마땅하게 생각하거나 불쾌, 불만 등을 체험한다.

- 추하다고 느껴지면, 마음에 들지 않는 사람이나 물건 등과 관계한다.

- 불길한 마음이 들면, 불쾌, 창피, 의분 등의 일을 체험한다.

- 불의를 보고 메스껍다고 생각이 들면, 상대와 다툴 일이 있다.

3) 공포, 불안, 황홀, 감탄, 광명, 암흑의 꿈

시장에서 포목점을 하는 여인은, 검은 개가 뒤에서 노려보아 두려움을 느끼며 꿈에서 깨어났다. 그 꿈 이후로 필자에게 두려움을 하소연하기에 몸조심을 당부하였고, 시장에서 집에 당도하기 전에 공포를 느끼게 하는 남자의 미행에 놀랐다고 한다. 다행히 큰 화는 당하지 않았으나 꿈에서 느낀 공포를 느꼈다고 했다.

- 꿈에서 사람이나 동물로 느낀 공포와 불안은, 현실에서도 두려움과 불안을 느끼게 된다.
- 꿈에서 죄가 탄로 날까봐 불안해하면. 생활, 사업, 취직, 결혼 등의 실패를 상징하고 고통과 불안을 경험하기도 한다.
- 글을 써 신문사에 투고한 후에 꿈을 꾼 사람은, 손이 밧줄에 묶여 불안하고 두려웠던 꿈은, 신문에 투고한 글이 실리는 감동을 상징하기도 하며, 더러는 꿈속의 두려움이 특별한 감동을 상징하기도 한다.
- 남이 분노를 일으켜 성이나 소리를 지르는 것을 보면, 남에게 제압당하거나 책망을 들으며 내가 분노와 고성을 남에게 하면, 남을 지배하거나 소원을 충족하게 된다.
- 남을 도와주거나 측은하게 생각하면, 남의일이나 사건으로 자신이 불리해지거나 피해를 입게 된다.
- 남을 위로하면, 남에게 지배를 당하거나 일이나 사건으로 근심걱정이 생긴다.
- 아름다운 생각이나 황홀하거나 놀라운 일은, 감동과 만족할 일이거나 매혹적인 일이 생긴다. 해와 달, 불빛 등이 밝고 아름다우면, 명예로운 일로 소원이 성취되고 근심걱정이 사라지나, 반대로 하늘이 흐리거나 암흑 속에 있으면 근심과 걱정과 소원이 절망적이 된다.
- 고통 끝에 평안을 느끼면, 고생 끝에 낙이 온다.
- 남에게 공포감을 가지면, 상대나 일 등으로 위험에 직면 하거나 불안해진다.
- 신령적인 것을 두려워하면, 국가, 권력가 또는 사회적인 일로 감동하거나 불안해진다.
- 동물을 보고 공포감을 느끼면, 불안한 일, 위험한 일에 직면하거나 반대로 감동을 받을 일을 체험한다.
- 남이 불쌍해서 살려주면, 어떤 일이나 사건으로 자신이 불리해지거나 피해를 입는다.
- 측은하거나 놀라운 일로 탄성을 지르면, 현실에서 불안, 두려움, 불만, 충격 등의 심적인 일을 겪는다.

- 일월 불빛 등이 밝으면, 계몽적이나 명예로운 일이 성취되고 근심걱정이 해소된다.
- 암흑 속에 있으면, 소식, 사업, 생활 및 기타 소원이 절망상태에 빠지게 된다.
- 하늘이 흐리거나 물이 흐리면, 근심이나 걱정할일, 불쾌한일, 개운하지 않을 일 등을 체험한다.

4) 난폭, 온순, 만족, 불만, 진실, 거짓, 소원, 절망의 꿈

무섭고 사나워 보이는 호랑이를 안고 깨어난 태몽은, 유명대학 법대에 합격하여 사법고시를 합격하였고, 사납고 무서워 보이는 호랑이를 안은 회사의 직원은 사장이 내어 놓은 힘들고 어려운 일을 책임 맡은 꿈이었다.

- 행동이나 표정이 사납고 난폭해 보이는 꿈의 해석은. 세력가나 힘든 일의 상징이 되며, 반대로 온순한 사람이나 동물의 꿈은, 허약하고 미온적인 일의 상징이 된다.
- 자기 자신이 꿈에서 도덕에 상관없이 악행을 하여도 걸림이 없으면, 소원이 충족하고 근심걱정이 없어진다.
- 죄를 빌며 용서를 받으면, 과거의 행적에 관해 남의 승인을 받게 된다,
- 꿈에서 만족함을 느끼면 현실에도 만족함을 느끼게 되며, 무엇이든 불만이면 현실 그대로 불만과 미숙, 불안의 고통을 경험한다.
- 남의 표정이나 행동이 사납고 난폭한 자는, 세력가 또는 벅차고 다루기 힘든 일을 상징한다.
- 사나워 보이는 태몽은, 용감하고 쾌활한 아이의 태몽이다.
- 남이 온순해 보이면, 어떤 사람이나 일이 미온적이며 허약성을 드러낸다.
- 배가 부르다고 느끼면, 과분한일, 벅찬 일, 뇌물을 먹은 일 등 감당하기 어려운 일 등을 체험한다.
- 배가 고프다고 느끼면, 가난, 고통, 불만, 부족 등의 일을 체험한다.
- 갈증을 해소시키지 못하면, 입학, 취직, 사업 등 기타의 소원이 충족되지 못한다.
- 참되며 진실하다고 생각하면 ,참되고 옳고 진실 된 일, 옳고 바른 일과 관계한다.
- 하고 싶다, 하겠다. 하는 희망은 하나의 계획이지 결과는 아니나, 조만간 그 일을 하게 된다.

할 수 없다, 안 된다, 어쩔 수 없다 하는 절망감을 느끼면, 억제 받을 일, 미수에 그칠 일, 소원이 충족 되지 않을 일에 착수한다.

5) 공격, 승리, 패배, 고통, 존경, 건강 신비함의 꿈

꿈에서 누군가를 마구 공격하여 주먹으로 때린 꿈을 꾼 여인은 남편을 일방적인 말로서 공격하여 그동안 불만을 해소한 꿈이 있었다.

- 남을 공격하여 일방적인 공격을 하면, 일의 성공이나 소원 충족되는 만족함을 경험하게 되며, 반대로 패배하면 사업과 소원의 좌절과 굴복, 불쾌함을 경험하게 된다.
  일에 대해서 고통스러우면 모든 일에서 고통을 느끼게 되고, 일에 대한 불쾌함은 현실에서도 불쾌하며, 남에 대한 시기나 질투심이 나면 현실에서도 그러 하다.
- 꿈에서 존경의 대상이 보여 존경하면, 현실에서도 존경할 만한 사람과 만나 존경할 일이 생긴다.
- 꿈에서 남을 천시하고 무시하면, 남을 무시할 일이 있게 된다.
- 꿈에서 성스럽다는 느낌은, 만족과 소원이 충족되는 일이 생긴다.
- 나에게 감사하는 느낌이면, 협조적이며, 이익이 되기도 하나, 감사하는 것으로 끝을 내면 좋고, 상대가 답례를 하지 않아야 길몽이 된다.
- 싸움, 경쟁, 전쟁 등에서 승리하면, 일에 대한 성공이나 소원 충족 만족 등을 경험한다.
- 패배를 하면, 사업, 소원 등 모든 일에서 패배, 굴복, 좌절, 불쾌를 경험한다.
- 일에 대해서 고통스럽게 생각하면, 모든 일에서 고통을 받게 된다.
- 존경의 대상은, 현실에서 존경할 만한 사람과 상관하게 된다.
- 상대방을 천시하면, 현실에서도 그러하며 경시, 불쾌감을 가져온다.
- 환자가 건강해졌다고 생각하면, 육체적인 것보다 정신적인 일의 건강함을 상징 한다.
- 남의 일을 불쾌하게 생각하면, 현실에서도 그러하다.
- 남을 시기하고 질투하면, 불쾌, 불만, 불안, 증오 패배의식을 체험한다.
- 성스럽다는 느낌은, 존경, 진리, 덕망 있는 사람과 관계하든가 유익한 책을 읽는다.
- 감사한 마음이 생기면, 만족할 일, 소원이 충족될 일과 상징한다.
- 상대방에게 감사를 표현하면, 협조적이며 이익이 되며, 이때에, 상대방이 답

례가 없고 무표정이라야 좋다.

6) 가치, 형태, 수량 ,감각, 느낌의 꿈

꿈에 흰옷을 입은 자기의 할머니를 남이 죽이는 것을 본 꿈은, 오래된 유산에 관계된 일을 남이 해결하여 성사되는 꿈으로 확인되었다.

. 갓난아이는, 새로운 일의 탄생을 상징하듯이, 노인은 오래된 일이나 지식이 많은 사람이나 고달픈 일의 상징이 된다.
. 물건이 엉성하며 빈약하면, 연약하고 충실하지 못한 일의 상징이 된다,
. 과장해서 말하면, 남을 속이거나 계교로 유혹하는 일이요,
. 소유물이나 물건이 싱싱하면, 건전하고 완벽한 것을 상징한다,
. 곱고 세밀한 것은, 친절과 견실과 고결함의 상징이며, 엉성하면 조직과 인품 과 계약이 엉성함을 상징한다.
. 수량이 많고 적음은, 현실에서 만족과 불만족의 상징이 된다,
. 대상의 높이, 깊이, 굵기, 무게 등은 욕구부족의 여부나 사건의 대소사의 상 징이 된다,
. 새로운 물건을 얻거나 가지면, 신분 ,직장, 집, 직위, 협조자 등을 새로이 얻 게 되는 상징이 된다.
. 헌것을 소유하면, 과거의 것, 쇠퇴한 것을 얻게 되는 상징이다.
. 상대방이 늙어 보이면, 오래된 일, 지식이 많은 사람, 고달픈 사람 등과 관계 한다.
. 대상이 실팍해 보이면, 복되고 풍부하며 알찬 일과 상관한다.
. 부패하거나 상한 물건을 얻으면, 창피 당할 일, 불안정한 일, 실패할 일 등을 상징한다.
. 행위나 전망이 끝없다는 생각이 드는 것은 허망하거나 비현실적인 일의 상징 이 된다.
. 대상이나 일이 막막하고 완강한 느낌이면, 견고한 일, 하기 힘든 일의 상징 이다.

7) 기타 사고의 꿈

꿈에서도 마찬가지로 어떤 일이 하기에 벅차거나 버겁다고 생각되면, 자기 분 수에 지나친 일이거나 성취하기 힘든 일에 착수한다. 필자는 책을 처음 쓸 때

에 앞에 악인의 느낌인 버거운 거인이 막고 있어서 저 거인을 죽여야 하는데, 어떻게 하여야 죽일 수 있을까? 생각하다 꿈에서 깨어났다. 그 후 많은 시간이 가고, 각고의 노력 끝에 원하고자 하는 목적을 이룰 수 있었다.

. 할 수 있다, 해야겠다. 고 생각하면, 어떤 일을 착수하게 된다.

. 할 수 없다. 라고 생각하면, 일이 이미 끝나 버렸거나 이루어 질 수 없는 일과 안 된다. 는 뜻의 상징이 된다.

. 어떻게 할까 망설이면, 한 때 시련을 겪거나 심적 갈등을 체험한다.

. 해도 괜찮다. 라고 생각 하면, 어떤 일에 결정과 관계한다.

. 일의 속도가 빠르면, 신속히 처리될 일, 다급하게 추진시키는 일과 관계된다.

. 시간이 늦었다고 생각하면, 목표에 미달됨과 관계한다.

. 시간이 이르다고 생각하면, 기다릴 일을 체험한다.

. 조심해야겠다고 생각하면, 불안한일, 심적 갈등을 가져올 일을 체험한다.

. 큰일 났다. 생각하면, 어떤 큰일이 나거나 놀랄 일이 생긴다.

. 전쟁이 났다 생각하면, 어떤 벅찬 일, 경쟁적인 일 등에 시빗거리가 생긴다.

. 가난하다. 생각하면, 정신적 바탕이 튼튼하지 못함을, 욕심이 없는 일, 그런 일과 사람과 상징이 된다.

. 자신이 부자라고 생각하면, 정신적인 사업이나 지식이 풍부하고 욕심이 많고 죄가 많은 사람과도 관계한다. 때로는 실제로 부자가 되기도 한다.

. 과거에 한번 본 일이 있다고 생각이 들면, 다시 해야 할 일, 비교해야 할 일, 다른 장소 및 사건 등이 바뀌는 일의 상징이다.

. 벌써 이루어졌다. 고 생각하면, 이미 이루어 진 일과 상관된다.

. 왜라는 의문이 생기면, 해명되지 않은 일, 연구해야 할 일에 관해서 노력할 일이 생긴다.

. 옳다, 좋다 하는 긍정적 생각은 그대로 정당한 상징이 된다, 반대로 아니다, 안 된다, 틀리다. 등은 불가능할 일, 부정적인 일의 상징이 된다.

제24장. 행동의 꿈

1) 죽고 죽이는 꿈 편

한 공직자가 부정에 연루되어 구속이 되었고, 그의 아내는 꿈에 남편이 죽어 펑펑 울었던 꿈을 꾸고는 걱정과 근심으로 필자를 찾은 사람은 '무죄의 결과를 얻을 것'이라는 말을 의심하였으나 결국은 남편이 무혐의 처분을 받아 석방이 되었다.

지혜가 발달하기 전의 원시사회에서는 완전한 승리 끝에 얻어지는 이익을 위해 남을 죽이는 무자비한 전쟁이나 사냥에서의 기억이 마음속에 잠재되었고, 그러한 기억이 꿈의 재료인 상징으로 표현되기에, 꿈에서는 잔인한 살생과 무자비함이 일의 성취와 재물을 얻게 되는 길몽이 된다.

. 죽음이야말로 모든 것에서, 종결과 결과를 얻기에, 내가 남에게 죽거나, 자살하여 죽어도, 남을 죽여도, 동물을 죽여도, 일의 성공과 이익이 창출되는 상징이 된다.
. 남과 나를 가리지 않고, 적이나 부모나 애인이나 처나 자식이나 동물 등을 통쾌하게 죽이면, 현실에서 그가 하고자 하는 일은 통쾌하게 처리하거나 성취됨을 상징한다.
. 반대로 죽이지 못하거나, 죽이는 일에서 실패하거나, 죽였으나 살아나거나, 죽어가는 것을 안타까워 살리면, 도리어 일이나 소원이 허사가 되고, 구설과 망신과 좌절을 겪게 된다.
. 죽였어도 후회를 하거나, 두려움을 겪거나, 불안해하면 일이나 사건을 성사하고도 뒤처리에서 불만을 경험하게 된다.

2) 걷고 뛰는 꿈 편

꿈에 급한 일에 빨리 가야하나 발걸음이 떨어지지 않는 경험은 누구에게도 있다, 관공서에 사단법인의 서류를 제출하여 허가를 기다리는 사람의 꿈에, 아무리 빨리 가고자 해도 발걸음이 떨어지지 않았던 사람의 일이었다.

· 걸음을 멈추면, 일의 중지나 답답한 일의 상징이 된다,

· 좁고 험한 길을 가면 하는 일에 고통과 불운을 상징한다,

· 목적 없이 무작정 걸으면, 사건이나 일이 언제 성취될지 기약이 없으며, 환자는, 병이 오래가는 상징이 된다.

· 넓은 길을 걸어가면, 일신이 안락하고 일의 진행이 순조롭다,

· 변화가 있는 산이나 들을 걸으면, 일의 변화와 운세의 기복이 다채로움의 상징이 된다,

· 짧은 거리인 집안이나 정원을 걸었다 해도, 직책의 변동과 책임의 이전 등의 일과 관계된다.

· 앞사람의 뒤를 따르는 것은 남이 자기의 의사에 순종하는 상징이 된다,

· 자기 자신이 앞장을 서서 걸어가게 되면, 지휘자나 책임자가 되나 위험과 불안을 경험하게 된다,

· 옆에 나란히 같이 걸어가면, 동료나 동업자 동반자를 상징한다.

· 기다리는 사람이 저 멀리서 오게 되면, 기다리는 사람이 시일을 경과하게 되는 꿈이다,

· 고향집이나 집에 걸어가면, 일의 종결과 성공이나 완성을 상징한다.

· 병이나 장애가 있어 걸음을 잘 못 걷거나 하는 사람이 잘 걷고 뛰면, 소망이 성취되는 상징이며, 지팡이를 짚고 가는 것은, 협조자의 도움을 상징한다,

· 아이를 업거나 안고 걷는 것은, 하는 일의 고통과 인내를 필요로 하는 상징이 된다.

· 남이 집에 들어오면, 남이 자기의 일을 알고자 하며, 실제로 타인의 방문이 있는 상징이 되며, 남이 집을 나가면, 마음의 부담이 해소되거나 자기를 잘 따르고, 부탁을 들어줄 사람의 상징이 된다,

· 여기저기 걸어 다니는 것은, 사업, 일, 연구, 수색 등의 일을 하는 상징이며, 일정한 거리를 왔다 갔다 하는 것은, 일이나 사건이 진전됨이 없음을 상징하며, 문을 들락날락하면, 어떤 사건이나 일의 진전이 없음을 상징한다.

· 아래로 내려가는 것은, 신분의 하락과, 공개되지 않는 일이나, 연구 분야 등의 일의 상징이 되고, 위로 뛰어오르는 것은, 소원성취나 승급이나 승진의 상징이 되고, 제자리에서 몇 차례 뛰어 오르면, 직장에서 제자리 변동을 상

, 남과 손을 잡고 뛰게 되면, 남과 협력하여 일을 추진하나 불안한 상태의 상징이 된다.

· 높은 산이나 봉우리 섬과 섬, 넓은 강 등을 단숨에 뛰어 넘으면, 외국이나 직장의 변동과 권리 행사 등의 일이 수월하게 이루어지는 것을 상징하며, 집이나 담장 등 장애물을 단숨에 뛰어 넘는 것은, 목적을 이루거나 고통에서

해방되고 소원이 이루어진다.

- 걷는 것은 장소의 이동, 직책의 변동, 일의 진행과정, 운세, 시간의 경과, 대화 내용의 상징이다.
- 걸음을 멈추면, 일의 중지 또는 휴식을 취하거나 답답한 일을 체험한다.
- 잘 다듬어진 큰 길을 가면, 일신이 안락하고 일의 성사와 관계한다.
- 좁고 험한 길을 가면, 하는 일에 고통, 불운 등 우여곡절이 따른다.
- 산과 들을 걸으면, 추진하는 일의 변화, 운세의 기복, 대화 내용의 다채로움을 상징한다.
- 짧은 거리인 책상과 걸상을 몇 걸음 걸었다 해도, 그것은 직책의 변동, 책임의 전가, 이전 등의 일과 관련된다.
- 목적도 없이 무작정 걸으면, 일이 언제 성취 될지 모르고 환자인 경우에는 병이 오래간다.
- 출발점으로 되돌아오면, 계획하고 추진하는 일이 재출발 또는 작품, 일, 편지 등이 반송된다.
- 서로 반대 방향에서 걸어가면, 두 사람이 각각 다른 일을 진행시키고 있음을 상징한다.
- 상대방이 서로 마주 오면, 쌍방의 의견이 좁혀지거나 반대의견이 있음을 상징 한다.
- 지팡이를 짚고 가면, 협조자와 더불어 일을 진행시키고. 짐이나 갓난아이를 업거나 안고 걸으면 하는 일에 고통이 따른다.
- 결혼식장에 걸어 들어가면, 다음날 만나는 사람과 인사를 주고받거나 결사, 집회 등에 참석하게 된다.
- 급한 일이 있어 빨리 걸어야 할 텐데 도무지 걸음이 걸리지 않고 마음만 초조하면, 어디에 부탁한 일이 잘 진행되지 않아 안타까운 일이 생긴다.
- 병이나 불구로 걸음을 잘 못 걷거나 아주 걷지 못하는 사람이 잘 걷고 뛰면, 소망이 성취되어 세인에게 자랑 할 일이 있다.
- 남이 집을 나가면, 마음에 부담이 해소되거나 자기에게 잘 따라주고 부탁을 들어줄 사람이 있고, 조상이 집을 나가면 살림이 궁색해진다.
- 고향 집으로 걸어가면, 일의 종결, 성공, 완성 등의 진행을 상징한다.
- 똑바로 가다가 장애물에 부딪혀서 되돌아가는 것은, 진행 시키는 일을 방해 받아 다른 방법에 의해서 계속됨을 상징한다.
- 사람들이 몰려오면 하는 일이 벅차고 사람들이 다른 곳으로 몰려가면, 일의 고통이 사라지고 자기 지시대로 여러 사람이 잘 따라준다.
- 동물을 물거나 끌고 가면, 어떤 사람 또는 일이 자기 뜻대로 잘 진행되며,

. 동물을 붙잡아 묶어 끌고 가면 상대방을 억지로 따르게 하거나 일의 진행이
   어렵게 된다.
. 아래로 내려가면, 지하 조직 및 개척 분야나 연구 분야 등에서의 일이 생긴
   다.
. 어떤 경기에서 일등을 하고 승리감, 쾌감, 희열 등을 느끼면, 소원이나 일이
   성취되어 만족감을 성취한다.
. 남에게 일을 저지르거나 무서워서 쫓기면, 어떤 일에 불안, 초조, 패배, 좌절
   등을 체험한다.
. 남을 붙잡거나 가해할 목적으로 뒤쫓으면, 소원이나 계획을 다급히 추진하지
   만 결과는 얻지 못한다.
. 위로 껑충 뛰어 오르거나 수평 대를 뛰면, 소원 성취나 승급과 관계된다.

3) 앉고 서고 눕는 꿈 편

 직장을 구하고자 하는 사람의 꿈에서, 낯선 집에 들어가서 책상이 있는 의자
에 앉은 꿈은 직장을 얻게 된 일이며, 직장에서 근무를 하던 사람의 꿈에 자리
에 누웠던 꿈은 직장을 조기 퇴직하게 되었다.
 이와 같이 의자에 앉게 되면 취직이나 입사, 입학 등이 결정되고, 반대로 의
자를 찾지 못하거나 앉지 못하면 면직되거나 취직이나 입학이 좌절되며, 자리
에 눕는 것은 휴식, 기다림, 병환 등이 오래감을 상징하고, 이불을 덮고 눕는
것은 일의 진행이나 병석 휴식을 상징하며, 이불을 덮지 않고 누우면 휴식을
상징하거나 기다림의 상징이 된다.

. 가족이나 여러 사람과 같이 누우면, 여러 사람이 동일한 목적을 가지고 기다
   림이며, 누웠다가 일어나 밖으로 나가면, 기다림이나 휴식이 새로운 행동의
   상징이 되며, 서로 머리를 맞댄 채 각각 누워 있으면, 남과의 경쟁적인 일의
   기다림에 결과의 승리를 얻게 되며, 자기의 머리 위에 다리를 뻗고 누운 사
   람이 있으면, 경쟁적인 일에서 실패와 패배를 상징한다.
. 자기가 누운 발아래 누가 앉아 있으면, 남에게 방해를 받아 일의 장애를 상
   징하고, 자기 자신이 엎드려 있으면, 패배와 좌절을 경험하게 되고, 남이 업
   어져 있으면, 남을 마음대로 하며 손쉬운 승리를 상징하며, 사람이나 남이
   잠들어 있는 것은, 일의 보류, 침체 등의 사태가 된다.
. 앉는 것은, 휴식, 휴직 및 일의 중지나 기다림 등과 관계하며 서는 것은 다
   음 단계로의 행동개시, 그 장소에서의 유리, 이직 등과 관계한다.

- 의자에 앉으면, 어떤 책임 부서나 취직, 입학 등이 결정되고 의자를 찾지 못하거나 앉지 못하면 면직 되거나 입시, 취직 등에 낙방한다.
- 테이블을 사이에 두고 마주 앉거나 서면, 두 사람 사이에 의견 대립이나 시비가 생긴다.
- 의자를 나란히 해서 같이 앉으면, 의견의 일치를 가져오고 나란히 걸으면 동업이나 협조적인 일이 생긴다.
- 다리를 굽혀 일어날 듯 앉을 듯 엉거주춤해 보이면, 진퇴양난에 빠져 있음을 알 수 있다.
- 자리에 눕는 것은, 휴식, 기다림, 사업, 병환 등이 오래감을 의미한다.
- 이불을 덥고 누우면, 사업을 벌이고 있거나 한동안 병석에 누워 있음을 상징한다.
- 이불을 덥지 않고 누우면, 휴식을 취하고 있거나 어떤 소식을 기다리고 있다.
- 남의 무릎에 머리를 얹고 누우면, 상대방에게 모든 것을 의지해서 기다릴 일이 생기거나 자기의 청원이 조만간 이루어진다.

4) 춤추고 때리고 맞고 밟는 꿈

 평소에 알고 지내던 순수하고 착한 부인이 힘에 버거운 병에 걸렸고, 꿈에서는 남편을 주먹으로 수없이 때린 꿈을 꾸고는 필자에게 해몽을 구했다.
 필자는 자세한 사정을 알고 말하기를, 평소에 착하고 여린 부인이 병에 걸려 몸이 아프고 힘이 들었으며, 그 동안 참아 왔던 불만을 남편에게 털어놓고 과거의 불만을 토로하는 꿈으로 해석하여 주었다.

- 꿈에서 남을 때리거나 하는 것은, 육체적인 공격이 아닌, 정신적인 타격을 남에게 하는 것의 상징으로 시비, 야유, 비평 등의 언어 공격을 상징한다. 아마도 과거의 인지가 발달되지 않은 원시시대는 말보다는 주먹이 앞선 것이 이러한 꿈의 상징이 아닐까 하는 생각이다.
- 꿈에서 남이나 내가 무기나 맨손으로 춤추는 것은, 때리고 시위하고 지휘하는 일의 상징이 되니, 남의 불행이 나의 행복이 되듯이 나와 남을 가려 해석을 하게 되며, 내가 춤을 추거나 남을 때리고 공격하는 것은, 언어나 지식이나 능력으로, 남을 심판하거나, 비판하거나, 야유하거나, 시비하거나, 하여 남을 곤경에 몰아넣는 것을 상징한다.
- 서로 치고 받고 하면, 서로 만족한 결과에 귀결이 되고, 서로 마주보고 경계

눈빛이면, 실제적인 육체적인 싸움이 벌어지며, 남을 밀어 넘어지게 하면, 자기의 의사와 뜻이 관철이 되고, 자기가 넘어지면, 신분과 지위, 사업체가 몰락한다.

. 넘어진 타인을 일으켜 세우면, 도리어 타인으로 어려움을 겪게 되나, 나무나 물건을 일으켜 세우는 것은, 기업체나 사업의 정상적인 발전을 상징한다.

. 남이 나의 꽃밭을 밟거나 망치면 집안의 욕이나 명예의 훼손을 상징한다.

. 춤을 추는 것은, 때리고 공격하고 시위하는 상징이 된다.

. 장대, 칼, 총 등 기타의 무기를 들고 춤추면 협조자, 단체 또는 과학의 힘으로 상대방을 공격할 일이 있다.

. 남이 자기의 물건이나 문서를 보고 손짓 발짓을 하면, 자기 신상이나 일이나 작품에 비난이나 방해할 사람이 있다.

. 단체로 춤추는 것을 보면, 개인 단체의 선전에 현혹되어 부러움과 패배를 겪는다.

. 자기의 지휘 하에 많은 사람들이 맨손 체조나 율동을 하면, 어떤 단체나 사업의 지배권을 잡거나 다각적인 외교로 선전효과를 얻는다.

. 남을 때리면, 육체적인 타격을 가하는 것이 아니라 정신적인 타격이나 시비, 공박, 야유, 비평 등으로 상대방을 곤경에 몰아넣거나 혹평을 한다.

. 남에게 매를 맞으면, 만족할 만한 남의 호평을 받거나 남에게 공격, 비난 받을 일이 있게 된다, 그러나 매를 맞고 분을 참지 못하면 불길하다.

5) 절과 경례와 악수하는 꿈 편

돌아가신 아버지가 자기 자신에게 절을 하는 꿈을 꾸고는, 필자에게 묻기를 돌아가신 아버지가 황당하게도 꿈에서 나에게 절을 하셨으니 무슨 일인가 궁금해 하였다.

필자는 해석하기를, 당신 직장의 사장이 자기는 회장으로 물러앉고 당신에게 사장을 하라고 할 가능성을 말했다. 그 후 그 사람은 조그마한 회사지만 사장의 책임을 맡게 되었다.

필자는 미얀마의 명상 선원에서 위빠사나 명상을 한 경험이 있다. 그곳에서는 스님에게 절을 하면 스님은 답례를 하지 않는 것이 당연한 일이다.

그것을 모른 필자는 신도들이 절을 하게 되면 합장하며 답례를 하였다. 그곳의 스님들은 신도들에게 답례하는 필자에게 하는 말이, 신도에게 답례를 하는 것은 절하는 사람의 공덕이 없어지는 것이니 신도들이 절을 하면 답례하지 말고 그대로 앉아 절을 받으라는 조언을 받았다.

이와 같이 위치가 나보다 윗사람이라도 꿈에서 절을 받을 수가 있으나, 그것은 남이 나에게 부탁을 하는 상징이 되며, 내가 남에게 절을 하는 것은 반대로 남에게 내가 부탁을 하는 상징이며, 그 부탁이나 소원이 이루어지나, 상대가 답례를 하게 되면 부탁이나 청원하는 일이 수포로 돌아가게 되며, 절을 했는데 상대가 웃으면, 일이 이루어지나 약간의 불쾌함을 경험한다.

- 부처님께 절을 하면, 기관이나 권력자의 협조로 청탁이나 소원이 이루어진다,
- 반대로 절을 했는데 절을 받지 않고 외면하면, 소원이 이루어지지 않는다,
- 신랑신부가 맞절을 하면, 사업이나 계약이 성취되지 않는다,
- 만약에 중병환자가 큰절을 받으면, 병이 악화되고 사망에 이른다.
- 시신에 절을 하면, 정신적이나 물질적인 유산이 상속된다,
- 조상에 절을 하면, 집안이나 직책을 상속받거나 소원이 이루어진다,
- 상관이나 윗사람에게 거수경례도, 같은 해석이 되나 단체의 청원일 경우가 많다.
- 악수하는 꿈의 경우는, 연합, 결혼, 협력, 합심 등의 상징이 되며, 남의 손을 잡고 걸어가면, 남과의 협조가 진행되고, 악수하며 손을 흔드는 것은, 연합이나 결합하는 과정이 순조롭지 않고, 위험한 사람의 손을 잡아 구해 주면, 남의 일의 책임과 연대함으로 고통을 받게 되고, 자기의 손을 잡고 누가 끌어 내어 올려주면, 남의 도움을 받아 어려움을 면하게 된다.
- 상대가 절을 하는 것을 받지 아니하고 외면해 버리면, 소원이나 부탁한 일이 난관에 부딪힌다.
- 현재 아무것도 하지 않은 중병환자에게 큰 절을 받으면, 병이 악화 되거나 사망한다.
- 장교, 경찰간부, 교장 등에게 거수경례를 하면, 동료 직원과 함께 상관에게 어떤 청원을 하게 된다.
- 대통령에게 거수경례를 하면, 정부나 존경의 대상에게 어떤 기대나 청원할 일이 생긴다. 그러나 개인적이 아닌 단체의 청원이 된다.
- 조상 누구에게 큰 절을 하면, 집안 또는 기관에 어떤 상속을 받거나 소청할 일이 있다.
- 부처님, 불상에게 절하면, 어떤 권력층에게 청원할 일이 반드시 이루어진다.
- 시신 앞에 절을 하면, 정신적, 물질적인 유산을 상속 받는다.
- 제사상에서 절하면, 위폐나 영정의 주인공과 동일시되는 사람에게 일, 작품 등을 제출하고 그 소원이 달성된다.

- 악수하는 상대의 손이 차면, 그에게 냉대를, 따뜻하면 호의적인 일이 이루어진다.
- 상대의 손을 손안에 포개 잡으면, 의형제, 제자, 연인 등의 협조를 얻는다.
- 손을 맞잡고 걸으면, 상대방과 일이나 직업, 결혼 등이 잘 추진된다.
- 안에 있는 사람의 손을 잡아 끌어내면, 강제적으로 상대방에게 연대책임을 지게 될 일이 생긴다.
- 잘 차려진 제사상에 술을 부어 헌작하고 절을 한 꿈은, 제사 지내는 일은 조상님들께 현재 자기가 처한 사정을 보고하며, 조상의 뜻을 기리고, 앞으로도 자기의 모든 일이 잘되게 해달라고 기원하는 의식이다. 그러므로 직장관계 일처리를 부탁하는 것이 된다. 술을 올리고 절한 것은 부탁한 일의 성사를 의미하는 것으로, 실제로 이 꿈을 꾸신 분이 추천하던 일이 관계 기관으로부터 승인이 되었다.

6) 성행위와 키스의 꿈 편

남편의 꿈에서 자기의 아내가 남하고 성행위하는 꿈을 꾸고는, 불쾌하다며 필자에게 해석을 구했고, 필자는 직장에서 당신이 애착을 가지고 있는 직책이 타부서와 합쳐져 더욱 확장하게 되는 일로 해석을 해준 기억이 있다.

성행위를 하고 나서 성병에 걸려서 상대와 같이 병원에 가서 치료 받았던 꿈 해석은, 예로부터 결혼식과 더불어 성행위는 이성 간에 배신을 못하도록 하는 계약과 맹서의 의식이다. 그러므로 꿈에서 성행위는, 대부분 일의 성사를 뜻하며 성병에 걸린 것은 성사되어 일을 하던, 중에 문제가 발생한 것을 뜻하고, 병원에 가서 치료 받는 것은, 문제가 발생한 것을 관계기관에서 해결하는 것이다.

이 꿈을 꾼 당사자가 어떤 사업을 하고 있던 중이었는데, 상대방 측과 서로 의견 차이로 문제가 발생하여, 그 해결을 위해 관계 기관에 의뢰하고 조율 중이었는데, 결국은 잘 해결이 되었다.

무섭고 사나운 호랑이를 안고 쓰다듬다가 꿈에서 깨어난 태몽의 주인공의 어머니는, 필자에게 묻기를 호랑이 태몽을 꾸었고, 공부를 잘하여 유명대학에 법대에 합격하였으나, 사법고시에 매번 낙방하게 되는 이유를 물었다.

필자는 해석하기를 꿈에서는 애착이나 애욕을 상징하는 쓰다듬는 행동이 있었기에 그러나 결국에는 사법고시에 합격하게 될 것을 말했다.

- 키스는, 성행위의 예비적인 허락을 상징하는 이유에서, 소식을 상징하는 특징이 있다.

- 성행위의 좌절이나 미수는, 일의 좌절이나 불만, 불쾌 등의 상징이 되며, 반대로 만족한 성행위는 일의 계약과 완성과 믿을 수 있는 결과가 창출된다.
- 많은 사람이 보는 데서의 성행위는, 여러 사람의 관심을 얻게 되는 일의 성사나 계약이 된다.
- 처녀와의 성행위는, 처음 하는 일이며, 늙은이와의 성행위는 오래된 일의 상징이며, 유부녀의 성행위는 남의 일을 간섭하여 성사 되는 일의 상징이 되고, 애인이나 부부의 성행위는 직장에서 직책이나 애착의 대상을 성취함이며, 근친상간의 성행위는 애정이 있는 중요한 일의 성취를 상징한다.
- 여인의 남모르는 남자와의 성행위는, 남편의 일이거나 뜻밖에 기쁜 일이 성취되고, 헤어진 사람과의 성행위는, 보류된 일이거나 과거의 일일 경우이며, 동물과의 성행위는, 그 상대에 따라 해석이 달라지며, 어린이와의 성행위는, 유치한 일의 상징이 된다.
- 성행위의 좌절이나 미수는, 일의 좌절과 불만과 불쾌함을 상징하고, 남녀 간의 포옹은 벅차고 어려운 일로 고민하게 된다.
- '동성' 간의 포옹은, 의견일치나 연합의 상징이 된다.
- 자기가 남에게 안기면, 자비와 구애를 하게 되고, 남이 나에게 안기면, 남을 도와 줄 일이 있다.
- 만족한 키스는, 상대에게 기쁜 소식을 듣게 되며, 불쾌한 키스는 불쾌한 소식을 얻게 되며, 인사적인 키스는 남에게 맹서 또는 굴복을 상징하고, 애무 형식의 키스는 계약의 미수, 불만, 탐색, 불쾌함을 상징한다.
- 꿈에서 애욕과 애착을 느끼는 마음과 행동이 있으면, 도리어 힘들고 불쾌하고 망신하는 일의 상징이 된다.
- 남자는 여인, 여인은 남자의 알몸을 어루만지며 애욕의 감정을 가지는 것은, 현실에서 배우자나 형제와 육친으로 번뇌와 갈등, 불쾌, 불만을 상징한다.
- 조상이나 다른 사람이, 자기 몸이나 머리를 쓰다듬으며 불쌍하다고 울면, 크게 불행하거나 병이 들거나 하는 위험에 처하게 된다.
- 귀여운 동물을 만지고 쓰다듬고 하면, 배우자나 친척으로 속을 썩거나 불쾌, 불만 등을 체험한다.
- 여성의 육체를 애무하는 것은, 성교 미수를 의미하는 것으로 불만, 불쾌를 체험한다.
- 남성이 자위를 하면, 자기 비밀을 남이 탐지하게 되거나 불쾌감을 체험한다.
- 상대방이 자기 수염을 쓰다듬으면, 상대방이 자기에게 스스로 만족하거나 장기를 과시하는 것을 볼 수 있다.
- 조상이나 누군가 자기 몸이나 머리를 쓰다듬으며 불쌍하다고 울면, 병들거나

위험에 직면한다.

- 사람, 동물 등 물상이 시야에서 사라지면, 근심, 걱정이 사라진다.
- 키스를 하면, 소식을 듣거나 상대방의 속마음을 알아내고 고백을 받는다.
- 애인과 키스가 만족스러우면, 상대에게 기쁜 소식이나 고백, 결혼, 승낙 등을 얻거나 좋은 소식을 얻는다.
- 유명인과의 키스는, 실제의 인물이나 동일시 인물에 관한 것을 알게 되고 최고의 명예, 명성에 관한 소식을 알게 된다.
- 상대의 여성이 입을 열지 않아 불만스러운 키스는, 자백, 소식, 용서 등을 받으려 노력하나, 성과가 별로 없게 된다.
- 남녀 간에 포옹하면, 벅차고 어려운 일로 고민하게 된다.
- 동성 간에 포옹하면, 의견일치와 연합할 일이 있다.
- 자기가 남에게 안기면, 자비를 구하거나 구애할 일이 있다.
- 물건을 안으면, 일의 책임을 진다.
- 여인의 몸을 완전히 정복하면, 계획한 뜻이나, 뜻밖의 일이 만족스럽게 성취된다.
- 많은 사람이 보는데 부끄럼 없이 하는 성행위는, 여러 사람의 관심을 집중시키는 일을 성취한다.
- 유부녀와 간통은, 남의 일을 간섭하여 그 일을 자기에게 이롭게 종결시킨다.
- 여성이 알지 못하는 남성과의 성행위는, 남편, 자식, 본인의 일이 성취되어 기쁨을 체험한다.
- 결혼 전 애인과 성행위는, 오래 끌어온 일이나 재생된 일이 성취된다.
- 부부간의 성행위는, 집안의 계획이나 애착을 가진 일이 성취되고 계약이 성립된 소식을 듣는다.
- 늙은 여성과의 성행위는, 오래된 일을 성사시키고, 처녀와 성행위는 처녀지, 개척지 처음의 일을 상징한다.
- 헤어진 사람과의 성행위는, 보류된 일, 단념 할 수 없는 일을 다시 착수한다.
- 동물과 성행위는, 그 동물의 상징에 따라 일의 성사를 암시한다.

7) 보는 꿈과 시험 보는 꿈

호랑이가 무심하게 자기를 쳐다보고 있었다는 여인이 꿈의 해석을 구했고, 필자는 당신을 관찰하는 남자일 것으로 해석하였다. 그 후 그 호랑이의 상징이 된 남자는 상당한 세월이 지난 후 그 여인 에게 결혼 하고자 프로포즈를 하였다.

멀리 바라보거나 보이는 것은, 먼 훗날의 일이나 먼 곳의 일, 외국과 관계되기도 하며 직접적이지 않을 수도 있다.

. 남의 일을 지켜보면, 남의 일이거나 자신의 일을 관심 가지고 관계를 가지게 된다.

. 남이 자기를 유심히 보면, 남이 자기를 알고자 하거나 자기에게 관심을 가지는 상징이 된다.

. 빛이 강렬하여 볼 수 없으면, 상대의 능력에 압도당하며, 하늘을 쳐다보면 국가나 사회적인 일에 관심을 가지는 것의 상징이 된다.

. 남의 윙크를 받아 마음이 흔들리면, 남의 모함이나 유혹에 빠지고 명예를 손상당할 수 있고, 자기가 남에게 윙크하면, 남을 자기의 계략에 이용할 수 있다.

. 시험 보는 꿈은, 자기의 능력을 남에게 보이는 것으로, 꿈에서 시험의 답안지를 풀지 못하거나 해결하지 못하면, 어떤 문제로 고통을 받게 되며, 시험관 앞에서 답을 쓰면, 남에게 심사를 받게 되며, 구두시험을 보면, 소원이 이루어지지 않으며, 시험에 지각하면, 시험점수가 미달된다.

. 꿈에서 컨닝을 하면, 시험에 합격하고, 합격자 명단에 자기 이름이 확실히 있으면, 합격하게 되고, 불합격이라 하여 울면서 집에 오게 되면, 합격하게 되고, 낙방하여 부모에게 맞고 크게 울면, 합격한다.

. 남이 눈짓으로 무엇을 지시하면, 상대방과 암거래 할 일이 있다.

. 집이나 상자, 병, 기계, 산, 성 등의 안을 들여다보면, 각각 그것을 암시하는 일을 한동안 연구 ,주시, 관찰할 일이 있다.

. 시험 보는 꿈은, 시험을 앞둔 사람과 시험과 관계없는 사람의 해석이 다르다.

. 시험과 관계없는 사람의 꿈은, 자기가 계획한 일이나 소망, 취직 등의 일과 관계한다.

. 답안지를 쓰려는데 필기도구가 없으면, 시험, 취업, 전직 등에 불합격 한다.

. 자기 이름이 합격자 명단의 첫머리에 있거나 따로 적혀 있으면, 수석 합격이나 이차 시험에 합격한다.

. 답안지를 풀지 못하면, 해결 할 수 없는 문제로 고통을 받는다.

. 시험관 앞에서 답을 쓰고 있으면, 상대방에게 어떤 사상 검토를 당하거나 부탁할 일이 있다.

. 답안지를 제출하고 나오면, 이직 또는 전근이 이루어진다.

. 꿈에서 시험이라는 관념이 생기는 것은, 그 일이 어렵고 힘이 드나 정복해야

할 일이라는 상징이 된다.

. 구술시험을 보면, 상대와 사업상 대화나 논쟁, 설전을 할 일이 있다.

부록. 질의의 문답

1. 전 앞니 빠지는 꿈을 굉장히 많이 꿨거든요. 한 다섯 번 이상? 이건 무슨 꿈인가요. ^^;
▸ 이는 치아의 위치에 따라 가까운 관계 정도를 알고, 또 윗사람인지 아랫사람인지가 결정됩니다. 이가 모두 다 빠지는 경우가 있으면 조직이나 사상의 일대 혁신을 말하며, 윗니는 윗사람, 아랫니는 아랫사람에 해당이 되며, 이가 빠지는 상황에 따라 해석이 달리 되는데, 이가 빠지면 관계의 정도에 해당되는 사람에게 안 좋은 일이 생길 수도 있고, 속해 있던 조직에서 이별을 말합니다. 계속 같은 꿈은 아직 그 일이 오지 않음의 상징입니다.

2. 제가 까만 중형차를 타고 어디론가 출근을 하는데 비가 엄청 오는 거예요. 회색의 큰 두 건물 사이의 아주 한가한 주차장에 차를 중앙에 주차시키고, 멀끔하게 곤색 양복을 아주 멋지게 차려 입고 차에서 내려 우산을 쓰고 현관으로 걸어가는데 바닥에 물이 너무 많이 차 있는 거예요. 구두와 바지가 다 젖어서 현관에 들어서는데 화가 막 치밀어 올라 "오늘 현관 책임자 나와 !!!"하고 버럭 화를 내는데 제가 좀 높은 직위인 것 같아요, 사람들이 인사를 하는데 슬슬 피해 다니는 거예요. 그 와중에 한 직원을 잡고 그 직원 정강이를 막 차는 꿈을 꾸다 일어났어요. 이 꿈은 무슨 꿈인가요?
▸ 중요한 일을 진행하며, 새로운 위치에 올라 사회적인 영향이 있는 중요한 조직체에서 세력을 얻어, 아랫사람에게 일 잘 못 했다고 잔소리 하는 꿈입니다.

3. 앞에 운전하는 놈이 옛날 저의 집 주소를 부르더니 찾아가야 한다고 하잖아요, 그래서 지름길, 이 골목, 저 골목을 지나 아주 쉽게 옛날 집을 찾았는데 골목 입구 집들은 무진장 발전을 해서 아주 집들이 좋아 보였는데, 골목을 들어서 돌아서니 저의 옛 집터는 반쯤 철거를 하고 있는 거예요. 애절한 맘에 그 철거된 집에 들어가 뭔가를 찾다가 잠에서 깼는데, 별로 기분이 좋지 않더라고요.
▸ 철거의 개념에 따라 해석이 달리 됩니다. 새로 집을 짓기 위한 철거였는지 아니면 단지 허물어 버리는 상황인지, 새로 집을 짓기 위한 철거라면 과거에 관련이 있는 회사 혹은 기관이 새롭게 변모하는 과정에서 자신의 위치를 찾는

꿈이고, 단지 허무는 개념이었다면 관련된 오래된 기관을 정리하게 되는 꿈입니다.

4. 꿈에서 아는 아저씨가 지나가다가 고급 실크에 작은 진주가 장식되어 있는 천으로 쌓인, 아주 굵은 손잡이의 하얀색(아이보리 빛) 꽃다발을 주셔서 감사히 받았는데요. 꼭 소재나 모양새가 결혼 할 때 쓰는 부케 같은데, 이상한 것은 꽃다발 손잡이가 두 손으로나 잡을 수 있을 정도로 아주 굵었고 전체적으로 생화보다 실크천이 더 많이 있었다는데요,
› 청혼을 받겠네요. 아니면 명예와 감동적인 일을 얻게 됩니다.

5. 저희 어머니가 꾸신 꿈인데, 집안 구석구석에 검고 지저분한 거미줄들이 너무 많아서 그걸 모두 다 치우시는 꿈을 꾸셨다고 하시는데요, 어떤 꿈인지 궁금 하시다고 하셔서 올립니다.
› 근심걱정이 사라집니다.

6. 헤어진 남자친구가 제 사물함 누런 주머니 안에 많은 쪽지와 편지, 선물을 넣어 놓았더라고요. 편지 내용은 대충 내가 멀리 가니 잘 지내고, 아마 꿈속에서 다시 사귀게 되었나 봐요, 그냥 잘 지내라는 말을 써 놓았던 것 같아요. 편지와 쪽지 받은 꿈이 무슨 꿈일까요? 해몽 부탁드려요.
› 과거의 일로, 두 가지의 결정된 소식과 해결되지 않은 숙제를 해야 되는군요.

7. 왼팔에 팔꿈치 정도까지 팔 안쪽으로 분홍색으로 가로가 그려진 문신을 하는 꿈 이었거든요, 쌩뚱 맞게 그러면서 아빠한테 혼날까봐 꿈속에서 조마조마 해 하는 기분도 들었고요.
› 어른이 반기지 않을 사람과 연애할 가능성이 있는데~ 어른들은 탐탁치 않게 생각할거라 예상되는 분이겠네요~^^

8. 아시는 할머니가 꾸신 꿈인데요. 좀 느낌이 안 좋아서요. 한 2달 정도 전에 할아버지가 돌아가시고 많이 힘들어 하고 계신데, 며칠 전에 할머니 꿈에서 할아버지가 나오셨다고 그러시는데, 지금 살고 계신 집을 뒤쪽으로 쭉 밀어 놓고, 그 앞쪽으로 할아버지가 목수들이랑 막 불러 놓고 새 집을 지으셨다고 그러네요. 할머니가 너~무 좋아하시면서 지금 살고 있는 집을 세 놓고 새로 지은 집에서 살면 되겠다고 하셨다고 해요. 그 꿈이 생생해서 물어보시더라고요,

해몽 부탁드려요 ^^

‣ 새로운 곳에 다시 자리를 잡는 꿈입니다. 결론은 좋은 꿈입니다. 새로운 할아버지가 나타나실 수도 있습니다.

9. 비 보이들로 생각되는 사람들이 한 사람씩 모자를 제 머리에 씌어주는데, 덧 씌어서 4개정도인가 썼고, 사람들이 모여 있는데 이 장면을 사진 찍길래 좀 멋쩍어 했네요.

‣ 전혀 다른 분야에서 협조자가 4명 정도 생기는 꿈이에요~ 사진을 찍었다는 것은 "확정!~"을 의미합니다.

10. 꿈에서 고등학생으로 되돌아갔는데, 한 친구가 제 사진을 찍어주면서 "아, 너 참 예쁘다! 예쁘다!"하는 꿈을 꿨어요, 주변 친구들도 다 쳐다보고 "야 진짜 너 되게 예쁘다!"이렇게 계속 말하는 꿈이랑, 오늘은 제가 모자를 쓰고 엘리베이터를 타고 올라가는데 어떤 아줌마가 제 모자를 뺏어 갈려고 모자를 잡는 거예요, 저는 죽기 살기로 그 모자를 안 뺏기려고 손으로 머리를 눌러서 못 빼게 막 잡아당기다가 결국 아줌마는 그냥 내리고, 저는 모자를 뺏기지 않았어요. 무슨 꿈인가요? 궁금^^합니다.

‣ 조만간에 뭔가 좋은 일이 결정 나는 꿈// 두 번째 꿈 : 협조자에 의해 승진(혹은 신분 상승 등)이 되는데 그 과정에서 약간의 실랑이가 있겠지만 무난히 진행되는 군요.

11. 마누라가 꾼 꿈입니다. 저희 동서가 비를 흠뻑 맞고 옷과 신발을 전혀 걸치지 않은 채 집을 찾아 온 꿈은 무슨 꿈인가요.

‣ 동료나 친구가 어렵게 된 환경의 변화로 인해 협조자가 없어져 도움을 요청하러 오는 꿈입니다.

12. 이제 5개월 되는 울 아기가 말을 해서 너무 신기해하는 꿈. 마누라한테 아기가 말을 한다고 신기해하고 있는데, 옆에 있는 중국 아기도 중국말을 하는데 '말을 더 잘 하네' 하는 생각이 들더라고요,

‣ 이러지도 저러지도 못하는 일거리(중 가지 일 : 한국일, 중국일)로 생각이 많으시군요.~ 근데 중국 관계 일이 좀 더 신경 쓰이나 봐요~.

13. 선배 분 꿈인데 연속으로 이틀 꾸었다고 하네요, 돌아가신 외할아버지께서 누워 계시고, 선배는 옆에서 누워 외할아버지 다리 사이에 자기의 다리를 끼워

넣고 자려고 하는데, 외할아버지께서 번거롭게 한다고 화를 크게 내시는 꿈을 이틀 연속으로 꾸었다는데 무슨 꿈인가요?

› 관련된 직장이나 기관의 윗사람으로부터 직원 혹은 아랫사람 문제로 책망을 듣겠네요 ~. 근데 선배를 비롯해서 두 분 다 서로 관련된 일에서 현재 손을 떼고 있거나, 그것이 아니라면 곧 일에서 손을 떼고 쉴 것 같습니다.

14. 제가 꾼 꿈은 아닌데, 광화문 상공에서 여객기 두 대가 충돌하기 전에 한 대가 꼬꾸라져서 비행기가 완파를 당했는데요. 완전 아비규환 상태였고요, 군대가 동원되고 불바다를 이루고요. 구경하던 차에서 군인이 하는 얘기가 154명 전원 사망이라도 했다는데요. 근데 친구는 아무것도 하질 못 하고 그냥 안타까운 마음만 가지고 발을 동동 굴렀다 네요. 그래서 제가 그랬어요. 오늘 다시 그 꿈 꿔서 154명 다 네가 직접 묻어주고 비석까지 꽂고 오라고요. ㅎㅎㅎ 그럼 대박 꿈 되지 않나요? 전 지금의 상황을 친구가 꿈꾼 것 같은데, 청와대 고위층 직원들이 한 150명 정도 있지 않을까요? 비행기가 날다가 완파 당했으니 일의 진행에 큰 혼란이 올 것 같고요. 그러고는 좋은 일이 생기지 않을까하는 초보 해설가의 해석이였습당!!!!

› 맞습니다. 맞고요! 여객기의 완파와 죽은 사람은 잡혀가는 사람들? 청와대 비서관들? 아무튼 새로운 혁신을 상징. 그러나 소란이 여전하겠네요.

15. 엊그젠데요, 제가 제 등에 문신을 새기는 꿈을 꿨거든요. 컬러 문신으로 아주 비싸고 유명한 어떤 사람 형상이 들어가 있는 동양화 문신을요. 조금 따끔따끔한 기분이 느껴지는 것 같기도 했고, 생전 처음 꿔보는 꿈이라서 자꾸 신경이 쓰이는데, 이거 무슨 꿈일까요???

› 스스로 등에 문신을 하는 것은, 특별한 사람과 장래에 아름다운 일을 계획하게 되고, 필경에는 이루어지는 꿈입니다.

16. 제가 꿈에서 전 달에 결혼한 제 가장 오래된 친구 커플과 같이 어딘가에서 얘기를 하고 있었어요. 저도 얼굴 모르는 남친 이라고 하는 사람과 함께 있었고요. 그리고 제 남친 이란 사람에게 반지를 받는데요. 제가 꿈속에서 금반지를 끼고 있었는데 그것과 흡사한 모양이었지만 더 좋은 것이라 느끼며 받았어요. 옆에 친구 커플들은 막 흥분한 상태였고요. 제가 원래 가지고 있던 반지는 금색 반지에 가는 5개의 반지가 같이 묶여있는 모양이었어요. 실제로도 가지고 있는 반지구요. 하나하나 모양은 심플하고 같은 모양이구요. 오른쪽에 끼고 있었어요. 4번째 손가락에요. 그런데 새로 받은 반지는 은색이지만, 금반

지보다 좋다는 느낌을 받은 것으로 보아 백금이었던 것 같아요^^ 그리고 이 반지도 금반지와 마찬가지로 5개의 얇은 링들이 같이 묶여있는 반지였고요, 그 다섯 개 반지 모양은 각각이었어요. 다이아가 쫙~ 박혀있는 것도 하나 있었고요. 그래서 그 반지를 받고 오른손 두 번째 손가락에 꼈는데요.(원래 반지는 두 번째 손가락에 자주 껴요.) 너무 꽉 껴서 왼쪽 네 번째 손가락에 바꿔 꼈어요. 금반지는 빛도 안 나고 그랬는데 이 새 반지는 반짝반짝하면서 진짜로 특이하게 예쁘다 생각했고요, 근데 오른손에 기고 있던 금반지는 빼지 않았던 걸로 기억 되요. 꿈에서 그 새 반지 모양이랑 정말 또렷하게 보였어요. 주위에서는 좋은 사람을 만날 것 같은 꿈이라는데 무슨 꿈일까요? 참고로 전 20대 후반 미혼 여성입니다.

› 조만간에 국수 먹겠네요. 만나는 사람이 있는데 더 좋은 조건의 새로운 사람을 만나게 되는 꿈입니다. 곡절이 많고 사연이 벌어지고, 하지만 여러 가지 조건이라든지 환경이 약간 서로 맞지 않는 부분이 있지만 맘은 많이 가는 분이 있겠네요.

17. 호주에 살고 계신 저희 외숙모께서 며칠 전에 꾸신 꿈인데요. 저희 엄마가 아주 멋지게 귀부인 같은 차림을 하시고 아~~~주 예쁘고 멋진 말을 타고 외숙모 댁에 찾아 오셨다고 합니다. 어떤 꿈인가요?

› 어머니라고 상징되는 인물은 숙모님의 윗사람이라 뜻하고 싶고요. 말을 타고 오셨다니 무척이나 정말 좋은 방법과 좋은 일을 가지고 꼬마님의 외숙모의 가까운 친지와 인연되는 꿈이라 생각되네요. 미국과 호주 너무 떨어져 살고 있어서 의심이 가기는 하나, 혹시 어머님의 신분이 상승 될 수도 있는 길몽입니다.

18. 꿈에서 동물원에 놀러 갔는데, 집채만 한 윤이 나는 검은색의 흰무늬 뱀인지 구렁이인지가 유리창 안에서 소리를 지르고 있더라고요. 잡아먹을 것처럼 입을 크게 벌리고 위협했어요. 무서워서 사람들은 도망가고 나도 도망가고 무사히 안전한 곳으로 도망갔어요, 무슨 꿈인가요??

› 정부 기관이나 제법 큰 회사에 들렀다가 그 기관에 관련된 힘이 있는 사람의 행동을 보는 꿈입니다.

19. 사람을 죽이고 사실이 밝혀 질까봐 두 세 사람인가를 더 죽였는데, 이 사실을 더 알고 있는 사람들이 있었습니다. 더 죽일 수는 없고 사실이 밝혀 질까봐 안절부절 못하면서 피하는 꿈.

› 타살은 일의 성취, 결과를 의미합니다. 하고자하는 일이 성취 되는 데 연결

된 두 세 건을 더 성취하는군요. 그러나 나중에 피했다는 것이 찜찜하며 결과를 얻는 것에는 의문이 드는군요.

20. 제가 새 차를 샀다고, 은색 중형차를 차 딜러가 가지고 와서는 저희 집 주차장에서 이리저리 얘기도 나누고 이리저리 살펴보는 꿈을 꿨어요.
‣ 직장 혹은 기관에서 새로운 좋은 직위나 역할이 생기겠네요.~ 추카 추카~!!!

21. 울 마누라가 꿈에 아기 기저귀를 갈려고 보니까 똥을 조금 싸서, 가만히 똥을 관찰해 보니 아기 고환이 빠져 있더랍니다. 이걸 어쩌나 고민했다는 군요.ㅋ 아침에 저에게 물어보더군요, 무슨 꿈이냐. "쪼매 손해 보지 않겠다 싶다."라고 말하면서 속으로 미안했습니다. 며칠 후에 제가 울 마누라 통장을 깡통으로 만들어 놔야만 할 일이 있었기에. 쩝~ 결국 깡통을 만들어 놓긴 했는데. 그 꿈일까요? 아니면 다른 꿈일까요? 해석 좀 부탁드립니다.~
‣ 아기는 애착 가는 대상, 그 똥은 애착가는 대상의 결과물. 아기의 고환이 빠져 있다는 것은 핵심이 빠진 것인데, 통장일 가능성이 있겠네요. 만일 통장이 아니라면, 이러지도 저러지도 못 할 애착 가는 대상(혹은 일거리)이 있는데, 기대했던 결과물에서 핵심이 빠져 난감~해 하는 꿈입니다.

22. 한 달 전쯤 여러 사정으로 헤어진 남자친구가 있는데, 그 친구가 요즘 안 좋은 일이 있어요. 근데 꿈에서 그 친구와 같이 그 친구 차안에서 맥주를 마시면서 이야기하는데 그 친구는 먹지 않고 나만 4캔 정도 먹은 것 같아요. 취하진 않았고요, 그 친구가 고민거리를 이야기하면서 전 그 이야기를 듣고 울다가 웃다가 했거든요, 그 친구도 이야기하면서 조금씩 고민이 해결되는 것 같았고요. 해몽 부탁해요.
‣ 그 친구일 수도 있고, 다른 친구일 수도 있는데~ 친구가 시키는 일을 4번 정도 해 주면서 즐거워하는 꿈입니다.

23. 친구들이랑 놀러 가는 길에 잠시 머리카락을 자르로 미용실에 들렸어요. 그리고 머리를 다듬었는데 계속 자르면 이상해질 것 같고 마음에 안들 것 같아서 자르다가 그만 자르고 친구들을 만나서 케이블카를 타러 갔어요. 놀러가기 전에 예쁘게 단장하기도 했는데 제 모습이 마음에 들었어요. 해몽 부탁드립니다.
‣ 친구나 주위의 인연이 다된 사람을 정리하여 새로운 비상을 하게 되어 기쁨을 얻는 꿈입니다.

24. 어제 꾼 꿈입니다. 친구와 동물들이 사는 넓은 진흙 밭 (늪지대 인 것 같기도 하고)에서 손잡고 달리기를 하는 꿈이에요. 진흙 밭인데 달리기가 쉬웠고요, 달리다가 친구가 넘어져서 제가 일으켜 주고 다시 달리고 주변에는 커다란 동물들이 있고요, 공룡인지 큰 거북인지 모를 동물이 아마 거북 같아요. 우리 안에 있었고요, 요즘 친구한테 안 좋은 일이 있는데 무슨 꿈인지 해몽 부탁드립니다.

▸ 친구와 더불어 같이 하는 일에 좋지 않은 환경이지만, 꿋꿋하게 헤쳐 나가는 중이군요.~ 주변에 귀인도 있지만 도울 입장은 아닌 듯합니다.

25. 조금만 머리카락을 다듬으러 갔는데 단발머리로 짧게 잘라버린 거예요. 중요한 만남도 있고 해서 너무 속상해 막 우는 꿈을 꿨어요. 무슨 꿈일까요?

▸ 주변에 맘에 안 드는 사람을 정리하고 나니 맘에 약간 걸리는 부분이 있으나, 시원해 하는 꿈입니다.

26. 제가 매일 꿈을 너무 자주 꾸고 해서 또 질문 드려요. 오늘 꿈에요, 옛날에 살던 집인데요, 그 집이 좀 허름한 집이었어요. 근데 꿈에서는 그 집에 가 직도 살고 있는데요, 이사를 가고 싶다는 생각이 들었는데 엄마가 갑자기 당장 이사 가자고 해서 집에 있는 가구들을 다 마당을 지나 대문 밖으로 옮기는 중이었고, 도중에 아빠가 왜 옮기냐면서 별로 안 좋아하고. 옮기는데 좀 무거웠지만, 제가 거의 다 옮겼고요. 그러고 나니 갑자기 하늘에서는 비가 쏟아졌어요. 저도 그렇고 가구도 그렇고 비를 다 맞았어요. 그러고 있다가 이제 어디로 이사 가냐니까 엄마도 모른대요. 근데 좋은 데로 간데요, 정처도 없고. 하늘은 흐리고 비는 내리고, 날은 어두워지고 근데 그 집을 나왔다는 것 자체가 저는 너무 좋았어요. 뭔가 모순적인 꿈이긴 한데, 해몽 좀 해주세요.

▸ 소속된 곳에서 다른 곳으로 환경을 바꾸는 꿈입니다. 물론 소속된 단체장 (<사장 혹은 팀장, 실장> 정도? 는 못마땅해 하지만, 두 번째 권력자<사장 혹은 실장 아래의 사람>)과 함께 이동을 하는군요.~ 아마도 전체적인 분위기가 그럴 수밖에 없는 상황이었던 것 같네요.~ 하지만 좋은 곳으로 갈 것입니다.

27. 하늘 위 비행기 어느 부분에서 들어갈 구멍을 찾고 있던 중 옛날 재래식 화장실 변기통에 손으로 누런 변을 휘휘 젓고 담은 그 곳으로 들어갈 준비를 하고 들어가서는 기분이 안락하고 편했어요. 그 변통 속에서 뱃속아기처럼 무슨 막이 있던 느낌 그리곤 **빠져** 나왔네요. 꿈 풀이 부탁드립니다.

˃ 공개된 좋은 직장이나 방법으로 큰 재물을 다루는 꿈입니다. 나오지 않았으면 계속 다루게 되지만 빠져 나왔으니 잠시 재물을 다루다가 말겠네요.

28. 아내가 요 며칠 사이에 꾼 꿈입니다. 하나, 제가 이발과 염색(흰머리가 많거든요)을 하고 집에 돌아온 꿈. 둘, 제가 새벽 1시 30분에 팬티 한 장만 입고 도박을 하러 간다고 문을 나서 길래 막다가, 아래, 위로 새로 산 운동복을 입혀줬는데 성질을 부리면서 살림살이를 마구 집어던져 난장판을 만들었답니다. 다 깨지고~ 너무 억울하고 분해서 펑펑 울었답니다. 새벽에 엉엉 울고 있기에 왜 그러냐고 했더니 아주 난리를 치네요. 잠 설쳤네요. 쩝.
˃ 이발과 염색한 것이 좋은 모습이었다면, 주변 정리가 잘 되고 새로운 환경을 만들어가는 꿈. 보기 좋지 않았다면 주변 정리도 했고 환경도 새로워졌으나 시원치 않은 꿈. 염색한 머리 색상이 일반적인 갈색이라면 상관없지만 특별히 노란색이나 녹색 등 원색이었다면 해석이 또 달라집니다. 어설픈 협조자 혹은 협조자 없이 혼자서 일을 도모하려는 가운데 스포츠 레저이거나, 임시적인 일로 새로운 활동적인 협조자를 얻게 됩니다. 여러 가지 방법으로 일을 하면서 매우 기뻐하시겠네요. 부인은 더욱 기뻐하게 됩니다.

29. 집이 무진장 좋은 집으로 바뀌고(바닥이 온통 대리석이고 화장실도 거실에 한 3개 있는 것 같고, 방은 겁나 많고요. 전망도 무진장 좋았어요) 그런 집에서 시집간 동생까지 와서 식사를 같이하고, 어머니께서 너 요즘 많이 약해진 것 같다고 수표 100만원을 주시며 보약 한재 해 먹고 나머지는 쓰라고 주시잖아요. ㅋㅋㅋ 지갑에 넣었는데 지갑엔 1000원 짜리만 있었는데,ㅎㅎ 또 어떤 남자가 와서는 제 생일을 보고는 사주를 풀어주는 꿈을 꿨어요. 근데 그 남자가 하는 말이 '올해 아주 좋거나 아님 아주 나쁘거나, 도 아니면 모'라는 뜻으로 말을 하는 거예요. 뭔 꿈이죠? ㅋㅋㅋ
˃ 좋은 집으로 바뀐 것은 소속된 기관이나 단체가 부서도 많아지고 좋아지는 꿈입니다. 어머님은 그 단체의 둘째 권력자의 상징으로 보이는데 그 분으로부터 100일 후에 이루어질 일에 대한 임무를 받을 것 같습니다. 1000원짜리는 잔 일거리는 마무리되고~ 남이 봐주는 사주는 남에게 신상조사를 받게 되면서 잔소리를 듣는 꿈이요.

30. 1) 옛날 군대 시절이 자주 꿈에 나와요, 약간 변형되어 나오기는 하나 분위기가 거의 옛날 군복무 시절이요. 2) 한 6년 전에 죽은 선배 형과의 통화요. 내용은 기억이 안 나는데 그 형님과 생존해 있는 형수님, 그 두 분고 번갈아서

통화를 했어요.

▸ 1번 꿈 : 예전 하던 일에 다시 소속되는 꿈입니다.

  2번 꿈 : 죽은 선배 형과 같은 느낌(나이, 생김새 혹은 특징이나 성격 등)의 사람들로부터 소식을 듣는 꿈입니다.

31. 남자이고요, 손에 백금 반지라고 하기엔 좀 그렇긴 한데, 은반지하고 하기도 좀 그렇고. 일어났을 때 드는 생각은 백금 반지였습니다. 좀 새롭게 생긴 디자인이었어요. 독특하다고 해야 하나, 지금 생각하면 좀 이상해도 꿈에선 엄청 아름다워 보였어요. 그런데 그 반지를 왼쪽 네 번째 손가락에 끼웠는데요, 그냥 꿈에서 끼고 있었습니다. 그걸 꼈다가 반대 방향으로 뒤집어서 끼웠는데 좀 불편해서 빼서 다시 반대로 뒤집었다가 또 빼서 반대로 뒤집어 끼웠다가 하는 꿈입니다. 결혼할 나이도 아니고 제가 여자 친구를 만나는 것도 아닌 것 같고, 재수 중이라 별로 그러고 싶은 생각도 아니고. 암튼, 요건 무슨 꿈인가요?

▸ 처음에는 애매모호한 사람이나 괜찮은 사람이고, 맘에도 들지만 환경이 불편한 조건에 만나게 되며 방황을 하다가 멋진 이성이 생기는 꿈입니다.

32. 토막 난 얼굴 시체 몇 구를 보고 피도 보였어요, 느낌은 사기 맞는 느낌이랄까. 평소 좋아하는 두 분도 보였고요.

▸ 시체와 피 보는 꿈은 좋은 꿈입니다. 내가 죽었다거나, 혹은 내가 죽였다거나 아니면 나와 관계가 있는 사람이 죽었다거나 했을 경우면 더욱 확실히 좋은 길몽입니다. 일이 이미 성사되어 많은 재물이 생기는 길몽입니다.

33. 안녕하세요, 제 꿈 해몽 좀 부탁합니다. 100만원이 든 새 가방(백)을 잃어버렸습니다. 그래서 그 가방을 찾으러 다니다 보니 크고 밝은 상가가 있더라고요, 거기 가방이 아주 많았습니다. 거기서 제가 이것저것 마구 들어봤지만 다 제 가방이 아니더라고요, 이건 무슨 꿈일까요?

▸ 가방은 해결되지 않은 일거리를 의미합니다. 새 가방이었으니 아마도 새로운 일거리 혹은 근심거리를 상징하는 듯합니다. 근데 가방을 잃어버렸다니 새로운 일거리나 근심거리가 해결되고, 그 안에 있던 100만원은 백일이나 일 년이나 걸린 일이 해결될 것이며, 크고 밝은 상가는 큰 기관에서 새로운 역할이나 방법, 위치를 찾게 되나 마땅하지 않은 꿈입니다.

34. 같이 일하는 친구가 아침에 깼다가 다시 잠들어 잠깐 꾼 꿈인데요, 친구

본인이 애를 낳았는데 눈은 반짝반짝하고 얼굴은 사람얼굴인데 나머지 몸 부분이 원숭이 같은 연두색 털로 덮혀 있었다고 합니다. 무슨 꿈일까요?

› 새로운 일이 애물단지로, 한동안 맘고생을 할 것 같습니다. 친구 분의 상황을 모르니 해석이 애매하지만, 일반 주부의 경우라면 상황이 자구 변하여 감이 오질 않는, 새로운 일거리로 한 동안 애먹을 일이 생기는 꿈으로 해석됩니다.

35. 병원에 병문안을 갔다가 나왔는데 한참 후에 다시 그 병원으로 갔는데, 사람들이 관을 들고 나오더라고요. 그 옆에 꽃상여도 있고요. 그 앞을 지나가는데 관이 열리더니 그 옆에 있던 사람이 저보고 절을 하라고 하더라고요, 그래서 절을 했어요. 어떤 꿈인지 궁금해요. 부탁드립니다.

› 당신과 관련된 사람이 소속된 기관에서 소원성취가 되어 커다란 명예가 생기는 꿈입니다. 그런데 그 귀인에게 부탁할 일이 있는데~ 그 부탁이 이루어져 당신의 소원이 이루어지는 길몽입니다.

36. 새로운 아파트로 이사를 갔는데 제 방이라고 정해준 곳으로 들어가서 창밖을 보았더니 바닷가 수평선 위로 커다랗고 밝은 태양이 뜨고 있었습니다. 일출도 이렇게 잘 보이고 좋다고 동향이구나 하면서 깬 것 같은데, 그런데 태양의 뒤편까지도 훤히 보였습니다. 무슨 꿈일까요?

› 캬! 한마디로요. "겁나 좋은 꿈 요."
 새로 소속된 기관이나 그 단체에 윗사람의 많은 혜택과 도움으로 최고로 성공하는 매우 희망적인 일이 생기는군요.

37. 학교에 있는데 방송국에서 촬영을 왔습니다. 움직이는 인형을 총으로 쏴서 떨어뜨리면 그 개수마다 상금을 주고, 개수에 해당되는 만큼 비단 잉어를 준다는 거예요. 그리고 잉어를 대중목욕탕 욕탕 같은 곳 같은 곳에 4~5마리를 풀어 주었는데, 그 풀어준 잉어가 저한테 다가오더니 제가 꼭 자기들을 데려 갔으면 좋겠다고 말하고 인사로 뽀뽀를 해주었어요, 그리고 총을 쐈는데 잘 조준도 못하고 쏜 총알들이 8발인가 거의 맞으면서 제가 그 대회에서 1등도 하고 잉어도 타고 상금도 탔습니다. 비단잉어가 마리 수도 너무 많고 좋은 잉어라서 학교에 기증을 할까, 어떻게 할까 생각하다 잠이 깼습니다. 깨고 났는데도 꿈이 생생하고 기분이 좋았어요, 무슨 꿈일까요? 해몽 부탁드려요.

› 힘 있는 타 기관이나 단체에서 당신이 선택되어 명예와 귀인을 만나게 되며, 잉어는 귀인으로 해석이 되기도 하고, 물고기라는 느낌으로 양이 많았을 경우에는 재물로도 해석이 됩니다. 일반적으로 잉어의 경우에는 귀인으로 해석되는

경우가 많은데, 이 꿈은 명예와 귀인을 만나게 되어 신분이 귀해지는 꿈입니다.

38. 제가 도로변에서 변을 시원하게 봤어요, 그 변을 윗동서가 물로 깨끗하게 씻어 내리는 꿈을 꿨어요. 무슨 꿈인지?

› 진행하던 일을 속 시원히 해결하는 꿈입니다. 동료 되는 사람이 마무리 하는 것을 도와주겠군요.

39. 친구가 오늘 너무 웃기는 꿈 이야기를 해 주었어요. 아~~~~~주 간단명료하게.ㅋ 제가 결혼 한다네요. 3월 29일에.ㅋ 꿈속에 제가 보이더래요. 그런데 누군가가 이야기를 하는데 제 모습 외에는 아무것도 보지 못했는데 어느 사람의 목소리만 들리면서 "쟤 3월 29일에 결혼한다." 이렇게 알려주더래요, 고개를 돌려보니 주위에는 아무도 없었는데 자신의 귀에 그 말이 선명하게 들리는 꿈이었다네요, 친구 이야기에 달력을 보니 그날이 토요일이더라고요, 음력으로도 보니 5월 첫 번째 일요일이었고요. 친구랑 저 한참을 웃었어요. 꿈 때문에. ㅋ 결혼은 아니더라도 제게 좋은 일이 생기려는지.ㅎㅎ 기대도 은근히 되네요. ㅎㅎ

› 그 숫자와 관련된 날에 실제로 결혼을 할 수도 있고~ 아님 관련 된 숫자의 날에 계약할 일이 있습니다.

40. 제 방은 아니었고 어딘가의 방에 시체들이 누워있었어요. 남자친구랑 저는 그 시체들을 반으로 가르기 시작했습니다. 제가 한 시체의 허벅지를 반으로 가르려는데 허벅지가 너무 두꺼워서 칼이 안 들어가서, 남자친구에게 시켰는데 시체의 얼굴을 보니 여자 가수였고요, 또 한 명은 제가 뱃살을 가르고 있었는데 친하지는 않지만 아는 언니였습니다. 가르고 있는데 그 언니가 갑자기 깨어나서는 너희 둘 다 저주할거라고 막 이래서 제가 잘못했다고 제발 그러지 말라고 언니 위해서 항상 기도해 줄 거라고 빌고 있다가 꿈에서 깨어났어요, 어떤 꿈인가요?

› 재물이 될 만한 일들이 사방에 있네요.~ 동료와 같이 진행하려는 일 중에는 탐나는 프로젝트도 있고, 그런대로 돈 되는 프로젝트도 있고, 그런데 그런대로 괜찮다. 생각했던 프로젝트가 잘 진행되는 듯하다가 수포로 돌아갈 가능성이 크네요. 그래서 다시 재정비하려고 하는군요.~ (각 상황과 주변 환경에 따라 해몽이 많이 달라지므로 대략적으로만 설명을 했습니다.)

41. 요즘 들어 살아 계시는 부모님이 돌아가시는 꿈을 자주 꿔요. 왜 이런 꿈들을 꾸는지? 부탁드립니다.^^

› 부모님의 가치만큼 좋은 일이 생기는 꿈이네요, 어떻게 돌아가시는지, 어떤 상황에서 등의 자세한 설명이 필요한 듯싶네요.

42. 말씀 감사합니다, 근데 특별한 상황은 없이 그냥 제가 흰 소복을 입고 부모님이 돌아가셨다는 말을 듣고 울고 있었어요.

› 부모님이 돌아가시는 꿈은 그 만큼 중요한 프로젝트가 성사되는 꿈입니다, 돌아가신 현장을 본 것이 아니고 소식을 들은 것이므로 성사되기까지는 시간이 좀 걸리겠습니다. 흰 소복은 상속과 전통을 의미하므로 오랜 기간 공들였던 일거리의 성사로 인한 혜택 혹은 윗사람으로부터 큰 혜택을 받을 일이 있는 것을 의미합니다.

43. 메이저리그 내셔널리그의 뉴욕 메츠 좌익수.ㅋㅋㅋ 원래는 모이세스 알루라는 선수가 주전인데 알루라는 선수가 실제로 2주 전까지만 해도 부상자 명단에 있어 서리.ㅋㅋㅋㅋ 근데 그 선수 자리를, 후보에 있던 제가 꿰차고 들어갔어요. 그리고는 8회 초 베리본즈의 755홈런(행크아론과 타이기록)을 펜스에서 딥따 뛰어서 잡은 거예요.(요즘은 760호까지 때리고 있음) 그 다음 공격에는 제가 만루 홈런가지. 그리고는 우리 팀이 5점 차로 이겼어요. 좋은 꿈인 것 같아 서리.

› 부모님이 돌아가시는 꿈은 그 만큼 중요한 프로젝트가 성사되는 꿈입니다, 돌아가신 현장을 본 것이 아니고 소식을 들은 것이므로 성사되기까지는 시간이 좀 걸리겠습니다. 흰 소복은 상속과 전통을 의미하므로 오랜 기간 공들였던 일거리의 성사로 인한 혜택 혹은 윗사람으로부터 큰 혜택을 받을 일이 있는 것을 의미합니다. 진행하던 프로젝트에 빈자리가 생겨서 요직에 대한 뜻밖의 제안이 들어오겠네요.~ 그 제안을 받은 뒤 약 8일 후에 승낙을 해서 그 기회를 잡을 것이고, 같이 일하는 과정에서 중요한 일 하나를 시원하게 해결하는 꿈. 그래서 결국엔 팀원이 그 프로젝트에 걸려 있던 문제점이라고 할 수 있는 것들을 5가지 해결하게 되는 꿈입니다.

44. 꿈에요, 제가 집에서 기쁜 얼굴을 하고는 달려 나갔어요. 누군가 절 기다리고 있었는데 저는 그에게로 달려가서는 그의 얼굴에 뽀뽀를 해주고는 서로 얼굴을 마주보며 행복해했어요. 매일 보는 동네길인데 주위 분위기가 따스하니 포근한 느낌이 드는 것이 꿈이지만 너무 좋았고요. 저는 상대의 얼굴을 똑똑

히 볼 수 있었는데 오래 전 초등학교 시절 좋아하던 남자친구더라고요. 하늘을 보니 별들이 이상하게도 일자로 무리를 지어서 반짝이고 있었는데 오색으로 반짝이는 것이 마치 보석 같더라고요. 저는 좀 더 잘 보고 싶은 욕심에 그 친구에게 좀 더 잘 볼 수 있는 곳이 있다고 가자라고 하자, 그는 호응을 해주듯이 제 손을 잡고는 달리기 시작 했어요. 저는 공원으로 가자고 한 것 같은데 그 친구가 데려간 곳은 넓은 길 옆 이었으며, 길이 넓고 주위가 탁 트여 있어서 그런지 하늘의 별이 정말 잘 보였어요. 반짝반짝 빛을 발하는 별이 아까보다는 더 크고 밝게 빛났고 별의 색도 어떤 것은 주황색의 빛을 발하는 별도 보이더라고요. 저와 친구는 나란히 손을 잡고 하늘의 별을 같이 감상하고 있는 꿈이었어요.

‣ 남친(?)과의 미래가 희망적임을 암시하는 길몽입니다.

45. 피부과 치료를 하려고 병원에 갔어요, 담당 의사 선생님한테 호감이 갔는데 어디서 많이 본 얼굴 같았어요. 그런데 그분의 어머니가 제 이모인 거예요. 이모와 오랫동안 연락이 되지 않은 상태여서 이모는 저 인줄 모르고 있다가 저녁 모임에 의사 선생님이 저를 초대 했을 때 제가 조카라는 사실을 밝혔죠. 그런데 그 의사선생님이 갑자기 저를 방으로 데리고 가더니 더 늦기 전에 일을 진행해야 한다며 다이아인지 큐빅 인지가 박힌 백금 반지를 제 손에 껴 주는 거예요. 그러면서 나머지 하나는 자기 손에 끼우고, 자긴 이모의 친자식이 아니니까 결혼해도 괜찮다며 결혼하자는 꿈. 처음 보는 얼굴인데 꿈에서 저도 그 사람한테 호감을 느끼고 있다는 느낌이 들었어요. 그런데 그 사람이 오른쪽 네 번째 손가락에 반지를 끼워줬는데 제 왼쪽 네 번째에 헤어진 남자 친구한테서 받은 반지가 끼워져 있었던 것 같아요.

‣ 나에게 그 사람은 나의 신상과 대외적인 일에 관심을 가지고 찾아간 기관의 윗사람과 그의 관련된 심사관이나 간섭하는 사람이 당신과 중요한 일을 같이 해야 된다는 결정을 하게 되며, 예전에 맡은 책임과는 더불어 중요직을 맡게 되는 일입니다.

46. 시대는 조선시대쯤 인 것 같고, 장소는 구중궁궐의 어느 한 노인의 방인데, 그 분이 대왕대비마마라고 합니다. 너무 늙어서 죽어 가는데, 회색의 머리를 길게 땋아 드리웠고 하얀 적삼을 입고 이부자리에 누워 있는데 죽지 않으려고 안간힘을 쓰는 눈동자의 모습이 마치 마귀할멈 같이 무섭고 부리부리 했습니다. 죽지 않으려면 어린 남자 아이를 먹어야 한다고 하는데, 이 할멈이 누운 방문 주위로 창호 문이고 이 창호문 밖에 어린 4~5살의 아이들이 쭉 둘러

앉아 두 손만 창호 문을 뚫고 안쪽으로 내밀고 있어요. 할멈이 아무 손이나 잡아 끌어들이면 방안으로 창호 문을 뚫고 아이가 들어가게 되고 그 아이는 산채로 잡아먹힌답니다. 할멈이 한 남자 아이를 잡아들였고, 잠시 후 살덩이를 입에 문 채 피를 뚝뚝 흘리는 할멈의 모습이 보였답니다. 너무 잔인하게 느껴졌답니다. 그 잔인함이 아직도 생생하게 생각이 나는데 이리도 시간이 오래된 꿈인데 생생할 수 있는지. 한 7~8년이 지난 꿈입니다. 느낌이 너무 험한 꿈이라 그런 것인지, 꿈의 뜻은 무엇일까요.

› 대비마마는 힘 있는 친정어머님의 사업 꿈입니다. 사업에 어려운 일이 닥쳤는데 아이들은 해결해야 할 일거리, 잡아먹는 것은 해결과 더불어 이익을 상징하며, 그 일을 하나씩 해결해 나가시면서 수익이 생기는 것을 보는 꿈입니다.

47. 꿈에서 중국 골동품 상점에서 옥으로 만든 골동품을 중국 돈 4만원(환화 약 오백만원)을 주고 샀습니다, 사고 나서 보니 윗부분에 장식으로 된 부분이 너무 깨끗해 골동품이 아닌 것을 골동품으로 속아서 샀나, 그리고 중국에서 흥정은 만원도 안 되게 깎아 놓고 흥정해야 하는데 한 푼도 안 깎고 샀으니 속았으면 어쩌나 하며 고민하며, 물려받지는 못할 것 같고 진품이라는 확인서라도 받아야 되는데, 하며 노심초사하면서 깨는 꿈. 이 꿈의 해석요.
› 40일 혹은 4개월 뒤에 오래된 중요한 일을 맡게 되는 꿈. 그러나 암튼 그 일로 약간은 정말인가? 하고 불안하겠네요.

48. 제가 흑인이랑 전쟁을 하고 있어요. 어떤 놈들이 좋은 놈인지 우리 편인지, 잘 모르겠는데 하여간에 흑인들이 두 편으로 갈려서 전쟁(?)을 하고 있는데, 제가 한편에서 종횡무진 여기저기를 뛰어 댕기며 전쟁을 하고 있는 거예요. 죽을 뻔 하기도 한 경우가 몇 번 있었고요.
› 탐탁지 않은 일과 사람들이 어우러진 일에 개입하여 고난과 역경을 겪게 되는군요.

49. 제가 목욕탕에서 거울 보며 양치질을 무진장 열심히 하는 거예요. 아마도 생시에 그렇게 양치질했음 이가 다 닳아 없어졌을 걸요?ㅋㅋㅋㅋㅋ
› 조직과 신변을 정비하고자 애를 쓰는 군요.

50. 꿈에서 왜, 미장원에 가서 컴퓨터로 그림을 그리는지?
› 미장원은 미술학원을 압축한 상징이며, 장차 미술학원에서 그림을 그리게 되는 꿈이요. 아니면 직장에서 미래 생활을 계획하고 있는 꿈?

51. 등산인가 싶은 하이킹을 하고 있는데, 옆으로 흐르는 계곡물이 갑자기 급류를 타더니만 엄청난 양의 강으로 변하더라고요. 그래서 여기서 낚시하고 가자 싶어서 낚싯대를 만들어 낚시를 시작하는데, 에고. 수면 위로 보이는 물고기란 놈들이 이거 사람보다 더 크더라고요. 자꾸 물이 넘쳐 무서워서 낚시를 접고 산등성이로 올라가 그 강물을 보고 있자니, 물고기들이 포화 상태인거예요. 언놈들은 날라서 강 밖으로 마구 튀어 나오고, 근데 물고기 생김새들이 무지 무섭게 생겼어요. 그러던 중에 딴 부류의 사람들이 물속으로 들어가 코끼리 한 마리를 잡아 나오는 거예요. 신기하기도 해서 산등성이에서 내려와 코끼리를 보는데 물고기들 중에 한 놈이 강에서 제 옆으로 튀어 나오더니만 퍼덕거리며 절 째리는데, 그 눈이 얼마나 무서웠던지 놀래서 깼어요.ㅋㅋㅋ 또 꿈이 웃기죠?
‣ 사상적으로 관련되어 있는 곳이 점점 거대해지면서 큰 귀인들이 많이 생기는 꿈~

52.제가 아끼는 새끼 돼지가 강아지하고 경주를 하다가 우여곡절 끝에 일등으로 제게 안겼어요. 그리고 그 새끼돼지 친구들이 여기 저기 날뛰면 저를 놀리며 같이 노는 거예요. 근데 이놈들이 얼마나 예쁘던지 놀다가 제가 잡으려 하면 죽은 척 누워 있고 제가 등을 돌리면 절 졸졸 쫓아 댕기면서 제 뒤꿈치를 마구 머리로 치받고 도망치고 여기저기 용변도 보고 ㅋㅋㅋ 에고, 다시 그 꿈을 생각하면 너무 기분이 좋아요. 그렇게 예쁜 돼지 새끼들은 처음 봐요.
‣ 좋아할 것 없어요. 아끼는 조카나 돈 되는 일거리로 속 꽤나 석고 애먹는 꿈이요.

53. 꿈에 꽃을 본 건 아닌데, 사람의 모습도 보이지 않고 그냥 목소리만 또렷이 들렸어요. 저에게 하는 말이 저희 집에 복사꽃이 피었다고 그렇게 말을 하더라고요. 저는 집에 웬 복사꽃이 피지? 그런 나무가 있었나? 하고 생각하는 꿈이었어요. 뭔 뜻이죠?
‣ 집안에 경사가 생긴다는 소식을 듣게 되며 아마도 혼인한다는 헛소문?

54. 사람보다도 아주 더 큰 코브라가 저를 따라오는 꿈이었어요. 제가 뛰어가는 건 아닌데 코브라는 엄청 빠른 속도로 저를 따라 오더라고요. 코브라가 절 물려고 해서 저는 데어버렸는데도 또 다시 덤비더라고요. 피를 흘리며 물린 것은 아니라서 확실치가 않은데, 꿈속에서는 제 손을 물렸다고 생각했어요. 그래

서 화가 난건지 뱀을 죽여야겠다는 생각을 했고 확실히 죽인 것은 못 봤지만 제가 그 큰 코브라를 맨손으로 때려 죽였다고 생각하는 꿈이었어요. 좋은 꿈인지. ^^

‣ 힘 있는 사람이 구혼을 했거나 중요한 일거리가 성사됐거나 하는 꿈인데, 무엇을 하는 사람인가에 따라 해석이 달라집니다. 임자가 있다면 새로운 강력한 남자를 마음대로 다룬다?

55. 꿈에요,
저희 예전 외갓집의 외양간에 제가 서 있었어요. 외양간 안에는 진돗개만한 뽀얀 돼지 2마리가 있었는데, 전 그 돼지들을 보면서 미소 짓고 있더라고요. 그러다 부엌에서 한 여자가 나와서는 돼지들에게 먹이를 주고 갔는데, 보니 궁중떡볶이더라고요 금방 만들었는지 김도 모락모락 나는 게 먹음직스럽더라고요. 쇠고기도 들어가고 완전 사람이 먹는 음식이었어요. 돼지들은 뜨거운 걸 아는지 식기를 기다리는 듯 했습니다. 그런데 대문 밖에서 누군가가 돼지들을 더 들여보낸다고 하더라고요. 돼지들도 그 소리를 들었는지 아직 식지 않은 떡을 먹으려하더군요.
그러나 아직도 뜨거운지 떡을 물었다가 다시 뱉어 내더라고요, 그래서 저는 외양간 문 앞에 서서는 다리를 벌려 문을 막았어요. 안에 있는 돼지들이 편안하게 먹을 수 있게 말이죠. 돼지들은 그런 제 뜻을 알았는지 식기를 기다리며 식은 것부터 먹고 있었고, 밖에서 들여보낸 2마리의 돼지들은 제가 막아서 들어가지는 못하고 제 앞에서 기다리는 모습이었어요.
밖에서 들어온 돼지들은 이미 자신들이 먹을 먹이를 다 먹고 들어오는 거라고 알고 있었고 그래서 저는 문을 막아 안에 있던 돼지들이 음식을 **빼앗기지** 않게 문을 막고 있는 꿈이었습니다. 이거 대박 꿈 맞죠? ㅎㅎ 그랬으면 좋겠는뎅. 로또가 아니면 어떤 대박일지 궁금해요. 꿈에 우리 안 돼지 2마리가 너무 제 눈에는 **예뻐** 보였는데. ㅎㅎ

‣ 웬 대박? 회사에서 귀여운 아랫사람에게 일시키는 꿈이요.

56. 꿈 속에 도로 옆 인도에 의자가 잇더라고요. 전 그곳에 앉아 있었어요. 그리고 제 옆에 친구로 보이는 여자도 같이 있었고요. 어디서 왔는지 한 남자가 제 옆쪽 한 칸 옆 의자에 앉았어요. 그런데 제 태도가 좀 쌀쌀한 것 같더군요. 그리고 차 한 대가 섰는데, 아빠가 운전대를 잡고 계셨어요. 차를 타려하는데 친구는 타려는 생각이 없는 듯 보여 제가 떠밀어 차에 태우고는 저도 같이 탔습니다. 전 제 옆에 와서 앉은 남자를 의식적으로 피하는 것 같은 태도였어요.

왜, 좋으면서도 의식적으로 피하는 것 있잖아요. 아니, 관심이 있으면서도 말이죠. 제 행동이 튕기는 모습과 흡사했어요. 그렇게 차에 타고 있었는데, 어느새 전 차안에 있는 것이 아니라 누군가의 등에 업혀 있더라고요. 보니 아까 제 옆에 앉아 있던 남자 등에 업혀 있었어요. 전혀 놀라는 기색 없이 저는 웃으면서 남자에게 키가 어떻게 되냐고 물으니 남자가 189정도 된다고 하면서 상냥한 표정으로 대답해주더라고요. 그렇게 저는 남자 등에 업혀서는 다정하게 웃으면서 서로에 대한 이야기를 하면서 길을 가고 있는 모습이었어요.

저 정말 연예인 꿈 잘 꾸는 것 같아요.ㅋㅋ 꿈속에 나오는 사람들 보면 전부 연예인. -,- 갠적으로 연예인 별로 좋아하지 않는데 말이죠. 그런데 꿈속에서는 연예인이란 생각은 안 들더라고요.

이 꿈에서 남자로 표현된 연예인이 정일우 씨더라고요.ㅋㅋㅋㅋ 벌써 몇 번 꿈에 남자로 표현 되서 나왔었는데, 제가 정일우군을 괜찮다. 라고 무의식중에 생각했나 봐요.ㅎㅎㅋ 여기서 괜찮다는건 하이킥의 윤호라는 캐릭터를 말하는 거예요.^^z

‣ 기다리다 아빠의 차를 타게 됐으니, 새로운 회사를 다니게 되고, 친구는 입사 동료들이며 남자는 당신을 협조해 줄 사람입니다.(등에 업혀 갔기에) 그 남자는 당신을 협조해줄 사람이며 그 사람 키가 189라고 했으니, 그만큼의 능력이 있거나 하는 사람과 진행을 같이 하게 되는 꿈이에요.

57. 키우는 강아지가 갑자기 사람 말을 했어요.~ 첨에는 한국말을 하더니, 나중엔 저보다도 유창하게 영어로 말하더군요. ---- 이 꿈은 뭘까~~~요.~~??
‣ 키우는 자식이 갑자기 철이 들어 나보다 더 유식한 말을 하는 것이요.

58. 멋지고 큰~ 노송 옆에 제가 서 있는데~ 하늘에서 노란색 종이가 눈 오듯 내렸어요.~ 눈 맞는 포즈로 양팔 벌리고 내리는 색종이들을 즐기면서 맞았어요.~ 이 꿈 해몽해 줄 사람~~~!!!
‣ 전통이 있는 거대 조직이나 큰 인물 아래서 명예를 얻고 크게 출세하는 꿈. 믿거나 말거나.

59. 처음엔 요리전문가가 음식을 해서 옆자리에 친정 엄마와 테이블 앞자리에 어떤 할머니와 함께 그 음식을 대접받아 먹었어요. 조금 후 할머니한테 커다란 접시의 음식을 따로 요리전문가가 내와서는 그릇이 너무 커서 조금 작은 그릇에 담아 주더군요. 화면이 바뀌어 누군가의 결혼식이라는군요. 옆자리에 또 친정 엄마와 함께 있고, 앞자리에는 외국인의 건정한 중년남자가 소년과 함께 있

고 우리는 이들과 사돈 관계 인 듯해요.

함께 음식을 먹는데 내가 불 철판에 가서 빵을 두 조각 앞뒤로 굽고, 안에 넣을 마땅한 것이 없어 슬라이스 된 돼지고기를 두 장 구워서 빵에 넣어 식탁으로 돌아와 그 외국인에게 권하면서 함께 먹었죠. 막상 입에 넣으려니 조금 큰 듯한데 한 입에 구겨 넣어 먹는데 김치 맛이 나는 샌드위치라고 해야 하나, 그리고 깼답니다.

▸ 요리전문가에게서 대접을 받은 꿈은 누군가로부터(어떤 일의 전문가) 부탁받을 일이 있는 꿈인데~ 그 음식을 먹은 것을 보니 부탁받은 일을 세 명이서 처리해주는 꿈~! 결혼식 꿈은 모임과 관련된 어떤 회사나 계약을 할 예정인데 혹시나 펀드나 관련된 증권의 일이거나 그 일이 님에게 다소 이익이 있는 일이네요. 에 또~~ 여기서 외국인이란~, 조금은 색다른 계층의 사람과 같은 일을 하는 꿈입니다.

60. 아래 어금니자리에 초록색 싹이 텄어요, 이가 나야 하는 자리에 이는 없고 풀의 싹이 나서 쓸모가 없을 것 같아 뜯으려고 했는데 잘 안 뜯겨서 잇몸 채 뜯어내니 잘 뜯어졌어요, 그 자리가 횅했었는데 피는 나지 않더군요.

▸ 친척이나 가족의 빈자리에 구설과 시비가 있으나, 잘 해결하게 되는 꿈. 어렵넹.

61. 오늘은 동생 꿈 이야기에요. 꿈에 헤어진 남친의 모습을 한 남자가 다가와서는 무언가를 건네주더래요. 그리곤 획 돌아서서는 사라졌는데, 그가 사라지고 난 후 건네 준 물건을 보니 꽃다발이더래요. 그 꽃다발을 품에 안고는 꽃을 보고 있는 꿈이었는데요.

결과는 작년 제가 꿈에 관해 관심을 가지고 서점만 가면 해몽 책만 들여다보고 샀다하면 해몽 책만 사고하던 제게 풀이 해달라고 하더라고요, 해몽사도 아니고 제가 어찌 아냐고 했더니 그냥 비슷한 것 있음 이야기해 달라고 하더라고요, 아마도 예감이란 것, 그 꿈꾸고 기분이 묘했나 봐요. 그래서 책을 뒤져보니 꽃다발에 관한 풀이가 있더라고요. 전화로 풀이해줬어요. 미혼 여성이 남자로부터 받으면 결혼을 약속하는 의미라고. 헤어진 남친이 혹시 너 생각하는 것 아니냐고 했었는데, ㅋ 사실이고요. 결과는 정말 로 헤어졌던 남친이 4개월 만에 다시 돌아왔다고 하더군요, 그래서 그 애가 저한테 밥을 샀었나 봐요. 아무 이유 없이 갈비를 산다더니 그때였나 봐요. 그리곤 지금 날 잡아 가을에 결혼 한다네요.ㅎㅎㅎ 부러붱잉~~~~~ㅋ 나보다 먼저 시집가는 나쁜 년. 확실히 꿈은 무시할 건 아니네요.^^

‣ 할 말이 없음!

62. 벌써 몇 년 전 일이네요, 로또가 나오고 1년쯤 지나서인가? 건당 2000원 하던 시절 이야기에요. 앞집 아저씨가 로또 광이시거든요. 한탕주의, 깊게 물드신 분, 1년 동안 당첨 번호를 쭉 정리해 놓으신 책을 두고 엎드려서 번호를 연구 중이었는데요. 그리고 5장 불량의 번호를 추출한 다음 그 중에서 간추리려고 하다가 잠이 드셨는데, 꿈속에 자신의 방에 제사상이 차려져 있더래요. 그런데 상에는 고사떡 촛불 2개와 떡시루 3개만이 덩그러니 올려져 있더래요, 김이 모락모락 오르는 그 떡시루를 보면서 절하는 꿈이었다는데요.
꿈을 꾸고 나서 기분이 너무 좋더래요. 자신이 정성으로 절을 해서인지, 그래서 아주머니에게 5장 다 해오라고 맡기셨다는데 아주머닌 돈을 아끼느라고, 그리고 때마침 물건을 사고 나니 돈이 남은 것도 별로 없고 해서 3장만 했데요. 꿈의 결과 아저씨 꿈은 대박 꿈이었습니다. 아저씨가 그날 TV를 보시며 번호를 맞추셨는데 1, 2, 3 등을 다 맞추셨대요, 아저씬 기절할 거 같은 맘을 추스르고 아줌마를 불러 낼 은행가자고 우리 부자가 됐다고 좋아하시면서 뽑아온 것을 달라고 하셨는데 -.- 아주머닌 "돈이 모자라 3장 밖에 못했어." 하고 줬데요. 그런데 결과는 5장 중 아주머니가 해 오신 곳에는 5등짜리 하나만 붙었고 나머지 1, 2, 3등짜리는 아주머니가 안 하신 번호 중에 있었어요. 그 후로 몇 년은 싸우실 때마다 그 소리가 나오고 했었지만, 지금은 지난 일 지금은 사이가 좋아요, 꿈은 반드시 당사자에게 일어나는 일이니 피하지 말고 미루어 놓지 말고 본인이 해야 대박 꿈도 이룰 수 있는 건가 보네요.^^ 아 쓰다 보니 두서가 없네요. 말을 조리 있게 왜 못하는지 ^^ㅋ
‣ 할 말이 없네요! 제 복이 그것뿐인 것을. 남 탓하면 뭐해.

63. 오늘 시험도 있고 해서 좋은 꿈 이였으면 했는데, 웬 빵 꿈. -.-
대학 강의실 안이었어요, 앞에 어떤 여자가 서서 칠판 앞에서 뭔가를 하고 있었고요. 제가 들어가자 젤 먼저 그 여자와 빵이 보이더라고요, 빵은 카스테라 같았는데, 제가 보고 있자 빵이 본래의 크기보다 한 2배는 커진 것 같아요. 폭신해 보이는 빵이 어느 정도 부풀어 오르자, 칠판 앞에 있는 여자가 저에게 그 중 한 조각을 주었는데, 제가 볼 때는 분명 카스테라 같았는데, 그 여자가 저에게 주는건 식빵 한 조각 크기의 비스켓 같은 빵이더군요. 호밀빵 같은 색에, 속에 아몬드 같은 견과류가 박혀 고소해 보이는 빵인지 비스켓인지 받아먹는 꿈이었어요.
‣ 워드 시험에 대한 꿈이라고 가정한다면~~ 워드시험에서 예상보다~ 님 의

성적이 약간은 부족해도 상당히 좋은 성적으로 합격이네요.~ ^^

64. 이상하게 요즘 제 예전의 군대 생활이 자꾸 꿈에 나타나요. 옛날 잘해주던 고참 에게도 무진장 혼나는 꿈도 꾸고, 이상한 오솔길도 혼자 마구 걸어 다니고, 총 들고 보초도 서구요, 예전 군대 꿈은 뭘 의미하나요?

› 예전에 하던 일을 하게 되는 군요, 그러나 윗사람에게 잔소리 듣고, 해보지 않은 일로 방황하게 되고, 방법은 있으나 쓰지 못하고, 기다리고 하는 어려운 상황에 봉착해요.

65.어느 시골 동넨데, 사촌형(이하 "형")이 술을 한 잔 하자고 해서 제가 밥그릇을 들고 형을 좇아 어두운 시골길을 가다가 어느 한옥 집으로 들어가서 문을 열었는데 여자들이 이불을 뒤집어쓰고 누워있는 거예요.
그 중 여자에게 술 한 잔 하자고 한 형이 옆에 엎드려 누워 일어나질 않아서, 멋쩍게 밥그릇을 들고 멍하니 이리저리 보고 있다가, 화가 나서 방에서 나와 툇마루에 지가 들고 있던 밥그릇을 두고, 그 집을 나왔는데 그 형님이 제 이름을 부르며 쫓아오는 길에 까치와 까마귀가 무리를 지어 아주 낮게 날아 댕기는 거예요.
그 새 떼를 손으로 휘저으며 새를 피해 길을 뛰어가는데 까마귀 한 마리가 제 손가락을 물어 놔주질 않는 거예요. 얼마나 아프던지 손을 뿌리치며 우왕좌왕 하는 터에 어느덧 그 형이 나타나서 까마귀를 떼어주고 왜 가느냐는 말을 듣고 있는 중에 형에게 막 화를 내다가 잠에서 깼는데, 까마귀가 별로 좋은 꿈은 아니지요?
일본에서는 길조라 하는데, 스승님 별로 안 좋은 꿈이지요? 기분이 별로 좋질 않네요.

› 할 일을 찾는 가운데, 술을 권하는 꿈은 정신을 혼란하게 하여 일을 형 같은 선배나 윗사람이 다른 별일 아닌 일을 유혹하여 같이 이익을 도모해 보려고 하고선 말만 꺼내놓고 진행은 안 시키고 있네요.~ 그로 인해서 님 은 자신의 유혹을 이기고, 그 일에서 손을 떼려는데 탐탁지 않은 까마귀 같은 무리 중 한 가지 일거리가 확정되었으나 선배가 방해를 하게 되는 것이나, 불평을 하며 거절하고, 그 과정에서 사람들과 불화가 있겠어요. 일본에서는 길조이나 한국에서는 흉조입니다.

66. 제가 일하는 곳의 상사가 갑작스레 다가와서는 술 한 잔 하자고 제의했어요. 뭔 꿈인지요?

‣ 상사에 해당되는 사람이 갑작스레 다가와 옳다, 그르다. 판단할 수 없이 정신없이 해야 되는 일을 유혹하고 권유하는 일이에요.

67. 돌아가신 어머님께서 한 솥 가득 흰 쌀밥과 맑은 국을 해서 주셨어요, 그래서 그걸 입이 터지도록 한 가득 넣어서 먹는 꿈을 꾸었거든요. 한 솥 가득 흰 쌀밥이 참 인상적이었고 즐거웠어요. 맛있으니까.ㅋㅋ

‣ 생전의 어머님의 혜택을 많이 보신 분이기에, 돈 되는 고급스런 일을 하게 되는데~ 그로 인해 내가 충분히 만족하는 이득이 생기는 꿈입니다.~ 무얼 하시는 분인지 직업 정도 정체를 밝히시면~ 더 정확한 해몽이 되지요.~~ ^--------------^

68. 꿈속에서 새로 지은 아파트단지 입주권 10장이 생기는 꿈을 꿨습니다. 아파트 내부 한 곳을 둘러보니 2층 복층으로 되어 있으며, 주위는 바다가 보이는 풍경이었습니다. 시골쯤이니 값이 아주 많이 나가지는 않더라도 1장 당 1억은 나갈 테니 못해도 10억이 생기지 않을까 하는 생각을 했습니다. 고수님들 해몽 한 번 들어 보고 싶습니다.

‣ 아파트는 공공기관을 듯하고, 바다는 해외에서의 일을 의미합니다. 입주권이 10장이니 10년? 아님 10개월? 전 고수는 아니고요, 진짜 카페 멤버의 고수님들이 풀어주실 거예요.

새로 지은 아파트라 함은 새로 형성되는 기관이라고 볼 수 있어요.~ 입주권 10장이라고 했으니 선택해서 갈 수 있는 자리가 10곳 정도 되는데~ 내부가 2층이고 바다가 보이는 곳이라 했으니 조직이 2단계로 구성되어 있고, 그 조직이 해외의 일과 연관이 되어 있겠네요.~ 시골쯤이라 했으니 그 기관이 지방에 있는 곳이 아닐까합니다. 혼자 생각에 10억 정도라 했으니 꿈꾼 지 약 10일 후에 이루어지는 꿈이라 할 수 있겠네요.

정리하자면~, 10일 후 혹은 10개월 후에 지방에 있는 새로 생기는 기관에서 픽업에 대한 제안이 들어올 것 같아요.~. 약 10군데 정도의 부서들 중에 선택을 할 권리가 있는데, 그 중 한 부서는 상하부 조직이 두 단계로만 되어 있는 조직이고, 그 조직에서 하는 일이 해외와 관련된 일을 하고 있겠네요.

해몽의 고수라 하니, 무지 하~~~게~~~ 부담되는지라. 해몽하는 가운데 손이 덜~덜~~ 떨리네요.~ ^___^;;

69. 제가 거울을 보면서 제 와이셔츠 단추를 하나씩 푸니깐 제 가슴에 분홍색, 빨간색으로 네 명의 여자 얼굴이 새겨져 있는 꿈을 꿨습니다. 그 때 꿈에서 제

기분은 크게 놀라고 당황하는 것보다는, "아, 이런 젠장,. 왜 하필이면 여자 얼굴이야. 이거 평생 가잖아, 좀 멋있는 남자다운 문신이거나 팔에다 할 걸."이라는 느낌이 더 강했습니다.

그런데 네 명의 얼굴을 보면서 왼쪽 가슴 위에 있는 여자 얼굴 형체가 또렷이 보였습니다. 무표정한 얼굴로 전혀 무섭지도 않고 오히려 온화한 표정이었습니다.

그리고 고개를 들고 제 거울 모습을 천천히 살피고 있었는데, 제 눈빛이 강하게 살면서, 눈 주위가 매우 강렬하게 날카롭게 변하는 꿈을 꿨습니다.

너무나 강렬한 꿈이기에 궁금해서 올립니다. 아, 그리도 제가 주시했던 여자 얼굴 위에 분홍색 꽃이 보였습니다.

‣ 님이 마음을 주거나, 님 에게 마음을 빼앗긴 사람이 네 명이나 되고, 그 중에 한 명과 중요한 만남과 인연이 있습니다. 그러나 그 중 빨간색의 상대는 위험한 사람이며, 분홍색의 여인은 사랑의 상징입니다.

70. 배 타고 여행 가려고 해서 배를 타고 출발하는데 코감기가 걸려 계속 코가 나와 코를 풀어내는 꿈이요, 어떤 꿈인가요?

‣ 배를 타는 것은 넓은 세상에서 활동이 시작되었음을 상징하고, 코를 푸는 것은 직장이나 활동하게 된 기관에서 나의신상을 표현하는 것입니다.

(위의 문답은 다음카페에 '현오스님꿈연구생모임'의 회원들 상호간의 문답 내용을 정리한 것이며, 아이디와 닉네임은 생략했습니다. 아쉬운 것은 질문자의 직업이나 환경을 몰라서 자세한 확인이 불가했기에 오류가 있더라도 이해를 바랍니다. - 필자 주)

---

* 꿈에 대한 해석은, 다음카페, '현오스님꿈연구생모임'에서 해석해드립니다.
(사주명리학과 꿈을, 개인이나 단체에 강의도 합니다)

저자약력

 저자는 1950년 출생으로, 오대산 월정사 '희찬' 큰스님을 은사로 출가하여 '탄허' 큰스님을 모시며 사교과정을 사사했다.
 선원과 토굴에서 간화선으로 정진하고, 이어서 미얀마 마하시수도원과 참매수도원에서, 위빠사나를 수행했으며, 영월의 보덕사 주지를 잠시 봉직 했다.
 출가 후 40년간 불교수행과 더불어, 동양의 지혜인 역과 꿈, 최면, 등을 연구하였으며, 현재는 강원도 영월의 토굴과, 서울 서초동 대지심리연구소를 왕래하며 수행과 더불어, 꿈과 불교심리학을 연구하고 있다.

저서에는, 대지법요집, 미얀마 72일, 불교에서 본 마음과 최면전생, 사주통변론, 꿈 미래의 열쇠, 꿈 마음의 비밀, 현오스님의 재미있는 꿈 해몽, 등 십여 권이 있다.